16년 연속

1위

물류
관리사

보관하역론

물류관리사 분야의 바이블!

• 2022년 26회 기출문제 ➕ 상세한 해설 수록

• '기초개념 ➡ 전문 내용 ➡ 신유형'의 3단계 구성

• 기출 표시 ➡ 경향 파악 ➡ 기출&실력 다잡기로 정리

Preface 머리말

국가 및 국민경제 발전을 위한 물류의 역할 만큼이나 중요한 기능 활동 중 하나인 보관·하역 활동은 생산시점과 소비시점의 격차를 줄여주는 시간적 효용측면에서든 운송과 보관활동간 연계 활동 등의 필수적 기능측면에서든 그 역할을 톡톡히 수행해 오고 있습니다.

전체 물류비 중에서 보관·하역비는 운송비에 이어 두 번째를 차지하고 있어 물류관리사의 관리영역 중에서도 해당 부문의 지식은 필수적이라고 볼 수 있습니다.

보관하역론은 기초 개념을 익히면 처음부터 일정 점수가 나올 수도 있는 이해과목이지만 안정적인 합격점수와 고득점을 위해서는 이론의 철학을 깊이 이해하고 물류관리사의 핵심능력 중 하나인 정량적 분석기법 및 수리계산 영역을 포기하지 말아야 하는 고유의 과목특성을 가지고 있습니다.

본 서적은 물류관리사 자격시험의 한 과목으로써 수험서의 목적에 충실할 수 있도록 기출분석을 통하여 주요 출제영역을 추리고 그를 중심으로 내용을 심화하였습니다.
수험생들의 효율적인 점수 획득을 위하여 본서는 다음과 같이 여러분을 응원합니다.

1 편저자는 매년 수백 명에 이르는 학생들과 내용을 리뷰하고 기출을 반복해서 풀고, 해설하면서 각 개념별 핵심키워드와 개념들 간의 연계를 명확히 파악하였으며, 이를 본서에 기출표시 및 키워드, 연관개념 등으로 표시하였습니다.

2 또한 단원을 마칠 때마다 특정 개념의 출제유형별 기출문제들을 한데 모아서 확인학습문제로 구성하여 특정 개념에 대한 출제유형을 한눈에 익힐 수 있도록 하였습니다.

3 보관하역론은 산수 계산문제의 비중이 점차 늘어나 간과할 수 있는 수준을 이미 넘어선 만큼 비전공자 입장에서도 일관된 개념표기와 해설의 반복을 통하여 해당 산식의 기초철학 및 출제유형을 시나브로 체화할 수 있도록 구성하였습니다. 이미 네이버 지식인에 채택되었던 답변들을 통해서도 그 진가를 확인해 보실 수 있습니다.

4 편저자는 네이버 지식인 연구·개발/생산/물류 카테고리 영역의 국내 1위 지식인인 만큼 수험기간 중에 본 수험서 내용과 기출문제 풀이 간에 생긴 의문사항에 대하여 실시간으로 피드백 드림으로써 보관하역론 과목의 합격을 완벽하게 지원합니다. (닉네임 한국미래물류연구소)

본서를 통하여 물류관리사를 준비하시려는 독자 여러분이 최대한 쉽게 이해할 수 있도록 최선을 다하여 집필하였으며, 앞으로도 완성도를 높이기 위해 수험생들의 피드백과 면밀한 기출분석을 통하여 수정해 나아갈 것을 약속드립니다.

끝으로 불철주야 원고 편집에 고생하신 신지원출판사 관계자분들과 본 수험서의 공저 및 감수를 맡아주신 존경하는 박귀환 교수님께 감사의 마음을 전합니다.

편저자 씀

쉬운 이해와 간편한 정리_이론 구성 및 기출표시

주요 내용은 다시 한번_핵심포인트 및 TIP

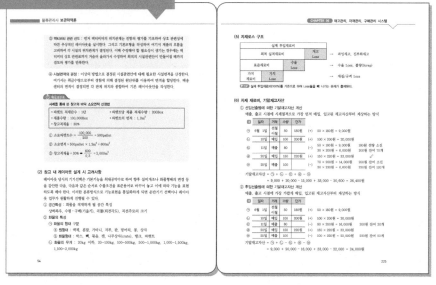

[기출&실력 다잡기]로 마무리

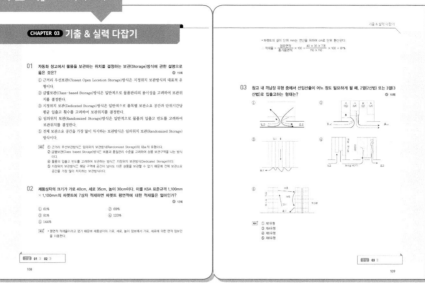

최신 기출문제_부록

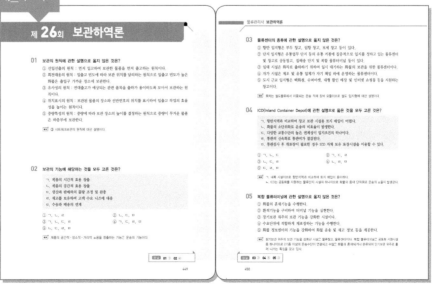

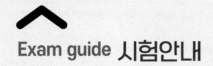

물류관리사 개요

1 물류관리사란?

물류업계 취업을 위한 필수 자격증인 '물류관리사'는 물류관리에 대한 전문적인 지식을 가지고 원자재의 조달에서부터 물품의 생산, 보관, 포장, 가공, 유통에 이르기까지 물류가 이동되는 전체 영역을 관리하는 사람으로 물류시스템 기획, 물류정보시스템 개발, 물류기술 개발, 물류센터 운영, 수·배송 관리업무, 물류창고 및 자재·재고관리 업무, 물류컨설팅 등의 업무를 담당한다.

2 물류관리사 자격증이 필요한 사람들

① 물류 분야 취업을 원하는 취업 준비생
② 물류 실무자로서 자격증과 이론에 대한 지식이 필요한 직장인
③ 인사고과 및 승진을 위한 직장인 등

3 물류관리사의 진로 및 전망

물류관리사는 물류관련 정부투자기관이나 공사, 운송·유통·보관 전문회사, 대기업 또는 중소기업의 물류 관련 부서(물류, 구매, 자재, 수송 등), 물류연구기관에 취업이 가능하다. 물류는 대부분의 주요 기업 활동을 포함하고 있으므로 대기업, 중소기업 및 공기업 모두 물류관리사를 요구하고 있다.

또한, 각계 전문기관에서 물류부문을 전자상거래와 함께 21세기 유망직종 중의 하나로 분류하고 있으며, 정부차원에서는 국가물류기본계획(2001~2020)을 수립하여 우리나라가 지향하는 물류미래상을 제시하고 세계 속에서 경쟁할 수 있는 물류전문인력을 양성·보급한다는 장기 비전을 제시하고 있다.

이러한 현 상황과 기업에서의 물류비용의 증가가 국제경쟁력 약화의 중요 원인임을 인식하고 물류 전담부서를 마련하고 있는 추세에서 물류전문가는 턱없이 부족한 실정이어서 고용 전망이 매우 밝다.

물류관리사 시험안내

1 시험실시기관
① 주무부서 : 국토교통부
② 시행처 : 한국산업인력공단

2 시험방법
① 시험 : 필기시험(객관식 5지 선택형)
② 시험은 선택형을 원칙으로 하되, 기입형을 가미할 수 있다.

3 시험과목 등
① 시험은 물류관리업무 수행에 필요한 소양 및 지식의 검정과 이론 및 실무능력의 검정에 중점을 둔다.
② 시험과목 : 물류관리론(화물운송론·보관하역론 및 국제물류론은 제외), 화물운송론, 국제물류론, 보관하역론, 물류관련법규(「물류정책기본법」, 「물류시설의 개발 및 운영에 관한 법률」, 「화물자동차 운수사업법」, 「항만운송사업법」, 「유통산업발전법」, 「철도사업법」, 「농수산물 유통 및 가격안정에 관한 법률」 중 물류 관련 규정)

4 시험의 공고
① 국토교통부장관은 시험을 시행하려는 때에는 시험내용·일시·장소 및 합격자 결정방법 등의 필요한 사항을 시험시행일 90일 전까지 주요 일간신문에 공고하여야 한다.
② 시험에 응시하려는 자는 국토교통부령으로 정하는 응시원서를 국토교통부장관에게 제출하여야 한다.
③ 응시원서를 제출하는 자는 국토교통부령으로 정하는 바에 따라 수수료를 내야 한다.
④ 수수료를 낸 자가 수수료를 과오납하거나 시험시행일의 일정 기간 전까지 응시의사를 철회하는 등 국토교통부령으로 정하는 사유가 있는 경우에는 국토교통부령으로 정하는 바에 따라 응시수수료의 전부 또는 일부를 반환하여야 한다.

5 응시자격 및 응시원서 접수
① 응시자격 : 제한 없음
② 응시원서 접수 : 인터넷으로 접수(www.Q-net.or.kr)

6 합격자 결정 기준
매 과목 100점을 만점으로 하여 매 과목 40점 이상, 전 과목 평균 60점 이상을 득점한 자를 합격자로

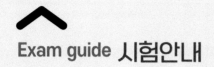

Exam guide 시험안내

결정한다. 다만, 국토교통부장관이 물류관리사의 수급상 특히 필요하다고 인정하여 미리 선발예정인원을 공고한 경우에는 선발예정인원의 범위에서 매 과목 40점 이상인 자 중 고득점자 순으로 합격자를 결정한다.

7 합격자 발표
① 관보게재 및 개별통지
② 인터넷 홈페이지(www.Q-net.or.kr)에서 합격 여부 및 점수 확인 가능

8 시험 장소
시험은 서울, 부산, 대구, 광주, 인천, 대전, 제주에서 실시하되, 시험 장소는 한국산업인력공단 홈페이지(www.Q-net.or.kr)에서 안내

물류관리사 현황

1 최근 5개년 응시율 및 합격률

구 분	접수자	응시자	응시율	합격자	합격률
제22회(2018년)	8,227명	4,928명	59.99%	1,994명	40.46%
제23회(2019년)	8,530명	5,495명	64.42%	1,474명	26.82%
제24회(2020년)	8,028명	5,879명	73.23%	2,582명	43.92%
제25회(2021년)	9,122명	6,401명	70.17%	3,284명	51.30%
제26회(2022년)	9,803명	6,053명	61.74%	2,474명	40.87%
총 계	43,710명	28,756명	65.79%	11,808명	41.06%

2 과목별 채점결과(2022년 26회)

구 분	응시자수	평균점수	과락자수	과락률
물류관리론	6,027명	62.72점	416명	6.90%
화물운송론	6,027명	60.96점	361명	5.99%
국제물류론	6,027명	56.44점	1,106명	18.35%
보관하역론	5,992명	66.08점	228명	3.81%
물류관련법규	6,018명	42.12점	2,724명	45.26%

※ '과락자'는 40점미만 득점자를 뜻함

출제경향 분석

1 기출문제 분석(주요 영역별 출제문항 수 및 출제 평균 구성비 : 제19회~제26회)

주요 영역 \ 회차	19회	20회	21회	22회	23회	24회	25회	26회	합계	비율(%)
보관일반론 및 거점시설	6	3	5	10	4	6	5	7	46	14.4
물류시설계획	6	5	5	2	5	2	6	4	35	10.9
보관 및 하역기기	5	11	7	6	8	7	6	6	56	17.5
보관론	6	6	7	4	7	8	5	8	51	15.9
하역론	8	8	6	11	5	6	11	7	62	19.4
재고관리	9	7	10	7	11	11	7	8	70	21.9
총 계	40	40	40	40	40	40	40	40	320	100

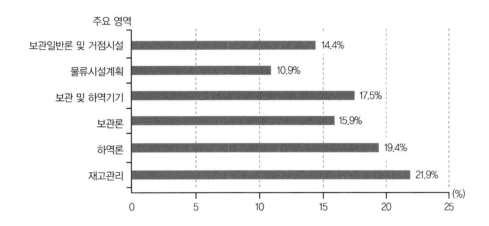

주요 영역

- 보관일반론 및 거점시설 14.4%
- 물류시설계획 10.9%
- 보관 및 하역기기 17.5%
- 보관론 15.9%
- 하역론 19.4%
- 재고관리 21.9%

0　5　10　15　20　25 (%)

• 보관하역론에서는 재고관리부분이 전체 22.8%로 출제빈도가 가장 높고 물류시설계획 부분이 11.42%로 가장 낮으며 나머지 영역은 14~18%로 고르게 출제되는 것으로 분석된다.

• 출제기준상 난이도 구분
 – 초급 기초문제가 30%(12문제)
 – 중급 이해문제가 40%(16문제)
 – 고급 응용문제가 30%(12문제)

2 출제경향

최근 보관하역론의 출제 구성을 살펴보면 아주 특징적으로 두드러지는 부분이 있다. 매우 일반론적 문제가 많이 출제되는 반면 많은 영역의 내용이 산수문제의 형식으로 출제되고 있는데, 열거해 보면 다음과 같다.

• 입지 대안을 산술적으로 평가하여 선택
• 설비나 장비의 능력소요량을 계산
• 물류관리론에서 다루었던 물류회계의 배부기준을 이용한 보관비의 산정 및 계약상황과 비용지출 예정을 통해 이익을 계산
• EOQ, MRP, DRP, EPQ 등의 산술적인 값을 계산

즉, 보관하역론에서는 일반론적인 내용은 일반적인 수준으로 출제가 되고 보관하역론이라는 과목명과 어울리게 보관 및 하역기기의 능력계획과 관련된 문제가 많이 출제되고 있다.

수험대책

앞서 밝힌 보관하역론의 특수한 출제경향에 맞추어 일반론적인 내용은 물류관리론과 연계하여 반복학습을 통하여 통합적 지식을 구축하고 위에 열거된 산수문제의 유형들을 기출문제와 연습문제들을 반복하여 풀면서 기본 원리를 파악해야 한다. 예를 들면, 대부분의 모든 능력계획은

"설비나 장비의 소요량 $= \dfrac{총 \ 처리 \ 대상 \ 물동량}{설비나 \ 장비의 \ 단위 \ 처리 \ 능력}$"이라고 기본 논리를 구축하는 것과 같은

것이다. 계산문제를 포기하면 60점을 획득하기는 쉽지 않다.

제언

'보관하역론'은 보관일반론과 보관 및 하역기기를 제외하고는 크게 '보관론'과 '하역론'으로 나누어진다. 또한 보관활동과 하역활동은 물류관리론에서의 표준화·규격화 환경을 기반으로 운송활동과 연계선상에서 포괄적이면서 합리적인 활동을 지향한다. 물류관리론에서 기본을 익혔다면 보관하역론에서는 보관활동과 하역활동 영역의 관리자에게 요구되는 전문지식과 분석능력을 함양해야 한다.

필자는 몇 년 전에 예순에 가까운 어르신을 단기 교육과정을 통해 만나 2년에 걸쳐 합격시킨 기억이 있다. 초년도에 어르신은 교육 중에 "나는 나이가 많이 들어서 산수문제나 영어약자로 된 시스템은 머리 아파서 하지 않겠다. 나머지만 맞추어도 합격이 가능하니 공부하라고 강요하지 말라."며, "지금 배우는 것도 콩나물시루에 물 부으면 다 빠져나가듯이 외우기 힘들다."고 으름장을 놓으셨다.

이때도 필자는 물류라는 것이 시스템을 떠나서는 논할 수 없는 시대가 되었고, 전문관리자(물류관리사)가 되려면 산술적 분석능력을 요하기 때문에 반드시 해당 형태의 출제문항 수가 확대될 것이라고, 절대 포기하지 말라고 강조했었다.

불합격이라는 고배를 마시고 이 어르신을 교육장에서 다시 만났을 때는 태도가 많이 달라지셔서 필자를 보자마자 하신 첫 마디가 "이번엔 말씀하신 부분을 중점적으로 모두 암기할 테니 귀찮게 많이 물어봐도 늙은이 배려 좀 해 주십시요."라는 부탁이었다.

"콩나물시루에 물을 주면 물이 다 빠져나가 뭐가 흡수될까 싶어도 실제로는 조금씩 흡수되어 콩나물이 성장한다."고 어르신의 사기를 북돋으며, 과정 기간 동안 실제로 보관하역론 및 모든 영역의 산수문제들을 마스터하고 정보시스템의 약자와 시스템의 연계구조를 모두 학습한 결과, 평균 72점이라는 매우 좋은 점수로 합격하셨다.

수험생들은 잊지 않았으면 한다. 물류분야에서 정보시스템의 운용과 산술적 분석능력은 물류관리사의 핵심역량이라는 것을!

보관하역론을 비롯한 전 과목은 상기 기출문제 분석과 출제경향을 반영하여 기출된 내용을 기반으로 구성되어 있고, 빈출되는 개념은 중요도를 표시하였기에 별도의 기출문제 분석을 요하지 않는다. 본서의 내용이 곧 기출문제이다. 쉬운 이해 도모와 기억력 증강을 위해 많은 그림, 사진을 실었고 무역, 물류 실무업무와 연관 지어 기술하려고 노력하였다.

물류관리사는 합격률이 저조하다고 알려진 자격시험이다. 그러나 이는 사실과 크게 다르다. 지금까지의 통계 분석을 살펴보면 최초 접수자 대비 실제 응시율이 40%이고 합격률은 20~25%에 이른다. 실제 응시인원 대비로 보면 약 50~60%로 다른 자격증 합격률과 크게 다를 바가 없다. 다만, 양이 많기 때문에 학습을 미루고 미루다 한 달 정도 남았을 때 공부를 시작하면 엄청난 양에 압도되어 포기하고 만다는 사실이 실제 고사장에 가 보면, 응시 고사장이 듬성듬성 비어 있어 실응시율로 증명된다.

되도록 일찍 시작해라! 직장인이라면 저녁과 주말을 이용하며, 시간이 부족하겠지만 본서와 함께라면 상당 부분의 시간을 줄여줄 것이라고 약속할 수 있다.

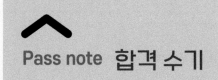

Pass note 합격 수기

**절대
합격반**

여***

올해 3월 육아휴직을 하고 5월부터 3개월간 하루 6~7시간 정도 공부하였습니다. 기본강의 빠르게 듣고 회독 반복주기를 짧게 잡아 공부한 결과, 기본서 3회독, 기출문제 5년치 2회독 이상 하였습니다. 공부 과목 순서는 시험 순서대로 공부했고 나중에는 법규 - 국제 - 보관하역(계산 문제 때문에) - 화물운송 - 물류관리 순으로 공부했습니다. 시험 준비할 때 불안함이 함께 했지만 강사님께서 말씀하신 것처럼 끝까지 포기하지 않고 자신을 믿었습니다. 모든 준비생 분들의 합격을 기원합니다.

고**

기출에서 봤던 것보다 화물운송론과 물류관리론이 좀 어려웠고, 보관하역론이 쉬웠습니다. 화물운송론은 교수님이 택배 확실히 하라고 하셨지만 제대로 안 해서 점수가 낮았습니다. 법규는 교수님께서 강조하신 유통산업발전법, 철도와 항만 등에서 많이 출제되었지만 아쉽게 틀린 문제가 많았습니다. 채점 결과 평균 75.5점으로 합격했습니다. 다들 공부 하시느라 고생 정말 많으셨고 불합격 하신 분 절대 좌절하지 마시고 내년엔 꼭 합격하시길 바랍니다.

물*******

시간이 많은 관계로 대체로 공부할 시간이 남보다 많았습니다. 물류관리사가 난이도가 있고 물류 쪽에 대해서는 기초 가 부족한 저로서는 다행이었습니다. 절대합격 패키지로 공부했는데 자격증 공부보다는 '습득'하는 식으로 공부했습니 다. 법규 점수는 좋았지만 화물운송론이 쉬운 듯 하면서도 어려웠습니다. 안정권으로 합격하여 기분이 좋습니다. 선생 님들께서 다들 잘 가르쳐 주신 덕분에 재미있게 수강하였습니다.

**단기
완성**

여***

신지원에듀 강의를 수강한 덕분에 비교적 단기간 내 합격을 하게 되었습니다. 공부는 6월말에서 8월초까지 약 6주 동 안 하루 평균 2~3시간씩 공부하였고 막판 2주 동안은 5~6시간씩 공부했습니다. 5과목 전체 기본강좌를 들었고 기출 풀이를 들었습니다. 강의는 1.4배속~1.5배속으로 들으며 4주 만에 완강을 했습니다. 시간이 없더라도 기본 강의는 반 드시 듣는 것과 요약 정리하는 것이 매우 중요합니다. 강의순서나 요약정리의 순서는 1교시, 2교시 시험순서대로 하 였습니다.

h****

주변 합격자 지인이나 인터넷 검색을 한 결과 물류관리사에서는 신지원에듀가 시험후기가 가장 좋았습니다. 책의 구성 도 중요한 핵심내용 위주로 있다고 하여 다른 인강 및 교재는 살 생각도 없이 바로 선택하였습니다. 공부는 6월에서 8 월 중순까지 했습니다. 하루 1~2시간 정도 여유 있게 인강을 듣고 단원별 문제를 풀었습니다. 인강을 최대한 빠르게 듣고 교재와 문제 해설들을 많이 보는 것에 중점을 두었습니다. 교수님들의 핵심 위주 설명이 맘에 들었습니다.

단기 완성

동****

짧은 시간 준비하면서 마음이 조급했지만 여기저기 합격 후기 글을 읽고 "나도 도전하면 할 수 있다"를 마음 속으로 리마인드하며 평일 하루 5시간, 주말 All Day를 기준으로 공부하였습니다. 물류관리-화물운송-국제물류-보관하역-법규 순으로 공부했습니다. 고득점이 아닌 커트라인 점수를 맞추고 법규는 과락만 피하자는 전략으로 계획을 짰습니다. 간절한 마음으로 공부한 결과 물류관리사 시험에 합격하였습니다.

더블 합격

수****

최근 물류관리사 합격률이 높아 이번엔 어렵게 나올 것 같아 공부기간을 좀 넉넉히 잡고 한 번에 무조건 붙는다는 마인드로 공부했습니다. 전체적으로 기출 5개년을 완벽하게 숙지하면 합격하는데 문제 없는 난이도인 것 같았습니다. 예상 외로 화물운송론이 어려웠고 국제물류, 물류관리, 보관하역은 평이했습니다. 개념 공부도 중요하지만 기출문제 풀기가 더 중요한 것 같습니다. 법규는 교수님 강조 내용 + 기출 5개년 선지 + 개정 법규사항 이렇게 3가지만 봐도 과락은 피할 수 있습니다.

합******

경영학 전공학생이라 베이스가 아예 없진 않았습니다. 앞 네 과목은 80~90점, 법규는 60~70점 대를 목표로 하여 공부했습니다. 강의를 한 바퀴 다 돌리는데 약 2주일 정도 쓰고 시험 전 마지막 1주일은 하루에 기출 한 회씩 풀고, 오답+부족한 부분 복습을 했습니다. 세부적인 암기보다는 큰 틀에서 이해를 하는 식으로 공부를 하니 공부량이 많이 줄었습니다. 걱정을 많이 했지만 생각보다 시험이 쉬워서 무난하게 합격했습니다.

기본 이론

C****

하루에 5시간~7시간 정도 공부했습니다. 개인마다 편차가 있겠지만 최소 150시간은 투자해야 합격할 수 있을 것 같습니다. 강의는 물류관리 – 보관하역 – 화물운송 – 국제물류 – 관련법규 순으로 들었습니다. 물류관리와 화물운송은 내용이 어렵지 않아 쉽게 이해가 가능하였으며 화물운송과 국제물류도 비슷한 내용이 많아 화물운송 공부 후 국제물류 공부를 추천드립니다. 강의를 통해 주요 내용 위주로 공부하여 비교적 짧은 시간 내에 합격할 수 있었습니다.

Contents 차례

Part 1 보관론

CHAPTER 01 보관 및 창고의 기초개요

01 보관의 개요   3
02 창고의 개요   7
    기출&실력 다잡기   17

CHAPTER 02 창고자동화 및 업무절차

01 창고자동화의 의의   27
02 자동화 창고 시스템   31
03 창고업무절차   35
04 창고관리 시스템과 크로스 도킹   39
    기출&실력 다잡기   43

CHAPTER 03 창고보관 시스템 개요 및 설계방안

01 창고보관 시스템의 개요   49
02 창고보관 시스템의 설계방안   68
03 창고 및 센터의 입지선정   72
04 창고용량의 결정 및 내부설계   85
05 화자정비   105
    기출&실력 다잡기   108

CHAPTER 04 창고보관 시스템의 운용

01 입화 시스템   133
02 오더 피킹 시스템   133
03 자동분류 시스템   152
    기출&실력 다잡기   160

CHAPTER 05 물류단지와 물류시설

01 물류단지   164
02 물류터미널   170
03 물류센터와 배송센터   172
04 기타 물류시설   179
05 물류시설의 민간투자사업의 추진방식   184
    기출&실력 다잡기   186

CHAPTER 06 재고관리, 자재관리, 구매관리 시스템

01 재고관리 시스템   193
02 자재관리 시스템   223
03 구매관리 시스템   235
04 제약이론과 공정관리   240
    기출&실력 다잡기   244

Part 2 하역론

CHAPTER 07 보관 및 하역기기

01 보관기기   281
02 하역기기   296
    기출&실력 다잡기   317

CHAPTER 08 하역의 개요 및 기계화

01 하역의 개요   340
02 하역의 기계화   346
    기출&실력 다잡기   353

CHAPTER 09 장소별 하역 및 하역 시스템의 설계

01 장소 및 운송수단별 하역   360
02 하역 시스템의 설계   378
     기출&실력 다잡기   386

CHAPTER 10 유닛로드 시스템

01 유닛로드 시스템   396
02 일관 파렛트화(Palletization)   405
03 컨테이너화(Containerizing)   411
04 물류포장   420
     기출&실력 다잡기   429

부 록

제26회 보관하역론 기출문제   449

물류
관리사

〈 Certified Professional Logistician 〉

PART 01

보관론

CHAPTER 01 보관 및 창고의 기초개요

CHAPTER 02 창고자동화 및 업무절차

CHAPTER 03 창고보관 시스템 개요 및 설계방안

CHAPTER 04 창고보관 시스템의 운용

CHAPTER 05 물류단지와 물류시설

CHAPTER 06 재고관리, 자재관리, 구매관리 시스템

보관 및 창고의 기초개요

01 보관의 개요

(1) 보관의 개념

① **보관(Storage)**은 물품의 생산시점과 소비시점의 격차를 조정하여 **"시간적 효용"**을 창출하는 기능을 가지고 있으며, 이 기능을 담당하는 시설이 창고(warehouse)로써 물류의 중심적인 기능을 수행한다.

운송(Transportation)	생산지와 소비지의 거리적·장소적 격차를 조정 **"거리적·장소적 효용"** 창출 기출 24회, 25회

② **소비자 욕구 고도화**로 인해 오늘날과 같이 **다품종·소량생산**과 **소로트·다빈도 배송시대**에는 창고의 보관기능과 하역기능을 분리하여 설명하기는 어렵다. 즉, 물류를 물품 유통이란 관점에서 본다면 보관은 물품 유통의 완충(cushion)으로서의 역할로 볼 수 있다. 현재 재고삭감이나 JIT(Just In Time : 즉납체제) 등의 요구로 보관은 하역과 함께 물류의 기본요인이 되고 있다.

③ 물류 활동면에서 보관은 생산에서 소비에 이르는 물품 흐름의 일부이므로 적시에 원료 및 부품을 공급하여 생산을 원활히 하고 그 제품을 수요에 적합하게 출하하여 판매효과를 높이는 일이 보관의 기능으로써 요청되고 있다.

④ 현대의 **보관**은 단순히 물품을 물리적으로 보존하고 관리하는 저장의 의미, 즉 원료나 생산제품의 저장이라는 정태적이고도 수동적인 위치에서 벗어나 "시속 0km의 수송"이라는 말을 사용할 정도로 그 기능이 점차 **동태화**되어 가고 있다.

⑤ 보관은 고객서비스의 최전선이며, 단순히 저장이 아닌 비용과 서비스의 트레이드 오프(trade-off)를 전제로 수송[1]과 배송[2]간의 윤활유 역할을 수행할 뿐 아니라 생산과 판매와의 조정 및 완충 역할도 수행하며 집산·분류·검사 등의 역할도 수행하고 있다.

---

1) 광역 간 운송(대량화물, 대형 운송수단) : 서울 ↔ 부산
2) 지역 내 운송(소량화물, 소형 운송수단) : 부산지역 내

Trade-off	표기명칭 – "상충관계", "상쇄관계", "이율배반적 관계" ㉠ 한 가지 기능이나 결과가 향상되면 이에 영향을 밀접하게 받는 다른 기능이나 결과가 하락하게 되는, 서로 대립되는 요소들 사이의 균형을 의미한다. ㉡ 따라서 이러한 Trade-off관계를 가지는 요소들의 결과나 성과를 개별적으로 분석하거나 판단하기보다는 묶어서 "전체 최적화" 측면에서 처리해야 한다.

(2) 보관의 기능 〽기출 8회, 12회, 16회

보관은 보관과 관련된 설비기기와 보관방법에 관련된 재고관리, 보관 전체를 유기적으로 작동시키는 시스템의 3가지 측면에서 파악할 수 있다. 즉, 보관에 관련된 설비기기란 보관에 관련된 하드웨어의 측면을 말하며, 재고관리는 소프트웨어에 해당되는 관리기법을 의미한다. 그리고 시스템이란 설비기기와 재고관리를 유기적으로 결합하여 하나의 통합된 계(係)로서 연동하게 되는 것을 말한다.

물류 시스템에서 보관의 기능은 물품 흐름의 안전판으로서 또는 마케팅 지원측면에서 기능을 살펴보면 다음과 같다.

① **인격적 기능수행의 초석** : 생산자와 소비자 간, 각 인격체들 간의 심리적 격차를 줄이기 위한 상품의 유통에 기반이 된다.
② **고객서비스 기능** : 주문에 대한 신속대응, 결품방지 기능을 수행한다.
③ **마케팅 기능** : 보관활동 간 상품에 부가가치를 부여하거나 거점의 보관활동을 통한 고객까지의 배달시간 단축, 적정재고 보유를 통한 재고 서비스율 향상을 통한 기업의 마케팅 활동을 지원한다.
④ **수급적합 기능** : 적시에 원자재를 생산에 투입시키고 소비자 수요에 맞는 양만큼을 출하하여 판매효과를 높이는 기능을 수행(시간, 장소, 가격)한다.
⑤ **수송과 배송 간의 윤활유 역할** : 생산지와 소비자의 거점 간 수송과, 거점 내 고객까지의 배송활동을 비용과 서비스의 트레이드 오프(Trade-off)를 고려한 유기적 연계를 실현시킨다.
⑥ **생산과 판매의 조정 및 완충** 역할 및 **집산, 분류, 검사**장소로써 (물류거점적 기능) (물류센터, 배송센터) 등의 역할을 수행한다.

위와 같이 보관활동은 과거의 정태적 개념의 보관활동에서 벗어나 각종 시스템과 합리화 기법 및 기계화·자동화 등을 통해 재고를 줄이고 회전율을 높이는 등 **동태적 개념으로 탈바꿈**하고 있다.

(3) 보관의 원칙 〽기출 매회

보관의 기본적인 요소로서 그 원칙을 살펴보면 다음과 같으며, 이들 원칙 사이에는 서로 상호연관성이 있으므로 보관을 할 경우에는 물품의 성격이나 창고 내 상황에 따라 적절히 배합하여 적용하여야 한다.[3]

---

3) 한국무역협회, 『수출기업의 물류합리화 방안』, 1991, pp.66~67.

① **통로대면 보관의 원칙** : 물품의 창고 내 입고와 출고를 용이하게 하고 <u>창고 내의 원활한 화물의 흐름과 활성화를 위하여</u> 통로에 면하여(**직각으로 대면**) 보관하는 원칙이다. 이 원칙은 창고설계의 기본인 동시에 창고 내의 흐름을 원활히 하고 활성화하기 위한 기본원칙이 된다.

② **높이 쌓기(高積)의 원칙(≠평치보관)** : 물품을 높게 적재하는 것으로서, 예를 들면 파렛트 등을 평평하게 적재하는 것보다 높이 쌓게 되면 용적효율이 향상된다는 장점이 있는 원칙이다. 창고 전체의 유효보관이란 관점에서도 입체효율을 향상하는 것이 당연하며, 선입선출 등 재고관리상 제약조건이 많은 경우에 랙 및 적층선반 등의 보관설비 이용 등을 고려하여야 한다.

③ **선입선출의 원칙** : 선입선출(FIFO : First In First Out)이란 먼저 보관한 물품을 먼저 출고하는 원칙으로서, 이 원칙은 일반적으로 상품의 생명주기(life cycle)가 짧은 경우에 많이 적용된다. 재고관리상 선입선출이 필요한 경우는 다음과 같다.

  ㉠ **"유행"**이라는 속성을 가진 상품
  ㉡ 식품과 같이 **"유통기한"**이 존재하는 상품
  ㉢ 상품 **"수명주기(product life cycle)가 짧은"**, 상품의 형식변경이 잦은 상품
  또한 이런 상품은 **중력식 랙(플로 랙, 유동 랙, 흐름 랙)** 등을 이용하면 효율적이다.

입고

고   출고

저

《 Gravity Rack 기본원리 》

④ **회전대응 보관의 원칙** : 보관할 물품의 장소를 회전 정도에 따라 정하는 원칙으로서 입출하 빈도의 정도에 따라 보관장소를 결정하는 것을 말한다. 예를 들어, 출입구가 동일한 창고의 경우 **입출하 빈도가 높은 화물은 출입구에 가까운 장소에 보관**하고 낮은 경우에는 먼 장소에 보관하는 것이 이에 해당된다. 이 원칙이 중요한 이유는 일상 업무 가운데 이와 같은 원칙을 활용하여 물품을 정리할 수 있기 때문이다. 구체적으로 설명하면 계절에 따라 매일 출하되는 빈도의 격차가 큰 물품의 경우에는 계절에 따라 보관장소를 재검토하여 보관장소를 변경하도록 하여야 한다(Seasonality, 계절성을 고려).

⑤ **동일성 및 유사성의 원칙** : 동일 품종, 유사품은 동일 장소에 보관해야 한다는 원칙이다. 동일 품종을 동일 장소에 보관하여 관리하면 높은 관리효율을 기대할 수 있는 원칙이다. 만일, 동일 품종이 창고 내에 산재한다면 현재의 격납·추출은 재고관리, 작업원의 재고지식 및 전체적인 면에서 작업생산성을 크게 저해하는 요인이 될 것이다.

⑥ **중량특성의 원칙** : 중량에 대응하여 보관장소나 고저를 결정하는 원칙이다. 구체적으로 살펴보면, **중량물은 상(床) 및 하층부에 보관**하고 **출고구에 가깝게**, 경량물은 상층부에 보관한다. 인력으로 하역을 할 때는 허리 이하의 장소에는 중량물과 대형물을 보관하고, 허리 이상에는 경량물이나 소화물을 보관하는 것이 좋다. 랙의 경우 안전성 문제라든지 하역의 작업성 등을 고려하여 해당 원칙을 적용할 수 있다.

⑦ **형상특성의 원칙** : 형상에 따라 보관방법을 변경하며, 화물의 형상특성에 부응하여 보관하라는 원칙이다. 구체적으로 살펴보면, 포장의 모듈(module)화에 대응되는 **표준품은 "랙"에 보관**하고 자동차 부품 및 타이어 등과 같이 특수한 보관기기 및 설비를 통하여 복잡한 형상을 표준화할 필요가 있는 **비표준품은 형상에 부응하여 보관**한다는 원칙이다.

⑧ **위치표시의 원칙** : 보관품의 장소와 선반 번호를 명시하는 원칙이다. 위치표시를 하게 되면 격납·추출작업이 단순화되어 작업원의 실수가 적어진다(**문자, 기호, 숫자로 위치표시**).

> 5 블록   3열   C-32

⑨ **명료성(표시)의 원칙** : 시각에 의하여 보관품을 용이하게 인식할 수 있도록 보관하는 원칙으로 위치표시 원칙, 동일성 및 유사성의 원칙, 높이 쌓기 원칙 등을 배려하더라도 창고 내 작업원의 **시각에 의하여 보관품의 장소나 보관품 자체를 쉽게 파악**할 수 있도록 하여야 한다.

⑩ **네트워크(Network) 보관의 원칙** : 출하 품목의 다양성에 따른 보관 및 출하상의 곤란을 예상하여 물품정리 및 이동거리를 최소화시키도록 지원하는 방식으로 출하 품목의 "**연대적 출고**"가 예상되는 제품들을 한데 모아 정리하고 계통적으로 보관하는 방식이다.

(4) 보관의 방법

보관하는 물품의 흐름에 따른 보관방법으로 다음과 같은 방식이 활용되고 있다.

① **일방통행(One Way) 방식, I형** : 입고구와 출고구가 별도로 설치되어 입고 시에 물품이 일방통행으로 창고 내를 이동하게 되며 출구에서 반출되는 방식이다. **– 흐름 향상, 적재량 감소**

② **U – Turn 방식, U형** : 입고구와 출고구가 병용이거나 동일 방향에 위치한 형태로서 보관물품은 보관 후 입고된 방향으로 다시 출고되는 방식이다. **– 흐름 저하, 적재량 증대**

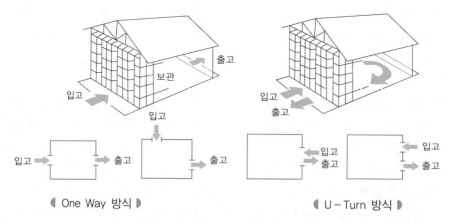

《 One Way 방식 》   《 U – Turn 방식 》

③ **기타 방식** : 입고구와 출고구는 필요에 따라서 두 가지 이상 설치할 수도 있지만, 관리레벨을 향상시키기 위해서는 입고구와 출고구의 수를 최소화하는 것이 바람직한 방식이다.

02 창고의 개요

1 창고의 개념

협의의 창고란 물품을 보관하기 위한 건물을 말하며, 광의의 의미로는 물품을 보관하기 위한 시설이라 할 수 있다.

창고업 법에 의하면 창고는 물품의 멸실 또는 훼손을 방지하기 위한 공작물과 물품의 멸실, 훼손을 방지하기 위하여 시설한 토지 또는 수면으로써 물품을 보관하는 데 사용되는 것을 말하며, 창고업은 타인을 위하여 창고에 물품을 보관[4]하는 것을 영업으로 하는 것을 말한다.

창고는 영어로 Storage 또는 Warehouse라고 하는데, <u>Storage</u>는 <u>원재료</u>의 저장에 주로 사용되며, <u>Warehouse</u>는 <u>완제품</u>의 보관장소의 의미로 많이 사용되고 있다. 또한 보관과 저장도 유사어로 사용되는 경우가 많지만, 보관은 단기간, 완제품에 그리고 저장은 장기간, 원재료에 사용되는 경우가 많다. 또한 Warehousing이란 창고계획, 창고관리, 창고 시스템 계획 등의 통합적인 의미를 갖고 있어서 단순한 창고활동의 의미와는 구별되어야 한다.

보관물류의 대상은 보관장소인 창고(또는 물류센터)와 그 설비로써 제품의 특성에 맞는 창고의 위치, 종류 및 그 시설의 선택 등에 있다. 보관활동은 주로 창고에서 이루어지지만 창고 이외의 배송센터 같은 곳에서도 행해지고 있다. 그러나 창고에서는 포장, 물품분류, 유통가공활동 등 보관활동 이외의 활동도 행해지고 있어서 <u>보관과 창고의 활동내용이 일치하지 않는다.</u>

이런 점에서 **창고기능**은 <u>보관기능보다</u> **더 폭넓은 개념**이라 할 수 있으며, 보관은 창고에 비해 수동적인 개념이지만 창고는 훨씬 **능동적**이라 할 수 있다.[5] 그러나 보통 양자는 불가분의 관계이므로 일반적으로 동일한 개념으로 간주되고 있다.

2 창고의 의의

창고의 주된 역할은 보관을 주 목적으로 하는 보관창고적인 색채가 짙으나 경제의 발전과 더불어 제품을 생산하기 위한 원재료를 비롯하여 제조과정의 반제품을 일시 보관하기 위한 중간제품창고나 완성품을 보관하는 제품보관창고 등이 필요하게 되었다.

최근 백화점이나 슈퍼마켓에서 진열을 위한 소량화물의 보관 및 집배기능을 중심으로 한 창고가 출현하고 있으며, 이를 유통창고 또는 배송센터라 한다. 이러한 창고기능은 대량화물의 유통기지로서 스톡 포인트(SP : Stock Point)나 데포(DP : Depot), 집배송단지, 복합물류터미널, 수출업

---

4) 보호예치, 일시보관 및 국토교통부령으로 정하는 다음과 같은 경우에는 제외한다.
　① 중량이 60kg 미만이고, 용적이 25m^3 미만인 물품인 수화물·소화물.
　② 사용하는 자동차, 자전거 또는 우마차나 기타 이에 준하는 것의 보관.
　③ 수산법 제44조 제1항 규정에 의한 냉동업을 영위하는 자가 제조한 냉동물을 그의 냉장시설에 보관.
5) William J. Stanton, Fundamental of Marketing, New York : Mcgraw-Hill Book Co., 1981.

체를 위한 보세창고, 보세장치장, 해외물류기지 등으로 그 범위가 확산되고 그 기능도 정태적 의미의 저장창고에서 <u>동태적 의미의 흐름중심형 유통창고로 진화</u>하고 있다.

3 창고의 기능 /기출 11회, 12회, 13회, 15회, 17회, 21회

창고의 이용절차는 '**입화 → 검수 → 격납(put away) → 저장 → 오더 피킹(order picking) → 검품 → 포장 → 출하**' 등의 순으로 진행된다. 이 중에서 인력으로 할 때 <u>가장 많은 시간이 소요되는 작업이 **오더 피킹 작업**</u>이다. 따라서 창고의 자동화 및 생력화(省力化) 작업도 오더 피킹에 중점을 두고 실시하는 것이 필요하다.

> **핵심포인트**
>
> **창고의 기능**
> ① **저장기능** : 물품을 안전하게 보관하거나 현상 유지하는 기능
> ② **수급조정기능** : 물품의 생산과 소비의 시간적 간격(time-gap)을 조정하여 스톡 포인트, 데포, 집배송센터 등에서 일정량의 흐름이 체류하는 기능
> ③ **가격조정기능** : 물품의 수급을 조정함으로써 가격안정을 도모하는 기능
> ④ **연결기능** : 물류의 각 요인을 연결시키는 터미널로써의 기능
> ⑤ **매매기관적 기능** : 물품의 매매를 통해 금융을 원활화시키는 기능
> ⑥ **신용기관적 기능**
> ⑦ **판매전진기지적 기능**

4 창고의 필요성

생산자와 소비자 사이의 시간적 · 공간적 차이 극복	보관활동의 수행 공간, JIT(Just In Time) 지원
규모의 경제성 획득(수송 측면)	단위 운송비용은 같으므로 최대한 만차(FTL)[6]로 운송
(생산 측면)	생산능력을 최대한 소모하는 방향의 생산
대량구매의 효용 획득	수량 할인, 협상력 증대
생산 원자재의 안정적 수급	원자재가 없어서 생산을 못하고 판매를 못하는 상황 회피
적정서비스, 총비용 최소화	요구되는 서비스 수준과 비용의 상충관계 고려, 목표서비스율 수립 → 재고정책 수립 → 총비용 최소화
시장상황 변화 대응	경기변동, 계절적 수요, 경쟁의 변화
구색 갖춤	고객에게 다양한 상품을 일시에 제공
일시적 보관	폐기되거나 재활용될 제품

---

6) FTL(Full Truck Load) : 트럭 한대 분량을 모두 채운 형태의 운송. ≠LTL(Less than Truck Load)

5 창고의 종류

창고업법에 의한 창고의 종류는 다음과 같이 운영형태, 입지, 건물의 형태, 기능별로 구분할 수 있다.

(1) 운영형태에 의한 분류 〔기출〕 11회, 15회, 20회

① **자가창고** : 화주**자신**의 화물의 특성을 고려한 **맞춤 시설, 시스템, 인력**

 ㉠ **자가창고의 의의** : 자가창고는 자기의 물품을 보관하기 위한 창고를 말하며 이에는 공장창고(자재창고, 제품창고), 상업창고 등이 있다. 이들 창고들의 효율을 향상하기 위한 방법 모색으로 창고시설 및 재고관리가 발전하여 입체자동창고가 출현하게 되었다.

 ㉡ **자가창고의 장점**

  ⓐ **최적의 창고설계가 가능**(자사에 적합한 운영방식) : 시스템을 자사의 책임 하에 마련함으로 자사에 적합한 창고 시스템의 설계가 가능하다. 또한 물류목표를 전제로 품목의 특성, 형상특성, 출하특성 또는 수·배송 및 고객특성에 맞는 전용 창고의 건설이 가능하다. 시스템적 의미에서 볼 때 자가창고의 활용이 가장 바람직하다. 이는 수주에서 출하까지 시스템의 처리가 원활하고, 특히 정보처리 시스템을 기반으로 한 물류 시스템의 구조가 확고함으로 고객에 대한 재고 서비스 수준의 유지 및 향상을 중심으로 납기관리를 철저히 할 수 있기 때문이다.

  ⓑ **기계화 자동화에 의한 생력화, 성력화** : 자가창고의 경우 기계화를 통한 성력화를 도모하여 인원절감 및 생산성 향상을 기하는 직접적인 수단을 마련할 수 있다. 이러한 자가창고 내의 합리화의 결과는 즉각 이익으로서 담당부문에 반영됨과 동시에 높은 비용에 대해서도 합리화에 의해 흡수해 나갈 수 있다.

  ⓒ **수주·출하의 일관화 가능 – 자사에 적합한 운영방식, 토털연계 서비스** : 고객에 대한 서비스를 충실히 수행하기 위해서는 수주와 출하의 일관화는 불가결하다. 자가창고를 보유할 경우 외부 변화에 신속히 대응할 수 있으며, 문제 발생 시 수습이 용이하다.

  ⓓ **노하우의 축적 가능** : 자가창고의 운영을 통하여 노하우의 축적이 가능하게 되며, 자체적인 보관합리화를 통하여 물류비의 절감효과를 가져올 수 있다. 축적된 노하우를 통하여 현상의 개선, 차기 시스템에 반영 등 이용의 폭이 넓어지게 된다.

  ⓔ **작업시간에 대한 탄력성이 높음** : 이른 새벽이나 야간에도 자가창고일 경우에는 작업진행이 가능하다.

  ⓕ 입지선정의 폭이 넓으며 향후 부동산적 가치창출이 가능하다.

 ㉢ **자가창고의 단점**

  ⓐ **창고건설과 운용에 따른 자금소요 – 높은 고정비용**(원금상환, 이자지급) : 창고건설에는 막대한 자금이 소요되며, 장기화 또는 고정화된다. 이는 자금의 운용효율 및 유동성 측면에서 문제가 된다(인건비, 설비투자 등).

ⓑ **확장성의 제약, 입지변경의 제약** : 부지가 협소하고 창고건물이 소규모인 경우에 창고의 확장이 원활히 이루어질 수 없다. 비록, 창고의 확대가 가능하더라도 시스템적으로 무리가 생기게 되고 마음대로 사용하기가 어렵게 된다.

ⓒ 계절변동에 물동량 변동에 비탄력적 - **기기나 설비의 한계처리능력** : 어느 기업이나 사계절을 통하여 안정적인 출하는 어렵다. 즉, 성수기와 비수요기의 재고보유량에 극단적인 차이가 있게 된다. 자가창고에서는 이 연간 변동이나 계절변동에 대해 창고의 공간을 탄력적으로 유지할 수 없어 보관량이 감소되는 경우 물류측면에서 낭비요소가 발생하거나 용량을 초과하는 물동량에 대해 대응하지 못하는 단점이 있다.

ⓓ 재고품의 관리가 소홀해질 우려 : 영업창고처럼 관리 소홀에 대한 책임을 지우기가 용이치 않으며 지울 경우 직원들의 사기저하를 유발한다.

② 영업창고 : **창고주의 표준화된 시설, 시스템, 인력**

㉠ 영업용 창고의 의의 : 영업창고는 다른 사람이 기탁한 물품의 보관을 실시하고 그 대가로 보관료를 받는 기업으로 창고업자로 불린다. 창고업자는 기탁된 물품을 보관계약의 조항에 따라 보관하고 기탁자의 지시에 따라 출고, 이동, 제3자에의 인도 등을 하는 것이 본래의 임무이다. 또한, **창고업자는 기탁자의 요구에 따라 창고증권을 발행**하며 창고증권은 기탁물을 대표하는 상거래와 금융의 대상으로 취급된다(**창고증권 발급 수수료 발생**).

이들 영업창고의 수입은 다음과 같이 화물보관에 필요한 요금인 보관료와 입출고작업에 대한 보수인 하역료를 토대로 하여 이루어진다.

ⓐ **보관료** : 보관료는 기본요금(기탁신고가격에 대해서는 종가율, 그리고 중량 및 선적에 대해서는 종량률 적용), 할증요금, 수수료(특별한 사무처리 및 창고증권 발행비 등)이다.

ⓑ **하역료** : 하역료는 입출고작업에 대한 보수로서 요금은 대개 기본요금(품목분류별, 3급지별로 통일정액 부가), 할증요금(야간, 휴일 및 강행 하역 시 부과), 기타 요금(특수하역, 양목 조정, 짐 고치기, 대기료 등)으로 구성된다.

◀ 영업창고 요금의 기본구성 ▶

구 분			내 용	
보관료	기본요금	종가율	기탁신고가격에 대하여(귀중품, 고가품)	품목별 분류, 3급지별로 통일정액
		종량률	중량 또는 체적에 대하여	
	할증요금		미납세, 위험, 정온장치, 유독, 오손, 미포장이나 불완전포장 따위의 화물	
	수수료		특별한 사무처리, 창고증권발행 등	
하역료	기본요금		품목분류별, 3급지별로 통일정액	
	할증요금		야간, 휴일, 거대화물하역, 강행하역 등	
	기타 요금		특수하역, 양목조정, 짐 고치기, 대기료 등	

☝ 보관료의 기본요금은 종가율과 종량률의 합산액이다.

ⓛ **영업용 창고의 종류** : 영업창고는 시설기반과 보관물품의 종류에 따라 다음과 같이 분류된다.

ⓐ **1급 창고** : 최신형 창고(고무, 섬유, 설탕 등)

ⓑ **2급 창고** : 내화 및 방화성능이 떨어지는 창고(사료 및 피혁 등)

ⓒ **3급 창고** : 습도, 환기, 재해방지기능이 떨어지는 창고(유리, 도자기 등)

ⓓ **야적창고** : 항구지역에서 선철, 시멘트, 목재 및 차량 등의 야적장 또는 컨테이너 야적장으로 담, 울타리를 설치하여 화물을 야적으로 보관

ⓔ **수면창고** : 하천이나, 해면을 이용하여 저수지를 만들고 이것을 이용하여 목재 등을 보관하는 창고

ⓕ **저장조 창고** : 사일로(분립체 화물) 및 탱크(액체화물) 등

ⓖ **위험물 창고** : 위험물(소방법에 의한 위험물과 고압가스 취급법에 의한 고압가스, 독극물 등)을 보관하는 창고

ⓗ **냉동·냉장 창고** : 냉동·냉장장치를 필요로 하는 물품의 보관창고

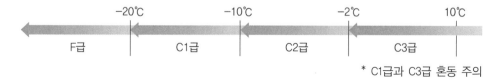

* C1급과 C3급 혼동 주의

ⓒ **영업창고의 장단점**

장 점	단 점
ⓐ 창고의 공간 효율적 활용가능(비수기에는 사용공간을 줄임)	ⓐ **자사 특유의 설비기기 및 운영방식을 사용하기 어려움**(토털연계 서비스 취약)
ⓑ 관리가 안전(전문가에 의한 수불관리)	ⓑ 시설변경이 용이하지 않음.
ⓒ **고정투자비 불필요**, 적은 총비용	ⓒ **작업시간에 대한 탄력성이 적음**(야간, 새벽 입출고 어려움).
ⓓ 재해 시 보험에 의한 보상이 확실	ⓓ 공간이나 운영을 임대하는 형식으로 자기 자산이 되지 않음.
ⓔ 비용이 정확히 산정됨.	ⓔ 성수기에 여유 공간이 적음.
ⓕ 입지선정과 변경이 용이(유연성)	ⓕ 화주의 상품기밀이 유지되지 않음.

③ 임대(리스)창고

  ⊙ 영업창고업자 이외의 기업체 또는 개인이 소유하고 있는 창고를 임대료를 받고 다른 기업체 또는 개인에게 물품을 저장, 보관을 목적으로 제공하는 창고를 말한다. 임대창고의 목적은 영업창고업자 이외의 기업 또는 개인이 자기의 사정에 의해 창고를 타 기업 또는 개인에게 임대하여 유효하게 하는데 그 의의가 있다.

  ⓛ 기업이 보관공간을 리스하여 운영하게 되면 단기적인 측면에서는 영업창고를 이용하는 것과 같은 효과가 있다. 그리고 장기적인 측면에서의 효과로는 자가창고를 건설하는 것의 중간적인 선택이 될 수 있다.

  ⓒ 리스창고의 장점으로는 첫째, 낮은 임대료율로 보관공간을 확보할 수 있다는 점과 둘째, 리스기간에 따라 사용자가 **보관공간이나 인력 등 그와 관련된 제반운영을 직접 통제할 수 있다는 점** 등이다. 그러나 리스창고는 임대계약을 통해 특정기간 동안 공간 임대료를 지불할 것을 보증하기 때문에 영업창고를 이용할 때처럼 시장 환경의 변화에 따라 보관장소를 탄력적으로 옮기는 것은 불가능하기 때문에 단점으로 지적되고 있다.

④ 자가자동화 창고 : 자가창고의 기본특성에 컴퓨터에 의한 **정보처리 시스템**과 **입출고 시스템**이 짝을 이루어 운영되는 창고이다(WMS[7] + AS/RS[8]).

  ⊙ 제어방식

    ⓐ (직결식) **온라인 방식** : 컴퓨터와 하역기기가 일체되어 자동으로 운전하는 제어방식, **사람의 개입이 없음**.

    ⓑ (비직결식) **오프라인 방식** : 사람이 컴퓨터에 연결된 리더기를 이용해 제품의 입출고 카드 및 바코드 등을 해독시킨 후 자동화 기기에 해당 제품을 전달하여 작동되는 **반자동 제어방식**

  ⓛ 랙의 높이에 따라 저층 랙(5m 이하), 중층 랙(5m 초과 15m 미만), 고층 랙(15m 이상)을 활용하고 있다.

⑤ **공공창고** : 관공서 또는 공공단체가 공익을 목적으로 소유, 운영하는 창고로 다음과 같은 형태가 있다.

  ⊙ **공립창고** : 정부 및 지방자치단체가 항만지대에 건설하고 민간에게 운용을 위탁

  ⓛ **관설상옥** : 정부 및 지방자치단체가 해·육 연결 화물판매 용도로써 부두 또는 안벽에 상층을 설치하고 민간업체 또는 일반에 제공(관에서 설치하고 민간에서 운영)

  ⓒ **관설보세창고** : 「관세법」에 의거 창고업자가 세관의 허가를 받아 세관의 감독하에 관세 미납 화물을 보관하는 창고

---

7) WMS(Warehouse Management System) : 창고관리 시스템
8) AS/RS(Auto Storage & Retrieval System) : 자동저장 및 회수 시스템

⑥ 운영형태별 창고의 비용곡선

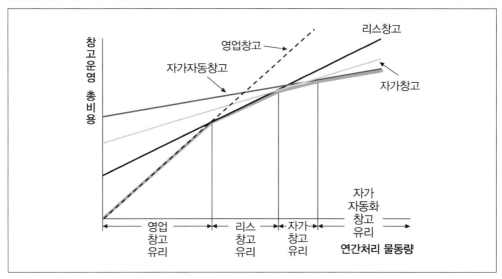

> 빈출 각 창고별 비용함수식을 주고, 향후 물동량을 제시하여 예상 총비용이 가장 작게 산출되는 창고를 선택하
> 도록 하는 문제가 출제된다.

(2) 입지에 의한 분류

① **항만창고** : 부두창고, 항두창고, 임항창고, 보세창고 등
② **터미널 창고** : 주로 트럭 터미널과 버스 터미널 등 일시 보관시설
③ **집단화 창고** : 유통업무단지 등의 유통기점에 집중적으로 입지를 정하고 있는 창고로서 어기에
는 공동창고, 집배송단지 내 창고, 복합물류터미널 내 집단창고
④ **도시창고** : 도시형 또는 소비지형 창고로서 백화점 및 슈퍼마켓의 유통형 창고가 이에 속하며,
때로는 항만창고가 도시창고의 기능을 겸하는 수도 있다. 여기서는 신속한 입출고와 집배송,
유통가공 요구, 정보처리기능을 겸한 복합기능을 가진 도시형 배송센터의 특성을 가져야 한다.

> **TIP** 도심형 창고
>
> 셀프 스토리지(Self Storage), **트렁크 룸(Trunk Room)**

⑤ **역전창고** : 화차로 출하하기 위해 일시 대기하는 화물의 보관시설
⑥ **해외창고** : 해외 물류거점으로서 유통, 보관 및 가공기능을 겸한 해외창고

(3) 창고 내 형태별 분류

① **일반 평면창고** : 특별한 보관설비 없이 평평하게 보관공간이 구획된 창고이다.
② **자동화 창고** 기출 21회
    ㉠ **자동화 창고의 개념** : 협의로는 주로 고층 랙 방식 창고로서 전자제어에 의해 스태커 크레인
을 조작함으로써 파렛트의 입출고를 자동적으로 수행하는 가장 현대화된 창고이다. 최근

자동창고의 추세가 고층 랙을 이용한 무인입체 자동창고로 발전되어 가고 있다. 광의로는 스태커 크레인의 제어를 수동으로 하거나 반자동 또는 자동으로 행하는 입체자동창고 및 입체기계화 창고를 총칭한다.

    ⓛ 자동화 창고의 장점

        ⓐ **시간**의 절약

        ⓑ 스페이스(**공간**)의 절약

        ⓒ **인력**의 절감

        ⓓ 생산성의 향상

        ⓔ **재고관리의 합리화**

        ⓕ 화물손상의 감소 및 **안전성의 증대**

    ⓒ 자동화 창고의 보급을 저해하는 요인

        ⓐ 업주의 창고경영에 대한 인식부족

        ⓑ 파렛트화 및 컨테이너화를 통한 유닛로드화의 지연

        ⓒ 경제성의 우위를 표시하는 자료의 부족

③ **랙 창고(Rack Warehouse)** : 창고자동화 문제와 관련해서 선진국에서는 파렛트와 관련되어 있는 랙 창고의 건설이 활발하게 진행되고 있다. 랙 창고는 화물의 입하에서 출하까지 완전 자동화되고 유닛로드로 처리되는 시스템으로서 중층 랙과 고층 랙으로 구분된다. 현재 보관에서 가장 중요한 오더 피킹이 인력에서 기계화로 전환된 것은 순전히 랙 시스템이 개발되었기 때문에 가능하게 된 것이다.

    ㉠ 랙 창고의 구성

        ⓐ 보관 랙(Storage Rack)

        ⓑ 보관과 회수장치(Storage and Retrieval Equipment)

        ⓒ 컴퓨터를 이용한 인풋/아웃풋(In-put/Out-put)

        ⓓ 통제 시스템(Control System)

    ㉡ 이러한 랙 창고의 구조는 강철 구조물로 만들어진 수직·단계적재형 선반으로 구성되어 있으며, 보통 높이가 50~70피트이지만 고층 랙 가운데 120피트나 되는 고층도 있다. 보통 파렛트를 쌓을 때 20피트 정도가 정상적이지만 입체창고의 경우에는 예를 들어 파렛트 4단 적 500개, 5단적 1,000개로도 설계하게 된다.

④ **기능에 의한 분류** : 창고를 기능상으로 분류하면 저장창고, 보세창고, 유통창고로 나뉜다.

    ㉠ **저장창고** : 저장중심형

    창고의 기본적인 기능인 저장보관에 충실한 재래형의 창고이다.

        ⓐ 장기적인 저장, 보관활동으로 수급조절기능이 주요 역할

        ⓑ 곡물, 사료, 철광석, 유류 등 원자재와 중간재가 주요 대상 화물

        ⓒ 부가가치 물류활동 및 자동화 설비투자의 가능성이 낮음.

        ⓓ 입고, 보관, 출고의 단조로운 프로세스

ⓛ 보세창고 : **관세법**에 근거를 두고 **세관장**의 허가를 얻어 수출입 화물을 취급하는 창고를 말하며, 수출입 관세가 미납된 화물을 보관한다.

ⓒ 유통창고 : 유통중심형, 흐름중심형, 판매지향형 창고 기출 22회

ⓐ 저장창고의 기능이 주로 물품의 보관을 주 목적으로 한 것이지만 **유통창고는 유동보관을 그 목적**으로 한 것이다. 즉, 유통창고는 화물의 흐름 가운데 위치하여 물품이 유동 보관될 수 있도록 창고의 기능과 운송의 기능을 겸비한 것이라 볼 수 있다.

ⓑ 자가창고의 경우에는 이를 유통창고화 하려는 추세로 흐르고 있다. 그 이유는 전술한 바, 창고의 기능이 최근에 와서는 단순한 보관기능에서 다목적 기능을 가진 유통창고로 전환되고 있기 때문이다. 이 같은 유통창고는 개별기업의 **자가창고 단계에서 출발**하여 동종 또는 이종 제조업체 간의 **공동창고**나 유통업체들의 **배송센터나 공동집배송단지로 발전**하고 있으며, 더욱 더 발전하면 **공영 복합물류터미널까지 확대**될 수도 있다.

ⓒ 유통창고의 특징은 조립작업, 포장작업, 분류작업 및 유통가공 작업 등을 수행하는 기능을 갖는다는 점이다.

ⓓ 유통창고나 배송센터는 보관기능 외에도 입화품의 검품, 검수, 유통가공, 분류 및 포장작업 등을 수행하며, 거래처가 많을 때는 이용기업에 따라 고객도 되고 일종의 서비스센터가 되는 다목적 물류기지가 되기도 한다. 이는 제조업자의 소비지 자가창고나 도매업 및 대중양판점(GMS)의 창고가 이에 속한다. 이 외에도 창고 및 트럭 터미널이 많이 집결되어 있어 일종의 지역적 물류기지로 변화한 곳을 지역유통센터라고 부르는데, 여기서는 집단화된 복합물류터미널이나 물류업무단지 등이 이에 속한다. 따라서 여기서 유통창고를 개별기업의 배송센터나 유통센터로 의미를 축소하여 설명하면 다음과 같다.

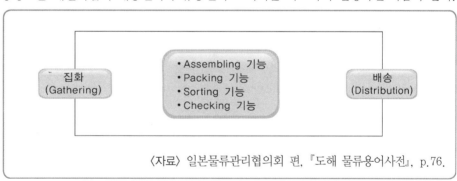

〈자료〉 일본물류관리협의회 편, 『도해 물류용어사전』, p.76.

◀ 유통창고의 기능 ▶

> **핵심포인트**

유통창고 및 개별배송센터의 기능

① **신속한 배송**체제의 확립에 따른 기업의 판매력 강화

② 생산면에서 **대량생산에 대응**

③ 수송면에서 공장으로부터 유통창고에 이르는 사이에 대량 정형적 <u>계획수송</u>이 가능하여 **수송비 절감**효과

④ 유통창고의 고도 정보망을 통해 신속·정확한 재고파악이 가능하며, 또한 **과잉재고의 편재를 방지** – Cross Docking

⑤ 유통창고의 정비를 통해 도매상의 상류기능과 물류기능의 명확한 분화로 상거래와 관련된 상품의 **중복·교차수송을 방지**

⑥ 유통창고를 판매 거점화함으로써 제조업체의 직판체제의 확립, 유통경로 단축, **유통의 간소화 및 비용절감** 등이 가능

⑦ 보관활동뿐만 아니라 **검품, 검수, 분류, 유통가공, Transform(세트화 재포장)** 등의 기능을 겸비한 창고 → 부가가치 창출

01 물류 과정에서 보관은 입고와 출고, 자재와 생산, 생산과 판매의 유동적이고 일시적인 완충재 역할과 링크(Link)와 링크를 이어주는 노드(Node)의 역할을 한다. 다음 중 보관의 기능이 아닌 것은? ✅ 12회

① 포장의 표준화를 통한 포장비 절감 기능
② 수송비와 생산비의 절감 기능
③ 수요와 공급의 조절 기능
④ 판매시점의 조절 기능
⑤ 마케팅과 연계한 상품의 시장 출시일 조절 기능

[해설] 물류의 기능별 분류 중 포장기능에 대한 설명이다.

02 보관기능과 항목이 옳게 연결된 것은? ✅ 16회

보관기능	항 목
ㄱ	주문신속대응, 결품방지
ㄴ	시간, 장소, 가격
ㄷ	물류센터, 배송센터

① ㄱ : 고객서비스 기능, ㄴ : 수급조정 기능, ㄷ : 모달시프트 기능
② ㄱ : 수급조정 기능, ㄴ : 물류거점적 기능, ㄷ : 고객서비스 기능
③ ㄱ : 수급조정 기능, ㄴ : 고객서비스 기능, ㄷ : 물류거점적 기능
④ ㄱ : 고객서비스 기능, ㄴ : 모달시프트 기능, ㄷ : 물류거점적 기능
⑤ ㄱ : 고객서비스 기능, ㄴ : 수급조정 기능, ㄷ : 물류거점적 기능

[해설] 이외에도 생산자와 소비자의 심리적 격차를 줄여주는 인격적 기능, 생산과 판매와의 조정 및 완충기능 등을 수행한다.

03 경제적인 이용을 위하여 다음 a, b, c, d에 적합한 창고형태를 올바른 순서로 제시한 것은? ✔ 11회

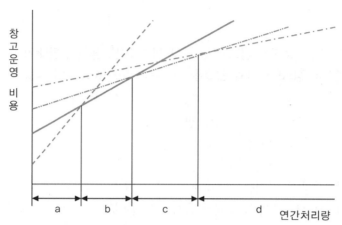

① 리스창고 – 자가자동창고 – 자가창고 – 영업창고
② 영업창고 – 자가창고 – 자가자동창고 – 리스창고
③ 영업창고 – 자가자동창고 – 자가창고 – 리스창고
④ 자가자동창고 – 자가창고 – 리스창고 – 영업창고
⑤ 영업창고 – 리스창고 – 자가창고 – 자가자동창고

> [해설] a – 영업창고 운영 시 창고운영 비용이 최소화되는 연간처리량 범위
> b – 리스창고 운영 시 창고운영 비용이 최소화되는 연간처리량 범위
> c – 자가창고 운영 시 창고운영 비용이 최소화되는 연간처리량 범위
> d – 자가자동화 창고 운영 시 창고운영 비용이 최소화되는 연간처리량 범위

04 트렁크 룸(Trunk Room)에 관한 설명으로 옳지 않은 것은? ✔ 16회

① 개인이나 기업을 대상으로 의류, 골동품, 서류, 자기테이프 등을 주로 보관하는 영업 창고이다.
② 창고의 공간을 세분하여 소단위의 화물을 위탁 보관한다.
③ 물품을 해충, 곰팡이, 습기 등으로부터 지키기 위해 항온·항습 서비스를 부가하여 보관한다.
④ 물품을 적시에 간편하고도 신속하게 배송하기 위해 대체로 도심과 인접한 곳에 입지한다.
⑤ 화물의 입출고, 저장, 물품선별 및 분류작업 등이 기계화·전산화를 통해 자동화되어 있다.

정답 **03** ⑤ **04** ⑤

해설 "트렁크 룸"은 보통 고가의 특수화물의 안전한 보관을 목적으로 하는 개인을 위한 창고 서비스, 셀프 스토리지로 24시간 시간적 제약 없이 입출이 가능한 도시형 창고서비스이다.

05 다음은 어떤 보관 원칙에 대한 설명인가? ✔ 11회

> 물품의 정리와 출고가 용이하도록 관련 품목의 연대적 출고를 예상하여 품목을 정리하고 계통적으로 보관함으로써 출하할 때 피킹효율의 향상을 도모하기 위한 보관 원칙이다.

① 회전대응의 원칙 ② 선입선출의 원칙
③ 통로대면 보관의 원칙 ④ 위치표시의 원칙
⑤ 네트워크 보관의 원칙

해설 "연대적 출고"가 예상되는 제품을 한데 모아 이동거리 감소와 피킹효율 증대 효과를 모색하는 보관의 원칙은 네트워크 보관의 원칙이다.

06 다음 설명 중 보관과 관련된 원칙과 거리가 먼 것은?

① 표준품은 형상에 따라 보관하고 비표준품은 랙에 보관하는 것이 원칙이다.
② 상품의 수명주기(Life Cycle)가 짧아 단기간 내에 상품가치가 없어질 우려가 있는 상품 등은 먼저 입고된 상품을 먼저 출고한다는 원칙을 적용한다.
③ 물품의 입고와 출고를 용이하게 하고 효율적으로 보관하기 위해서는 통로면에 보관하는 것이 창고 내 레이아웃 설계의 기본원칙이다.
④ 중량물은 마루나 하층부에 보관하고 경량물은 상층부에 보관하는 것이 원칙이다.
⑤ 물품의 정리와 출고, 운반이 용이하도록 관련 품목을 한 장소에 모아서 보관하는 것이 원칙이다.

해설 **형상특성의 원칙** : 표준화된 제품은 랙(Rack)에 보관하고 표준화되지 않은 제품은 형상에 부응하여 보관한다.
② 선입선출의 원칙, ③ 통로대면의 원칙, ④ 중량특성의 원칙, ⑤ 동일·유사성의 원칙

정답 **05** ⑤ **06** ①

07 다음 중 합리적인 보관의 원칙이 아닌 것은? ✓ 10회

① 출입구가 동일한 창고에서 물품을 보관 시 출입구 가까운 곳에는 출하빈도가 낮은 것을 먼 쪽에는 출하빈도가 높은 것을 배치한다.

② 중량에 따라 중량물은 하층부에 경량물은 상층부에 보관한다.

③ 보관품의 장소와 선반 번호 등의 위치를 표시한다.

④ 시각적으로 보관품을 용이하게 식별할 수 있도록 보관한다.

⑤ 가능하면 먼저 들어온 물건이 먼저 나가도록 관리한다.

> **해설** 회전대응보관의 원칙에 의하여 입출하 빈도가 높은 물품은 출고구 쪽에 가깝게 배치한다.

08 보관의 원칙에 관한 설명으로 옳지 않은 것은? ✓ 17회

① 선입선출의 원칙이란 먼저 입고한 물품을 먼저 출고하는 것으로 제품 수명주기(Product Life Cycle)가 짧은 경우에 많이 적용된다.

② 위치표시의 원칙이란 물품의 보관장소에 특정한 기호를 사용하여 위치를 표시하는 것으로 입출고 작업의 효율성을 높일 수 있다.

③ 회전대응보관의 원칙이란 입출고 빈도의 정도에 따라 물품의 보관장소를 결정하는 것으로 입출고 빈도가 높은 물품은 출입구로부터 가까운 장소에 보관한다.

④ 중량특성의 원칙이란 물품의 중량에 따라 보관장소의 출입구를 기준으로 한 거리와 높낮이를 결정하는 것이다.

⑤ 형상특성의 원칙이란 표준화된 물품은 형상에 따라 보관하고 표준화되지 않은 물품은 랙(Rack)에 보관하는 것이다.

> **해설** 형상특성의 원칙이란 표준화된 물품은 "랙(Rack)"에 보관하고 표준화되지 않은 물품은 "보관형상에 따라" 보관하는 것이다.

정답 **07** ① **08** ⑤

09 보관의 원칙으로 옳은 것을 모두 고른 것은?　　　　　　　　　　　　　◉ 19회

> ㉠ 동일성 및 유사성의 원칙이란 동일품종은 동일장소에 보관하고, 유사품은 근처 가까운 장
> 　소에 보관해야 한다는 원칙이다.
> ㉡ 선입선출의 원칙이란 먼저 입고된 제품을 먼저 출고한다는 원칙이다.
> ㉢ 네트워크보관의 원칙은 도난을 방지하기 위해서 고가 제품을 한 장소에 모아 보관하는 원칙
> 　이다.
> ㉣ 중량특성의 원칙이란 동일한 중량의 물품을 같은 장소에 보관하는 원칙이다.
> ㉤ 회전대응보관의 원칙이란 보관할 물품의 장소를 회전 정도에 따라 정하는 원칙이다.

① ㉠, ㉡, ㉣　　　　　　　　　　　　② ㉠, ㉡, ㉤
③ ㉠, ㉢, ㉣　　　　　　　　　　　　④ ㉡, ㉢, ㉤
⑤ ㉡, ㉣, ㉤

> [해설] ㉢ 네트워크보관의 원칙은 "연대적 출고"가 예상되는 제품을 한데 모아 이동거리 감소와 피킹효율 증대 효
> 　과를 모색하는 보관의 원칙이다.
> 　　　 ㉣ 중량특성의 원칙이란 물품의 중량에 따라 보관장소 및 높낮이를 결정해야 한다는 원칙으로 노고를 줄이
> 　기 위하여 출고구에 가깝게 선반하중을 고려해 랙 하층에, 인력하역일 경우 작업자의 안전을 고려하여
> 　허리높이에 보관하는 원칙이다.

10 보관에서 선입선출(FIFO)의 원칙이 반드시 필요한 상품은?　　　　　　　◉ 10회
① 상품 수명주기가 길어 상품가치에 큰 영향이 없는 상품
② 상품의 파손이 발생하지 않는 상품
③ 진부화 속도가 느린 상품
④ 형식변경이 잦은 상품
⑤ 저가이면서 부피가 큰 상품

> [해설] 형식변경이 잦은 상품은 기존제품 재고의 소진을 고려하지 않고 변경된 제품과 혼용하여 공급할 경우 진부
> 　화되어 판매되지 않는다. 따라서 선입선출에 의거하여 공급되고 판매되어야 한다.

정답 **09** ② **10** ④

11 일반적인 물류센터의 작업 공정 순서는? ✅ 21회

① 입하 → 피킹 → 검품 → 보관 → 격납 → 포장 → 출하
② 입하 → 피킹 → 보관 → 격납 → 검품 → 포장 → 출하
③ 입하 → 격납 → 보관 → 피킹 → 검품 → 포장 → 출하
④ 입하 → 격납 → 포장 → 보관 → 피킹 → 검품 → 출하
⑤ 입하 → 포장 → 격납 → 보관 → 피킹 → 검품 → 출하

해설 물류센터의 작업 공정 순서

입하 → 격납 → 보관, 보충 → 피킹 → 유통가공 → 검품 → 포장 → 방향별 분류 → 상차 및 출하

12 물류창고의 유형에 관한 설명으로 옳은 것은? ✅ 15회

① 자동화 창고 : 정보시스템과 창고의 시설 및 장비가 온라인으로 일체화되어 운영되는 창고
② 공공창고 : 임대창고 또는 영업용 창고와 대비되는 창고로서 자기의 물품을 보관하기 위한 창고
③ 위험물창고 : 공조기 또는 냉난방 시설로 온도와 습도를 일정하게 조정하는 창고
④ 저장창고 : 노천에 설치하는 옥외창고로서 담장, 철책 등을 설치하여 운영하는 창고
⑤ 리스창고 : 「관세법」에 근거를 두고 세관장의 허가를 얻어 수출입 화물을 취급하는 창고

해설 ② 자가창고에 대한 설명이다.
③ 정온창고에 대한 설명이다.
④ 야적창고에 대한 설명이다.
⑤ 보세창고에 대한 설명이다.

13 다음 중 창고에 대한 설명으로 거리가 먼 것은?

① 자동창고 제어방식은 온라인과 오프라인으로 구분한다.
② 창고구조에 의한 분류로는 보통창고, 기계화 창고, 자동화 창고 등으로 구분한다.
③ 냉장·냉동창고는 냉각장치에 의하여 10℃ 이하의 온도로 물품을 보관하는 창고를 말한다.
④ 야적창고는 담장, 철책 등을 설치하여 목재, 컨테이너 등을 야적형태로 보관하는 창고를 말한다.
⑤ 창고의 운영형태에 따라 보통창고, 야적창고, 수면창고, 위험물창고, 냉동·냉장창고 등으로 분류된다.

해설 운영형태에 따른 창고분류로는 자가창고, 영업창고, 임대창고, 공공창고 등으로 분류된다.

정답 **11** ③ **12** ① **13** ⑤

14 **창고의 종류에 대한 설명으로 틀린 것은?**

① 야적창고란 부두지역에 담장, 철책 등을 설치하여 목재, 토관, 컨테이너 등을 야적 형태로 보관하는 창고를 말한다.

② 저장조 창고란 주로 곡물 사일로를 말하며, 살물(Bulk Cargo) 형태의 수송이 증가함에 따라 사일로 보관은 감소하고 있다.

③ 수면창고란 항만 등에서 물위에 물품을 보관하는 것을 말하는데, 주로 원목의 보관용으로 쓰인다.

④ 냉장창고란 10℃ 이하의 저온으로 물품을 보관하는 창고를 말하며, 그 중 특히 냉동수산물, 육류 등을 보관하는 창고를 말한다.

⑤ 공공창고란 국가나 지방자치단체가 공익을 목적으로 건설한 것으로서 공립창고, 관설상옥 및 관설보세상옥의 3종류로 나눌 수 있다.

[해설] 살물 형태의 수송이 증가함에 따라 사일로 보관은 증가하고 있다.

15 **창고의 기능에 관한 설명으로 옳지 않은 것은?** ✅ 15회

① 생산과 소비의 거리 조정을 통해 거리적 효용을 창출한다.

② 생산과 소비의 시간적 간격을 조정하여 수급조정기능을 수행한다.

③ 물품의 수급을 조정하여 가격안정을 도모하는 기능을 수행한다.

④ 물건을 보관하여 재고를 확보함으로써 품절을 방지하고 신용을 증대시키는 기능을 수행한다.

⑤ 직접 물품을 판매하거나 판매를 위한 기지로서의 기능을 수행하기도 한다.

[해설] 거리 조정을 통한 거리적·장소적 효용을 발생시키는 기능은 "운송"의 기능이다.

16 **자가창고와 비교할 때 영업창고의 장점으로 옳지 않은 것은?** ✅ 17회

① 창고의 건설자금이 불필요하여 재무유동성이 향상된다.

② 보관 관련 비용에 대한 지출을 명확히 알 수 있다.

③ 전문가에 의한 수불관리가 이루어지기 때문에 관리가 안전하다.

④ 시설변경의 탄력성이 높다.

⑤ 입지선정이 용이하다.

[해설] 영업창고는 자가가 아니기 때문에 특정 개별화주 입장에서 시설이나 시스템 변경이 어렵고, 작업시간에 대한 탄력성이 떨어진다(새벽, 심야작업).

정답 14 ② 15 ① 16 ④

17 자가창고와 영업창고의 장단점에 대한 내용이다. 영업창고의 장점으로만 구성된 것은?

> ㉠ 기계에 의한 합리화 및 생력화 가능
> ㉡ 치밀한 고객서비스가 어렵다.
> ㉢ 보상제도의 확립
> ㉣ 최적의 보관
> ㉤ 자사목적에 맞는 고객서비스가 어렵다.
> ㉥ 계절변동에 탄력적
> ㉦ 하역설비의 설계가 가능
> ㉧ 비용지출의 명확화
> ㉨ 설비투자가 불필요
> ㉩ 창고규모 확장에 제약이 따른다.

① ㉠, ㉡, ㉢, ㉥
② ㉡, ㉢, ㉣, ㉤
③ ㉣, ㉧, ㉨, ㉩
④ ㉢, ㉥, ㉧, ㉨
⑤ ㉣, ㉥, ㉦, ㉩

[해설] ㉠ 자가, 영업창고의 구분이 아니다(기계화·자동화 창고).
　　　　㉡ 영업창고의 <u>단점</u>이다.
　　　　㉣ <u>자가창고</u>의 장점이다.
　　　　㉤ 영업창고의 <u>단점</u>이다.
　　　　㉦ <u>자가창고</u>의 장점이다.
　　　　㉩ <u>자가창고</u>의 단점이다.

18 자동화 창고에 대한 다음 설명 중 잘못된 것은?

① 선입선출을 확실하게 행할 수 있다.
② 입출고상의 효율성을 높이고 인력절감효과를 거둘 수 있다.
③ 다양한 규격의 화물을 취급하는 영업용 창고에 적합하다.
④ 협소한 토지를 효율적으로 활용하기 위한 방안으로 추진된다.
⑤ 다품종 소량생산이나 소량 다빈도 배송에 효과적으로 대응하기 위하여 추진되고 있다.

[해설] 자동화 창고는 화물규격이 너무 다양하면 단순 저장 이외에 나머지 창고활동에서 모두 자동화하기 어렵기 때문에 규격화된 화물을 취급하는 것이 용이하다.

[정답] **17** ④ **18** ③

19 다음은 창고에 관한 설명이다. 해당되는 내용이 올바르게 설명된 것은? ✅ 10회

> ㉠ 영업창고는 물류 및 정보 시스템의 관점에서 통합물류 시스템과의 연결성이 자가창고에 비해 강하다.
> ㉡ 「관세법」에 근거하여 창고업자가 국세청의 허가를 받아 세관의 감독 하에 수입화물을 보관하는 창고를 보세창고라고 한다.
> ㉢ 리스창고는 시장 환경변화에 따라 보관장소를 탄력적으로 옮기는데 제약요건이 있다.
> ㉣ 자가창고는 계절적 요소에 따라 탄력적으로 이용하는 것이 어려워서 인력, 하역장비에 따르는 고정비 요소를 고려하여야 한다.
> ㉤ 창고의 위치 결정은 화물의 흐름을 고려하여 결정하는데 창고입지의 다섯가지 요인은 P(Product), Q(Quantity), R(Reliability), S(Service), T(Time)이다.

① ㉢, ㉣, ㉤   ② ㉢, ㉣
③ ㉠, ㉣   ④ ㉠, ㉢
⑤ ㉡, ㉢

해설 ㉠ 영업창고는 물류 및 정보시스템의 관점에서 통합물류 시스템과의 연결성이 자가창고에 비해 <u>약하다</u>.
㉡ 「관세법」에 근거하여 창고업자가 <u>세관장</u>의 허가를 받아 세관의 감독 하에 수입화물을 보관하는 창고를 보세창고라고 한다.
㉤ 창고의 위치 결정은 화물의 흐름을 고려하여 결정하는데 창고입지의 다섯 가지 요인은 P(Product), Q(Quantity), R(<u>Route</u>), S(Service), T(Time)이다.

20 다음의 자동화 창고에 대한 설명 중 올바르지 않은 것은? ✅ 11회

① 피킹설비 및 운반기기를 자동화하고 컴퓨터 제어방식을 통해 입출고 작업의 효율성 제고효과와 인력절감 효과를 거둘 수 있다.
② 물품의 보관에 있어서는 Free Location 방식을 채택하여 보관능력을 향상시킨다.
③ 자동화 창고는 물품의 흐름보다는 보관에 중점을 두어 설계되어야 한다.
④ 자동화 창고에서 처리할 물품들은 치수와 포장, 중량 등을 기준으로 단위화가 선행되어야 한다.
⑤ 적은 투자로 기존 건물을 개조하고 랙을 설치하여 제한적인 자동창고의 효과를 볼 수도 있다.

해설 자동화 창고, 유통창고 및 현대적 창고는 같은 맥락으로 보관에 중점을 두기보다는 <u>물품의 흐름에 중점</u>을 두어 설계되어야 한다.

정답 **19** ② **20** ③

21 다음 중 자동창고의 장점이 아닌 것은?

① 보관면적의 감소
② 운영 인력의 절감
③ 재고관리 용이
④ 화물손상 감소 및 안전성 증대
⑤ 시설자금 조달의 경감

[해설] 자동(화)창고는 막대한 시설자금 조달이 소요된다는 단점을 갖고 있다.

22 자동화 창고(Automated Warehouse)의 특성에 관한 설명으로 옳지 않은 것은? ✔ 15회

① 재고관리 및 선입선출에 의한 입출고관리가 용이하다.
② Free Location 보관방식 적용은 보관능력 및 시스템의 유연성 면에서 효율성이 낮다.
③ 생산라인과의 동기성, 적정재고, 작업준비를 위한 부품 공급기능을 갖는다.
④ 보관보다는 물품의 흐름(Flow)에 중점을 두고 설계해야 한다.
⑤ 다품종 소량주문에 대응이 용이하다.

[해설] 자동화 창고는 창고관리 시스템 및 자동화 기기와 설비들이 연동되어 보관능력 및 시스템 유연성 면에서 효율성이 높은 Free Location 보관방식을 적용하고 있다.

정답 **21** ⑤ **22** ②

01 창고자동화의 의의

1 창고자동화 추세

창고자동화(Warehouse Automation)는 자재조달, 생산 및 판매관리의 중간과정에서 나타나는 보관관리를 **CIM**(Computer Integrated Manufacturing)이나 자동제어기술을 결합하여 만든 기계화와 전자화가 결합되어 인텔리전트화된 인공두뇌 창고이다. 자동화 창고의 발전은 기계공학과 전자공학의 결합으로 만들어지는 지능화 창고이기 때문에 바로 컴퓨터의 발전과 깊은 연관성을 갖고 있다.

1950년대 초 처음으로 등장한 수치제어기는 '60년대에 사용범위가 확대되면서 '70년대에는 컴퓨터를 이용한 수치제어기 **CNC**(Computer Numerical Control)로 발전하여 자동화의 기틀을 마련하였다. 따라서 이들과 기계공학이 결합되어 산업용 로봇과 같은 본격적인 자동화 장비를 개발하게 된 것이다.

'70년대 후반부터 활용되기 시작한 자동화 장비는 **MRP**(Material Requirement Planning)나 **POS**(Point Of Sale) 등 컴퓨터를 이용한 관리 시스템과 결합되어 **FMS**(Flexible Manufacturing System)[1]라는 생산개념을 등장시켰다. 또한, 이는 CIM과 결합하여 관리와 생산을 결합하는 공장자동화를 탄생시켰으며, 이와 거의 같은 시기에 그 원리나 필요성을 같이하는 창고자동화가 등장하게 되었다.

---

1) **유연생산 시스템** : 공장자동화의 기반이 되는 시스템화 기술이며 다품종 소량생산을 지원하는 생산시스템을 지칭한다.

2 자동화 창고 시스템의 효과

자동화 창고와 재래식 창고의 그 효과를 비교하면 다음과 같다.[2]

◀ 재래창고와 자동화 창고의 효과 비교 ▶

구 분	재래창고	자동화 창고
부지이용		• 평면 이용률 35%, 높이 이용률 2배 증가
보관관리	• 사업부별 적재관리 공간활용 미흡 • 선입선출 곤란	• 저장관리의 표준화 성립 　– 재고품목별, Lot No별 관리 　　형태별, 유형별, 코드별 분류저장 　– 선입선출관리에 따라 진부화 방지
재고관리	• 과잉재고의 빈발, 현시점 재고관리 　곤란	• **컴퓨터**에 의한 일일수불**집계** 　– 현시점 재고 항시 파악 가능
안전대책 및 작업환경, 내구성	• 작업자가 직접 입출고 작업 • 안전사고의 위험 상존 • 지게차에 의해 작업하여 먼지·매 　연 발생 • 수동작업으로 인해 높은 고장률	• 입출고작업을 스태커 크레인이 대신하므 　로 안전사고 위험 감소 　– 무인작업으로 매연, 먼지 등이 없음. 　– 컴퓨터에 의한 자동운전으로 고장률이 　　낮음.

(1) 유형적 효과

① 창고를 고층화 또는 단위 적재화하여 소요면적을 절감하고 **적재효율을 향상**

② 전용 컴퓨터를 이용한 운반 또는 하역기기의 전산화와 운영관리의 전산화로 **인원절감**

③ 물류비용의 절감 : **운영비용, 가변비용의 절감 / 막대한 설치비용에 따른 고정비**

(2) 무형적 효과

① 정확한 선입선출에 따라 **사장재고(dead stock)[3]의 방지**

② 정보처리의 전산화로 **신속·정확한 업무처리**

③ 제품의 **도난방지** 등 보안의 유지

④ 창고 입출고업무의 자동화

⑤ 실물재고와 데이터 재고와의 일치

⑥ 대외 이미지 제고

---

2) 『물류시대』, 코리아 쉬핑 가제트, 1990. 7, p.46.

3) 팔리고 남은 재고

3 자동화 창고 도입 시 유의점과 검토사항

(1) 자동화 창고 도입 시 유의할 점

① 자동화 목적의 확인
② 자동보관을 위한 물품의 치수·형상·중량을 단위화(unit load) 할 수 있는지 확인
③ 장기적 관점에서 적합성을 검토
④ 시설자금 조달에서의 문제점 점검
⑤ 보관보다는 **흐름(flow)에 중점을 두고 설계**
⑥ 수작업의 최소화
⑦ 우수 자동화 창고 사례의 무조건적인 모방은 지양

(2) 자동화 창고 도입 시 필요한 계획수립과 검토사항

자동화 창고를 도입할 때 검토해야 할 중요 단계는 다음과 같다.[4]
① 시스템 계획의 목적 수립
② 토털 시스템 계획(일반조건과 정보시스템)을 수립하고 동시에 외주조건과 기계화 및 자동화 방식을 결정
③ 시스템의 경제성을 검토하여 레이아웃 설계

---

4) 『물류시대』, 1990. 7, p.48.

◀ 자동화 창고 도입 시 필요 계획의 수립 및 검토사항 ▶

시스템 계획의 목적

- 종류 : 부품창고, 제품창고, 배송센터, 영업창고, 냉동창고
- 토지의 효율적인 이용 : 공간의 이용, 격납효율의 향상
- 성력효과 : 관리작업, 하역작업, 작업환경
- 재고관리 : 적정재고, Location제어, 생산관리, 보급, 계획 데이터, 확실성, 선입선출
- 입출고관리 : 영업정보, 출하계획, 배송계획, 안전
- 품질관리 : 규격, 불량품, 파손품
- 동적(動的) 유통비의 절감
  - 물적유통비(운임·보관포장)
  - 정보유통비(통신·광고·인건비)

외주조건

건설지
- 부지면적 : 랙, 주변장치, 조작장면적, 인접 공장과의 관계
- 자연조건 : 지내력(地耐力), 적설(積雪), 태풍, 지고(地高) 등
- 전력사정

법규
- 건축기준 : 용적제한, 사선제한
- 용도지역 : 주거, 상업, 준공업, 공업, 무지정, 도시계획 유무
- 방화지구 : 방화, 준방화, 무지정
- 소화방법 : 위험물, 특수가연물, 소화설비, 손해보험
- 기타 : 통관보세

일반조건

- 대상 화물 : 품종, 화물형태, 중량, 크기, 형상, 품질, 파렛트 치수, 파렛트 중량, 화물의 무너짐
- 품질, 화물형태별 화물의 운동량
- 품질, 화물형태별 수납보관량, 격납 효율, 회전율
- 입출고조건 : 피크량, 시간, 일일변동, 계절변동, 피킹량
- 작업인원 : 인원수와 작업형태
- 주변장치 : 전후프로세스, 배송형태, 운반차량
- 장래확장계획 : 물량, 시기, 장소

정보시스템

- 기능 : 프로세스 제어, 재고관리, 사무처리, 관계부처와의 정보교환
- 정보량 : 전송 및 파일량
- 작업분석 : 기기화 정보의 흐름과 조합
- 시스템 엔지니어링
- 프로그래밍, 제어 프로그램, 프로그래머 교육, Main-tenance
- 장래의 확장계획 : 기억량, 시기

기계화·자동화 방식의 결정

- 정보 각 기기의 균형, 기계화, 자동화의 레벨 선정
- 스태커 크레인의 자동화
- 주변기기의 자동화
- 정보의 기계화 : 프로세스 제어, 사무처리
- 백업 시스템의 고려
- 예방정비(PM)의 확립

컴퓨터 기종의 선정

- 랙, 스태커 크레인 방식
- 주변장치의 기종
- 컴퓨터 : 범용 컴퓨터, 전용 컴퓨터
- 단말기기

시스템 균형 최적 설계작업
Model Simulation

토털 시스템 계획

시스템 경제성의 검토

- 경제계산
  설비비 : 랙 공사, 건물외장공사, 기초공사, 가설공사, 스태커 크레인, 주변기기, 제어장치, 전기공사, 컴퓨터 단말기기, 설계관리비, 경비
토지대
  전력비, 수선비, 유지비, 고정 자산세, 도시계획세, 취득세, 등록세
- 경제비교와 투자회수

최적설비 투자

시스템 레이아웃 결정

02 자동화 창고 시스템

1 자동화 창고 시스템의 도입배경 및 기능

(1) 자동화 창고 시스템의 도입배경 [기출] 9회, 16회

① 인건비 상승과 창고인력의 구인난
② 유통환경의 변화, 즉 다품종 소량주문과 배송의 신속화 또는 다빈도
③ 제조부문의 자동화(FMS 및 CIM)와 균형을 위해 물류부문의 자동화 요구
④ 좁은 국토의 효율적 이용과 지가상승으로 인한 고층입체 자동화 창고의 요구
⑤ 화물이동의 양적 증대 수용의 필요성

(2) 자동화 창고의 기능 [기출] 15회

① 시간의 절약 : 재고조사, 창고작업의 고속화
② 스페이스 절약 : 고층화, Free Location, 공간활용 극대화
③ 인력의 절감 : 온라인 작업방식
④ 생산성의 향상
⑤ 재고관리의 합리화 : 다품종 소량생산에 따른 복잡한 재고관리
⑥ 화물손상의 감소 및 안전성 증대
⑦ 물적 흐름의 즉시 파악(위치관리가 신속, 정확)
⑧ 생산라인과의 동기성, 적정재고, 작업준비를 위한 부품의 공급기능(작업시작 전)

2 자동화 창고 시스템의 종류

(1) 제어방식에 따른 분류

① 반자동식(비직결식) : 작업자가 스태커 크레인에 직접 탑승하여 패널(panel) 버튼을 조작하여 입출고작업을 수행하는 방식과 입출고 작업장에서 조작 패널에 정보 카드를 입력하여 제어하는 방식이 있다(**오프라인 방식 = 인력조작 + 자동화기기**).
② 자동식 : 스태커 크레인과 주변기기의 원격제어에 의해 제어되는 방식으로서 중앙 컴퓨터에 연결하여 완전자동으로 전환이 가능하다(원격조정 + 자동화기기).
③ 완전자동식(직결식) : 중앙 컴퓨터에 의해 완전 제어되는 방식으로서 본사의 호스트 컴퓨터에 연결하여 총괄적인 물류정보를 제공하기도 한다(**온라인 방식 = 컴퓨터조정 + 자동화기기**).

> 〔빈출〕 오프라인 방식은 단어가 주는 어감이 자동화 창고 제어방식 같지 않아 자주 출제되고 있다.

(2) 랙의 설치구조에 따른 분류

① 빌딩 랙 : 랙을 구조물로 하여 지붕과 외벽을 만든 빌딩으로서 대형 자동화 창고에서 주로 이용 **(랙의 기둥이 창고의 벽면이 됨)**

② 고정 랙 : 기존 건물 내부 공간에 고정식으로 랙을 설치하여 자동화 창고로 이용하는 형식인데 중소형 자동화 창고용으로 사용

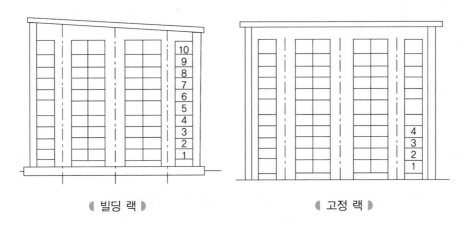

◀ 빌딩 랙 ▶   ◀ 고정 랙 ▶

3 자동화 창고의 시스템 구성

(1) 하드웨어의 구성 🖊기출 12회, 14회

① 필수설비 : 보관 랙(하이스택 랙), 입출기(스태커 크레인 – S/R Machine), 입출고장, 보관용기, 멀티스토리지

② 일반구성요소(Hardware)
  ㉠ 랙, 스태커 크레인, 트레버서(스태커 횡적이동 부속)
  ㉡ 셀(화물저장 단위공간), 대기점(home position) – 스태커 크레인 대기 장소
  ㉢ 컨베이어, 파렛트, 버킷
  ㉣ 무인반송차(AGV, RGV), 원격제어기, 창고용 컴퓨터
  ❓TIP AGV, RGV는 필수설비로 구분하지는 않고 있다.

(2) 제어 시스템

제어방식에는 보통 수동제어, 자동제어 및 원격제어방식이 있다. 자동제어는 보통 키보드나 랙마스터에 지시를 내리는 방식으로 물품 종류가 많지 않은 소형 창고에서 사용되며, 원격제어는 창고관리실이나 떨어진 장소에서 원격조정장치를 통해 스태커 크레인에 행선지 지시를 내리는 방법인데 다품종 대량품의 처리에 편리하다. 최근에 고층 랙이나 대형 자동화 창고는 거의 원격제어되며, 레이저 조정장치까지 개발되어 이용하고 있다.

(3) 스태커 크레인의 운용유형 ✎기출 11회, 13회, 17회, 21회

① 단일명령운행(Single Command) : 스태커 크레인이 입출고점을 되돌아올 때까지 저장과 불출 중 하나의 명령을 받아 실행하는 방식이다.

> 단일명령 = 1회 명령에 입고 or 출고활동 1건 수행 = **1 Pallet 처리 / 1회**

② 이중명령운행(Dual Command) : 스태커 크레인이 물품의 입고명령을 실행하기 위해 명령을 받아 입출고점을 출발하여 입고를 마친 다음 빈 상태로 입출고점으로 되돌아오는 것이 아니고, 출고명령을 받아 당해 파렛트를 싣고 입출고점으로 돌아오는 방식이다.

> 이중명령 = 1회 명령에 입고 & 출고활동 동시 수행 = **2 Pallet 처리 / 1회**

예제보기

자동창고 시스템에서 단위화물을 처리하는 S/R(Storage/Retrieval) 장비의 단일명령(Single Command) 수행시간은 2분, 이중명령(Dual Command) 수행시간은 3.2분이다. 평균가동률은 84%이고, 단일명령횟수가 이중명령횟수의 2배라면 S/R장비 1대의 시간당 처리개수는? (단, 소수점 첫째자리에서 반올림하시오.)

① 14개   ② 21개   ③ 28개   ④ 35개   ⑤ 42개

- -

해설 〈평균가동률 84%〉 60분 ×0.84 = 50.4분
〈변수정의〉 X = 이중처리 횟수, $2X$ = 단일명령처리 횟수
〈모델링〉 (2분・$2X$) + (3.2분・X) = 50.4분, X = 7회
〈이중명령처리에 의한 파렛트 처리개수〉 X = 7회 → 14pallet(2pallet/1회)
〈단일명령처리에 의한 파렛트 처리개수〉 $2X$ = 14회 → 14pallet(1pallet/1회)
〈S/R 장비 1대의 시간당 처리개수〉 14pallet + 14pallet = 28pallet

③

---

4 우리나라의 자동화 창고 시스템과 합리화 방안

(1) 우리나라 창고 · 보관의 문제점

물류에서 중요한 역할을 하는 것이 창고기능이나 운송, 포장 등에 비하여 창고부문은 아직도 전근대성을 탈피하지 못하고 있는 실정이다. 창고 및 보관물류에 있어서의 구체적인 문제점을 살펴보면 다음과 같다.

① 창고 분야에 대한 인식 부족

② 창고시설의 부족과 야적에 의존

③ 창고자동화의 부진

④ 창고업의 영세성과 도시집중

⑤ ODCY(Off-Dock CY) / CFS(Container Freight Station)의 산재 : 부산항의 경우 On-Dock CY/CFS의 부족으로 대부분 시내에 산재해 있는 off-dock CY/CFS나 영업용 보세장치장을 이용하고 있어 도시교통의 혼잡을 유발하고 있으며, 화물 유통시간의 지연과 추가경비 부담을 가져오고 있다.

(2) 우리나라 창고 · 보관 합리화 방안

우리나라 창고의 기능은 단순히 보관창고의 기능만 수행하여 왔으나 경제발전, 산업구조의 변화 등에 따라 종합관리할 수 있는 보관창고의 기능이 요청되고 있다. 또한 수출확대에 따른 공업제품 비중의 증가로 오늘날의 창고관리를 공업제품의 특질상 종래의 보관공간 효율중점주의의 창고관리에서 입출고 효율중심의 창고관리로 이행시키고 있다고 볼 수 있다.

① 창고자동화 추진

② 유통창고로의 기능 확충

    ㉠ 보관창고(storage warehouse)의 기능에서 유통창고(distribution warehouse)로의 기능 전환

    ㉡ 창고의 기능을 물품의 검품, 검수, 가공, 분류, 포장작업장화

    ㉢ 신속한 배송체제 확립, 대량 계획수송을 통한 수송비 절감, 효율적 재고관리, 상류와 물류의 분화로 물류구조 개선

③ 창고 전문인력 육성 : 창고를 운영하기 위한 전문인력 양성방안을 열거하면 다음과 같다.

    ㉠ 최고경영층의 창고에 대한 인식 제고를 통해 창고자동화 및 기계화에 대비한 작업용 전문인력 양성

    ㉡ 자동재고 시스템 및 On-line Real Time 등 자동화 창고용 소프트웨어를 개발·운용할 수 있는 전문인력 양성

④ 정부의 지원

    ㉠ 창고투자에 대한 지원 조치

    ㉡ 창고업에 대한 행정지도

    ㉢ 국내 물류센터 건립을 위한 법규 정비

    ㉣ 해외 종합물류센터 건립 추진

03 창고업무절차

1 수탁 및 입고업무

화물의 보관을 의뢰하기 위해서는 기탁자는 기탁신청서에 필요사항을 기입하고 날인한 후 제출한다. 신청을 받은 창고회사는 창고에 수용능력이 있고 또한, 신청된 물품이 보관에 적당하면 반입하여야 할 창고와 날짜를 기입한 입고지시서를 발행하여 기탁자에게 통지한다.

공산품이 창고에 반입되면 현장담당자는 수량과 중량 등을 검정·확인한 후 입고시킨다. 입고 후 창고회사는 기탁자에 대하여 입고통지를 교부하며 기탁자의 청구가 있으면 입고통지서 대신 창고증권, 화물보관증서, 보관화물통장을 발행하게 된다.

TIP 창고증권

보관 중인 화물을 대신하는 서류, 하주의 청구에 의해 창고업자가 발행

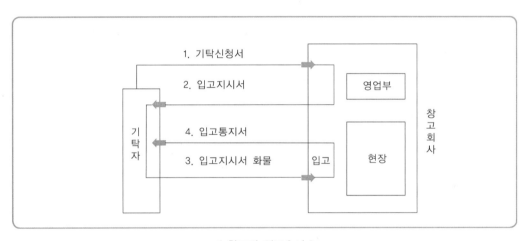

◀ 창고의 입고순서 ▶

(1) 수탁 및 입고절차

① 기탁신청서의 필요사항 기재, 기탁 신청
② 창고업자는 입고지시서에 의해 입고일시와 창고를 지정
③ 기탁자는 입고지시서에 따라 화물을 창고에 반입
④ 창고에서 화물을 점검 인수 후 입고전표를 보냄.
⑤ 기탁자에게 입고통지서를 교부(기탁자가 청구 시 창고증권 교부)

(2) 창고증권

하주의 요청에 의해 창고업자가 발행하는 보관 중인 화물을 대표하는 유가증권이다. 기본 서비스가 아니기 때문에 "수수료"가 발생된다.

> **핵심포인트**
>
> **창고증권의 역할**
> ① 현품이동의 불편을 덜어줌.
> ② 운반에 따르는 분실, 훼손 등의 방지
> ③ 거래를 신속하게 처리
> ④ 자금융통(창고증권 = 유가증권)

2 보관 및 출고업무

기탁한 화물을 출고하는 경우에 기탁자는 화물수령증을 작성하고 요금과 함께 창고회사에 제출한다. 입고 시 창고증권이나 화물보관서가 발행되는 경우에는 수령란에 필요사항을 기입하고 날인하여 제출한다. 또한, 보관화물통장이 발행되는 경우에는 그 출고란에 기입하고 날인한 후 제출한다.

창고회사에서는 제출된 서류를 확인한 후 출고전표 또는 출고지시서를 발행하며, 이를 창고의 현장담당자에게 제출하고 화물을 인수하게 된다. 이때 보관화물의 일부만 출고하는 것도 가능하다.

(1) 보관방법

① 분치보관 : 화물을 임차인별로 보관하는 방법(출고가 용이, 개별보관 용이 – 개별보관)
② 혼합보관 : 화물의 종류별, 등급별로 분류하여 보관하는 방법
　　㉠ 장점 : 보관면적 절약, 작업능률 좋음
　　㉡ 단점 : 입고 후 임차인별로 구분 불가, 어려움

(2) 보관화물의 책임

① 보관하는 화물 : 무게, 부피 등이 특수하게 큰 것과 포장이 불완전한 것 이외의 각종 화물
② 보관치 않는 화물 : 부패성 식료품, 폭발위험이 있는 화약류, 귀중품, 유가증권
③ 창고업자의 책임 : 부주의로 인해 생긴 손해는 배상해야 할 책임
④ 창고업자의 의무 : 창고증권 교부의무, 창고증권 교부 시 보험에 붙여야 하는 의무
⑤ 창고업자의 권리 : 출고 시 보관료 청구권, 보관료 미납 시 유치권 행사
⑥ 면책조항 : 천재지변, 전쟁, 불가항력인 손해에 대해서 책임을 면함.

(3) 출고절차

① 기탁자는 창고증권 또는 출고청구서를 제시하고 보관료와 하역료를 지급
② 창고회사에서 출고지시서를 교부
③ 출고지시서를 현장창고에 제출

④ 보관화물을 반출
⑤ 출고전표를 발급

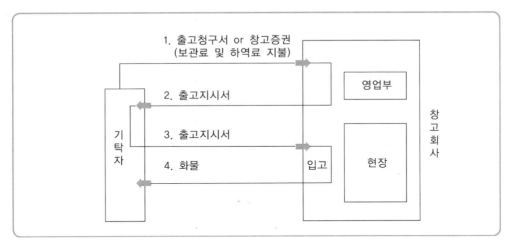

◀ 창고의 출고순서 ▶

3 창고설립의 입지 및 자동화에 따른 고려사항

① 국토종합계획, 도시화 현상 및 교통환경 등을 고려하여 입지를 선정한다.
② 대도시 소비물자의 유통창고는 첫째로 도시교통환경의 정비대책에 맞추어 도시주변, 간선도로 및 근린지역에 건설하며, 둘째로 재고회전이 빠른 소비물자를 취급에 따라서 재고품을 보관하는 거점으로서, 도시 주변의 인터체인지 지역에 건설(장거리 고속도로의 발전)함으로써 대형 트럭의 고속도로 이용에 의한 하역 빈도의 감소 및 고속운송을 가능하게 한다.
③ 철도운송시 역터미널 창고의 경우에는 역구내에 건설하되 운송의 합리화를 위해 표준규격의 파렛트 화물을 입체 보관할 수 있는 랙 시스템식 입체자동화 창고의 건설이 필요하다. 여기에는 지가가 비싼 점을 고려하여 고층 랙에 맞는 초경량 에어 파렛트나 운반기기를 사용하여 입출고 작업의 능률화를 기해야 한다.
④ 최근에는 제품의 포장 및 곤포(묶음)의 종류가 많고 원료 입고제품의 출고가 복수의 창고를 경유하며, 입출고의 운반에도 복수의 조직을 사용하는 경우가 많아 자동화 창고의 설립이 시급하다. 즉, 온라인 리얼 타임(on-line real time) 관리체계나 온라인 원격관리체계를 도입한 자동화 창고는 하역기계의 원격조작뿐 아니라 컴퓨터 시분처리(time sharing) 시스템에 의한 정확한 재고관리가 가능하다.

4 창고의 합리화 방향

(1) 수주 시스템의 합리화

① 판매활동의 효율화
② 전화(팩시밀리) 수주 시스템의 효율화
③ 오더 북(order book) 방식의 개선
④ 마크 시트(OMR카드)[5] 및 마크 카드의 활용
⑤ 점두에 오더기기의 도입
⑥ 온라인 수주방식의 도입

(2) 발주 시스템의 합리화

① 정기 · 정량방식의 도입(P방식, Q방식)
② 발주점식방식의 도입(ROP)
③ 중앙구입방식의 도입(본사의 집중구매)

(3) 수배송 시스템의 합리화

① **다이어그램 배송** : 배송차량이 출발지에서 목적지까지 운송을 하면서 발생하게 되는 운행과 정지에 관한 사항을 Time Table상에 화살표나 막대 선으로 표시하는 등 효율적인 운송 경로를 정하고 계획적으로 배송하는 것을 의미한다(배송처가 가깝게 밀집되어 있는 경우 효과적).
② **야간배송** : 교통 혼잡을 피한 야간운송은 운송시간의 단축 및 차량회전율 상승효과가 크다.
③ **공동배송** : 만차 대기시간 단축 및 적재율, 차량회전율, 영차율[6]의 증대로 운송비용이 감소되면서도 서비스율은 유지되거나 향상된다.

(4) 창고관리 시스템의 합리화

① 기계화
② 자동화
③ 공동유통센터화

(5) 재고관리의 합리화

① **상품재료의 표준화 및 간소화** : 재고관리의 대상이 되는 상품 및 자재의 호칭, 품종, 규격, 취급방법, 보관방법, 수 · 발주방식 등을 표준화 및 간소화함으로써 재고관리의 효율을 제고할 수 있다.
② **품종의 최소화** : ABC 분석기법을 사용하고 취급품목을 필요 최소한도로 억제한다.

---

5) 미리 연필로 마크해야 할 위치가 정해져 있는 장표, 컴퓨터의 입력용으로 사용됨.
6) 영차율(실차율) = 만차운행거리 / 총운행거리

③ **상품의 코드화** : 상품에 품목번호를 정하고 회사 내외의 청구나 입출고에 대응하여야 한다. 특히, 기계에 의한 처리에는 코드화는 절대로 필요하다.

④ **규격의 통일화** : 업계에서 상품규격을 몇 가지로 통일화하여 제조·판매하는 경우, 품종이 줄어들어 입출고의 관리가 편리해진다.

04 창고관리 시스템과 크로스 도킹

1 창고관리 시스템(WMS : Warehouse Management System)

(1) 창고관리 시스템의 개념 및 목적 /기출 11회, 13회, 15회

① 창고관리 시스템의 개념

    ㉠ 공장 창고와 거점 물류센터와 같은 외부 창고활동정보를 통합하여 창고 내부의 제품의 입고에서부터 보관, 하역, 출하 프로세스상의 단순 보관, 취급을 뛰어넘어 물류거점들 간의 원활한 물자 흐름과 정보교환을 관리하는 총체적 시스템이다.

    ㉡ 창고 내 모든 물류흐름을 정확하고 효율적으로 관리하여 최적의 고객가치를 실현할 수 있도록 지원해 주는 시스템이다.

    ㉢ 물류정보 시스템의 한 영역으로써 재고관리 시스템 혹은 창고관리 시스템으로 불리고 운영되던 보관 및 창고관리 지원시스템이 통합되어 Warehouse Management System이 되었다.

    ㉣ WMS에서 생성된 데이터는 기업의 근간시스템인 ERP(Enterprise Resource Planning)시스템과 공급사슬 전체 최적화 도모를 위한 SCM(Supply Chain Management)에 공유되고 의사결정에 활용된다.

    ㉤ SCM 측면에서 살펴보면 창고관리 시스템(WMS)은 주문관리 시스템(OMS : Ordering Management System), 운송관리 시스템(TMS : Transportation Management System)과 그 수준을 함께하며 적재관리 시스템(VMS : Vanning Management System) 및 MHS (Material Handling System)과 연휴한다.

② 창고관리 시스템 구축 목적

    ㉠ 오더와 상품의 흐름에 대한 제어

    ㉡ 입고와 피킹에 대한 최적화

    ㉢ 창고 공간 효율성 최적화

    ㉣ 장비와 인적자원에 대한 최적화

    ㉤ 창고 내 모든 물류활동에 대한 실시간 모니터링 및 정보통합을 통한 의사결정

(2) 창고관리 시스템의 기본기능

① 창고관리 시스템의 프로세스별 기능구분
- ㉠ "입하 – 검품 – 입고" 서브시스템
- ㉡ "재고 및 로케이션관리" 서브시스템
- ㉢ "출고 – 피킹 – 상품구분 – 검품 – 출하" 서브시스템
- ㉣ "반품" 서브시스템

② 창고관리 시스템의 영역별 기능구분 〔기출〕 12회, 13회, 15회, 21회, 23회
- ㉠ 재고 관련 기능 : 입고관리, 보관관리, 재고관리, 선입선출관리
- ㉡ 주문 관련 기능 : 피킹관리, 주문진척관리, 자동발주 시스템
- ㉢ 출고 관련 기능 : 출고관리, 수배송관리, 배차관리, 크로스 도킹
- ㉣ 관리 관련 기능 : 인력관리, 물류센터 지표관리, 시설의 생산성 분석
- ㉤ Interface 기능 : 무선통신, 자동인식, 자동화설비 제어

(3) 창고관리 시스템의 구축절차 및 기대효과

① 창고관리 시스템의 구축절차 〔기출〕 12회
- ㉠ 1단계(추진팀 구성) : 관련 부서와의 통합 TFT팀 구성
- ㉡ 2단계(요구분석) : 향후 물류환경을 감안한 WMS의 도입목표와 요구되는 기능의 정의
- ㉢ 3단계(효과분석) : WMS 도입 시 활용방안과 투자효과 분석
- ㉣ 4단계(사양정의) : 실물, 업무, 정보의 흐름을 분석 세부사양을 정의, 주요 고려요소로 <u>정보량, 사용자 수, 반응시간, 통신망, 관련 시스템과의 Interface</u>
- ㉤ 5단계(대안평가) : 자체개발, 외부개발, 패키지 도입 여부 결정
- ㉥ 6단계(업체선정) : 제안 설명회 개최를 통해 업체선정
- ㉦ 7단계(개발설치) : WMS 개발 및 관련 설비 도입 설치, 담당자 선정 및 참여, 교육, 현장준비 등을 병행
- ㉧ 8단계(운영) : 검사사양 사전 확인, 기록 작성, 유지·보수 계획수립

② 창고관리 시스템 구축의 기대효과 〔기출〕 10회, 15회, 18회

증가효과		감소효과	
• 재고정확도	• 공간·설비 활용도	• 재고망실	• 보관위치 오류
• 제품처리능력	• 재고회전율	• 설비비용	• 제품의 피킹시간
• 고객서비스	• 노동·설비 생산성	• 안전재고량	• 서류·전표작업
		• 직·간접비용	

💡 **TIP** WMS 패키 구매시 고려사항 〔기출〕

커스터마이징 용이성, 초기투자비용, 기존 자사 물류정보시스템과의 연계성, 유지보수비용

2 크로스 도킹(Cross Docking)

(1) 크로스 도킹 시스템의 개념

① 제조업자와 유통업자 간 협업과 정보공유를 통하여 실제 주문정보에 기반하여 창고나 물류센터에 입고된 상품을 재고로 보관하지 않고 입고됨과 동시에 바로 분류하여 배송할 수 있도록 지원하는 물류시스템(유통기능 강화)의 일종이다.

② 창고관리 시스템(WMS) 도입을 통해 공급처와 출하처와의 정보공유를 통해 크로스 도킹이 가능해진다.

(2) 크로스 도킹의 구분

① 기포장 크로스 도킹

    ㉠ 유통업체 점포의 주문에 따라 제조업체가 미리 선택한 파렛트, 케이스 등 패키지를 수령하고, 추가 작업 없이 다른 제조업체에서 배달되어 점포로 배송할 차량에 적재된 유사한 패키지와 함께 배송도크로 이동시키는 것을 의미한다.

    ㉡ **보관 및 피킹 기능의 제거**로 인한 비용감소

② 중간처리 크로스 도킹

    파렛트, 케이스 등 패키지를 수령하여 물류센터에서 소분하고 소분된 패키지에 다시 라벨을 붙여 새로운 패키지로 만들어 점포로 배송하는 것을 의미한다. 이렇게 만들어진 새로운 패키지를 다른 제조업체에서 배송되어 배달차량에 적재된 유사한 패키지와 함께 배송도크로 이동하게 된다.

    ㉠ 파렛트 크로스 도킹 : 한 종류의 상품으로 적재된 파렛트별로 입고되고 분류되어 소매점포로 직접 배송되는 형태로, 가장 단순한 형태의 크로스 도킹이며, 양이 아주 많은 상품에 적합하다.

    ㉡ 케이스 크로스 도킹 : 보다 보편화된 크로스 도킹의 형태로, 한 종류의 상품으로 적재된 파렛트 단위로 소매업체의 물류센터로 입고된다. 파렛트 단위로 입고된 상품은 각각의 소매점포별로 주문수량에 따라 피킹되고, 남은 파렛트 상품은 익일 납품을 위해 잠시 보관하게 된다.

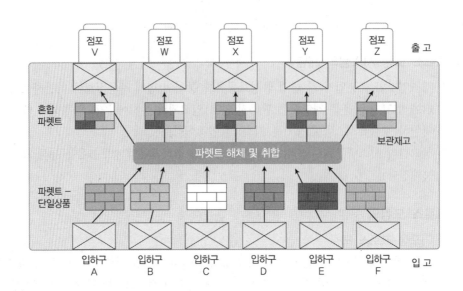

(3) 크로스 도킹의 특징 [기출] 21회

① 재고가 입하될 때 보낼 곳을 알고 있고 1일 처리량이 **많을 때** 크로스 도킹의 도입이 유리하다.

② 크로스 도킹을 통해 보관, 하역, 수배송, 창고관리 프로세스의 단축과 개선이 가능하다.

③ 크로스 도킹을 효과적으로 실현하기 위해서는 **사전출하정보 – ASN**(Advanced Shipping Notice) 과 **JIT**(Just In Time) 환경이 필요하다.

④ 공급처에서 수령한 물품을 물류센터에서 재고로 보관하지 않고 바로 출하할 수 있도록 하는 물류시스템이다.

⑤ 크로스 도킹은 기계설비의 고려와 더불어 정보기술의 융합을 통해 구현될 수 있다.

(4) 크로스 도킹 도입효과

① 물류센터의 물리적 공간이 감소한다.

② 물류센터가 상품의 유통을 위한 경유지로 사용된다.

③ 공급사슬 전체 내의 저장 공간이 감소한다.

④ 물류센터의 회전율이 증가한다.

⑤ 상품공급의 용이성이 증대된다.

⑥ 재고수준이 감소한다.

01 다음 중 자동창고 시스템(AS/RS)을 구성하는 필수설비로 볼 수 없는 것은?

① 보관랙(Storage Rack)

② 입출기(S/R Machine)

③ 입출고장(Input/Output Point)

④ 무인반송차(AGV)

⑤ 보관용기(Storage Containers)

해설 자동창고 시스템의 필수설비는 보관랙, 입출기, 입출고장, 보관용기, 멀티스토리지로 구분하며 무인반송차(AGV)는 필수설비로는 구분하고 있지 않다.

02 자동창고 시스템(AS/RS : Automated Storage and Retrieval System)에서 S/R (Storage and Retrieval) 장비가 제품을 랙에 저장하고 반출하는 방법은 단일명령(Single Command) 처리방식과 이중명령(Dual Command) 처리방식으로 구분된다. 다음의 가동 조건에서 S/R 장비의 평균가동률은? ✔ 13회

> 평균 단일명령 수행시간이 1분 걸리고, 이중명령 수행시간은 1.5분 걸린다고 하자. 이 창고에서 1시간 동안 처리해야 할 저장명령과 반출명령이 각각 20건이고, 이 중 50%는 이중명령으로 처리가 가능하며, 나머지는 각각 단일명령으로 처리할 수밖에 없다.

① 41.7% ② 58.3%

③ 66.7% ④ 83.3%

⑤ 100.0% 이상이므로 처리가 불가능하다.

해설

> 저장과 반출은 각각 20건씩 처리 ➡ 저장 20건, 반출 20건 = 총 40건

- 50%의 단일명령 처리(총 20건)
  - 단일명령 처리횟수 = 1건/1회 = 20회 = (저장 10회 + 반출 10회)×1분 = 20분
- 50%의 이중명령 처리(총 20건)
  - 이중명령 처리횟수 = 2건/1회 = 10회 = 10회×1.5분 = 15분
- 총 소요되는 시간 = 20 + 15 = 35분

∴ 평균가동률 = $\dfrac{\text{실제작업시간}}{\text{총가용시간}}$ = $\dfrac{35분}{60분}$ × 100 = 58.3%

정답 **01** ④ **02** ②

03 아래 자동창고 시스템의 조건에 의한 자동창고의 평균가동률은? (단, 소수점 둘째 자리에서 반올림하시오.) ✅ 15회

- 자동창고 시스템에서 단일명령의 수행시간이 3분
- 입고와 출고를 동시에 수행하는 이중명령의 수행시간이 5분
- 1시간당 평균 입고 및 출고작업이 각각 10건
- 작업의 80%는 이중명령으로 수행

① 52.1% ② 65.2%
③ 73.5% ④ 86.7%
⑤ 91.4%

해설

이중명령으로 수행되는 80%	단일명령으로 수행되는 20%
입고 8회 + 출고 8회 = 이중명령 처리 8회 이중명령 처리횟수×이중명령 수행시간 = 8회×5분 = 40분	입고 2회 + 출고 2회 = 단일명령 처리 4회 단일명령 처리횟수×단일명령 수행시간 = 4회×3분 = 12분

$$\therefore \text{평균가동률} = \frac{\text{실제작업시간}}{\text{총가용시간}} = \frac{40\text{분}+12\text{분}}{60\text{분}} \times 100 = 86.7\%$$

04 10개의 통로로 구성된 자동창고에서 각 통로마다 한 대의 스태커 크레인이 파렛트에 실린 화물을 운반한다. 전체작업 중 이중명령으로 수행하는 작업이 50%, 단일명령으로 수행하는 작업이 50%이다. 스태커 크레인이 단일명령을 실행하는 시간은 평균 5분, 이중명령을 실행하는 시간은 평균 7분이다. 스태커 크레인의 효율이 100%라면 이 자동창고에서 시간당 운반할 수 있는 파렛트는 몇 개인가? ✅ 16회

① 120개 ② 150개 ③ 180개
④ 210개 ⑤ 240개

정답 **03** ④ **04** ②

[해설]
- 단일명령, 이중명령 수행이 50%씩 동일하다는 의미는 작업이 연이어 세트로 이루어진다는 의미이다. (5분 + 7분)
- 세트당 처리파렛트 수 = 1p + 2p = 3pallet
- 시간당 처리세트 수 = 60분 / 12분 = 5회
- 스태커 크레인 1대의 시간당 처리파렛트 수 = 5회 × 3p = 15pallet
- 스태커 크레인 10대의 총 처리파렛트 수 = 10대 × 15p = 150pallet

05 A사의 작업시간에 관한 자료가 다음과 같을 때 입하작업 공수(工數)비율과 가동률은? ✔ 16회

- 총작업시간 : 100시간
- 실작업시간 : 80시간
- 출하작업시간 : 60시간
- 입하작업시간 : 20시간
- 대기시간 : 20시간

① 입하작업 공수비율 : 20%, 가동률 : 33%
② 입하작업 공수비율 : 20%, 가동률 : 80%
③ 입하작업 공수비율 : 33%, 가동률 : 60%
④ 입하작업 공수비율 : 50%, 가동률 : 80%
⑤ 입하작업 공수비율 : 60%, 가동률 : 33%

[해설]
- 입하작업의 공수비율 = $\dfrac{입하작업시간}{총작업시간}$ = $\dfrac{20시간}{100시간} \times 100$ = 20%
- 가동률 = $\dfrac{실작업시간}{총작업시간}$ = $\dfrac{80시간}{100시간} \times 100$ = 80%

06 창고관리 시스템(WMS : Warehouse Management System)의 주요 기능에 관한 설명으로 옳지 않은 것은? ✔ 13회

① 재고 관련 기능 – 입고관리, 보관관리, 선입선출관리
② 주문 관련 기능 – 피킹(Picking)관리, 자동발주 시스템
③ 출고 관련 기능 – 수배송관리, 배차 스케줄 운영
④ 관리 관련 기능 – 인력관리, 물류센터 지표관리, 위치(Location) 관리를 통한 재고내역 및 실물위치 추적 용이성
⑤ 인터페이스(Interface) 기능 – 무선통신, 물류센터의 실시간 정보화

[해설] 위치(Location)관리를 통한 재고내역 및 실물위치 파악의 기능은 "재고 관련 기능"에 속한다.

정답 **05** ② **06** ④

07 창고관리 시스템(WMS : Warehouse Management System)에 관한 설명으로 옳지 않은 것은?

✅ 13회

① 물류센터를 효과적으로 운영하기 위해 자동화·정보화·지능화가 요구되고 있으며, 컴퓨터 통합관리 창고의 등장과 정보기술의 발달로 창고관리 시스템(WMS)이 등장하게 되었다.

② 입하, 피킹(Picking), 출하 및 재고사이클 카운트 등의 창고 비즈니스 프로세스와 창고활동을 효율적으로 관리하는데 사용되는 시스템이다.

③ WMS와 연휴하는 주 정보시스템은 PMS(Production Management System), TMS (Transpotation Management System) 그리고 MHS(Material Handiong System)이다.

④ WMS를 갖춘 물류센터는 RFID(Radio Frequency Identification)나 바코드 시스템, 무선 자동인식 시스템 등 물품과 정보의 일체적 관리를 자동적으로 실시하는 시스템이 정비되어 있다.

⑤ WMS 도입으로 재고 정확도, 공간·설비 활용도, 제품처리능력, 재고회전율, 고객서비스, 노동·설비 생산성 등이 향상된다.

> **[해설]** WMS와 연휴하는 주 정보시스템은 생산관리 시스템(PMS)이 아니라 주문관리 시스템(OMS : Ordering Management System), 운송관리 시스템(Transportation Management System), 하역 시스템(Material handling System) 등이 된다.

08 창고관리 시스템(WMS : Warehouse Management System)의 구축단계의 순서가 바르게 나열된 것은?

✅ 12회

㉠ 사양정의	㉡ 요구분석
㉢ 대안평가	㉣ 개발설치
㉤ 업체선정	

① ㉡ → ㉠ → ㉢ → ㉤ → ㉣
② ㉠ → ㉡ → ㉢ → ㉣ → ㉤
③ ㉠ → ㉡ → ㉣ → ㉤ → ㉢
④ ㉡ → ㉣ → ㉤ → ㉢ → ㉠
⑤ ㉡ → ㉤ → ㉠ → ㉣ → ㉢

> **[해설]** 창고관리 시스템(WMS)의 구축단계순서
> ㉠ 관련 부서와 T/F추진팀 구성 → ㉡ 요구분석 → ㉢ 효과분석 → ㉣ 사양정의 → ㉤ 대안평가 → ㉥ 업체선정 → ㉦ 개발설치 → ㉧ 운영

정답 **07** ③ **08** ①

09 창고관리 시스템(WMS)에 대해 잘못 설명한 것은? ✅ 11회

① WMS를 활용하면 재고 정확도, 공간/설비 활용도가 높아진다.

② WMS를 활용하면 서류/전표 작업, 직간접 인건비는 증가하지만 제품 피킹시간, 제품 망실, 설비비용 등은 감소한다.

③ WMS 패키지(package)를 도입하려면 세부 기능분석이 반드시 필요하다.

④ 물류센터의 대형화, 중앙집중화, 부가가치 기능 강화의 추세에 따라 WMS가 유통중심형 물류센터를 위한 차별화 전략의 핵심 요인으로 등장했다.

⑤ 고객의 다양한 요구사항 때문에 WMS 패키지 시장의 성장은 예상보다 저조하나 ERP 패키지의 도입이 활발해지면서, 그 하위 시스템으로서 도입이 확대되고 있다.

[해설] WMS를 활용하며 서류/전표 작업, 직간접 인건비뿐만 아니라 제품 피킹시간, 제품 망실, 설비비용 등도 감소한다.

10 크로스 도킹(Cross-Docking)에 관한 설명으로 옳은 것을 모두 고른 것은? ✅ 16회

㉠ 재고가 입하될 때 보낼 곳을 알고 있고 1일 처리량이 적을 때 크로스 도킹의 도입이 유리하다.
㉡ 크로스 도킹을 통해 보관, 하역, 수배송, 창고관리 프로세스의 단축과 개선이 가능하다.
㉢ 크로스 도킹을 효과적으로 실현하기 위해서는 ASN(Advanced Shipping Notice)과 JIT(Just In Time) 환경이 필요하다.
㉣ 공급처에서 수령한 물품을 물류센터에서 재고로 보관하지 않고 바로 출하할 수 있도록 하는 물류시스템이다.
㉤ 크로스 도킹은 기계설비의 고려 없이 정보기술만 활용하면 쉽게 도입할 수 있다.

① ㉠, ㉡, ㉢
② ㉠, ㉢, ㉣
③ ㉡, ㉢, ㉣
④ ㉡, ㉢, ㉤
⑤ ㉢, ㉣, ㉤

[해설] ㉠ 1일 처리량이 많아야 크로스 도킹이 유리하다.
㉤ 기계설비의 고려 없이 정보기술만으로 크로스 도킹의 실현이 불가능하다.

정답 **09** ② **10** ③

11 **창고관리 시스템(WMS)에 관한 설명으로 옳지 않은 것은?** ✅ 15회

① WMS의 주문 관련 기능은 입고관리, 보관관리, 재고관리, 선입선출관리 등이다.

② 물류단지의 대형화, 중앙집중화, 부가가치기능 강화의 추세에 따라 WMS가 유통중심형 물류단지를 위한 차별화 전략의 핵심요인으로 등장했다.

③ WMS를 활용하면 재고정확도, 공간과 설비의 활용도가 높아진다.

④ WMS의 출고 관련 기능은 수배송 관리, 배차스케줄 운영 등이다.

⑤ WMS를 활용하면 창고에 관한 업무 프로세스를 전산화·정보화하여 일반적으로 적은 인원으로 쉽고 편리하게 업무를 수행할 수 있다.

해설 창고관리 시스템의 입고관리, 보관관리, 재고관리, 선입선출관리는 "보관 관련 기능"이다.

정답 **11** ①

---

01 창고보관 시스템의 개요

1 창고 시스템의 개념

(1) 창고 시스템의 의의

① 생산 분야에서는 공장자동화(FA : Factory Automation)가 추진되고 있으며, 제조현장에서는 메카트로닉스(기계 + 전자)를 중심으로 하여 최신기술을 구사한 여러 가지 FMS(Flexible Manufacturing System)가 완전한 성숙기를 맞이하고 있다. 또한, 수주에서 설계, 제조 및 출하에 이르기까지 다양한 생산활동을 컴퓨터에 의해 종합적으로 시스템화하여 생산활동 전체의 효율화를 지향하는 CIM(Computer Integrated Manufacturing)의 개발도 추진되고 있다.

② 보관(창고)시설의 경우에는 창고업무의 제 기능을 종합하여 창고의 자동화와 기계화를 추진하고 이를 통한 합리화가 절실하게 요구되고 있으나, 아직 낙후된 상태로 남아있는 실정이다. 비록 창고에 대한 투자비는 과대하지만 생산공정의 효율을 극대화하고 원가를 절감시키기 때문에 판매를 증대시켜 장기적으로 볼 때 투자비의 몇 배 효과를 얻을 수 있다.

③ 창고는 기업의 이윤증대와 고객서비스에 이르기까지 물류를 원활하게 하는 수단으로서도 필요하기 때문에 보관량, 보관기간 및 소요면적 등을 고려하는 동시에 효율화를 위한 창고자동화(고층 랙 창고)나 자동하역설비 등에 대한 투자도 신중하게 결정하여야 한다. 그러므로 창고 시스템은 설계에서부터 계획적으로 이루어져야 한다.

(2) 창고 시스템의 기능

창고는 다음과 같은 4가지 부차적 요소에 의해 구성되고 있으며, 이를 그 기능과 함께 설명하면 다음과 같다.

① 보관활동 시스템 : 물류를 조정하는 기능

　㉠ 유지(Holding)

　　ⓐ 재고를 보호하고 정리

　　ⓑ 보관기간과 보관이유에 따라 보관설비와 배치가 결정됨.

　　ⓒ 보관되는 제품은 원자재부터 반제품 및 출하대기 중인 완제품을 포함함.

ⓛ 혼재(Consolidation)
ⓐ 총 운송비용을 줄이기 위하여 보관활동 간에 소량 화물을 큰 화물로 통합
ⓑ 운송요금 구조 및 단위물동량별 요금할인이 보관시설에 영향을 줌.
ⓒ 분류(Break Bulk)
ⓐ 혼재활동의 반대 개념으로 대량의 낮은 운송료율로 공급지로부터 창고로 운송한 후 고객의 주문에 따라 화주별, 목적지별로 소량단위로 나누는 것
ⓑ 공장→창고 : FTL(Full Truck Load), 창고→소비지 : LTL(Less than Truck Load), 창고에서 소비자 수요단위에 최대한 맞추어 공급하기 위해 공급단위를 다양화하는 과정
ⓡ 혼합(Mixing) : 다양한 상품을 다수의 공급업체로부터 구입하는 기업이 구입한 부품을 각 수요처(공장 등)로 공급하기 위해 거점에서 제품을 혼합(구색 갖춤)
② 하역활동 시스템 : 입고, 출고, 선별(분류), 집화 등 인력과 하역기기를 사용하는 하역기능
ⓛ 상하차(Loading & Unloading) : 운송수단에서 창고로의 화물의 하차
ⓛ 창고 내 운반 : 하차하여 보관구역으로의 이동 및 상차를 위한 보관구역으로부터 상차지역까지의 이동활동
ⓒ 오더 필링, 오더 어셈블리 : 확정주문에 대해 보관지역으로부터 제품을 피킹하여 한 곳으로 모으는 활동
③ 포장 및 가공활동 시스템 : 간단한 조립, 가공, 절단, 선별, 납품에 수반하는 재포장을 실시하는 기능
④ 정보처리활동 시스템 : 상품의 동향을 판매활동에 연결시키기 위한 정보수집과 주문에 따른 적정재고 유지를 위한 정보처리기능

(3) 창고 시스템화의 목적

창고나 유통센터를 시스템화하는 목적은 창고 시스템의 합리화를 위해서이다. 창고는 기업의 이윤 증대와 고객서비스 향상을 위해 창고활동의 생산성을 향상하고 창고기능을 고도화할 수 있도록 시스템화가 필요하다. 이를 위해서는 수주활동, 재고관리활동, 보관활동 및 배송활동 등 각 물류활동이 효율화할 수 있도록 다음과 같은 합리화 작업을 동시에 수행하여야 한다(**유기적 연계**).
① 수주 시스템의 합리화 : 판매활동의 효율화, 전화수주 시스템의 활성화, 오더 북(order book) 방식의 개선, 마크 시트와 마크 카드의 활용, 온라인 수주방식 도입
② 발주 시스템의 합리화 : 정기 정량방식, 발주점방식 및 중앙구입방식
③ 수배송 시스템의 합리화 : 다이어그램 배송, 야간배송 및 공동배송
④ 창고관리 시스템의 합리화 : 기계화·자동화 및 공동집배송단지 설립
⑤ 재고관리의 합리화 : 완성품 및 자재의 표준화와 간소화

(4) 창고 시스템의 원칙

① 보관에 필요한 공간 확보

② 공간을 최대한 활용 : 도시 내 지가 상승에 따른 고층 랙 창고의 건설, 대도시 근교나 교통편의 지역에 입지를 선정, 설비의 기계화와 자동화 도입[1]

③ 동종류 또는 유사품의 인근 보관 : 입출고의 편의성

④ 상품의 유통과 회전율 고려 : 일정한 유통방향으로 보관하여 보관의 효율성 제고 및 인간공학 측면이나 작업능률면에서 회전율을 고려한 입출고의 설계

(5) 유통창고 시스템의 등장

요즈음 창고는 농산물과 같이 보관만을 주목적으로 하는 사장저장(死藏貯藏 : dead storage)형에서 유통업체의 경우와 같이 집배기능이 주된 역할을 하는 창고의 기능으로 변하고 있다. 즉, 유통창고의 시스템은 입화, 검수, 저장, 오더 피킹, 포장 및 출하 등의 종합적인 정보활동을 통해 이루어지고 있다. 이에 따라 유통창고의 설계는 다빈도 배송을 위한 활동적 저장형(active storage type)으로 전환할 수 있도록 기계화·자동화·정보화된 설계가 필요하다.

> **핵심포인트**
>
> **창고설계를 위한 유통창고의 성격을 파악하기 위한 요인**
> ① 물품의 형상·크기·중량
> ② 재고 및 물품입고의 수량
> ③ 물품 종류별 입출하의 횟수
> ④ 입출하 트럭 및 거래처의 수
> ⑤ 출하 행선지 및 출하 건수
> ⑥ 주문전표의 내용
> ⑦ 장래 예상물품의 종류와 수량의 증가율

2 창고의 레이아웃

(1) 창고 레이아웃의 기본원칙 및 절차 [기출] 18회, 19회

창고의 레이아웃(lay out)은 광의와 협의의 2가지 개념으로 파악할 수 있다. 광의의 레이아웃은 **창고 시스템 설계의 기본방침으로부터 창고 내 각 위치의 공간결정에 이르는 모든 설계절차**를 의미한다. 그리고 협의의 개념은 창고의 각 위치의 최적설계가 창고 전체의 최적이 아니고 전체를 최적화하도록 하는 조정과정을 말한다.[2]

---

1) 보관용 설비로서는 물품보관 랙(소형 보관 랙으로서 높이가 보통 1.8m 정도의 인력하역용), 이동보관 랙, 드라이브인 랙, 플로 랙, 장척용 랙, 파렛트 등이 있으며 기타 운반용 하역기기가 있다.

2) 김회동, 『물류시대』, 1993. 2, pp.136~139 ; 1993. 3, pp.130~135.

공간을 유기적으로 결합시키기 위해서는 수불설비나 선반 등을 잘 평가하여 선택하여야 한다. 무엇보다 우선적으로 해야 할 것과 우선적으로 희생시켜야 할 부문이 어딘가를 결정하면서 레이아웃을 진행하여야 할 것이다.

창고를 레이아웃하기 위한 기본원칙은 다음과 같다.

① 창고 레이아웃의 기본원칙 및 고려요소

    ㉠ 창고 레이아웃의 기본원칙

        ⓐ **직진성의 원칙** : 물품, 통로, 운반기기 및 사람 등의 흐름방향에 있어 항시 직진성에 중점을 두어야 한다. 직진성은 가장 단순한 레이아웃이지만 부지의 형편에 따라 제약조건이 발생하게 된다. 이런 경우 복잡한 기계로 커버하려고 하면 과잉자동화의 함정에 빠지기 쉽다. 기기와 설비는 내용연수가 5~6년 정도로서 시간에 흐름에 따라 기능이 떨어지고 계속 수리해야 하는 난관에 부딪치게 되므로 기계화는 꼭 필요한 곳에서만 장치되어야 한다.

        ⓑ **역행교차 회피의 원칙** : 물품, 운반기기 및 사람의 역행교차는 피해야 한다. 특수한 자동화 창고를 빼고는 창고 내에서 역행교차 이동을 하게 되면 혼잡도가 높아져 통로점유율이 높아지고 이동이 적체된다.

        ⓒ **물품 취급횟수 최소화의 원칙** : 가능한 한 물품의 취급횟수를 감소시킴으로써 비용과 시간을 절약할 수가 있다. 생력화의 과제는 핸들링과 대기시간의 문제로 핸들링 횟수와 대기시간을 증대시키는 "임시저장" 활동에 대한 심사숙고가 있어야 한다.

        ⓓ **물품 이동 간 고저간격의 축소 원칙** : 물품의 흐름과정에서 높낮이 차의 크기와 횟수를 감소시켜야 한다.

        ⓔ **모듈화의 원칙** : 유휴 공간을 감소시키기 위해서는 **규격, 치수**(dimension)의 **배수관계**를 잘 고려해서 화자, 운반기기, 랙, 통로입구 및 기둥간격의 모듈화 등을 도모해야 한다. 보통 화물의 형태나 건축구조의 제약 때문에 유효 사용률과 공간효율이 나빠지는 경우가 많다.

    ㉡ 창고 레이아웃의 기본 고려요소

        ⓐ 화물의 흐름을 중심으로 전체 공장이나 창고의 합리적 레이아웃을 결정한다.

        ⓑ "P·Q·R·S·T"

고려요소	P (Product)	Q (Quantity)	R (Route)	S (Service)	T (Time)
의 미	상품	수량	경로	서비스	시간

② 창고 레이아웃의 기본절차

배송센터의 레이아웃을 설계하기 위해서는 품목별 수량의 분석, 물류분석, 시설 관련성의 분석 및 시설면적의 결정 등을 면밀하게 분석하여야 한다.

㉠ 품목별 수량의 분석(P – Q분석)

ⓐ 취급품의 종류를 입출고 빈도수로 정리하여 움직임이 비슷한 그룹별로 구분

ⓑ 구분된 품목에 따라 취급량을 설정

ⓒ 상품의 종류와 취급량에 따라 횡축에 P를, 종축에 수량 Q를 취급량의 크기에 따라 도표로 작성

- 물(P)의 범위에 속하는 분석요소(**품종, 포장, 단위수량, 단위용적**)
  - 단위수량의 의미 : 📖 단위재화 3개가 1개의 상품으로 포장되어 구분됨(P속성).
- 양(Q)의 범위에 속하는 분석요소(**중량, 개수, 용적, 시간, 건수**)
- 파렛트 그림 이용(A·B·C 재고분류의 개념)

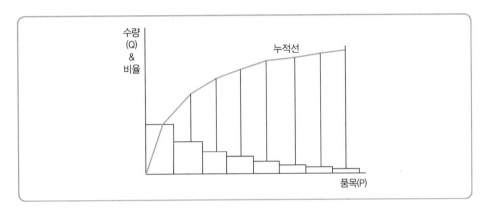

㉡ 물류분석 : 배송센터 내의 작업장을 경유하는 제품의 흐름에는 몇 개의 기본적인 패턴으로 분류할 수 있다. 여기서는 전항의 품목별 수량의 분석(취급수량과 출고빈도)에 따른 자료를 검토하여 제품 흐름의 기본계획을 작성한다.

㉢ 시설 관련성 분석 : 레이아웃 계획을 수행하는 경우, 레이아웃의 대상이 되는 시설이나 평가 항목을 총정리하여 액티비티(activity)라고 총칭한다. 따라서 액티비티에는 수화장(受貨場), 검품장, 보관장, 유통가공장 및 발송장 등의 옥외시설 외에 사무실·대지형태·도로 등 모든 것이 포함되므로 서로 관련성을 기초로 조정·배치하는 것이 중요하다.

🔷 **핵심포인트**

액티비티 분석의 순서

① 필요시설의 열거 : 정문, 사무실, 녹지, 잡품창고, 반품처리장 및 복리시설 등에 대해 구체적으로 열거한다.

② 액티비티 상호 관련표 작성 : 시설 열거는 성질이 유사한 것은 한데 묶는 것이 좋으며, 이러한 모든 액티비티에 대해 근접성을 판단한다. 근접성의 판단은 제품의 흐름, 전표의 흐름, 작업원의 관리측면, 화물자동차의 출입관계 및 하역 시스템 등 각 관련 분야의 적합성을 기준으로 판단한다.

③ 액티비티 관련 선도 : 먼저 액티비티의 위치관계는 전항의 평가를 기초하여 상호 관련성에 따른 추상적인 레이아웃을 실시한다. 그리고 기본모형을 작성하며 여기서 제품의 흐름을 고려하여 각 시설의 위치관계가 결정된다. 이때 수정해야 할 필요성이 생기는 경우에는 액티비티 상호 관련표까지 거슬러 올라가서 수정하여 최적의 시설관련안이 만들어질 때까지 검토와 평가를 반복한다.

㉣ 시설면적의 결정 : 이상의 방법으로 결정된 시설관련안에 대해 필요한 시설면적을 산정한다. 여기서는 취급수량으로부터 경험에 의해 결정된 원단위를 이용하여 면적을 할당한다. 배송센터의 면적이 결정되면 각 관계 위치와 종합하여 기본 레이아웃안을 작성한다.

핵심포인트

사례를 통해 본 창고의 바닥 소요면적 산정법

- 파렛트 적재단수 : 1단
- 파렛트당 제품 적재수량 : 200Box
- 제품수량 : 100,000Box
- 파렛트의 면적 : 1.2m²
- 창고적재율 : 30%

① 소요파렛트수 $= \dfrac{100,000}{200} = 500\text{pallet}$

② 소요면적 $= 500\text{pallet} \times 1.2\text{m}^2 = 600\text{m}^2$

③ 창고적재율 $= 30\% \Rightarrow \dfrac{600}{0.3} = 2,000\text{m}^2$

(2) 창고 내 레이아웃 설계 시 고려사항

레이아웃 당시의 기기선택은 기본기능을 최대공약수로 하여 향후 설비개조나 화물형태의 변경 등을 감안한 다음, 다음과 같은 순서로 수불조건을 표준용어로 바꾸어 놓고 이에 따라 기능을 표현하도록 해야 한다. 이러한 분류방식으로 기능표현을 통일화하게 되면 운반기기 선택이나 레이아웃 업무가 원활하게 진행될 수 있다.

① **공간특성** : 화물을 적재하게 될 공간 특징
   상하좌우, 수평·구배(기울기), 곡률(회전각도), 직선주로의 크기

② **화물의 특성**
   ㉠ 화물의 형태 구분
      ⓐ 원형태 : 액체, 분말, 가마니, 자루, 판, 덩어리, 봉, 상자
      ⓑ 화물형태 : 박스, 빽, 묶음, 캔, 나무상자(crate), 탱크, 파렛트
   ㉡ 화물의 무게 : 20kg 이하, 20~100kg, 100~500kg, 500~1,000kg, 1,000~1,500kg, 1,500~2,000kg

③ 창고 작업의 종류

　　㉠ 운반

　　㉡ 쌓기(積付, 적부)

　　㉢ 올려놓기(積上, 적상)

　　㉣ 쌓아놓기(積入, 적입)

　　㉤ 방향전환

　　㉥ 위치결정

　　㉦ 받아둠 : 물품을 모아서 이동 혹은 쌓아 놓는 작업

　　㉧ 달아 올림 : 물품을 매달아 올리는 작업

　　㉨ 화물 짐풀기(解包, 해포) : 포장화물을 개품으로 포장을 해체하는 작업

　　㉩ 유닛 짐풀기 : 유닛로드 화물을 해포하는 작업

④ 화물 움직임

　　㉠ 시간특성 : 화물이 이동되는 시간특성

　　　연속적, 간헐적, 계절성(연중, 월중, 주중, 일중)

　　㉡ 운반거리 : 5m 이하, 5~10m, 10~30m, 30~50m, 50m 이상

　　㉢ 기동성 : 고정/이동, 일괄처리(batch)/순차이동(diagram), 실시간 이동(on-line real)

⑤ 랙의 특징(선반)

　　㉠ 움직임 : 랙 자체의 이동성

　　　정적, 동적 움직임(Mobile Rack, Carousel Rack)

　　㉡ 화물형태 : 적입되는 화물의 종류

　　　- 개품, 박스제품, Unit Load

　　㉢ 설치형태 : 랙의 조립방식

　　　ⓐ Bolt(볼트 조립형)/Boltless(비볼트 조립형)

　　　ⓑ Box Beam Pallet : 빔과 기둥, 선반 등을 결합부속들을 이용하여 조립

　　　ⓒ Post Pallet : 이미 바닥과 기둥이 만들어진 랙의 한셀한셀을 접합하여 조립 　기출 14회

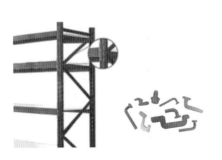  

◀ Box Beam Pallet ▶　　　　　◀ Post Pallet ▶

ⓓ Drive In / Through : 랙 안으로 소형 지게차가 이동하므로 랙의 기둥에 선반을 조립하는
대신에 약간 튀어나온 파렛트 걸이부속(rail, guide)을 조립

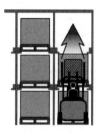  

⑥ 화물적재 로케이션 관리

㉠ 운영방식에 의한 구분 〔기출〕 14회, 15회, 16회, 17회, 19회

ⓐ Fixed Location : 특정 구역에 특정 화물만 보관

ⓑ Free Location : 특정 화물이 보관되는 특정 구역 없이 형상특성이 허락하는 한도 내에
서 순차적으로 보관하는 방식(Closest Open Location Storage – 근거리우선보관)

예제보기

3가지 품목의 제품을 보관하고자 하는 창고의 향후 6개월간 품목별 월평균 소요 단위공간이 다
음 표와 같이 예상된다. 지정저장(Dedicated Storage)방식과 임의저장(Randomized Storage)
방식으로 산정된 소요기간에 관한 설명으로 옳은 것은?

월	품목		
	A	B	C
1	22	18	23
2	25	19	13
3	30	23	15
4	27	17	23
5	28	22	22
6	23	20	18

① 임의저장방식이 지정저장방식보다 4단위 공간만큼 적게 소요된다.
② 지정저장방식이 임의저장방식보다 4단위 공간만큼 적게 소요된다.
③ 임의저장방식이 지정저장방식보다 5단위 공간만큼 적게 소요된다.
④ 지정저장방식이 임의저장방식보다 5단위 공간만큼 적게 소요된다.
⑤ 임의저장방식과 지정저장방식의 소요공간은 동일하다.

해설

월	품목			총소요공간 (임의저장방식)
	A	B	C	
1	22	18	23	63
2	25	19	13	57
3	30	23	15	68
4	27	17	23	67
5	28	22	22	72
6	23	20	18	61
최대소요공간 (지정저장방식)	30	23	23	76

• 지정저장방식 최대소요공간 = 30 + 23 + 23 = 76
• 임의저장방식 최대소요공간 = 72(5월)
따라서 ① 임의저장방식이 지정저장방식보다 4단위 공간만큼 적게 소요된다.

①

ⓛ 입체이용 여부에 따른 구분
　ⓐ 평치적재 : 창고의 높이가 낮거나 중량물 또는 보관제품의 품목수가 많지 않은 경우
　　• Honey Combing : 평치적재 시, 적재열의 깊이를 서로 상이하게 하여 깊이가 깊은 열 쪽에 다품종을 적재하더라도 깊이가 얕은 열 쪽에서 출고가 가능하도록 지원한다.
　　　－ 창고용량의 손실이 발생하지만 작업효율은 향상되는 적재방식
　　　－ 적재 레인의 수와 깊이를 적절히 조정하는 것이 관건

　ⓑ 랙 적재 : 입체 적재가 필요한 다양한 품목과 많은 물동량에 저장중심형 창고
⑦ 창고설비
　㉠ Mobile Dock / Platform Dock
　　ⓐ 지게차 1대 또는 2대 이상의 지게차가 지면과 Platform 상부에서 협조하여 작업하는 형태로 컨테이너 1~2대 동시 작업이 가능하며, 물동량이 많은 곳에 적합하다.

ⓑ Ramp와 유사하지만 차체하중을 지지하는 지지대를 가진다.

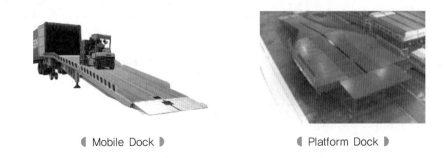

◀ Mobile Dock ▶   ◀ Platform Dock ▶

ⓛ Dock Leveler : 창고건설 시공시 Dock상에 고정으로 설치되어 차량적재함 바닥의 높이와 Dock의 높이를 맞추어 운반구(지게차, 대차 등) 이용을 도모하는 설비 _/기출_ 12회

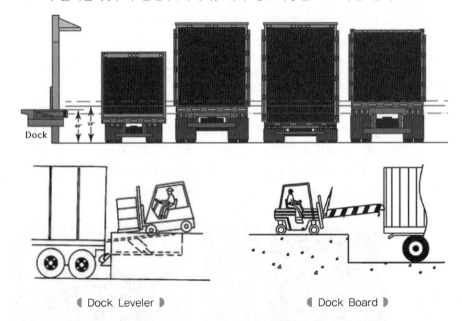

◀ Dock Leveler ▶   ◀ Dock Board ▶

ⓒ Dock Board : 콘크리트 바닥 도크를 사용 중인 창고에 설치하여 기존의 시설물을 그대로 사용함과 동시에 Dock와 차량적재함 바닥과의 높이 차이를 해결하는 설비 _/기출_ 9회, 12회

ⓔ Ramp : 작업의 형태는 Mobile Dock와 유사하나 Ramp 끝이 컨테이너 입구나 Dock바닥에 거치하여 작업하중을 전가하는 방식으로 경량물 하역작업에 적합하다.

Mobile Ramp   Mobile Auto Ramp   Deck Ramp

ⓜ Lift Gate : 하역장에 도크가 설치되어 있지 않은 경우에 트럭이 자체적으로 화물을 승강시킬 수 있도록 차체에 부착하여 사용하는 장치 📝기출 13회

◀ Lift Gate ▶

(3) 창고 내 레이아웃

① 수입(입하) 작업장 레이아웃

㉠ 입하작업장의 특성

ⓐ 화물을 창고에 적입하는 작업으로 많은 시간이 소요

ⓑ 사무처리 작업의 능률화를 위해 **온라인방식**이 도입이 필요

ⓒ 트럭에 입하설비 장착이 요구될 때 영업용보다는 자가용이나 전용트럭을 이용

ⓓ **기본 작업** : 하역, 검량, 검품, 해포, 운반, 분류, 사무처리

㉡ 입하작업장의 기본 작업형태

ⓐ **흐름형** : "컨베이어" 이용(다종 다량, 소종 다량)

ⓑ **체류형** : "선반", Bin, Rack(다종 소량, 소종 소량)

㉢ 작업형태별 레이아웃의 유의사항

흐름형	체류형
• 화물의 역행교차 방지	• 화물의 분할 및 유닛화 방안 • 입체이용(중량 랙, 박스, 파렛트) • 검수 리드타임 및 검수 소요공간 • Dock, Ramp 설치 • 해포 및 반품, 쓰레기처리 공간 • 우천 및 온도 변화 시 대책

[공통사항]
• 입출하구역 중심(흐름중심) 혹은 보관구역 우선(저장중심)의 레이아웃
 – 집배송형 창고는 입하구역 우선으로 레이아웃
 – 저장중심형 창고는 보관구역을 우선으로 레이아웃
• 운반 용이성
 – 입하작업장 통로의 구분 확정
 – 입하구역과 보관구역의 구분 확정

② 보관 레이아웃

　㉠ **보관의 기본형태** : 보관장의 레이아웃에는 블록 단위로 구분하는 블록 레이아웃이 전형적이
　　며 주로 화물형태와 품종수에 의해 배치가 이루어진다. 그 기본형을 살펴보면 다음과 같다.

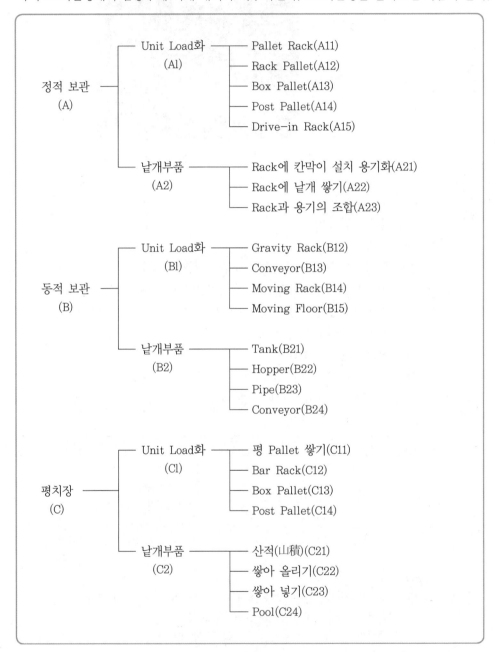

◀ 블록 단위의 레이아웃 ▶

ⓛ 보관형태별 레이아웃 : 보관장의 설계에서는 **유효사용률**과 입고 **작업능률**이 상호 **이율배반 적 상대**이기 때문에 동일 화자(貨姿) 또는 동일 운반기기의 수단이나 범위 내에서 보관을 우선으로 할 것인지 혹은 작업성을 우선으로 둘 것인지를 미리 결정해 두어야 한다.

[공간의 유효사용률을 우선하는 경우]의 보관형태는 상기 블록 단위의 레이아웃에서와 같이 'A11 → B21 → C11 → C22 → A15 → B11'의 순서로 보관된다. **작업성**에 우선을 둘 경우의 보관형태는 이와 다르며 이를 해결하기 위한 방법은 **스태커 크레인과 고층 랙의 조합**이다. 이 방식은 외관이나 공간효율은 좋지만 변화가 심한 창고에서는 실질적인 유효사용률이 저하하고 재고탄력성이 떨어지기 때문에 제품수요에 매우 적절하게 연결하지 않으면 문제가 생기게 된다.

유효사용률 우선에서 작업성 우선으로의 이행은 간단히 말해 통로 제로(0)에서 큰 통로로의 이행을 의미한다. 이것은 창고에 보관되어 있는 화물의 움직임 빈도에 의한다. 따라서 큰 블록 레이아웃에서는 회전율의 대소에 따라 상품을 그룹핑하는 것이 좋다. 이를 구체적으로 살펴보면 다음과 같다.

ⓐ **고회전율 물품**은 **고정(fixed) 로케이션**이 좋고, 저회전율 물품은 프리(free) 로케이션이 좋다.

ⓑ 랙의 이용은 빈 구간이 문제가 되므로 모듈을 고려해서 물품의 크기를 최대공약수적으로 그룹핑하고, 한 구간(段落)의 크기를 그 치수의 정수배로 하여 끝수에 빈틈이 생기지 않도록 해야 한다.

ⓒ 작업성 우선의 평 파렛트 올려쌓기(C11)는 비스듬히 놓아두면 통로 폭이 좁더라도 포크리프트의 운전을 빠르게 작동할 수 있다.

ⓓ 대량의 로트(lot) 화물을 단기간 내 처리하기 위해서는 적치장 통로를 그날의 상황에 따라서 결정하도록 하는 기법에 대해 집중적인 연구가 필요하다.

ⓔ 장척물(긴 화물)의 처리는 바 랙(bar rack-C12)/암 랙/**캔틸레버 랙**과 **사이드 포크리프트**의 조합이 좋다.

ⓕ 랙의 구간은 가능한 한 크게 한다.

ⓖ 선입선출의 필요성을 등급별로 구분하고 선입선출 될 물품을 한정하여 적치장이나 선반의 내치수를 결정한다. 선입선출의 필요성이 적은 것은 적치장이나 선반의 내치수를 깊게 하여 유효용적 사용률을 확대하는 한편, 선반과 공간의 이용방법을 규칙화해서 염가 대매출(special bargain sale) 등의 방법으로 재고를 정리하여 물품의 열화, 진부화를 방지하도록 한다.

ⓗ 보관장은 모든 면에서 높게 쌓을 수 있도록 배려하며, 바닥의 내하중(하중을 버티는 힘)을 크게 하고 운반차의 양정(포크의 승강높이 – 양고)을 충분하게 설정해야 한다. 또한, 조명기구 등이 방해가 되지 않도록 설치한다.

ⓘ 보관장의 통로 폭을 좁힐 수 있는 운반차, 즉 스트래들형, 리치 타입(reach type) 및 포크리프트 트럭 중에서 선택하여 사용한다.

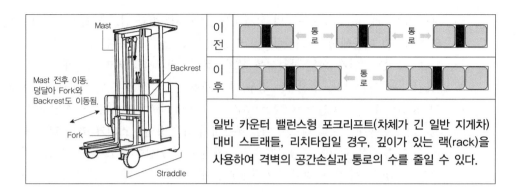

일반 카운터 밸런스형 포크리프트(차체가 긴 일반 지게차) 대비 스트래들, 리치타입일 경우, 깊이가 있는 랙(rack)을 사용하여 격벽의 공간손실과 통로의 수를 줄일 수 있다.

ⓙ 랙도 조립과 해체가 빠르고 확실하게 할 수 있는 종류의 기기를 선택한다.

③ 불출(출하) 레이아웃

- 화물검량, 취급, 운반, 분류, 집화, 짐 꾸리기, 검품 및 입회 등의 작업이 있다.
- 서비스타임을 일단위로 처리하면 계획적인 공간활용이 가능하다.

ⓘ 자재의 출하 경우 : 공정관리의 효율적 측면에서 출고작업 시 보관되어 있는 물품단위를 그대로 보내는 경우가 많다. 따라서
  ⓐ 키트나 세트단위의 방식 도입
  ⓑ 분류, 검품 및 운반이 일관되게(유기적 Process 연계) 하는 레이아웃
ⓛ 완제품 출하 경우 : 출고단위에 따라 레이아웃이 크게 달라진다.
  ⓐ 대규모 창고, 대로트 출하 : 대규모 컨베이어 시스템 활용
  ⓑ 소규모 창고, 소로트 출하 : 공간활용을 고려하여 컨베이어와 포크리프트 병용

3 창고 내의 물류설계방안

(1) 저장중심형 창고

저장중심형 창고는 물품을 비교적 장기간 저장하는 창고로서 상대적으로 **재고회전율이 떨어진다**. 저장중심형 창고에서는 생산이나 매입은 단기간에 걸쳐 이루어지고 출고는 장기간에 걸쳐 행해지는 경우(예 곡물류)가 대부분이며, 때로는 공급이 장기간에 이루어지고 출고는 단기간에 행해지는 경우(예 양수기, 아이스크림, 맥주 등)도 있다.

저장중심형 창고 내에서 물품의 흐름은 일반적으로 다음과 같으며,

입고장 → 분배장 → 격납장 → 분배장 → 포장장 → 출고장

창고에 따라 I자형 흐름과 U자형 흐름으로 크게 나누어 볼 수 있다.

① 격납장 내 흐름의 패턴 〔기출〕 9회, 16회

저장중심형 창고의 특징은 입고시 분배작업이 간단하고 유닛로드 형식으로 격납되기 때문에 화물의 흐름이 간단하여 입출고 횟수가 적은 것이 특징이다.

따라서 충전율을 높여 격납하며, 통로면적을 최대한 축소하여 파렛트를 통로 양측에 직각으로 적치하는 경우가 많아 카운터 밸런스(counter balance)형 포크리프트가 적합[3] **천장 주행형 크레인**은 입체적 이용성이 높은 것처럼 보이지만 실제로는 **크레인 자신의 주행을 위해 공간면적을 많이 차지**하기 때문에 도크(dock)에서 짐을 싣는 국소적인 경우를 제외하고는 오히려 불합리하다는 문제점이 있으므로 유의해서 사용해야 한다.

저장중심형 격납장의 유형은 다음과 같이 분류해 볼 수 있다.

㉠ 제1유형 : 소품종 다량품의 경우 선입선출이 크지 않다면 적치장 안쪽에서 순서대로 적재해 놓고 출고 시 가까운 곳에서부터 출고하는 방식으로서, 공간 자체가 통로가 되는 가장 간단한 유형이다.

㉡ 제2유형 : 선입선출이 어느 정도 필요하게 될 때 2열(2산법) 또는 3열(3산법)의 병렬로 정리하여 입출고하는 유형이다.

㉢ 제3유형 또는 제4유형 : **재고량의 종류가 많아질 때 피킹의 순회거리를 짧게 하기 위해** 동일 품종은 가능한 한 정면폭을 좁게 그리고 깊이는 길게 적치하는 형으로 빼내기가 어려워지면 플로 랙(flow rack)을 사용하기도 한다.

㉣ 제5유형 : 상기 제3유형 또는 제4유형에서 충전이 떨어지고 **물품을 대량으로 쌓아두면 피킹의 순회거리가 길어지므로** 피킹장과 대량재고의 격납장을 분리해서 2단으로 쌓아놓는 형이다.

㉤ 제6유형 : 제5유형은 운반횟수가 증가하기 때문에 문제가 있지만 실제로 피킹횟수를 감소시키므로 전체적으로 보아 효율적임을 알 수 있다. 이 방식에서 한걸음 나아가 손이 미치지 않는 피킹용 선반 상부에 예비물품을 파렛트에 적재해 두었다가 손이 잘 미치는 선반 하단부가 비게 되면, 채워놓고 다시 상단부에 대량 재고품의 격납장으로부터 새 물품을 보충하는 유형이다.

---

3) 화물을 통로 양측에 1열 밖에 놓을 수 없거나 동일 종류의 재고량이 적을 경우에 2열 이상으로 배열하게 되면, 뒤 열의 파렛트를 빼기 위해서는 앞 열의 파렛트를 계속 옮겨야 한다. 따라서 물품을 상방향으로 세워두면 카운터 밸런스형 포크리프트를 사용하여 유동성을 원활하게 할 수 있다.

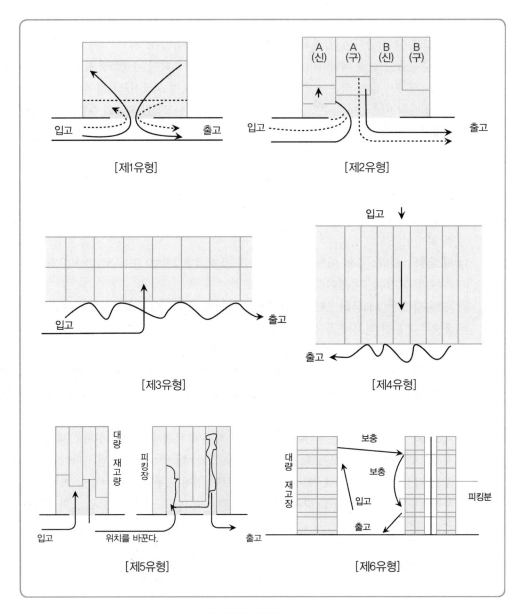

◀ 격납장의 제유형 ▶

② 입고 흐름의 패턴

입고 흐름에서는 원료화물(곡류, 광석류, 원유 등)같은 것을 파이프라인으로 대량·연속적으로 사일로 창고, 야드 및 탱크 등에 운반하는 경우와 일관 파렛트화된 단위화물이나 소단위 포장의 형태로 입고되는 경우가 있다. 그 중에 후자의 형태를 살펴보면 다음과 같다.

《 입하유형 》

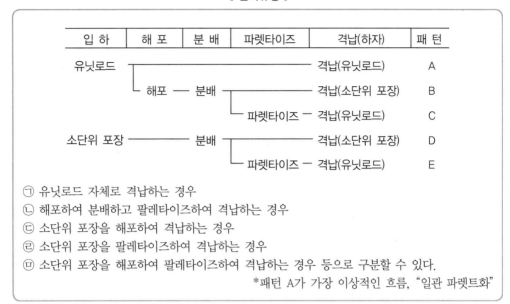

ㄱ 유닛로드 자체로 격납하는 경우
ㄴ 해포하여 분배하고 팔레타이즈하여 격납하는 경우
ㄷ 소단위 포장을 해포하여 격납하는 경우
ㄹ 소단위 포장을 팔레타이즈하여 격납하는 경우
ㅁ 소단위 포장을 해포하여 팔레타이즈하여 격납하는 경우 등으로 구분할 수 있다.
*패턴 A가 가장 이상적인 흐름, "일관 파렛트화"

③ 출고 흐름의 패턴

《 출고유형 》

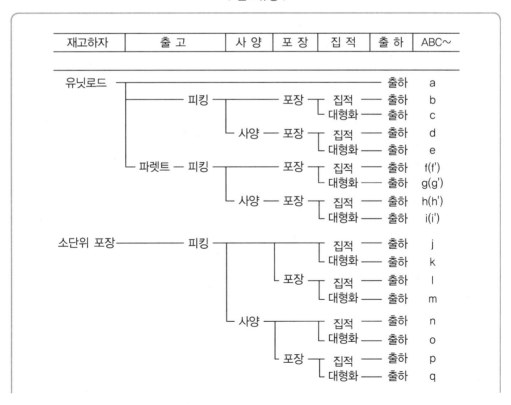

> 좀 f~i에서 (')기호를 붙인 것은 나머지를 격납장에 되돌리지 않는 경우이며, (')기호를 붙이지 않은 것은 피킹하고 나머지를 격납장으로 되돌리는 패턴이다.

출고하는 경우에는 유닛로드 자체로 출고하는 경우와 소단위 포장이나 단품 상태로 출고하는 경우가 있다. 후자의 경우는 행선지별로 분배하여 포장하고 이를 다시 모아서 대형 유닛 용기화(예로서 컨테이너화 등)하여 출하하기도 한다.

한편, 피킹작업에서도 격납장 내의 선반 또는 파렛트에 피킹하는 방법과 유닛로드를 피킹장으로 가지고 와서 피킹하는 방법이 있다. 유닛로드의 피킹에는 이를 다시 피킹하고 나머지를 격납장으로 되돌리는 방법과 그 물품이 없어질 때까지 피킹장에 놓아두는 방법으로 구분된다.

④ 전체의 흐름 [기출] 9회

㉠ 전체 흐름에서 문제가 있을 경우 입하도크와 출하도크를 병용하거나 각각 구성해 봄.

㉡ U자형 흐름을 가질 경우 토우인 컨베이어나 전자유도 트랙터를 사용하여 전체 흐름을 향상시키는 방안을 고려

◀ 창고의 흐름 ▶

I자형 창고(흐름↑, 저장↓)	U자형 창고(흐름↓, 저장↑)
• 흐름이 단순화됨. • 입하 및 출하의 구분이 명확함. • 플로 랙의 사용 가능 • 스태커 크레인 사용 시 가동률 저하	• 동일 면적이라면 상대적으로 I자형 창고보다 저장가능 면적이 넓음. • 입출고 작업장 병용으로 혼잡

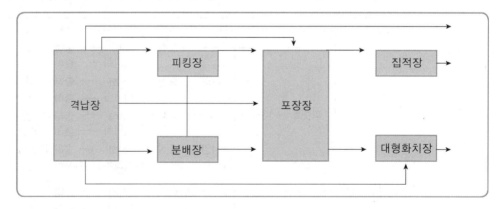

◀ 작업장과의 관계 ▶

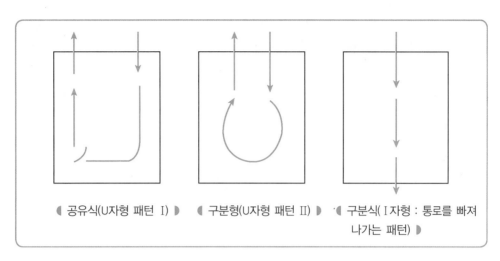

◀ 공유식(U자형 패턴 Ⅰ) ▶   ◀ 구분형(U자형 패턴 Ⅱ) ▶   ◀ 구분식(I 자형 : 통로를 빠져
나가는 패턴) ▶

◀ 창고 내 흐름의 형태 ▶

(2) 집배중심형 창고

집배중심형의 흐름 패턴이 격납장 패턴과 다른 점은 다음과 같다.

① 저장중심형 창고 대비 집배중심핵은 격납장과 피킹장을 달리하는 경우가 적다. 입하되면 분류
되고 일정량이 모이면 바로 출하되는 경향을 보인다.

② 각종 컨테이너를 분배용이나 기타 여러 가지 용도로 활용하는 경우가 많다.

③ 흐름중심형, 프로세스 중심형 창고이기 때문에 **플로 랙**과 같은 설비를 이용하는 경우가 높다.

(3) 창고의 플로 차트의 설계

흐름을 디자인할 때는 부지와 도로와의 관계나 동시에 도착하는 차량대수 등에서는 전체 흐름의
형태에서 그 유형을 선택하고 다음에 입화 이후의 처리(피킹, 분배, 팔레타이즈)에 따라 입화유형
의 형태를 선택한다. 그리고 재고종류와 양과의 관계로부터는 격납장 형태의 유형에서 한 형태를
선정하며, 마지막으로 출하시의 처리(피킹, 분배, 포장, 집적, 대형화 등)방법에 따라 출하유형
중에서 그 형태를 선택한다.

또한, 격납에 대해서는 다음 사항을 고려하여 체계적으로 정리하여야 한다. 이러한 내용들은 설계
의 진행도중 경제성을 계산하여 일부 수정되기도 한다.

① 단층이나 다층 또는 고층입체 등의 형태 결정

② 선반의 사용 여부

③ 컨베이어의 설치 여부

④ 순환 라인의 설치 여부 등

02 창고보관 시스템의 설계방안

1 창고 시스템화의 기본방안[4]

(1) 보관기능의 향상을 위한 설계방안

① 하드웨어적 방안

아이디어의 하드웨어적 구현		
[공간활용 향상]		
상부 공간 활용	➡	적층 랙
통로 불요의 저장	➡	드라이브 인 / 이동 랙
입체적으로 저장	➡	고층 랙

② 소프트웨어적 방안

아이디어, 계획, 구성
[공간활용 향상]
통로면적 축소
수납설비 내 불요 공간 배제
Free Location 보관방식 채택

(2) 입출고기능을 향상하는 방안 기출 9회

① 하드웨어적 방안

[입출고기능 향상]		
각종 차량의 수평운반	➡	손수레, 대차, 파렛트
수직·수평운반	➡	엘리베이터, 컨베이어
기계화·자동화	➡	스태커 크레인, AGV(무인운반차)
간접설비 활용	➡	Dock Leveler, Ramp, Elevator

---

4) 김정환, 『물류시대』, 1989. 7, pp.138~139 ; 1989. 8, pp.130~133.

② 소프트웨어적 방안

[입출고기능 향상]
입출고 / 트럭 도착 작업시간대 할당 물품이동 낭비 제거 : 동선 조정 보관용품 검색 용이성 증대(명료성, 위치표시 원칙 활용) 운반의 활성화도 제고

(3) 화물의 흐름을 고려한 창고설계 방안

One Way 방식(I자형 흐름)	U Turn 방식(U자형 흐름)
• 입고구와 출고구가 별도 • 입고 물품이 일방통행으로 적치 · 반출 • 공간효율↓, 작업효율↑	• 입고구 · 출고구가 동일 또는 동일한 방향 • 보관 후 입고방향과 출고방향이 반대 • 공간효율↑, 작업효율↓, 중소규모 창고
	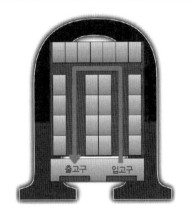

(4) 품목배치의 합리화 방안

① 재고회전율에 입각한 관리

㉠ ABC 재고관리

재고분류	품목비율	매출비율	회전율	품목배치
A	15~20%	70~80%	높음	입출고구 근거리
B	20~40%	20%	중간	입출고구 중거리
C	40~60%	5~10%	낮음	입출고구 원거리

　　　ⓛ 상품특성 분석

$\dfrac{S_j}{T_j}$	• 값이 작아질수록 입출고구 근거리에 보관(회전대응) • S_j : 보관소요 공간이 감소 • T_j : 단위시간당 평균 입출고 수 증가

② Free-Location 방식의 활용

　　　㉠ 온라인 자동화설비 구축이 전제된다(높은 초기투자비용 및 고정비 발생).

　　　ⓛ 전용보관(Fixed Location)방식은 특정 위치에 특정 품목만을 관리하기 때문에 관리가 용이한 장점이 있지만, 해당 지역에 다른 품목을 보관할 수 없기에 공간효율은 떨어진다.

　　　㉢ 온라인 자동화설비의 발전과 확대로 화물과 보관위치(cell)를 매칭하여 사람이 일일이 위치를 기억할 필요 없이 컴퓨터 시스템이 기억하고 관리하며 자동화설비와의 연동으로 자동제어하므로, 품목과 상관없이 빈 창고공간에 순차적으로 적재하여 공간을 최대한 활용한다.

(5) Flow & Sliding Rack System(유동 / 흐름 랙 / 슬라이딩 / 중력식 랙)의 활용

① 단위시간당 누적 주문처리량 분석

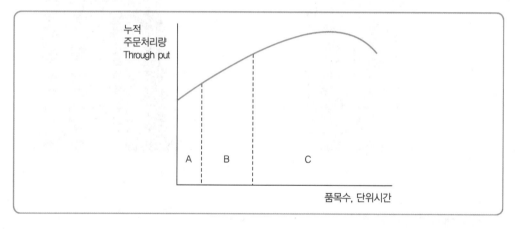

② 유동랙의 활용

　　　㉠ 품목수는 적으나 단위시간당 주문처리량이 상대적으로 매우 높은 A영역의 품목들을 보관

　　　ⓛ 유동랙은 화자를 랙의 입구로 넣으면 출구 쪽으로 기울어진 선반이나 롤러들을 따라 순차적으로 보관되고, 출구에서 화자를 하나 반출하면 중력에 의해 출구 쪽으로 미끄러져 별도의 운반이 필요 없으며, 결정적으로 화자와 화자 사이에 격막이 없기 때문에 공간 충진율(보관능력)이 향상된다.

2 창고 시스템화의 기본방침

(1) 창고의 설계방침

① 일정한 화물형태의 설계(출고조건, 구내운반의 합리화)
② 최저 필요량의 계산
③ 입화능력의 평균화, 입화시간의 규제
④ 보전용적률의 향상 등과 같은 사내 물류조건을 최우선으로 설정
⑤ 사내 범위에서 외부 물류경로까지 그 범위를 확대

(2) 창고 시스템 설계에서 보편적으로 요구되는 기능

① 시간적 기능
② 수요조정 기능
③ 매매기관적 기능
④ 신용기관적 기능
⑤ 연락적 기능

이상의 기능은 최근의 대량생산과 대량소비체제 이후 다품종 소량생산체제로 전환되면서 그 내용이 변질되어 가고 있다. 즉, ②, ③, ④는 후퇴하고 ①, ⑤의 기능을 중심으로 요구기능이 전환됨으로써 영업창고도 항만을 중심으로 한 입지에서 소비중심지로 변하고 있으며, 창고의 보관기능도 집배송 효율화를 위한 종속기능으로 변화하고 있다.

3 각 단계별 창고 설계의 방침

(1) 제품의 경우

① 시장규모(예로서 500억원 이상)가 크고 운송단위의 거대화가 운송비의 절감을 가져오는 경우
    ㉠ 도시주변에는 집배형 배송센터 지향형 창고
    ㉡ 지방에는 저장형 포장 또는 생산병합형 창고 설계
② 시장규모가 적고 운송단위의 거대화가 운송비의 절감을 가져오는 경우, 이종업종 간의 협업전문창고로서 저장과 집배기능이 알맞게 균형을 이루도록 창고를 설계하여야 한다.

(2) 자재의 경우

공장관리를 위한 서비스 기능 중심핵에서 영세납품업자나 거래가 적은 거래업자의 납품경비를 절감하는 방향에서 재고방침을 설정하고 이에 따라 창고를 설계하여야 한다.

03 창고 및 센터의 입지선정

창고의 설치장소와 형태(**집중형** 또는 **분산형**)의 선정문제는 자가창고의 입지선정에 가장 큰 핵심 요인이 되고 있다. 창고에는 **유통창고형**과 **공장창고형**이 있다. 유통창고형은 그 범위를 확대하면 데포(depot)나 배송센터 그리고 집배송단지나 복합물류터미널까지 확대할 수도 있다.

1 입지분석 자료 및 입지선정 순서

(1) 입지분석의 요구자료

대 상	내 용
고 객	거래처 유형, 지역, 거래품목
제 품	제품군, 포장형태, 중량, 부피, 생산 공장의 위치
거 점	제품별 생산 및 보관능력, 출하능력(시간당 출하가능 수량), 공급처별 조달 비율
수송수단	경로별 수송수단, 운송거리 및 시간, 적재용량, 운송비
물동량	거래처별, 제품별, 포장형태별 출하량, 운송차종, 운송방법(직송·배송)
단위비용	경로별·수송수단별 수송비, 제품별 하역비, 재고유지비

(2) 입지선정 순서

	절 차	내 용
1	경쟁우위요소 결정	시간, 품질, 비용, 유연성
2	주요 입지요인 결정	• 시장 접근성 • Lead Time(Time Based Competition) • 경쟁자의 입지와 영향 • Critical Mass 창출 여부(효용발생의 최소요건 충족) • 수송, 교통의 편의성 • 부수적 입지요인 – 지역사회의 태도, 공급자 및 자원 접근성, 모기업의 부대시설과의 근접성, 건설비용, 지가, 법적·사회적 제약, 금융지원, 공공요금 및 세금
3	대상지역의 검토	확장가능성, 전혀 새로운 위치, 재입지
4	최적 입지 선정	계량적 입지결정모델 활용
5	택지의 평가	건물을 세울 수 있도록 여건이 갖춰진 토지의 평가

2 유통창고의 입지조건 ✏️기출 12회, 19회

유통창고는 공장생산을 위해 생산용 자재나 시설용 자재를 보관하는 순수한 저장용 창고가 아니고, 공장에서 출하한 상품의 원활한 시장유통을 위해 필요한 창고이다. 따라서 유통창고는 순수한 보관창고에 비해 재고의 회전율이 높기 때문에 입지선정에서도 공장 내 또는 인근에 배치하는 공장창고와는 달리 교통의 편리성, 고객의 분포, 경쟁사의 물류거점 위치, 관계 법규, 투자비용 및 운영비용 등의 요소를 감안해야 한다.

> 유통창고와 배송센터는 기능적 맥락으로 크게 보면 제품들을 모아 재분배하는 생산자에서 소비자로의 흐름 향상을 목적으로 소비지 근처에 위치한다는 측면에서 유사하다고 생각하며, "센터"는 다수의 개별 창고시설들과 지원시설들이 집합되어있는 것으로 유통창고는 단일 주체 중심 성격의 시설물이라는 측면에서 구분하면 된다.

입지선정 시 고려해야 할 중요한 요소는 다음과 같다.[5]

(1) 운송비와의 관계

운송비는 1회 운송량이 많을수록 저렴해지므로 운송비를 1이라고 하고 운송수단을 선박, 철도 및 트럭으로 구분하여 운송비를 계산해 보면, **유통창고는 각 운송수단의 운송비를 비교하여 배송비가 가장 최소화하는 위치에 입지를 선정**토록 해야 한다.

날로 악화되는 교통난으로 인해 운송비가 계속 상승하고 있으므로 제조회사로부터 데포(유통창고)까지 거리를 "a"m로 하고 창고로부터 고객까지의 거리를 "b"m라고 할 때 a : b의 비율을 어떻게 조절하느냐가 가장 중요한 관건이 된다.

보통 a루트는 대량운송이 가능하고 b루트는 소량 다빈도 배송이 이루어지기 때문에 a > b가 되는 지점에 창고입지를 선정하되, 물론 데포에서 고객까지 배송거리의 합계($\Sigma b m$)를 최소화해야 한다. 그러나 창고의 입지가 운송비 측면에서만 결정되는 것은 아니기 때문에 지가와 교통난 등 주변 요소를 동시에 고려하여 거리를 수정하여야 한다.

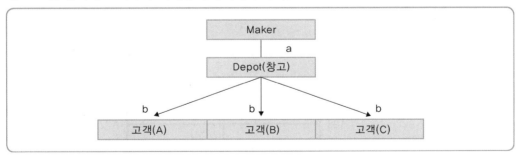

◀ 유통창고의 입지선정에서 거리와 운송비와의 관계 ▶

---

5) 김회동, 전게서, 1992. 6, pp.135~139.

(2) 시장과의 관계

> 시장의 크기에 따라 창고의 입지를 선정하는 방법의 하나로, 대상으로 하는 고객의 범위를 어떻게 규정하느냐에 따라 구분할 수 있다.

① **불특정 다수형** : 좋은 입지를 미리 구획단위로 사전에 구입해 두어야 한다. 이 방법은 자사의 시장점유율을 인구예측 구획단위로 계산하고 1인당 소비량을 구한 다음 인구예측과 곱하여 각 연도의 지구별(연간) 소비량을 구한다. 먼저, 각 블록을 정하여 자사제품의 수요량(예측)을 각 연도별로 찾아서 각 블록의 중심점을 구한다.

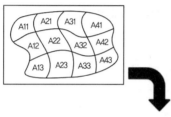

블록명	D년	D+1년	D+2년	D+3년	D+4년	D+5년	D+6년	D+7년	D+8년	D+9년
A11	7	9	10	15	17	20	21	23	24	25
A12	8	9	10	11	13	14	15	16	17	20
A13	3	8	10	15	20	25	30	35	40	45
A21	5	6	7	7	7	8	8	8	9	9
A22	10	11	11	11	11	11	11	11	11	11
A23	2	3	4	5				7	8	9

㉠ 자사의 시장점유율을 인구 예측구획 단위로 계산하여 1인당 평균소비량을 구한 다음, 예측 인구와 곱하여 각 연도별·지역별 소비량을 구하여 시장의 크기를 가늠한다.

㉡ 각 블록을 정하여 자사제품의 예측수요량을 각 연도별로 계산하여 각 블록의 중심점을 구한다.

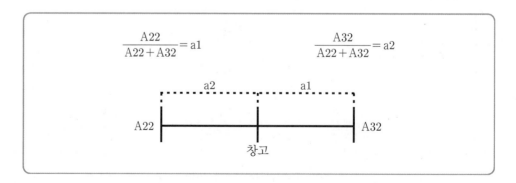

② 특정 다수형

  ㉠ 시장을 형성하는 고객이 특정한 업체들로 제한되는 경우

  ㉡ 시장의 크기는 인구변수가 아니라 특정 고객에 대한 예상공급량 간의 상호관계를 통해 산정된다.

  ㉢ 특정 고객의 연간 소비량을 구해 그것을 지도상에 표시하여 불특정 다수의 산정방법과 같이 구한다.

(3) 업종 및 업태와의 관계

> 창고의 입지는 업종 및 업태에 따라 정보와 화물의 유통경로의 분리가 요구된다.

① 창고가 필요한 업종이라면 창고의 입지는 낮은 수송비가 필요충족조건

  • 창고의 시장 접근성이 큰 의미를 가진다(고객에게 시간적 효용창출).

② 도매는 소매에 비해 창고위치에 영향을 덜 받는다.

(4) 지가와의 관계

① 지가에 대한 입지경제성

> 지가에 대한 입지경제성은 주로 상업성, 도시 중심지와의 거리 및 시간에 의해 결정된다.

  • 지가가 저렴한 독립입지를 선택하면 수송비는 감소할지 몰라도 소비지로부터 거리가 멀어져 수요에 대한 대응성이 감소하고 배송비가 증가하게 된다.

② 합리적인 지가 산정순서

  ㉠ 건축기준법에 의해 지목의 종별이나 건폐율을 확인(공업용지의 건폐율을 0.7)

  ㉡ 창고공간의 유효율이 설비나 형식에 따라 상이하므로 폭을 산정(유효율은 0.4~0.5로 계산)

  ㉢ 1sq. m의 넓이의 화치장에 대한 투자액 산정

   유효투자액(1sq. m의 투자액)＝1sq. m의 총투자액 ÷ (건폐율 × 유효사용률)

  ㉣ 1sq. m의 투자액에 대한 연간 기회손실률(금리) 계산(이때 장기차입금 이자율을 8~10%로 한다.)

  ㉤ 토지가의 상승률 산정(대개 연 5~20%로 본다.)

  ㉥ ㉤–㉣＝차가 토지투자에 대한 비용(–는 이익, ＋는 비용률)

   이 같은 계산식은 값비싼 토지일수록 인상률이 적고 값싼 토지일수록 인상률이 낮으므로 계산결과가 타당하다.

  ㉦ 계산결과를 새로 변화하는 장면에 이용될 수 있도록 그래프로 표시

  ㉧ 토지투자액이 너무 과다한 경우, 다층 랙이나 고층 랙을 검토하여 비용절감을 모색

(5) 창고입지와 총괄적 의사결정

창고입지를 선택하는 데는 여러 가지 요인을 비용함수로 계산하는 방법이 좋다. 그러나 실무적으로 볼 때 각 요인의 비용화를 위한 계산 기초를 객관적으로 정하는 것이 어렵기 때문에 주관치로 계산하는 경우가 많다. 따라서 유통창고의 입지를 정할 때는 이상의 4가지 요인 간의 상호평가를 무리하지 아니하는 범위 내에서 각 요인의 최적화를 통해 의사결정이 이루어지도록 해야 할 것이다.

3 공장창고의 입지조건

공장창고에는 자재의 수급이나 제품의 수불이 제조현장을 중심으로 이루어지고 있는 창고와 재료에서부터 제품까지 하나의 시스템으로 파이프(pipe)나 컨베이어류와 같은 설비를 통하여 제조현장과 일체식으로 설계되는 형태의 장치산업 형태의 창고로 구분할 수 있다. 후자는 공정과 창고시스템이 일체화되어 있기 때문에 제외하고 여기서는 전자의 경우를 중심으로 살펴보겠다.[6]

(1) 공장창고의 입지조건

슈메너 교수	한국물류관리사협회
① 효율적인 노동 분위기	① 노동력과 노동환경
② 시장의 근접성	② 고객(시장)과의 근접성
③ 삶의 질	③ 원자재의 근접성
④ 공급자 및 자원의 근접성	④ 수송의 효율성
⑤ 모기업의 다른 시설과의 근접성	⑤ 공업용수의 양과 질
	⑥ 기후조건 및 적합성
	⑦ 토지가격

(2) 위치결정의 요인분석 〔기출〕 9회, 14회

창고의 위치결정은 화물의 흐름을 중심으로 한 공장 전체의 합리적 레이아웃을 기준으로 하여 결정되어야 한다. 창고입지의 다섯 가지 요인은 P(화물 : Materials or Products), Q(수량 : Quantity), R(경로 : Route), S(서비스 : Service), T(시간 : Time)이다. 이 같은 요인에 대해 분석하면 다음과 같다.

① P-Q분석 : 이 분석은 화물이 어느 정도의 양으로 흐르고 있는가에 대한 물류유형 분석기법으로서 대개 팔레토 그림을 이용하여 분석한다. "**물**"의 범위에 속하는 분석요소는 **품종·하자·단위중량·단위용적·단위수량** 등이며, "**양**"의 범위에 속하는 분석요소는 **중량·개수·용적·시간·건수** 등이다.

---

6) 김회동, 전게서, 1992. 7, pp.130~139.

② R분석

　㉠ **어떠한 물량이 어떠한 경로로 흐르고 있는가**를 과거에서부터 현재까지 경향을 파악함으로써 장래계획에 대한 의사를 결정하는 분석기법이다.

　㉡ **연관 차트(Relationship Chart)**를 이용하여 이 차트에 의해 근접 정도와 근접이유 등 현상을 그대로 기록하고 장래의 평가기준에 따라 재평가한다.

◀ Relationship Chart ▶

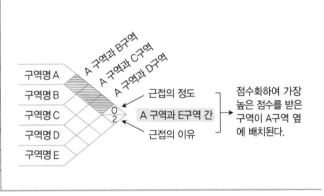

구 분	구역명
1	원자재 창고
2	완제품 창고
3	회의실
4	화장실
5	출고작업장
6	절삭라인
7	조립라인
8	도색라인
9	건조라인

　ⓐ 근접의 정도

A	E	I	O	U	X
절대 요	특별 요	중요	보통	불필요	절대 불요
Absolute	Especial	Important	Ordinary	Unimportant	

　ⓑ 근접의 이유

1	2	3	4	5	6
물리적 제약	경제성	거리	공정순서	면적	법규제

　㉢ 공정분석 도구

　　ⓐ [From To Chart], 유입 유출표 : 부서 간 활동 간 흐름량을 측정

　　ⓑ [Operation Process Chart], 작업 공정도 : 부품 자재의 제조공정 투입지점 및 작업과 검사의 순서

　　ⓒ [Flow Process Chart], 공정 분석도 : 작업, 운반, 검사, 지연, 저장의 여러 가지 활동으로 표시공정의 분석에 용이, 사무개선이나 설비배치 등에 사용

　　ⓓ [Flow Diagram], 흐름선도 : 부분품, 재료, 제품의 이동경로를 작업장의 배치도상에 기입한 도표

③ S－T분석 : 주부문인 제조와 판매부문을 효율성 있게 가동시키기 위해서 보조부문이 어떠한 기능을 갖추어야 하는지를 과거와 현재의 실상을 면밀히 분석한 후 결정하는 기법을 의미한다. 다시 말해, 현재의 창고가 **"언제"**, **"어떤 형태"**로 입출고에 대응하고 있는가를 명확히 하고 장래의 공정관리, 품질관리, 판매관리 및 수배송관리를 위해서 어떠한 창고기능을 갖추어야 할지를 분석하여 이에 대한 의사결정을 수행한다.

    ⊙ 언제(Time) : 연속적, 불연속적, 정시적, 즉시 응답적 및 계획적 공급 시스템(**배급시간, 긴급성, 피크타임, 타이밍 관리, 계절성**)

    ⓛ 어떤 형태(Service) : 제품별·공정별로 물품을 갖춘 공급 시스템, 부품별 로트(lot) 공급 시스템(**보존방식, 수발주 시스템, 작업관리방식, 재고관리방식**)

(3) 자재창고의 위치결정

이상의 각 요인별 분석에 의해 창고의 입지를 결정하는 것은 지나치게 추상적이므로 이를 좀 더 구체적인 제조공정의 형태와 공정관리의 형태에 따라 결정하여야 한다. 오늘날 자재창고의 기능은 단순한 물품의 입고와 불출 등 현업 중심에서 물품을 통한 현품의 공정관리로 전환되고 있는데, 이 같은 경향을 구체화시킨 것이 바로 마샬링 시스템(카세트 및 KIT 공급방식)이다.

4 창고의 집중 및 분산배치

(1) 분산형

① 쌍자 분산형 창고 : 기업의 총 품목수와 각 창고의 품목수가 같으며 이에 따라 각 창고는 개별품목의 총재고량을 나누어 갖는 형태의 창고이다.

② 친자 분산형 창고 : 기업의 총 품목수를 각 창고별로 겹치지 않게 품목을 달리 구성하고 대신 개별창고에 배정된 품목에 대한 재고는 모두 보유하는 형태의 창고이다.

(2) 집중형

창고들을 분산 배치하지 않고 한 곳에 크고 대형화된 형태로 집약한 창고이다.

형 태	장 점	단 점
쌍자 분산형 품종 구성 동일	• 한 곳에서 모든 품목의 집화 가능 • 고객과의 거리가 가까워 서비스에 유리 • 긴급한 출고에 대한 신속대응이 가능 • 창고 내 운반거리가 짧음(집중형보다 크기가 작음).	• 기계화와 생력화가 곤란 • 관리요원의 과다로 효율성 저하 • 재고정보와 현품의 대응이 떨어짐. • 집중형에 비해 개별상품의 재고량이 많지 않아 품절손실이 증가 • 공장에서 각 창고까지 운송거리 증가

친자 분산형 품종 구성 다름	• 품목수가 적어 관리가 쉬운 동시에 유닛화 가 용이 • 설비(운반, 하역, 보관)기능의 단순화로 경 제적 • 공장에서 창고까지의 운송거리 단축	• 수요발생시 여러 창고에서 집화 • 공정관리가 어려움. • 고객과의 거리가 멀어져(납품시간 지연) 서비스 저하
집중형	• 관리공간이 한 곳으로 집중해 있기 때문에 정보와 현품의 대응이 용이 • 수요에 대비한 충분한 구색과 재고보유 가 능(원스톱 구매 지원) • 배송센터 규모의 출하시설 운영이 가능 • 관리요원이 상대적으로 적어 효율성 제고	• 거점을 집약하면 서비스 수준은 감소됨. • 창고가 대형화되어 창고 내 운반거리 증가 • 작업자 개인의 책임추궁 및 추적이 곤란

5 물류센터 및 배송센터 입지선정 고려요소

(1) 물류센터 입지선정 고려요소 ✏️기출 17회

① **수요조건** : 고객의 분포도, 장래 고객의 예측, 취급품의 신장 유무, 배송가능지역
② **운송조건** : 각종 터미널(트럭, 항만, 공항, 역)의 운송거점과 근접, 영업용 운송업자의 사업장
과의 근접관계
③ **배송 서비스 조건** : 고객에 대한 도착시간, 배송빈도, 리드 타임의 계산, 고객까지의 거리(각
요인에 대한 목표서비스율)
④ **용지조건** : 토지의 이용문제(기존토지와 신규 취득), 지가, 소요자금 내에서 용지 취득의 범위
⑤ **법규제** : 정부의 용지지역 지정 가능지역의 검토
⑥ 관리 및 **정보기능조건** : 본사 영업부와 중앙전산실과의 근접관계
⑦ **유통기능조건** : 상류와 물류와의 구분, 유통가공시설의 필요성, 작업원의 확보와 통근 여부
⑧ **기타** : 품질유지를 위한 특수시설(냉동물, 보온물, 위험물)과 공해방지시설의 설치 여부

(2) 배송센터 입지선정 고려요소 ✏️기출 12회

① **고객에 대한 배송 타이밍 수준** : 배송 타이밍 수준의 결정 → 배송센터의 서비스 수준을 결정
→ 집배송 타이밍 수준은 배송센터 내에서 주문처리, 입출고의 선품, 검품 및 배차 시스템의
수준에 의해 결정된다. 따라서 배송센터의 입지에 따라 예로서 도시 내는 30분, 2km 이내는
1시간, 20~30km 이내는 3시간, 100km 이내는 다음날로 배송선에 대한 리스트를 작성하여
배송 타이밍 수준을 결정하여야 한다.
② **배송권역(Coverage)과 배송센터 수의 결정** : 배송센터 수를 결정할 때는 총비용의 최저점에
대응하여 배송센터 수를 구한다. 즉, 공장에서 배송센터까지 제1차 운송비와 배송센터의 입출
고나 보관비 그리고 배송센터에서 고객까지의 제2차 운송비를 고려하여 결정한다.

③ **배송센터와 영업소의 입지관계** : 상류와 물류를 분리하여 도심에서는 본점과 지점에서, 그리고 도시근교에서는 배송센터를 중심으로 상류와 물류를 적절히 조정한다.

④ **배송센터의 배치형태**
  ㉠ 집중형
  ㉡ 분산형
  ㉢ 중앙집중형
  ㉣ 기능별 구분형 : 다품종 소량생산업자(예로서 2,000~3,000종의 가전제품)가 재고배치로서 ABC를 분석하여 C품목은 지역의 전략창고에, 그리고 A, B품목은 제1차 배송센터에 보관 (지역 블록마다 전략창고 1개씩, 배송센터 4~5개씩 배치)하는 배송센터별로 재고배치를 차별화하는 형태

⑤ **지가의 검토** : 도시주변에 싼 유휴지를 물색하고 용지의 이용도와 관계법을 검토한다.

⑥ **교통사정의 검토** : 도시 내 또는 도시 간 도로교통, 철도 및 내항해운 등의 교통소통과 애로를 장기적으로 검토한다.

⑦ **공공시설에의 입주 검토** : 트럭 터미널, 도매시장단지 및 공동집배송단지 등 공공기관이 유통근 대화를 위해 건설하거나 제조회사나 유통업체단체에서 공동으로 건설하는 시설을 배송센터로 활용한다(시설의 공동화, 업무의 협업화, 규모의 합리화).

⑧ **물리적 토지의 특성 검토** : 지반연약, 출수 위험, 전면도로, 창고용도, 오염도, 인접의 공해공단 유무 등을 검토해야 한다.

⑨ **사회적 환경** : 영업창고의 허가 여부, 인근 주민들과의 마찰 여부(소음, 교통문제, 건설시 자연 환경의 파괴)를 검토한다.

⑩ **확장대상과 예비창고의 검토**
  ㉠ 상품량의 증대 : 공간의 여유
  ㉡ 계절적 수요에 대한 대비 : 재고량의 과잉, 예비창고의 필요성

⑪ **종업원 모집조건의 검토** : 전문인력의 수급, 인력모집의 가능성, 통근 여부 등을 검토한다.

⑫ **정보입지조건의 검토** : 사무처리나 하역기기의 자동화, 정보제어 시스템의 구비 및 전기통신기 기의 원활화 등을 검토한다.

⑬ **생산형 입지와 소비형 입지의 결정** : 배송센터의 입지를 상품의 특징에 따라 생산형의 경우에는 생산자를 대상으로 하기 때문에 도시에 떨어진 곳에 설치하는 것이 좋고, 소비형의 경우에는 (음료수, 주류, 빙과) 도시 내 제품창고 내에 배송센터를 두어 공장과 수요자의 거리를 최대한 단축해야 한다. 배송센터의 설치에는 전국망과 지역적인 블록망의 입지형이 있으며, 상품의 특 성에 따라 그리고 운임부담력에 따라 결정하여야 한다.

6 입지선정기법

거점의 입지선정기법 분류기준에는 첫째, 계량화에 적합한 객관적 수치를 이용한 정량적 방법 주관적인 평가와 상황을 묘사하여 비교하는 수준을 제공하는 정성적 기법과 이를 혼합한 정성정량 혼합기법이 있다.

정성적 기법(질적·주관적)	정성·정량 혼합기법	정량적 기법(양적·객관적)
• 단순서열법 • 가중점수법(요인평정법)	• Brown & Gibson법 • 체크리스트법	• 총비용비교법 • 손익분기점기법 • 부하·거리법(ton·km) • 무게중심법 • 의사결정나무

둘째, 한 번에 한 개의 창고의 입지를 선정하느냐 여러 개의 복수창고의 위치를 동시에 선정하는가에 따라 단일창고 입지와 복수창고 입지분석기법이 있다.

구 분	단일창고 입지	복수창고 입지
기 법	• 총비용접근법(Total Cost Approach) • 가중점수법(Factor Rating Method) • 손익분기점 분석법(BEP Analysis) • 부하거리법(Load-Distance Method)	• P-Median 기법 • 수송계획법(Transportation Model) • 시뮬레이션 기법(Simulation Model)

(1) 단일거점의 입지선정기법

① 총비용비교법

ㄱ 총비용 = **구조적 비용 + 추상적 비용 + 기회비용**

ㄴ 추상적 비용과 기회비용은 파악이 어려워 대체적으로 배제

ㄷ 재료비, 수송비, 노무비 등의 구조적 비용을 통하여 입지별로 비용 산출 후 최소비용이 산출되는 대안을 선택

② 가중점수법

ㄱ [≒**요인평정법**] 얽히고 얽힌 n개의 요인들을 측정·분석하여 요인들 간의 관계나 공통적인 요인들에 대해 "경향"을 파악하고 그 타당성을 수치화

ㄴ 입지요인별로 가중치가 부여된 요인평정표를 가지고 각 대안별로 점수를 내어 가장 점수가 높은 대안을 선택

> 요인평정점수 = $\sum$(각 요인별 평가점수 × 각 요인별 가중치)

대안	입지요인	가중치	평점	가중 점수
A 지역	시장근접성	35	4	140
	고속도로 연결성	20	3	60
	토지, 건설비	20	3	60
	경쟁자 위치	15	4	60
	지역사회 태도	10	1	10
	계	100		330
B 지역	계	100		322

- 330으로 가장 높은 ∑(각 요인별 평가점수 × 각 요인별 가중치)가 산정된 대안 A지역이 입지로 선정된다.

③ 손익분기점 분석법 ^{기출} 14회, 17회, 22회

⊙ 연간 예상물동량에 대한 최소비용을 발생시킬 것으로 기대되는 대안입지를 손익분기점을 기준으로 선택

ⓒ 입고량 혹은 출고량을 기준으로 **고정비와 변동비의 합을 비교**하여 총비용이 최소가 되는 대안을 선택

대안 입지	연간 고정비	단위 변동비	손익분기관계식
A	100	20	TC(A) = 100 + 20Q
B	200	10	TC(B) = 200 + 10Q
C	300	5	TC(C) = 300 + 5Q
D	400	3	TC(D) = 400 + 3Q

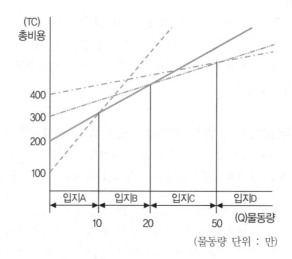

(물동량 단위 : 만)

연평균 물동량이 20~50만 사이가 될 것으로 예측되면 입지 C가 선택된다.

④ 부하 · 거리법(부하요소 × 거리), 톤 · 킬로(ton · km) **기출** 19회, 23회, 25회

　㉠ 완전 그리드 탐색법

　　ⓐ 다양한 입지대안 중에 **총 ld 점수가 가장 낮은 대안거점**을 선정

1차 : "거점A"가 ➡
최적이라 가정

센세스 구역	좌 표		인 구 (l)	직교각 거리 (d)	$l \cdot d$
	x	y			
A	5	3	4	0+0=0	0
B	8	5	6	3+2=5	30
C	7	2	9	2+1=3	27
				총 ld	57

2차 : "거점B"가 ➡
최적이라 가정

센세스 구역	좌 표		인 구 (l)	직교각 거리 (d)	$l \cdot d$
	x	y			
A	5	3	4	3+2=5	20
B	8	5	6	0+0=0	0
C	7	2	9	1+3=4	36
				총 ld	56

3차 : "거점C"가 ➡
최적이라 가정

센세스 구역	좌 표		인 구 (l)	직교각 거리 (d)	$l \cdot d$
	x	y			
A	5	3	4	2+1=3	12
B	8	5	6	1+3=4	24
C	7	2	9	0+0=0	0
				총 ld	36

　　ⓑ 총 ld가 36으로 가장 작은 거점 C(7, 2)가 입지로 선택된다.

　㉡ 패턴탐색법, 무게중심법 **기출** 매회

　　ⓐ 시설을 목표지역의 무게중심점에 위치시킴.

　　ⓑ 수요지와 공급지 간의 거리와 물동량을 고려하여 거점의 입지를 선정하는 기법

[무게중심법 계산]

$$x좌표 = \frac{\sum(각\ 구역의\ 개별\ x좌표 \times 해당\ 구역의\ 가중치)}{\sum 각\ 구역의\ 개별가중치}$$

$$y좌표 = \frac{\sum(각\ 구역의\ 개별\ y좌표 \times 해당\ 구역의\ 가중치)}{\sum 각\ 구역의\ 개별가중치}$$

센서스 구역	좌 표		인 구 (*l*)	인구, 물동량 기준 지역별 가중치 산정	지역별 가중치
	x	*y*			
A	5	3	4		$\dfrac{4}{19}$
B	8	5	6		$\dfrac{6}{19}$
C	7	2	9		$\dfrac{9}{19}$

① 새로운 $x = \dfrac{(4 \times 5) + (6 \times 8) + (9 \times 7)}{4 + 6 + 9} = \dfrac{131}{19} = 6.89 ≒ 7$

② 새로운 $y = \dfrac{(4 \times 3) + (6 \times 5) + (9 \times 2)}{4 + 6 + 9} = \dfrac{60}{19} = 3.15 ≒ 3$

ⓒ 무게중심법에 계산된 거점좌표 ≒ (7, 3)가 입지로 선택된다.

⑤ 브라운 & 깁슨(Brown & Gibson)법 [기출] 15회, 17회, 21회

ㄱ 입지에 영향을 주는 인자(**필수적 요인, 객관적 요인, 주관적 요인**)들에 대해 각각 평가하고 점수가 가장 높은 것을 채택

ⓐ **필수적 요인** : 시스템의 입지요소로서 필수불가결한 장소적 적합성을 판정하는 기준(사이다 공장에서 취수원, 수질과 수량)

ⓑ **객관적 요인** : 운송비, 노동임금, 전력요금 등 화폐가치로 평가될 수 있는 기준

ⓒ **주관적 요인** : 수송수단의 이용가능성, 노동조합의 태도, 미래수요의 확장에 대한 공간, 시장접근성, 적절한 장소의 이용가능성

ㄴ 입지결정에서 **양적 요인**과 **질적 요인**을 함께 고려할 수 있도록 고안된 모형

(2) 복수거점의 입지선정기법

① **P-Median 기법** : P개의 거점(창고)을 건설하려 할 때, 수송비와 건설비의 합이 최소가 되도록 만드는 P개의 거점입지 결정

> 총비용 = Σ(단위수송비 × 수송량) + Σ건설비

② **수송계획법**

ㄱ 특정 제품의 시장과 공장을 분산되어 보유하고 있는 기업이 복수공장의 입지나 창고를 선정하는 복수거점의 입지선정기법

ㄴ 수송계획법 절차 : 화물운송론의 해당 부분 참조

③ **시뮬레이션 기법** : 외부에서 만든 입지분석 시뮬레이션 모형을 이용하여 각각의 입지대안들의 입지요인들을 입력하고 개별적으로 혹은 복수의 거점요인들의 변화를 동시에 주어 각각의 결과값을 산정하고 다양한 변화상황에서도 기대수준을 유지하는 입지를 선정하는 기법

(3) 지가분석

① 지가와 입지 간의 일반적인 상관관계(반비례)

    ㉠ 지가가 낮으면 소비지에서 먼 곳에 창고가 위치하게 되고 배송비가 증가

    ㉡ 지가가 높으면 소비지에서 가깝게 창고가 위치하게 되고 배송비가 감소

② 상기 기술된 바와 같이 지가와 운송비 간의 상충관계를 고려하여 총비용이 최소가 되도록 해주는 대안입지를 선택

---

04 창고용량의 결정 및 내부설계

1 창고용량의 설계조건

일반창고는 공간활용률이 떨어지기 때문에 공장설비에 비해 변동에 대해 흡수하는 여력이 있지만, **자동화 창고**는 공간활용이 잘 고려되어 건축되는 만큼 향후 **물동량 증가에 대한 탄력성이 부족**하여 상품, 제품 및 자재의 흐름을 제약하는 경우가 있으므로 용량설계 시 각별히 주의할 필요가 있다. 따라서 창고의 필요 용적은 어느 정도 변동 폭을 가지고 설계되어야 한다.

이러한 변동이 단위기간 내에 흡수가능하면 창고설계용적은 평균용적과 동일하게 볼 수가 있다. 그러나 창고는 제조부문과 같이 시간의 연장이나 교대제 같은 방법으로 변동을 흡수할 수 없기 때문에 **물동량 피크(peak) 시점의 보관 용량**에 관심을 두어야 한다.

평균적으로 운용이 가능한 조건은 계획단계에서 창고용량을 제약조건으로 고정시키고 주력부문의 계획을 창고의 용량에 맞추어 조정한다는 전제로 설계된 창고에 국한한다. 그러나 이와 같은 조건은 물류계획의 본질을 상실한 계획으로서 변동이 짧은 기간 동안 존재하면 더욱 어려워진다. 그 이유는 계절변동과 같이 어느 정도 일정한 지속성이 보장되면 영업창고 등을 이용할 수 있으나, 짧은 경우에는 영업창고를 임대하기가 어렵고 인력투입에도 제약을 받기 때문이다. 따라서 창고의 이상적인 용량은 장래변동이나 확대성에 대해 탄력성을 가지며, 설비의 주문에 즉각 대응할 수 있는 범위 내에서 결정함으로써 불규칙 변동을 흡수할 수 있도록 하여야 한다.

2 장단기예측에 따른 용량설계

(1) 장기예측에 따른 용량설계

① 장기예측순서 : 창고설계 시 장기예측조건은 판매와 생산에 대한 정확한 정보이다. 장기예측순서를 살펴보면 다음과 같다.

ㄱ 과거의 재고상황을 금액 추이로 파악 : 기간은 대개 5년을 기준으로 하되, 불안정하면 10년 정도를 기준하여 재고금액, 재고회전율 및 재고회전기간 등을 수집한다. 단위기간은 6개월 ~1년 단위의 재무제표에 의하며, 변동이 있는 경우에는 4분기로 나누어 수집한다.

ㄴ 창고용량의 변화를 ㄱ의 설정기간 내에서 파악 : 가능한 한 건물의 용적변화를 입수한다.

ㄷ 자료를 이용하여 예측 : 재고금액, 재고회전율 및 재고회전기간에 관한 자료를 토대로 하여 3년에서 6개월까지 예측한다. 예측방법은 다음과 같다.

ⓐ 지수평활법

ⓑ 차트법

ⓒ 편대수 그래프 이용법

ⓓ 최소자승법

ⓔ 이동평균법

ⓕ 규칙변동 수정법

ㄹ 예측치, 판매예측 및 생산예측 등 수치를 상호분석 : 다음과 같은 사항을 고려하여 예측한다.

ⓐ 기업성장에 따라 재고증가가 매상 및 생산증가에 따라 계속 증가

ⓑ 성장에 따라 재고가 매상 및 생산 이하로 계속 감소

ⓒ 성장에 따라 재고증가가 매상 및 생산증가와 비례로 증가

ㅁ ㄱ과 ㄴ의 자료를 이용하여 상관관계를 분석한다.

ㅂ 창고용적 대 재고금액의 관계에서 예측수치를 이용, 금액을 용적으로 환산 : $y = ax + b$ (y는 용적, x는 재고금액)식으로 금액추정을 용적으로 환산하여 장래에 각 연도별 개략적인 창고용적을 구한다.

◀ 장단기예측에 따른 용량설계의 순서 ▶

```
① 재고파악 ──→ 재고량 ──────── 용적의 기본방향
   (기간파악)  ──→ 재고회전율 ──┐          경향변동
             ──→ 재고기간 ──┘          시장환경

② 재고파악 ──→ 규칙변동 ──────── 용적의 기본정책    장기예측(3-1)
   (월단위파악) ──→ 계절변동 ──┐          변동폭
             ──→ 불규칙변동 ──┘          채산한계

③ 용적파악 ──────── 하자분류표
   (계산식)   ──→ 하자별 치수표
            ──→ 용량대 가격관계
            ──→ 하자별 가격표
②의 자료    ──→ 최대용적 모델              단기예측(3-2)
            ──→ 평균용적 모델
            ──→ 최소용적 모델

④ 현상실태용적 ──→ 재고조사 집계표 ← 현상용적표
            ──→ 품목별 용적일람표 ←

⑤ 실용적 분석 ──→ 경향변동분석
   (월별 추이) ──→ 계절변동분석
            ──→ 규칙변동분석
            ──→ 불규칙변동분석
```

② **용량설계지침** : 이 같은 예측치로 용량설계지침을 만들어야 하며, 그 지침을 예시하면 다음과 같다.

ⓐ 성장에 대한 대응책

ⓐ 재고회전율을 향상시켜 성장에 따라 발생하는 재고량 증가분을 흡수함으로써 창고용적에 영향을 미치지 않도록 한다.

ⓑ 성장성은 배송거점 수의 증가로 대응하고 1거점의 창고용적 변화에는 반영되지 않도록 한다.

ⓒ 성장률의 예상치에 순응하여 용적증가에 대해서는 설비증설로서 대응한다.

ⓓ 성장률의 예상치에 순응하여 장기적으로 대응할 수 있는 용적을 처음부터 확보하여 3~5년간 대응할 수 있도록 한다.

ⓛ 규칙변동에 대한 대응책

ⓐ 계절변동은 평균 필요용적으로 대응한다.

ⓑ 최대 필요용적을 확보하여 변동을 흡수한다.

ⓒ 상품의 변동 폭을 축소하여 대응한다.

ⓓ 거래선의 결산 같은 재고조정요인에 의한 규칙적 변동은 거래지불조건을 콕시스템(cock system)[7] 운용으로 흡수한다.

ⓔ 생산설비의 증설유휴가 증가하더라도 생산능력을 수요의 픽(peak)에 맞추어 생산함으로써 재고증가를 최소한 억제한다.

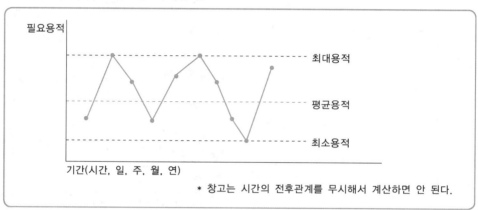

◀ 창고용적 설계 시 기간별 필요용적 ▶

(2) 단기예측에 따른 용량설계[8]

기간적인 재고파악과 월단위의 재고파악이 장기예측의 단계인데 비해 용적 파악, 현상실태 용적 및 실용적 분석은 단기예측단계에 속한다. 여기서 사실 대부분의 회사들이 장기예측에서는 재고금액을 파악하는 것이 쉽지 않기 때문에 단기예측에서는 재고금액과 용적과의 관계를 주로 파악하고 있다.

이를 위해서는 화자의 분류, 화자치수표 작성, 화자별 가격 또는 가격대 용적상관표 작성, 단기 화자별 구성비율의 예측, 현시점에서 필요한 용적으로 장래를 예측하는 등의 순으로 용량설계를 시도하고 있다.

---

7) 비교적 가격이 싸고 사용량이 많고 공용성이 높은 부품을 대상으로 공장 내 장소를 제공하고 부품공급 업체에게 그 부품의 전용창고를 설치하게 하여 그곳에서 출고하게 하는 관리예탁방식이다. 구매비용은 출고된 부품의 수량에 대해 지불한다. 출고 전표가 바로 주문서가 되고 재고기록을 위한 기초자료가 된다. 사용량에 따라 지불하기 때문에 수도꼭지를 틀어 사용하는 방식이라 한다.

8) 김회동, 전게서, 1992. 8, pp.104~109.

① 화자의 분류

　　㉠ 먼저 물품을 품종으로만 묶지 말고 화물의 형태(貨姿)로 모아 취급, 운반 및 보관상의 특수 성에 따라 분석함으로써 이를 용적계산의 기초로 하여야 한다. 화자의 일반적인 항목은 파 렛트 형식과 사이즈별, 스키드 형식과 사이즈별, 버킷(bucket)과 트레이(tray)류의 형식과 사이즈별, 분상(粉狀)·입상(粒狀)·괴상(塊狀)의 구분, 가마니와 포대, 캔류 등으로 구분 한다.

　　㉡ 그 다음에는 물품의 특성에 따라 재분류한다. 즉, 위험물(극약, 인화성 화물, 폭발물 등), 이동성, 포장과 적재강도, 선입선출의 필요성, 단위당 비중, 단위당 가격차로 재분류한다.

◀ 화자분류표 ▶

화 자 품질 및 치수		평파렛트(P)		
		1,000×1,000	1,100×1,100	1,000×1,500
비 중 차	300kg 이하			
	300~500kg			
	500~1,000kg			

② 화자치수표 작성

◀ 화자치수표 ▶

화 자	치 수			중복 적재	허용치수	소속 품종명
	가 로	세 로	높 이			
P11	1,000	1,000	800	불 가		
P12	1,000	1,000	1,000	불 가		
P13	1,000	1,000	1,200	불 가		

③ 화자별 가격 및 가격대 용적상관표

　　㉠ 화자치수표가 완성되면 장기적으로 판단한 금액예측을 물량예측으로 변환할 필요가 있다. 이를 위해서는 먼저 재고조사표를 통한 품종과 물량의 자료가 필요하다. 이러한 경우 재고 조사표상의 재고수량은 거의 최소치에 가깝기 때문에 픽(Peak) 치를 겨냥한 임시재고조사 를 시행하는 동시에 계속적으로 유지·기록된 재고기록 파일을 최대한 이용한다. 특히, 계 절변동이 심한 제품이나 라이프 사이클이 짧은 자재의 경우에는 근원을 세부적으로 나누고 중량별로 구별하여 상세한 자료를 얻도록 한다.

　　㉡ 화자분류표와 화자치수표가 작성되면 다음 단계는 팔레토 분석에 의해 집약할 수 있다. 이 같은 분석을 통해 다량그룹과 소량그룹으로 분류되고 창고 레이아웃, 운반기기의 선택, 성

력화 및 자동화 등의 자료도 작성된다. 이처럼 화자를 양에 따라 중량별로 그룹핑하게 되면 장기예측과의 연결 작업이 가능해진다.

ⓒ 화자와 품종을 중심으로 유사물품을 그룹화하고 각 그룹마다 물과 가격을 대응시킨 자료를 그 래프에 플로트하면 정의 상관표를 작성할 수 있다. 예를 들어, 이를 공식화하면 $y = ax + b$ (y는 용적, a는 고정용적, b는 변동용적, x는 가격)와 같이 표시할 수 있다.

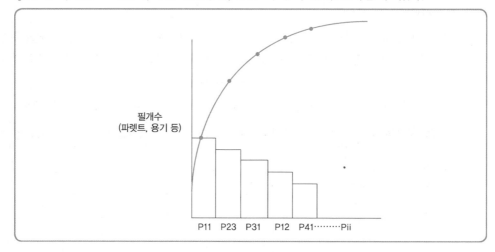

필개수
(파렛트, 용기 등)

P11 P23 P31 P12 P41 ········Pii

◀ 팔레토 분석표 ▶

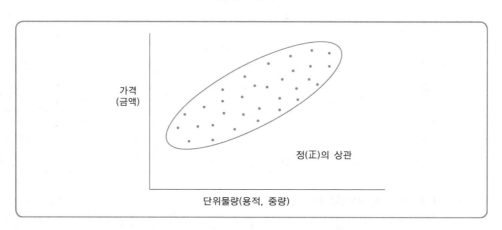

가격
(금액)

정(正)의 상관

단위물량(용적, 중량)

◀ 정의 상관관계표 ▶

④ 단기 화자별 구성비율의 예측 : 지금까지의 준비과정에서 단기용적으로의 환산에 또 하나의 어 려움은 어떤 화자의 화물이 어떠한 구성 비율로 어떠한 추이를 가지고 있고, 금후에는 어떠한 추이로 갈 것인가를 파악하는 일이다. 이것을 가능하게 하려면 적어도 매월 단위의 재고조사표 가 3개년분 정도 있어야 한다. 이 같은 자료는 가능하면 물량단위가 좋지만 금액단위라도 관계 없다. 이에 대한 자료를 화자 치수별, 월별 경향동향, 규칙변동 및 불규칙변동 등에 따라 분석 한다.

⑤ 화물의 용량을 창고용량으로 환산 : 지금까지 방법으로 구해진 현시점에서 필요한 화물의 용량을 창고의 용량(순수 보관장소)으로 환산하며, 또한 순수 보관면적에 비해 상당한 면적을 차지하는 통로면적을 산출한다. 이 같은 자료를 구하기 위해서 창고의 주요 하역기기를 설계하며, 화자별 최대용적 모델을 그 화자에 적합한 운반수단별로 구분하고 통로점유율과 적재 높이를 고려하여 필요한 용적을 계산한다.

◀ 가격을 용적으로 환산한 일람표 ▶

화 자	소속품명	환산식
P11 P12 P13	소재(ABS, AREA) 소품(전동기류, 10Hp 이하)	$y = 0.3m^3 + 0.01x$ $y = 0.2m^3 + 0.25x$

◀ 통로 점유면적 ▶

구 분	운반수단	통로점유율(%)	보관면적률(%)
다종 소량	인 력	35~50	65~50
	손수레	45~60	55~40
	지상기계	50~70	50~30
	천장기계	30~60	70~40
소종 다량	인 력	35~50	70~50
	손수레	35~55	65~45
	지상기계	40~65	60~35
	천장기계	20~50	80~50

⑥ 현시점에서 필요한 용적으로 장래를 예측 : 상기 ⑤항에서 얻은 계산은 최대, 평균, 최소의 화물용적을 창고의 용적으로 환산한 것이다. 그런데 장기적인 재고는 금액자료로 파악되는 경우가 많기 때문에 장기예측에 따른 용량자료, 가격대 용적환산 공식일람표, 단기 화자별 구성비율의 예측자료 등을 활용하여 장기 재고금액 예측과 재고회전율 예측자료로 만들어 구체적으로 장래의 최대 필요용적과 최소필요용적을 환산한다.

⑦ 실질적인 간단한 용적 파악 : 상기 ⑥항에서 방법이 쉽게 이해되지 않는 경우에는 화자분류표를 작성하여 이 실측자료와 최신 재고조사표를 가지고 화물의 용적을 계산하며, 이것을 유효용적 사용률(보관면적)로 나누면 현시점에서의 용적이 파악된다.

3 창고 내 각 부위의 기능설계[9]

창고의 각 부위는 크게 나누어 수입작업장, 보관작업장, 불출작업장으로 구분할 수 있다. 여기서 고려해야 할 각 부위의 기능설계는 다음과 같은 사항을 기본적으로 검토해야 하며, 이를 기준으로 레이아웃을 통해 공간을 결정한 후 선정되는 설비에 따라 작업면적, 격납부위의 형태 및 통로의 배분 등을 고려하여 결정한다.

> ① **화자** : 낱개 또는 유닛 등
> ② **화물의 성격** : 중량물 또는 깨지기 쉬운 것 등
> ③ **입출고 경향** : 연속, 간헐 및 소(小) Lot 등
> ④ 재고의 **품종과 양의 증감**
> ⑤ **입하량, 피크량 및 피크 타임**
> ⑥ **출하량, 피크량 및 피크 타임**

(1) 수입(입하)작업장의 기능과 설비

① 운반수단(트럭, 철도차량, 선박 등)의 입구, 접안 및 대기

　㉠ 트럭의 경우

　　ⓐ 차량의 길이, 진입방향, 시간 및 집중도를 고려하여 입하 시에 시간이 지체되어 교통 혼잡이 발생하지 않도록 레이아웃이 되어야 한다.

　　ⓑ **접안 대수 증대**를 위해서는 도크나 플랫폼의 길이가 문제가 되므로 **램프웨이**(傾斜臺)를 붙여 **접안길이를 연장**시켜야 한다.

　　ⓒ **출하 시에는 컨베이어나 슈트(chute)를 사용**하여 도크에서 하역이 가능하며, 입하 시에도 활용할 수 있는 **스트레칭 컨베이어**가 개발되어 있으므로 이용이 가능하다.

　　ⓓ 접안 시 코스와 유도가 중요하므로 1대씩 교대로 들어와 하역할 수 있도록 설계되어야 한다.

　㉡ 선박의 경우 : 윈치, Jib, 로프, 접안부두, 잔교(pier)를 이용하여 접안과 선박 견인시간 단축 및 접안대수 증대시킨다.

　㉢ 철도화차의 경우

　　ⓐ 플랫폼에 직접 화차를 붙이는 사례가 많지만 미국에서는 한 개의 **플랫폼에 가로로 몇 열씩 발판을 설치**하여 화차와 화차 사이를 통과하게 하고 있다.

　　ⓑ 레일 주변을 시내 전차궤도와 같이 포장하여 포크리프트로 하역하거나 언로더(unloader)나 컨베이어 시스템을 설치하여 노선상의 한 지점에서 1대씩 하역하여 자동화 시스템과 연결할 수도 있다.

　　ⓒ 구내에는 대차를 위한 공간을 확보하고 출입을 위한 호출설비를 준비해 두어야 한다.

---

9) 김회동, 전게서, 1992. 11, pp.130~135 ; 전게서, 1993. 1, pp.132~139.

ⓓ 접안길이를 줄이기 위해서는 화물의 유닛화와 하역설비를 최대한 활용하여야 하며, 수입사무절차를 개선하여야 한다.

ⓔ 접안부는 작업장의 개구부가 되므로 비와 바람을 차단하고 웅덩이가 생기지 않도록 하며, 지하도의 경우는 환기시설의 설치도 필요하다.

② **운반수단으로부터 하역** : 화물을 내릴 때도 인력에 의한 구식 하역보다 유닛화의 종류에 따라 하역설비를 결정하여야 한다.

㉠ **개별화물 및 액체, 분립체 화물** : 전용 언로더, 컨베이어, 덤프설비, 파이프라인(파이프 + 펌프)

㉡ **유닛화물** : 포크리프트, 레벨러, 경사판(램프), 파렛트 리프터, 트롤리, 토우 컨베이어(운송차량을 견인하는 컨베이어, 창고 내부의 지정궤도를 돌면서 하역)

㉢ **부피화물, 중량화물 하역** : 크레인(crane), 언로더(unloader)

㉣ **항만 · 선박 하역** : 갠트리 크레인, 컨베이어, 스트래들 캐리어, 트랜스테이너, 리치 스태커 – 컨테이너 하역

㉤ **항공기 하역**

포크리프트, Lifter : 이글루 화물, 파렛트 네트 화물, 컨테이너 하역

③ **검 수**

㉠ 검수는 해포(解包)하는 경우도 있지만 보통 손으로 화물을 집어서 검사대에 올려놓고 검수한다. 검사대 대신에 휠 컨베이어나 롤러 컨베이어를 이용할 수 있으며 컨베이어를 통해 보관작업장으로 송달할 수도 있다. 만약, 검사측정이 철저하다면 파렛트 적재 시에 샘플을 추출하고 검사 중에는 유닛로드 형태로 보관하도록 공간배치와 입출을 생력화하여야 한다.

㉡ **해포를 위한 설비**로는 파렛트로부터 개개의 골판지 상자나 포대를 해포하는 **디파렛타이저 (depalletizer)**가 대표적이며, 대형화물은 전용 작업장에서 자주식 크레인을 사용하고 있으며 해상 컨테이너로부터 내용물을 적취하기 위해서는 주로 포크리프트를 이용한다.

④ 화물형태의 변경 : 화자변경은 **가능한 하지 않도록 납입화자와 재고화자를 동일하게** 처리하여야
한다. 화자변경의 형태와 사용되는 장비는 다음과 같다.

㉠ 낱개 → 파렛트 및 컨테이너 : 포크리프트 트럭, 트레일러 열차, 트럭, 스트래들 캐리어, 손
수레, 대형 컨베이어 및 저상용 포크리프트 트럭

㉡ 파렛트 → 낱개 : 트레일러, 트랙터 및 견인용 포크리프트 트럭

㉢ 트레일러의 무인운반 : 소형 트레일러, 토우인 컨베이어 및 무인 트랙터

㉣ 낱개의 컨베이어 운반과 기타 : 벨트 컨베이어, 슬랫 컨베이어 및 구동롤러 컨베이어 등이
며, 생산부문과 연결될 때는 체인 트롤리 컨베이어(chain trolley conveyor)를 사용하기도
한다.

㉤ 이 외에도 천장 크레인 및 스태커 크레인에 의한 운반 등 여러 가지가 있다.

(2) 보관작업장

보관작업장의 기능은 격납, 보관, 품질보전과 기록, 픽 업 및 불출작업장으로의 송달 등이다.

① 격 납

㉠ 낱개화물의 격납

낮은 선반, 슬라이딩 선반, 플로 랙 선반 : 입구가 좁은 창고용, 인력 수작업

㉡ 유닛화물의 격납

ⓐ 파렛트 랙, 하이스택 랙(고층 자동화 창고), 스태커 크레인(수직이동) + 트레버서(Traverser
‒ 수평이동)

ⓑ 일반 포크리프트(저층, 3m 이하), 하이로더(5m), 스태커 크레인(고층, 5m 이상)

㉢ 통로가 좁을 경우 격납 : 아웃리거형 포크리프트, 사이드형 포크리프트 사용

② 보 관

㉠ 원료화물 : 탱크(주로 액체)나 사일로(주로 분립체) 이용

㉡ 일반선반 : 깊이 1m, 높이 1.5m가 적당

㉢ 파렛트 랙, 인테이너 랙 : 랙의 조립과 기계화 용이

㉣ 적층 랙 ≒ 메자닌 랙, 드라이브 인/스루 랙, 모바일 랙, 자동화창고용 중·고층 랙(AS/RS,
Auto Storage & Retrieval System 연계) : 창고 내 공간을 최대한 효율적으로 활용

㉤ 유동 랙(수직이동 랙, 수평이동 랙 ≒ 캐러셀 랙), 플로 랙 ≒ 흐름 랙 ≒ 슬라이딩 랙 : 작업자
의 이동거리를 줄여줌.

㉥ 장척물 랙 ≒ 캔틸레버 랙 ≒ 암 랙 : 화물의 형상특성을 고려하여 적재 가능(길이가 긴 화물)

③ 품질보전과 기록

㉠ 스프링클러, 공조기, 방범시스템 : 방화 및 화재, 공기순환(공조), 도난방지 및 보안

㉡ Barcode/RFID System, Scanner/Reader, LAN, AP, Computer : 재고검색, 입출고 표시,
출고·입고 가능 수량 파악

④ 피 킹

　㉠ 대차, 카트 : 작업자가 걸어 다니면서 피킹

　㉡ 포크리프트 : 작업자가 장비를 이용하여 피킹

　㉢ AS/RS, 컨베이어, 무인운반차(AGV, RGV) : 부분·완전 자동 피킹

　㉣ 중량 랙 : 회전율이 높음에도 불구하고 중량물은 랙 하단에 저장해야 하는 한계점을 극복해줌.

　㉤ DPS(Digital Picking System)

　　ⓐ 기능 : 작업자가 아무런 사전 지식 없이도 불 켜진 구역에 불 켜진 선반에 표시된 수량만큼만 피킹하면 최단거리로 오류 없이 피킹이 가능(다품종, 소량, 다빈도 피킹현장에 적합)

　　ⓑ 도입효과 : 피킹 오류의 감소, 생산성 향상, 시간 단축, 작업인원 감소

　㉥ APS(Auto Picking System) : 창고자동화 시스템(AS/RS)과 연계하여 피킹 – 분류 – 출하 – 상차까지 자동화하는 시스템

⑤ 불출작업장으로의 송달 : 불출장으로의 송달은 낱개 그대로 컨베이어를 통해 운반하는 것이 기본형이다.

(3) 불출(출하)작업장

불출작업장의 기능과 설비는 다음과 같다.

① 임시 쌓기

　㉠ 분류 전 임시적재 및 임시적재 설비의 점유공간

　㉡ 분류 후 출하대기용 임시적재

　㉢ 송장작성 간 임시적재

② 분개(分個)

　㉠ 수작업 분류 : 격납장에서 일괄 피킹해 온 화물을 수작업 분류

　㉡ 컨베이어 사용

　　ⓐ 컨베이어로 운반되어진 화물을 수작업 분류

　　ⓑ Tilting, 저개형, Push형, Diverter형 컨베이어 – 컨베이어와 **자동분류기(sorter)**의 조합

　㉢ DAS(Digital Assort System) – p.149. 내용 참조

③ 송장작성 : 송장작성은 가능한 한 미리 작성해두고 물품에 관해 간단히 표시하기만 하면 된다. 현장에서 기록하는 일은 최대한 억제하도록 하며, 간혹 물품을 보고 쓰는 일도 있지만 이런 경우는 없도록 해야 한다(컴퓨터와 프린터 활용).

④ 짐꾸리기와 수취인 이름 붙이기

　㉠ 제함기(박스자동제작), 랩핑기, 밴딩기, 라벨기, 파렛타이저, 슈링크 터널(포장기기)

　㉡ 엣지보드 : 파렛트 화물이 파렛트의 중앙으로 쏠리도록, 화물붕괴 감소

　㉢ 카빙, 라벨링, 스텐실, 스티커 : 화인 표시기법

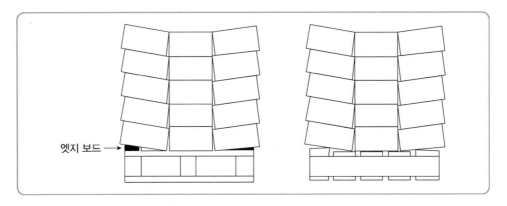

◀ 짐꾸리기시 파렛트의 엣지보드를 두껍게 쌓는 방법 ▶

      ㉣ 슈링크 포장 : 옥외에 물품이 야적되는 경우에는 물에 젖지 않도록 열수축 필름으로 슈링크
          (shrink) 포장을 하기도 하는데, 슈링크 포장은 팔레타이즈된 물품이 무너지는 일도 방지할
          수 있다.
  ⑤ 운반차의 진입, 접안 및 대기 : 이 경우는 전술한 바, 수입 작업장에서의 기능 및 설비와 동일
    하다.
  ⑥ 짐싣기
      ㉠ 유닛로드로 쌓기 : 포크리프트 트럭이나 크레인을 사용한다. 이때 트럭의 바깥쪽에 체인 컨
          베이어나 레일을 설치하여 상차를 돕거나 대형 운송차 속에 소형 포크리프트 트럭을 진입시
          켜 파렛트와 함께 적재하기도 하지만 운송차의 적재함이 작을 경우에는 대개 핸드 파렛트
          트럭으로 적재한다.
      ㉡ 낱개로 쌓기

4   창고의 각 위치별 공간의 결정

(1) 창고의 각 위치별 필요공간

    창고에서 각 위치(area)별로 필요한 공간(space)은 다음과 같다.[10]
  ① 물품보관공간
  ② 물품처리공간 : 수입 시 임시하차공간, 물품배분공간, 포장공간, 출하대기공간
  ③ 물품인도를 위한 도크 공간 : 도크상의 핸들링을 위한 공간, 도크 앞의 차량정차를 위한 공간,
    도크 앞 차량회전공간
  ④ 차량대기공간
  ⑤ 하역차량, 크레인 및 컨베이어 등의 주행 및 작업을 위한 공간이나 원동장치를 위한 공간

---

10) 김회동, 전게서, 1993. 2, pp.132~137.

⑥ 계량공간

⑦ 계량대 출입을 위한 공간

⑧ 창고 내 운반통로 공간

⑨ 화치장 내 하역용 통로공간

⑩ 사무공간

⑪ 현장 내 전표처리를 위한 공간

⑫ 휴식을 위한 공간

⑬ 내방객을 위한 공간

⑭ 접수공간

⑮ **검사관계 공간** : 해포를 포함한 검품전개를 위한 공간, 특정 검사시설을 위한 공간, 반품 등 보류공간

⑯ 설비보전과 동력관계 공간

⑰ 보안요원을 위한 공간

⑱ 통신설비공간

⑲ 제어 및 계산공간

⑳ 상품전시를 위한 공간

㉑ 식사관계 공간

㉒ 후생관계 공간

㉓ 기타 구조상 필요한 공간

㉔ 다층건물일 때 계단, 대인용 승강기 및 식당과 사무용 승강장치를 위한 공간

㉕ **방화 및 보안공간** : 방화를 위한 규정된 공소공간[11], 방재 또는 보안기기의 사용과 설치를 위한 공간, 전망을 좋게 하기 위한 여분의 공간

㉖ 다층건물의 각 층계마다 설치되는 여유공간

㉗ 다층건물의 경우 모든 시설의 증가분을 고려한 공간

㉘ 건물의 기둥, 벽, 담, 도랑, 전주 및 내외곽 조명장치를 위한 공간

㉙ 구내 미관을 좋게 하기 위한 공간

㉚ 기타 공간

(2) 창고 내 각 위치별 공간의 결정방법

창고의 공간을 결정할 때 레이아웃을 결정하기 전에 결정할 수 없는 것이 많다. 예를 들어, 하역차량의 주행을 위한 공간, 설비보전과 동력관계 공간, 다층건물의 승강설비, 각 층계마다 여유공간, 다층건물의 경우 시설증가분을 위한 공간 및 기둥과 벽을 위한 공간 등을 들 수 있다. 창고 내에서 각 위치별 공간의 결정방법은 다음과 같다.

---

11) 공소공간(空所空間)이란 화재가 발생했을 때 불이 번지지 않도록 화물칸과 선반 등의 사이를 비워두는 공간을 의미한다.

① 창고 내 필요공간 고려 – (1)항의 필요공간을 먼저 순환적으로 고려
② 예측용량, 화자형태의 정비계획에 의해 체적의 치수계산 및 화물의 흐름형태 등을 검토하여 레이아웃 하나를 선택
③ 부지의 형태를 결정하는 치수와 건축법규 그리고 근린 일조 등을 참조
④ 건물의 구조, 층고 및 위치 등을 결정(이때 도로로부터의 입출문제도 동시에 고려)
⑤ 이 외에도 운반설비나 선반을 기초로 물품보관, 물품처리, 물품인도 도크, 창고 내 운반통로, 화치장 내 하역용 통로 및 검사관계 등의 공간을 설계하면서 결정

(3) 각 작업장의 공간의 결정

① **수입작업장** : 수입작업장에서 주변 공간을 정리할 때 고려해야 할 점은 수입 시의 일시보관, 물품인도를 위한 도크, 차량대기, 하역차량의 주행 및 물품접수 등의 필요에 따라 물품의 배분, 계량, 계량대 입출, 현장 내 전표처리 및 검사관계 등을 위한 공간문제이다. 또한, 물품처리상 수입 시 임시보관을 위해서 동시하역이 가능한 차량으로 화물이 입화되었을 때 이를 임시보관하는 데 필요한 공간도 고려하여야 한다.

② **보관작업장** : 보관장에서 주변 여건을 고려해야 할 점은 물품보관, 창고 내 운반통로 및 화치장 내 하역용 통로 등과 필요할 시는 현장 내 전표처리를 위한 공간 등이다. 물품보관 공간은 재고량, 화자, 보관사양 및 선반 등의 설비에 따라 달라진다. 공간계산에 대해서는 품종별로 입화 시의 최대재고를 파악하여 이에 적합한 공간을 준비해야 하므로 평균재고에 따라 막연하게 그리고 적당히 결정해서는 안 된다.

한편, 보관방식을 프리 로케이션(free location)으로 하게 되면 최대재고와 평균재고 차액의 1/3까지는 공간을 절감할 수 있다. 그러나 선입선출방식으로 하면 평균재고의 3배로 공간이 늘어날 수도 있기 때문에 주의 깊게 고려해야 할 문제이다.

③ **불출작업장** : 불출작업장 주변의 공간확보에 대해 고려해야 할 점은 물품처리에서 배분·포장·출하대기, 물품인도 도크, 차량의 일시대기 및 하역차량 등의 주행과 필요할 시는 계량, 계량대 입출, 창고 내 운반통로 등을 위한 공간이 필요하다. 이들은 대부분 수입 작업장과 보관장과 같으며, 수입 작업장과 공용으로 사용하는 것이 오히려 더 바람직하다.

④ **기타 작업장** : 사무, 현장 내 전표처리, 휴식, 내방객, 설비보전과 동력관계, 보안요원, 통신설비, 제어 또는 계산 및 후생관계 등의 공간 등도 적절히 고려되어야 하지만 방법에서는 상당히 신축성이 있다. 독립창고에서는 식사관계, 후생관계 및 의료나 물품판매관계 등의 공간이 필요하며, 상품전시가 있을 때는 내방객의 공간과 이들의 휴식공간을 일체로 설계하는 것이 바람직하다.

5 창고 및 거점시설의 내부설계 고려요인

① 공간(Space)관리

공간의 활용방안
- 입체적으로 적재(상부공간 활용)
- 창고설비를 최적화하여 공간을 활용(Drive-in Rack, Mobile Rack)
- 통로면적의 적정화
- 계획적 공간의 활용으로 불요 공간을 배제
- 융통성을 발휘하여 공간을 절약(Free Location System 선택)
- 구분 / 적재방법을 바꾸어 충진효율을 향상

② 창고용량

건설한 창고(자가, 자동화)는 물동량에 대한 탄력성이 부족하여 상품, 제품 및 자재의 흐름을 제약하는 경우가 있으므로 용량설계가 매우 중요하다.

㉠ 충진율(면적, 공간) **기출** 7회, 15회, 16회, 18회, 19회, 21회

- 면적충진율 = $\dfrac{재고점유면적}{저장가능면적} \times 100\%$

- 공간충진율 = $\dfrac{재고점유체적}{저장가능체적} \times 100\%$

㉡ 공간이용률
  ⓐ 지게차 하역방식, 천장주행 크레인 : 약 35%
  ⓑ 입체자동화 창고 : 약 60%

③ 부지 및 창고 내 통로

통로계획시 공통 고려사항

[조 명] 어두울수록 작업능률이 떨어짐.
[명료성] 보관구역과 상품이 한눈에 들어오도록 함.
[미끄러움] 높을수록 작업능률이 떨어짐.
[이동거리] 출고품의 집화거리가 길수록 작업능률이 떨어짐.
[통로의 폭] 통로가 좁으면 작업능률이 떨어짐(운반기기의 회전반경 포함). 너무 넓으면 스페이스 활용도가 떨어짐.
[기둥 및 장애] 기둥 또는 장애물이 많을수록 작업능률이 떨어짐.
[굴곡과 폭의 변화] 평면도가 낮으면 작업능률이 떨어짐.

ㄱ 부지 내 통로 및 공간

ⓐ 부지 내 통로 각부 주요 치수는 입출입하는 트럭의 치수에 의해 결정됨.
- 트럭 치수기준 : 폭 2.5m, 높이 3.8m, 길이 12m, 총중량 25t 이하
- 보통 배송센터는 12t 트럭

ⓑ 구내도로 : 구내도로의 차선폭(W)은 편측 트럭 최대치수 2.5m + 여유치수 ✏️기출 12회
- 편측 통행의 경우 : **3.5**~4.0m
- 양측 통행의 경우 : 6.5~**7.0**m

ⓒ 주차장
- 공간결정요인 : 종업원·내방객·임원 수, 자가용 통근자 수, 공공교통수단의 유무와 거리, 회사 출퇴근 지원버스 유무
- 주차공간 : 일반승용차(15m² − 2.5m×6m), 오토바이(1.5~1.8m²), 자전거(1.0~1.2m²)

ㄴ 창고 내 통로 및 공간

ⓐ 용도별
- 인도용 : 통행량 보통(0.8~0.9m), 통행량 많음(1.2m)
- 대차(손수레)용 : 편측(0.9~1.0m), 양측(1.8~2.0m)

ⓑ 트럭도크
- 물류, 거점시설의 옥외공간 중에서 레이아웃상 가장 중요한 공간
  - 입출하 각 전용 : [I자형] 화물 동선을 고려했을 때 바람직함.
  - 입출하 병용 : [U자형]
- 입하도크와 출하도크
  - 입하도크 : 대형트럭(수송차량)
  - 출하도크 : 소형트럭(배송차량), 입하도크 쪽보다 상대적으로 긴 대기행렬
- 도크의 능력계획 ✏️기출 9회, 11회, 12회, 13회, 15회, 16회, 17회, 18회

예제보기

하루 입고 물동량이 1,000t이고 트럭 한 대당 적재용량은 10t이다. 트럭 한 대의 물량을 하역하는 데 30분이 소요되고, 창고의 운영시간은 하루 중 10시간으로 제약될 때 창고의 Dock는 동시에 몇 대의 트럭을 수용할 수 있어야 하는가?

해설 $\dfrac{\text{목표처리량}}{\text{처리능력}} = \dfrac{1{,}000t \div 10t \times 30분}{10시간 \times 60분} = 5대$

5대

다음 작업조건의 물류센터에서 필요한 출하도크의 길이는? (단, 소수점 첫째 자리에서 반올림하시오.)

1일 평균 출고물동량	7,280박스
트럭 1대당 도크의 점유길이	3.0m
트럭 1대당 유효적재량	280박스
출고회전수(계획출고)	2회전

해설
- 대당 적재능력이 280박스인 트럭으로 1일 평균 출고물동량 7,280박스를 처리하려면

$$\frac{7,280박스}{280박스} = 26대$$

- 대당 3m의 점유길이를 가질 때 26대의 도크의 점유길이 = 3m × 26대 = 78m

- 출고회전수 2회전을 고려하면 = $\frac{78m}{2회전}$ = 39m/회전

39m/회전

ⓒ 접차공간
- 평행주차 : 전면길이 8m 이상
- 직각주차
  - 2톤급 : 12m 이상
  - 4톤급 : 19m 이상
  - 11톤급 : (전륜2차축 – 23m, 후륜2차축 – 26m)
  - 12톤급 세미 트레일러 : 27m
  - 11톤급, 8톤급 풀 트레일러 : 31m

ⓒ 기둥간격(창고의 기둥과 기둥 사이)
  ⓐ 기본적으로 기둥의 개수는 적거나 벽면 기둥 이외에는 없는 편이 좋다.
  ⓑ 창고 내 트럭의 진입대수가 2대일 경우 7.5m 이상, 3대일 경우 11m 이상
  ⓒ 창고 내 기둥 간의 간격 산정식 **기출** 12회

$$W_i = W_t \times N_t + C_t \times (N_t - 1) + 2C_0$$

- W_i : 기둥간격
- W_t : 트럭폭
- N_t : 트럭대수
- C_t : 트럭 간의 간격(보통 1.0~1.5m)
- C_0 : 측면의 여유척도

ㄹ 천장 높이, 보의 높이 _기출_ 12회

  ⓐ 단층창고 : 6~8m

  ⓑ 다층창고 : 층당 5~7m

  ⓒ 천장 높이 산정식 = 포장화물 높이 × 적재단수 + 지게차 포크의 최소 승강높이 + 화물의 최대높이와 천장 간의 여유치수

ㅁ 바닥 높이 : 저상식, 고상식(높여진 바닥)

  ⓐ 창고의 바닥은 노면과 1/10 이하의 완만한 경사로, 노면에 비해 300mm 정도 높여 건설한다.

  ⓑ 고상식 바닥 높이는 차량바닥면과 지상 높이 간의 차로 정의하고 적재하중별 다음과 같다.

    • 2톤 : 700mm

    • 4톤급 : 1,000mm

    • 11톤급 : 1,300mm

ㅂ 입출고구 치수

  ⓐ 너비 : 3.5m

  ⓑ 높이 : 4m 이상

  ⓒ 문턱높이 : 5mm 이내

6 창고 및 거점시설의 채산성(경제성) 분석

(1) 채산성 분석방법

물류 및 배송센터의 채산성 계산은 센터를 신설하기 위한 경우와 기존의 센터를 평가하기 위한 목적이 있다.

① 물류설비투자 채산성 분석의 필요성

  ㉠ 물류설비에 대한 투자분석은 많은 자금이 장기적으로 투자됨.

  ㉡ 투자목적이 물류의 효율성의 증대인지 혹은 물류비 절감인가에 대한 경제적 분석을 명확화

  ㉢ 종합적이고 장기적인 관점에서 분석

  ㉣ 경제성 분석의 4요소

    ⓐ 투자액

    ⓑ 현금흐름

    ⓒ 경제수명

    ⓓ 할인율

② 센터의 신설목적의 채산성 분석
　　㉠ 마케팅 목적일 경우
　　㉡ 물류비용 절감 목적
③ 기존 센터의 재평가 목적의 채산성 분석 : 물류 시스템 재구축을 위해서 기존의 물류거점을 제로
　　베이스[12]적인 발상에 의거해 재평가하고 센터의 폐쇄나 유지를 결정할 경우에 해당한다.

목 적	마케팅 목적		비용절감 목적	
	• 사업 확대		• 운송비 절감	
	• 매출 증대		• 재고비 절감	
	• 타사 전략 대응		• 기계화, 자동화	

채산성 평가	최적설계	투자효과 최대
	• 최소의 투자	• 이익비교법
	• 최소의 운영비용	• 투자이익률법
		• 자금회수기간법

채산성 개선	거점비용	기타 물류비용	비용절감액
	• 자본비용	• 운송, 포장	• 운송비 절감
	• 운영비용	• 보관, 하역	• 재고비 절감
		• 정보, 관리	• 인건비 절감

자가·외주 비교	자사 직접투자	물류 자회사	외주 물류

(2) 채산성 분석의 목적별 특징

① 마케팅 목적 : 사업확대, 매상증가, 경쟁대책 등과 같은 사업전략 또는 시장대책의 일환으로
　　센터를 설치하는 것이다.
　　㉠ 비용상쇄(Trade-off) 관계를 고려한다. [비용 트레이드 오프 분석]
　　㉡ 토털 코스트 최소화를 지향한다. 　　　　[총비용 접근법]

---

12) 현재 보유하고 있는 기득권, 효율성, 효과성이 없다는 가정하에 백지상태로부터 문제해결과 목표달성 계획을 고려하는 방식을
　　통칭하여 Zero-Based 방식이라고 한다.

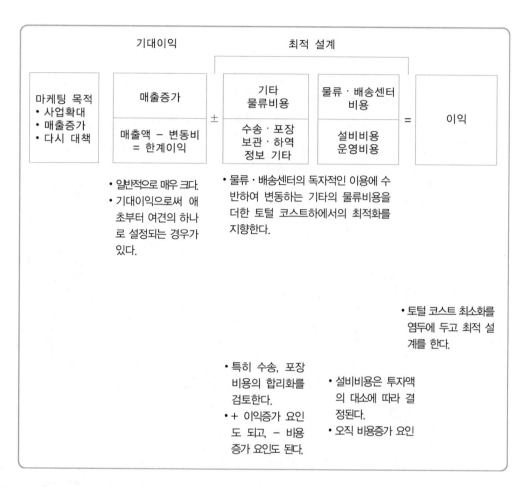

② 비용절감 목적
　　㉠ 비할인모형
　　　　ⓐ 투자이익률법(ROI) : 투자액에 대한 이익액, 효율기준 　기출 19회

> • 총투자이익률 = $\dfrac{평균이익}{투자액}$
>
> • 평균 투자이익률 = $\dfrac{평균이익}{평균\ 투자액}$

　　　　ⓑ 자금회수기간법 : 투자자금 회수기간의 빠르기, 기간기준
　　　　ⓒ 이익비교법(원가비교법) : 이익액의 크기 기준
　　㉡ 할인모형
　　　　ⓐ 비용/편익비(Benefit/Cost Ratio) : 편익을 비용으로 나눈 값으로 1.0을 넘으면 경제적
　　　　　타당성 인정

ⓑ 현재가치법, 순현가법(Net Present Value Method : NPV)
- 사업의 경제성을 평가하는 척도 중 하나
- 현재가치(PV)로 환산된 미래의 연차별 편익의 합계에서 비용의 합계를 뺀 값을 의미하며 계산된 값만큼 감소효과가 있는 것으로 봄(NPV=PV−비용).

ⓒ 내부수익률법(Internal Rate of Return : IRR)
- 편익과 비용의 현재가치 합계가 동일하게 되는 수준의 할인율
- 순현재가치(NPV)를 '0'으로 만드는 할인율을 의미하며 사회적 할인율보다 내부수익률이 높으면 경제성이 있는 것으로 판단

ⓒ 특이사항
ⓐ **투자이익률법을 기본**으로하고 자금회수기간법을 참고로 함.
ⓑ 각 연도별 이익 증감이 현저할 경우 "**이익비교법**"을 병용함.

05 화자정비

1 화자정비의 개념

(1) 화자의 정의

유통과 운반을 위해 표준화된 화물의 형태를 만들어주는 구조물을 의미한다.

(2) 화자정비의 의의

① 창고의 공간, 면적이나 운반기기의 계획과 화물취급 등의 결정요인
② 원활한 창고의 운영을 도모하기 위해 화자를 정비하고 표준화함.

(3) 화자의 형태

용기(Container)	화대류
고정된 형태의 물건을 담을 수 있는 구조물	물건을 쌓아 올릴 수 있고 화물취급의 용이성을 지원하는 구조물
• 골판지 상자 • 플라스틱 용기 • 포 대 • 나무상자 • 와이어바운드 상자 • 틀 상자	• 파렛트 • 스키드 • 볼스터(스트래들 캐리어용 파렛트) • 트레이 및 견인대차

(4) 화자의 속성

① 외장치수와 종류
② 화물의 구성강도
③ 내용물의 보호력
④ 높이 쌓았을 때 안전성
⑤ 세트적 포장
⑥ 모듈화된 치수

2 화자정비계획의 진행방법

화자는 통일성과 창고가 필요로 하는 방향으로 표준화시켜 나가는 것이 순서이다. 화자에 대해 가장 중요한 것은 바로 운반활성과 재고단위에 대한 출고단위관계이다.

(1) 운반활성도 형성

화자정비의 첫 단계는 적절한 활성지수를 갖도록 화자나 임시화자[13]를 형성하는 것이다. 운반활성이란 화물의 입출고와 운반이 쉬운 상태를 의미하므로 작업을 기계화 내지 자동화하려면 방식과 사양을 결정해야 한다. 활성의 상태와 그 정도를 나타내는 활성지수(活性示數)를 단계별로 살펴보면 다음과 같다.

◀ 화자의 활성단계 ▶ 기출 21회

활성도	조 건		개선작업
0	바닥에 개품(낱개)상태로 존재	→	정 리
1	개품들을 컨테이너 (종이, 플라스틱, 목재, 철재) 이용 정리	→	일으켜 세움
2	받침목 위에 일으켜 세우거나 파렛트, Skid를 이용	→	굴러가도록 함.
3	대차 위에 컨테이너를 올림.	→	자동이동
4	컨베이어 위에 컨테이너를 올림.		

---

13) 임시화자는 물류의 어느 한 단계만을 위한 화자로서 배송시에는 그 형태가 바뀌게 된다.

(2) 출고단위 개선

① 대량 출고단위 : ULD(파렛트, 컨테이너) 이용 → 기계화 및 자동화(생력화, 성력화)

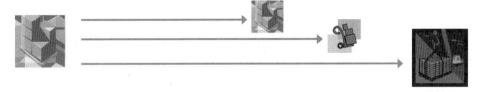

② 소량 출고단위 : 개별 오더 피킹 → 격납장에서 피킹한 후, 단위화자 형태로 변경하여 출고

(3) 화자의 정비

① 화자정비에서 첫 번째로 고려할 것은 **모듈적 화자방식**이다. 즉, 어떤 단계에서 단위화된 화물의 크기가 그 다음 또는 기타의 다른 단계에서 변화할 때는 작은 물건들을 고르게 조합시켜 놓으면 큰 물건들의 화자형성이 용이해진다. 이것은 골판지 상자 내에 물건을 빈틈없이 조합 적재하여 단위 파렛트 Lot를 만들 때 반드시 고려되어야 할 점이다.

② 주로 사용되는 방식은 파렛트 위에 **파렛트 크기의 1/2 또는 1/4 크기**의 작은 파렛트를 쌓고 그 작은 파렛트가 쉽게 분리될 수 있도록 만든다. 예를 들어, 슈퍼마켓 등을 위해 화자를 정비할 때는 먼저 화물을 진열단위로 묶고 다시 재고나 배송단위의 크기로 화자를 만드는 방법이다. 화자정비에서는 화자를 취급하기 쉽게 만들어야 하며 그 방법은 다음과 같다.

> ㉠ **활성지수**를 높인다. 🖊기출 21회
> ㉡ **마크 카운터**를 낮게 한다.
> ⓐ **마크 카운터**는 화물의 체적을 기준으로 하며, 밀도(B)와 형태(C), 파손과 위험(D) 그리고 상태(E)에 따라 그 지수가 증감한다.
> ⓑ 체적을 기준으로 10square inch(16.4square cm)를 1로 하여 1마크 카운터라고 부르며, 1,000입방인치가 10이 되도록 대수그래프로 표시된다. 그러나 이 단위는 운반단위로서는 너무 적기 때문에 1입방미터를 1로 하는 마크 카운터를 사용하고 있다.[14]
> ⓒ 체적을 A로 표시하면 A+[A/4 (B+C+D+E)]이 된다. B, C, D, E는 -3에서 +4까지의 정수로 물건의 형태에 따라 취급상의 난이도가 정해진다. 언제든지 취급하기 어려운 물건은 카운터가 크기 때문에 가능한 한 A~E의 각 요소가 적어지는 방향으로 화자를 정비하여야 한다.
> • B : 밀도가 높은 물건이 도수가 높고 건조된 나무 블록 같은 것은 0이 된다.
> • D : 손상되기 쉬운 물품이 도수가 높고 치수결정이 가능한 나무로서 약간 손상될 가능성이 있는 정도를 0으로 한다.
> • E : 미끈미끈하고 잘 달라붙는 물건을 (+)로 하고 나무 블록같이 단단해서 안정적인 것은 0으로 하며, (-)는 별도로 규정해 둔다.

---

14) 1마크 카운터는 <u>손에 가득 차는</u> 정도이고, 1매크로 마크 카운터는 <u>파렛트에 가득 차는</u> 정도이다.

01 자동화 창고에서 물품을 보관하는 위치를 결정하는 보관(Storage)방식에 관한 설명으로 옳은 것은? 15회

① 근거리 우선보관(Closest Open Location Storage)방식은 지정위치 보관방식의 대표적 유형이다.

② 급별보관(Class-based Storage)방식은 일반적으로 물품관리의 용이성을 고려하여 보관위치를 결정한다.

③ 지정위치 보관(Dedicated Storage)방식은 일반적으로 품목별 보관소요 공간과 단위시간당 평균 입출고 횟수를 고려하여 보관위치를 결정한다.

④ 임의위치 보관(Randomized Storage)방식은 일반적으로 물품의 입출고 빈도를 고려하여 보관위치를 결정한다.

⑤ 전체 보관소요 공간을 가장 많이 차지하는 보관방식은 임의위치 보관(Randomized Storage)방식이다.

해설 ① 근거리 우선보관방식은 임의위치 보관방식(Randomized Storage)의 대표적 유형이다.
② 급별보관(Class-based Storage)방식은 비용과 품질관리 수준을 고려하여 상품 보관구역을 나눈 방식이다.
④ 물품의 입출고 빈도를 고려하여 보관하는 방식은 지정위치 보관방식(Dedicated Storage)이다.
⑤ 지정위치 보관방식은 해당 구역에 공간이 남아도 다른 상품을 보관할 수 없기 때문에 전체 보관소요 공간을 가장 많이 차지하는 보관방식이다.

02 제품상자의 크기가 가로 40cm, 세로 35cm, 높이 30cm이다. 이를 KSA 표준규격 1,100mm × 1,100mm의 파렛트에 7상자 적재하면 파렛트 평면적에 대한 적재율은 얼마인가? 12회

① 61% ② 69%

③ 81% ④ 123%

⑤ 144%

해설 • 평면적 적재율이라고 했기 때문에 제품상자의 가로, 세로, 높이 정보에서 가로, 세로에 의한 면적 정보만을 이용한다.

정답 01 ③ 02 ③

• 파렛트의 길이 단위 mm는 연산을 위하여 cm로 단위 환산한다.

$$\therefore \text{적재율} = \frac{\text{점유면적}}{\text{총가용면적}} \times 100 = \frac{40 \times 35 \times 7\text{개}}{110 \times 110} \times 100 = 81\%$$

03 창고 내 격납장 유형 중에서 선입선출이 어느 정도 필요하게 될 때, 2열(2산법) 또는 3열(3산법)로 입출고하는 형태는?

✔ 10회

①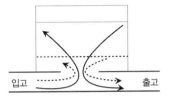

②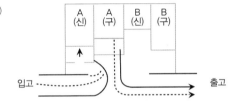

③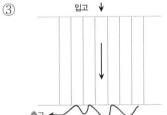

④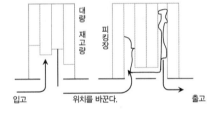

⑤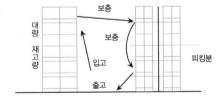

해설 ① 제1유형
③ 제4유형
④ 제5유형
⑤ 제6유형

04 T-11형 파렛트를 기준으로 300mm × 200mm × 500mm 상품을 1단으로 적재할 때 최대 적재가 가능한 적재패턴과 적재수량, 그때의 면적 충진률을 구하시오. (단, 높이는 500mm 그대로 유지해야 한다.)

① 핀휠적재, 20개, 99.17%

② 벽돌적재, 21개, 98.12%

③ 교호열적재, 19개, 97.66%

④ 스플릿적재, 19개, 97.17%

⑤ 핀휠적재, 19개, 96.33%

[해설] 한쪽 면부터 상자의 긴면 300mm로 이어 쌓으면 한쪽 끝에 200mm가 남게 되어 그 부분부터 상자의 200mm면으로 돌려쌓아 "핀휠적재"가 된다.

- 최대 적재수량 = $\dfrac{\text{가용면적}}{\text{상자단위면적}}$ = $\dfrac{1,100 \times 1,100}{300 \times 200}$ = 약 20개

- 면적충진률 = $\dfrac{\text{점유면적}}{\text{가용면적}}$ = $\dfrac{300 \times 200 \times 20개}{1,100 \times 1,100} \times 100$ = 약 99.17%

05 T-11형 표준규격 파렛트에 가로 700mm, 세로 400mm, 높이 300mm인 제품을 핀휠 방식으로 적재할 경우에 바닥면적 적재율은 약 얼마인가? (단, 소수점 첫째 자리에서 반올림한다.) ✓ 19회

① 87%

② 90%

③ 93%

④ 96%

⑤ 99%

[해설] 해당 제품의 규격에서 높이 정보는 적재율을 구하는데 필요 없으며 가로, 세로의 수치만을 이용하여 핀휠 적재방식으로 적재해 볼 때 T-11(1,100mm × 1,100mm)의 파렛트 위에 4개가 적재가능하다.

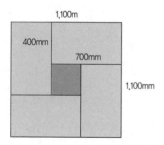

$$\therefore \text{면적충진율} = \frac{\text{적재면적}}{\text{가용총면적}} \times 100\%$$

$$= \frac{400mm \times 700mm \times 4개}{1,100mm \times 1,100mm} \times 100 = 92.56\% = 93\%$$

06 다음과 같은 조건에서 제품을 보관하기 위해 필요한 창고의 바닥면적(m^2)은? ✅ 18회

- 파렛트 적재단수 : 1단
- 파렛트당 제품 적재수량 : 200Box
- 제품수량 : 100,000Box
- 파렛트의 면적 : 1.2m^2
- 창고적재율 : 30%

① 500   ② 600

③ 750   ④ 1,000

⑤ 2,000

- 소요파렛트수 $= \dfrac{100,000}{200} = 500\text{pallet}$

- 소요면적 $= 500\text{pallet} \times 1.2m^2 = 600m^2$

- 창고적재율 $= 30\% \rightarrow \dfrac{600m^2}{0.3} = 2,000m^2$

적재율이 30%밖에 안 되는 창고라면 2,000m^2 정도의 면적은 보유해야 600m^2 소요면적의 500파렛트를 처리할 수 있다.

정답 **06** ⑤

07 보관시스템 운영의 효율성을 위해 지정위치 저장방식(Dedicated Storage Policy)을 적용하고, 보관할 물품의 종류를 입출고 빈도가 가장 높은 순서대로 A, B, C로 구분할 때 아래 조건하에서 저장구역의 지정이 가장 잘된 것은? ✓ 12회

- 전체 창고 크기 – 가로 100m, 세로 40m
- 단위저장공간 – 가로 10m, 세로 10m
- 거리조건 – 직각거리 적용
- 저장공간 비율 – A : 20%, B : 30%, C : 50%

① 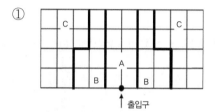   ②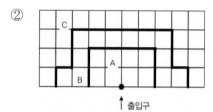

③ 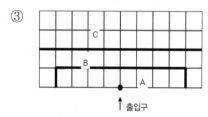   ④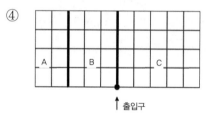

⑤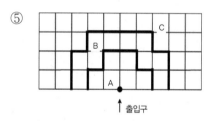

해설 단위저장공간(가로 10m, 세로 10m) 40개로 이루어진 전체 창고를 저장공간 비율로 나누어 보면,
A = 40개 × 0.2 = 8개
B = 40개 × 0.3 = 12개
C = 40개 × 0.5 = 20개
- 보기 ⑤는 할당 공간수가 맞지 않다.
- 저장구역 지정은 출입구를 기준으로 방사형으로 지정하여 같은 종류의 상품은 이동거리를 같게 한다. 따라서 ②의 구역 지정이 가장 적합하다.

정답 **07** ②

08 다음 표는 기간별 품목의 재고량을 파렛트 단위로 기록한 자료이다. 창고에 4개의 품목이 저장되며 각 품목은 한 번에 입고되면 재고가 소진되는 시점에 재보충된다. 이를 수용하기 위해 필요한 저장소요공간을 산출하고자 한다. 보관시스템의 저장방식 중에서 임의위치 저장(Randomized Storage)방식과 지정위치 저장(Dedicated Storage)방식을 각각 적용할 때 파렛트 단위로 필요한 각각의 공간은? ✓ 13회

기 간	품 목			
	A	B	C	D
1	12	15	8	14
2	24	6	7	10
3	10	3	2	6
4	8	14	12	20
5	15	16	6	18

① 50, 68
② 55, 68
③ 50, 70
④ 55, 70
⑤ 55, 72

해설
- 임의위치 저장방식은 품목별 저장될 공간의 크기가 지정되지 않으므로 각 품목의 소요공간의 합이 곧 필요한 공간의 크기가 되므로, ① 기간별 총 소요공간의 합 중에 가장 큰 기간의 공간크기를 이용한다.
- 지정위치 저장방식은 품목별 저장될 공간의 크기가 지정되고 지정되면 변경할 수 없기 때문에, ② 품목별로 가장 많은 공간을 소요했던 기간의 크기들을 추출하여 모두 합계하여 저장공간 산정에 이용한다.

기 간	품 목				소요공간
	A	B	C	D	
1	12	15	8	14	49
2	② 24	6	7	10	47
3	10	3	2	6	21
4	8	14	② 12	② 20	54
5	15	② 16	6	18	① 55

① 임의위치 저장방식 = 55
② 지정위치 저장방식 = 24 + 16 + 12 + 20 = 72

09 창고 레이아웃(Layout)의 기본원리 중 잘못된 것은?

① 원칙Ⅰ : 물품, 통로, 운반기기 및 사람 등의 흐름 방향에 있어 항상 직진성에 중점을 두어야 한다.
② 원칙Ⅱ : 물품, 운반기기 및 사람의 순행교차는 피해야 한다.
③ 원칙Ⅲ : 물품의 취급횟수를 줄여야 한다.
④ 원칙Ⅳ : 물품의 흐름과정에서 높낮이 차이의 크기와 횟수를 감소시켜야 한다.
⑤ 원칙Ⅴ : 화차, 운반기기, 랙, 통로입구 및 기둥간격의 모듈화와 디멘션(dimention)의 관계를 구축한다.

[해설] 순행교차를 피해야 하는 것이 아니라 "역행"교차를 피해야 하는 것이다.

10 창고의 작업동선 형태에 관한 다음 기술 중 맞는 것은?

① 비연속 형태의 작업동선은 불필요한 보행을 줄일 수 있다.
② 비연속 형태의 작업동선은 작업자의 피로도를 줄일 수 있다.
③ 보관 랙 구역의 연속작업 동선은 안쪽에서부터 입구 쪽으로 랙의 번호가 증가하도록 구성되어 있다.
④ 작업동선의 형태와 함께 투입되는 장비의 종류에 따라 효율성이 달라진다.
⑤ 랙과 랙 사이의 통로는 일방통행이 원칙이다.

[해설] ①, ② 비연속 형태의 작업동선의 불필요한 보행이 발생되며 이에 따라 피로도가 증가한다.
③ 연속작업 동선은 입구에서 입구 안쪽으로 랙의 번호가 증가하도록 구성되어 있다.
⑤ 랙과 랙 사이의 통로이동은 레이아웃 설계에 따라 달라질 수 있다.

11 보관 시 레이아웃에 대한 설명 중 가장 거리가 먼 것은?

① 긴 물건은 바 랙(Bar-Rack)과 사이드 포크리프트를 활용한다.
② 선입선출이 가능하도록 설계한다.
③ 저회전율 물품은 고정 로케이션(Fixed Location)이 좋고, 고회전율 물품은 프리 로케이션(Free Location)이 좋다.
④ 바닥은 하중을 충분히 견디게 설계하고, 운반차의 활동에 충분한 공간을 부여한다.
⑤ 랙 이용 시 빈 공간이 생기지 않도록 한다.

[해설] 고회전율 물품이 고정 로케이션이 좋고 저회전율 물품은 프리 로케이션이 좋다.

12 창고의 레이아웃(Layout) 설계에서 고려해야 할 사항으로 옳지 않은 것은?

① 화물, 운반기기 및 작업자 등의 흐름 직진성을 고려해야 한다.

② 화물 및 작업자 등의 역방향 흐름을 최소화해야 한다.

③ 화물 취급횟수가 증가하도록 해야 한다.

④ 화물의 흐름과정에서 높낮이 차이의 크기를 줄여야 한다.

⑤ 운반기기, 랙(Rack) 등의 모듈화를 고려해야 한다.

해설 화물 취급횟수는 감소되도록 해야 한다.

13 공장에서 생산라인을 설계할 때 사용하는 대표적인 설비배치 개념은 유사한 공정 설비를 모아 놓은 공정별 배치(Process Layout)와 제품이 생산되는 공정순서대로 설비를 배치하는 제품별 배치(Product Layout)로 분류된다. 다음 보기는 공정별 배치와 제품별 배치의 장점을 나열한 것이다. 올바르게 구분된 것은? ✔ 13회

ⓞ 물류 이동이 단순하다.
ⓛ 생산 및 물류관리가 단순해진다.
ⓒ 작업자와 장비투입에 유연성이 확보된다.
ⓔ 개별 생산장비의 가동률을 높일 수 있다.
ⓜ 재공품 재고가 감소된다.

◀ 공정별 배치 ▶

◀ 제품별 배치 ▶

	공정별 배치	제품별 배치
①	㉠, ㉡, ㉢, ㉤	㉣
②	㉠, ㉡	㉢, ㉣, ㉤
③	㉡, ㉢, ㉣	㉠, ㉤
④	㉢, ㉣	㉠, ㉡, ㉤
⑤	㉢	㉠, ㉡, ㉣, ㉤

• 제품별 배치 = 라인별 배치
　 반복생산, 연속생산 시스템, 높은 수준 표준화(단순), 생산성 효율↑, 유연성↓, 재공품재고↓
• 공정별 배치 = 기능별 배치
　 단속공정(묶음생산), 다품종 소량생산, 생산성 효율↓, 유연성↑, 가동률↑

14 다음 중 운반·하역기기에 대한 설명으로 맞는 것은?

① 도크 레벨러(Dock-leveller)는 유압장치로 링크기를 장치하여 하대를 승강시키는 장치를 말한다.
② 도크 보드(Dock Board)는 화물차와 창고입구에 하역이 용이하도록 연결하는 하대를 말한다.
③ 파렛타이저는 컨테이너나 상자 등의 자재를 미리 정해진 형태대로 쌓거나, 파렛트 위에 쌓인 자재들을 자동적으로 푸는 장비를 말한다.
④ 테이블 리프트(Table Lift)는 트럭, 컨테이너 하대 위로 파렛타이즈된 화물을 이동시키는 기구를 말한다.
⑤ 파렛트 로더(Pallet Loader)는 도크 보드를 고정하고 유압장치 또는 철판을 이용하여 하대의 높이를 조정하는 장치를 말한다.

① 테이블 리프트에 대한 설명이다.
③ 디파렛타이저에 대한 설명이다.
④ 파렛트 로더에 대한 설명이다.
⑤ 도크 레벨러에 대한 설명이다.

15 창고의 입출고의 기능 향상에는 소프트웨어와 하드웨어에 의한 방식이 있다. 다음 중 하드웨어에 의한 방법이 아닌 것은?

① 각종 운반차량을 물품의 수평이동에 사용한다.
② 엘리베이터, 컨베이어, 리프트 등을 수직·수평 운반에 사용한다.
③ 크레인 등 기타 하역기기는 중량물을 입출고 하는데 이용한다.
④ 물품의 이동라인을 짧게 하여 낭비를 배제한다.
⑤ 창고와 연계되는 접점에서 간접적인 설비의 기능을 이용한다.

기능향상을 위한 아이디어와 철학은 소프트웨어적인 방안이다. 설비를 이용한 기능 향상은 하드웨어적인 방안이다.
① 운반차량, ② 엘리베이터, 컨베이어, 리프트, ③ 크레인, ⑤ 간접적인 설비

정답　**14** ②　**15** ④

16 각 품목의 입출고 비용은 입출고 횟수에만 비례하고, 1회당 입출고량과는 상관없다. 창고의 입구와 출구는 동일한 곳에 위치하며, 품목별로 보관위치를 지정하여(dedicated) 사용한다. 단위시간당 전체 입출고에 필요한 총 이동거리를 최소화하기 위해 입출구에서 가장 가까운 위치에 배치하여야 할 품목은? ● 15회

품 목	보관 소요공간	단위시간당 평균 입출고 횟수
ㄱ	200	20
ㄴ	60	5
ㄷ	80	10
ㄹ	140	7
ㅁ	90	6

① 품목 ㄱ   ② 품목 ㄴ
③ 품목 ㄷ   ④ 품목 ㄹ
⑤ 품목 ㅁ

해설 품목당 보관의 소요공간(Space)과 입출고 횟수(Times)를 통하여 상품특성 분석을 시행하게 된다. 전형적인 $\dfrac{S_j}{T_j}$ 를 구하는 문제로 해당 값이 작을수록 재고회전율이 높은 것을 의미한다.

ㄱ $\dfrac{200}{20} = 10$, ㄴ $\dfrac{60}{5} = 12$, ㄷ $\dfrac{80}{10} = 8$, ㄹ $\dfrac{140}{7} = 20$, ㅁ $\dfrac{90}{6} = 15$

17 물류센터(창고)를 설계하기 위하여 천장의 높이를 결정해야 한다. 아래와 같은 조건으로 물류센터의 천장 높이를 올바르게 산출한 것은? ● 10회

- 파렛트 포장화물 높이(파렛트 높이 포함) : 2.0m
- 파렛트 포장화물 적재단수(랙 사용 안 함) : 4단
- 지게차 포크가 파렛트 포장화물을 들어 올리는데 필요한 높이 : 0.3m
- 파렛트 화물의 최대높이와 천장의 여유치수 : 0.5m

① 2.8m   ② 3.7m
③ 4.3m   ④ 8.0m
⑤ 8.8m

해설 천장 높이 산정식 = 포장화물 높이 × 적재단수 + 지게차 포크의 최소 승강높이 + 화물의 최대높이와 천장
간의 여유치수
= (2.0m × 4단) + 0.3m + 0.5m = 8.8m

18 물류거점 계획을 위한 기본조건에 관한 설명으로 옳은 것을 모두 고른 것은? ✅ 17회

> ㉠ 수요조건은 고객의 분포, 잠재고객의 예측, 매출 증감, 배송가능지역 등을 고려한다.
> ㉡ 법규제 조건은 토지의 이용문제(기존 토지와 신규 취득), 지가, 소요자금 내 가능한 용지
> 취득의 범위 등을 고려한다.
> ㉢ 배송서비스 조건은 고객에 대한 도착시간, 배송빈도, 리드타임, 거리 등을 고려한다.
> ㉣ 운송조건은 각종 운송거점 및 영업용 운송사업자 사업장과의 근접도 등을 고려한다.

① ㉠, ㉡, ㉢　　　　　　　　　　　　② ㉠, ㉡, ㉢, ㉣
③ ㉠, ㉡, ㉣　　　　　　　　　　　　④ ㉠, ㉢, ㉣
⑤ ㉡, ㉢, ㉣

해설 토지의 이용문제(기존 토지와 신규 취득), 지가, 소요자금 내 가능한 용지 취득의 범위는 "용지조건"에 해당
한다.

19 물류센터(창고)에 제품을 보관하려고 할 때 다음과 같은 조건에 맞는 창고평수는 얼마인
가? (단, 사무실 등의 부대시설은 제외한다.) ✅ 10회

> • 제품수량 : 50,000Box
> • 파렛트당 제품 적재수량 : 100Box
> • 파렛트의 면적 : 0.5평
> • 창고 면적충진(적재)율 : 50%
> • 파렛트 적재단수 : 1단

① 100평　　　　　　　　　　　　② 200평
③ 250평　　　　　　　　　　　　④ 500평
⑤ 625평

해설
• 소요파렛트수 = $\dfrac{\text{총처리수량}}{\text{파렛트당 적재수량}}$ = $\dfrac{50,000\text{박스}}{100\text{박스}}$ = 500pallet
• 파렛트 적재단수가 1단이라는 의미는 높이쌓기에 의한 변수는 없다는 의미이다.

정답 **18** ④ **19** ④

- 총소요면적 = 소요파렛트수 × 파렛트 면적 = 500pallet × 0.5평 = 250평
- 면적충진(적재)율이 50%라는 의미는 적재효율이 떨어지므로 계산한 면적보다 더 많이 필요하다는 것을 의미하며 계산으로는 다음과 같이 구해진다.

$$\therefore \text{창고평수} = \frac{250\text{평}}{0.5(50\% \text{ 효율})} = 500\text{평}$$

20 A 공장에서 신설 물류센터를 경유하여 B, C, D 수요지에 제품을 공급하고자 한다. 공장과 수요지의 위치, 수요량, 수송단가가 다음 표와 같다면 총수송비를 최소로 하는 신설 물류 센터의 입지를 무게중심법을 이용하여 구한 좌표는? (단, 소수점 첫째 자리에서 반올림하 시오.) ✅ 17회

구 분	위치좌표(X, Y) (km)	수요량 (Box)	Box당 운송단가 (원/km)
A 공장	(90, 70)	7,000	30
B 수요지	(10, 80)	1,000	10
C 수요지	(20, 20)	2,000	20
D 수요지	(40, 50)	4,000	20

① (68, 60) ② (68, 49)
③ (77, 60) ④ (77, 49)
⑤ (52, 64)

해설

구 분	위치좌표(X, Y) (km)	수요량 (Box)	Box당 운송단가 (원/km)	수송비	가중치
A 공장	(90, 70)	7,000	30	210,000	$\frac{210,000}{340,000} = \frac{21}{34}$
B 수요지	(10, 80)	1,000	10	10,000	$\frac{1}{34}$
C 수요지	(20, 20)	2,000	20	40,000	$\frac{4}{34}$
D 수요지	(40, 50)	4,000	20	80,000	$\frac{8}{34}$
			총수송비	340,000	

- 무게중심법에 의한 새로운 X좌표 = $\sum$(각 지역의 가중치 × 각 지역의 X좌표)
- 무게중심법에 의한 새로운 Y좌표 = $\sum$(각 지역의 가중치 × 각 지역의 Y좌표)

정답 **20** ①

$$X = \left(\frac{21}{34} \times 90\right) + \left(\frac{1}{34} \times 10\right) + \left(\frac{4}{34} \times 20\right) + \left(\frac{8}{34} \times 40\right) = \frac{(21 \times 90) + (1 \times 10) + (4 \times 20) + (8 \times 40)}{34}$$

$$= \frac{1,890 + 10 + 80 + 320}{34} = 67.647.... \fallingdotseq 68$$

$$Y = \frac{(21 \times 70) + (1 \times 80) + (4 \times 20) + (8 \times 50)}{34} = \frac{1,470 + 80 + 80 + 400}{34} = 59.705... \fallingdotseq 60$$

21 단일물품을 생산하는 A 회사는 신규 물류센터에 대한 두 가지 운영방식을 검토하고 있다. 첫째는 수요지 인근에 단일 대규모 물류센터를 운영하는 집중형 방식이고, 둘째는 각 수요지별로 소규모 물류센터를 운영하는 분산형 방식이다. 동일한 여건에서 운영된다고 가정할 때 두 가지 운영방식의 비교에 관한 설명으로 옳지 않은 것은? ◎ 17회

① 집중형 방식이 생산지에서 수요지까지의 총운송비용이 적다.

② 분산형 방식이 고객과의 거리가 가까워 고객요구 대응이 유리하다.

③ 분산형 방식이 물류센터의 총운영비용이 많다.

④ 물류센터별 고객서비스 수준이 동일하다면 분산형 방식의 안전재고 수준이 낮다.

⑤ 집중형 방식은 관리공간이 한 곳으로 집중되어 정보와 현품의 대응이 용이하다.

[해설] 물류센터별 고객서비스 수준이 동일하다면 분산형 방식일 경우, 관리해야 할 거점수가 늘어나므로 총체적인 목표서비스율을 달성하기 위해 각 창고는 더 많은 안전재고를 갖추어야만 한다.

22 물류센터의 입지결정을 위한 방법에 관한 설명으로 옳지 않은 것은? ◎ 17회

① 총비용 비교법은 대안별로 투자금액과 물류비용, 관리비용을 산출하고 총비용이 최소가 되는 대안을 선택하는 방법이다.

② 톤·킬로법은 일정한 물동량(입고량 또는 출고량)의 고정비와 변동비를 산출하고 그 합을 비교하여 물동량에 따른 총비용이 최소가 되는 대안을 선택하는 방법이다.

③ 무게중심법은 물류센터를 기준으로 고정된 공급지(공장 등)에서 물류센터까지의 수송비와 물류센터에서 수요지(각 지점, 배송처 등)까지의 수송비를 구하여 그 합이 최소가 되는 장소를 입지로 선택하는 방법이다.

④ 요소분석법은 고려하고 있는 입지요인(접근성, 지역 환경, 노동력, 환경성 등)에 주관적으로 가중치를 설정하여 각 요인의 평가점수를 합산하는 방법이다.

⑤ 브라운 & 깁슨(Brown & Gibson)법은 입지결정에 있어서 양적 요인과 질적 요인을 함께 고려할 수 있도록 평가기준을 필수적 기준, 객관적 기준, 주관적 기준으로 구분하여 평가하는 방법이다.

정답 **21** ④ **22** ②

ಠెీ

해설 ② 손익분기 도표법(분석법)에 대한 설명이다.
톤·킬로법은 각 수요지에서 물류단지까지의 거리와 각 수요처까지의 운송량에 대하여 운송량(단위 톤)×거리(km)에 의해서 평가하고 그 총계가 가장 적은 곳에 물류단지를 설치하는 방법이다.

23 다음 중 물류센터 입지결정을 위한 의사결정 수립절차로 가장 알맞은 것은?

① 전략대안 도출 – 필요성 인식 – 전략대안의 평가 – 입지 및 규모의 결정
② 필요성 인식 – 전략대안의 도출 – 전략대안의 평가 – 입지 및 규모의 결정
③ 전략대안 도출 – 전략대안의 평가 – 입지 및 규모의 결정 – 필요성 인식
④ 필요성 인식 – 전략대안의 평가 – 전략대안 도출 – 입지 및 규모의 결정
⑤ 입지 및 규모의 결정 – 전략대안의 평가 – 전략대안 도출 – 필요성 인식

해설 ②의 절차가 물류센터 입지결정을 위한 올바른 의사결정 수립절차이다.

24 물류센터의 설계 시 입지선정을 위한 고려사항으로 옳지 않은 것은? ✓ 12회

① 물류센터의 입지선정을 위해서는 운송비를 고려하여 비용이 최소화되는 위치를 후보지로 삼는다.
② 물류센터의 입지선정을 위해서는 물동량을 분석해야 한다.
③ 물류센터의 입지선정을 위해서는 시장을 형성하는 고객의 형태를 고려하여 불특정 다수 고객형과 특정 고객형으로 구분하여 의사결정에 반영한다.
④ 물류센터의 입지선정을 위해서는 자산가치의 상승가능성은 고려할 필요가 없다.
⑤ 물류센터의 입지선정을 위해서는 R(Route)분석을 실시한다.

해설 자산가치의 상승도 고려하여 입지를 선정해야 한다. 다만, 가치 상승에 집착하여 대도시에 가까운 곳에 위치하면 배송비는 줄어들지만 토지 매입비용이나 고정비가 많이 소요됨을 인지해야 한다.

25 배송센터 계획 시 고려해야 할 사항에 해당하지 않는 것은? ✓ 11회

① 배송센터의 목표는 고객주문 충족률을 일정 수준 이상으로 유지하는 것이다.
② 교통사정을 검토하여 입지를 선정하여야 한다.
③ 취급상품의 특성이 생산입지형과 소비입지형 중 어느 쪽이냐를 고려하여 입지를 결정하여야 한다.
④ 종업원의 지속적 충원이 가능한가를 고려하여 입지를 결정하여야 한다.
⑤ 제조공장에 근접하도록 입지를 결정하여 수송비를 최소화하여야 한다.

정답 **23** ② **24** ④ **25** ⑤

> **해설** 우선 일반적으로 배송센터는 공장보다는 소비지에 가깝도록 입지하며, 이에 따라 배송비를 최소화하여 총 운송비용을 감소하도록 하는 경향이 크다.

26 물류센터의 입지를 각 수요지에서 배송센터까지의 거리와 각 수요지까지의 운송량에 대하여 "운송량 × 운송거리"의 총합이 가장 적은 곳으로 선정하는 방법은?

① 총비용비교법
② 손익분기 도표법
③ 톤·킬로법
④ 요인평정법
⑤ 시뮬레이션

> **해설** 해당 입지선정기법은 거리요소와 부하요소를 결합하여 분석하는 거리·부하법의 하나인 톤·킬로법이며, Load·Distance(LD)법이라고도 불린다.

27 창고의 위치결정 요인 및 분석기법에 대한 설명 중 사실과 다른 것은?

① 창고의 위치는 원칙적으로 항만, 간선도로, 철도 등과 연계되어 있어 화물인수처에 가까운 곳과 지가가 싼 곳 등이 바람직하다.
② 창고입지의 다섯 가지 요인은 P(화물 : Material or Product), Q(수량 : Quantity), R(경로 : Route), S(서비스 : Service), T(시간 : Time)이다.
③ P – Q분석은 화물이 어느 정도의 양으로 흐르고 있는가에 대한 물류유형 분석기법으로서 대개 파레토 법칙을 이용하여 분석한다.
④ R분석에서 물(物)의 범위에 속하는 분석요소는 중량, 개수, 용적, 시간, 건수 등이며, 양(量)의 범위에 속하는 분석요소는 품종, 하자, 단위중량, 단위용적 등이다.
⑤ S – T분석은 주부문인 제조와 판매부문을 효율성 있게 가동시키기 위하여 보조부문이 어떠한 기능을 갖추어야 하는지를 과거와 현재의 실상을 면밀히 분석한 후 결정하는 기법을 의미한다.

> **해설** 물의 범위에 속하는 분석요소와 양의 범위에 속하는 분석요소를 바꾸어 열거하였다.

28 물류센터 입지선정 시 고려사항에 관한 설명으로 옳지 않은 것은? ✅ 19회

① 유통물류센터의 입지를 선정할 때, 각 운송수단에 대한 운송비를 고려하여야 한다.

② 유통물류센터의 입지를 선정할 때, 고객의 지역적 분포, 시장의 크기 등을 고려하여 물류센터의 입지를 선정하여야 한다.

③ 조달물류센터의 입지를 선정할 때, 물자의 흐름을 중심으로 공장 전체의 합리적 레이아웃을 기준으로 결정되어야 한다.

④ 조달물류센터의 입지를 선정할 때, 토지가격만을 고려하여 외곽지역에 입지를 결정하여야 한다.

⑤ 유통물류센터의 입지를 선정할 때, 교통의 편리성, 경쟁사 물류거점의 위치, 관계법규, 투자 및 운영비용 등의 요소를 종합적으로 고려하여야 한다.

[해설] 물류센터의 입지를 선정할 때는 토지가격(지가)뿐만 아니라 운송비도 함께 고려되어야 한다.

29 새로운 물류센터를 건설하고자 한다. 다음 그림에서 A, B는 화물의 공급지로 공급량은 각각 100톤/월, 400톤/월이며, C, D는 수요지로 수요량은 각각 200톤/월, 300톤/월이다. 무게중심법에 의한 신규 물류센터의 최적 입지좌표(X, Y)는? ✅ 19회

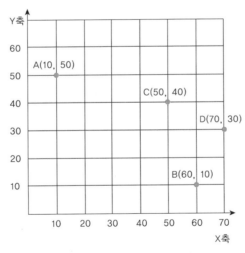

① (56, 26) ② (56, 32)

③ (61, 26) ④ (61, 32)

⑤ (62, 32)

[해설] 무게중심법에 의한 새로운 X좌표 = Σ(각 지역의 가중치 × 각 지역의 X좌표)
무게중심법에 의한 새로운 Y좌표 = Σ(각 지역의 가중치 × 각 지역의 Y좌표)

구 분	위치좌표(X, Y)	수요량(Ton)	가중치
A 공급지	(10, 50)	100	$\dfrac{100}{1,000} = \dfrac{1}{10}$
B 공급지	(60, 10)	400	$\dfrac{4}{10}$
C 수요지	(50, 40)	200	$\dfrac{2}{10}$
D 수요지	(70, 30)	300	$\dfrac{3}{10}$
	총수요량	1,000	

$$X = \frac{(1 \times 10) + (4 \times 60) + (2 \times 50) + (3 \times 70)}{10} = \frac{10 + 240 + 100 + 210}{10} = 56$$

$$Y = \frac{(1 \times 50) + (4 \times 10) + (2 \times 40) + (3 \times 30)}{10} = \frac{50 + 40 + 80 + 90}{10} = 26$$

30 새로운 보관시설의 입지를 결정하려는데 다음과 같은 데이터를 활용한다. 무게중심법에 따른 적합한 입지장소는? (단, 소수점 이하 반올림한다.) ✅ 16회

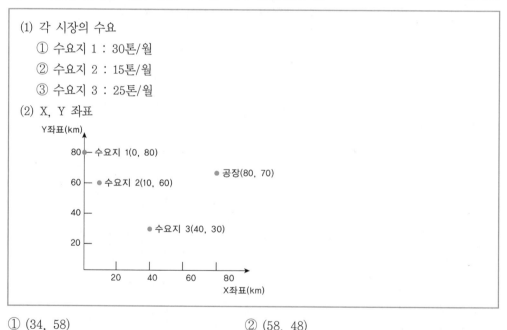

(1) 각 시장의 수요
  ① 수요지 1 : 30톤/월
  ② 수요지 2 : 15톤/월
  ③ 수요지 3 : 25톤/월
(2) X, Y 좌표

Y좌표(km)
80 — 수요지 1(0, 80)
60 — 수요지 2(10, 60)   ● 공장(80, 70)
40
20   ● 수요지 3(40, 30)
20 40 60 80   X좌표(km)

① (34, 58)   ② (58, 48)
③ (64, 58)   ④ (48, 64)
⑤ (34, 64)

정답 **30** ④

해설 무게중심법에 의한 새로운 X좌표 = $\sum$(각 지역의 가중치 $\times$ 각 지역의 X좌표)

무게중심법에 의한 새로운 Y좌표 = $\sum$(각 지역의 가중치 $\times$ 각 지역의 Y좌표)

• 본 문제 유형의 특이사항은 공장의 물동량을 주지 않더라도 수요지의 모든 물동량은 공장에서 생산되어 유통된 것이기에 모든 수요지의 물동량의 총합이 공장의 물동량이 됨을 기억한다.

구 분	위치좌표(X, Y)	수요량(Ton)	가중치
수요지 1	(0, 80)	30	$\frac{30}{140}$
수요지 2	(10, 60)	15	$\frac{15}{140}$
수요지 3	(40, 30)	25	$\frac{25}{140}$
공 장	(80, 70)	30 + 15 + 25 = 70	$\frac{70}{140}$
	총수요량	140	

$$X = (\frac{30}{140} \times 0) + (\frac{15}{140} \times 10) + (\frac{25}{140} \times 40) + (\frac{70}{140} \times 80) = \frac{0 + 150 + 1,000 + 5,600}{140} = 48.214 \cdots \fallingdotseq 48$$

$$Y = (\frac{30}{140} \times 80) + (\frac{15}{140} \times 60) + (\frac{25}{140} \times 30) + (\frac{70}{140} \times 70) = \frac{2,400 + 900 + 750 + 4,900}{140} = 63.928 \cdots \fallingdotseq 64$$

31 서울, 대전, 부산에 수요지를 가진 X회사가 두 곳의 입지 중 한 곳에 물류센터를 건설할 계획이다. 서울의 수송량이 500톤/월, 대전의 수송량이 300톤/월, 부산의 수송량이 200톤/월이고 거리 및 톤 · 킬로(ton-km)당 수송비가 다음과 같을 때, 거리 및 수송량을 고려한 최적 입지와 총수송비용으로 옳은 것은? ✔ 19회

입지 \ 수요지	서울		대전		부산	
	거리(km)	수송비(원)	거리(km)	수송비(원)	거리(km)	수송비(원)
A	250	1.0	40	1.5	300	1.0
B	300	2.0	100	1.0	80	2.0

① A - 177,500원

② A - 203,000원

③ A - 362,000원

④ B - 203,000원

⑤ B - 362,000원

해설 톤 · 킬로, 거리 · 부하, Load · Distance기법으로 부하요소와 거리요소를 곱하여 그 총합을 가장 적게 발생시키는 입지를 선정한다.

- 입지 A의 총비용
  = [500톤 × (250km × 1.0원)] + [300톤 × (40km × 1.5원)] + [200톤 × (300km × 1.0원)] = 203,000원
- 입지 B의 총비용
  = [500톤 × (300km × 2.0원)] + [300톤 × (100km × 1.0원)] + [200톤 × (80km × 2.0원)] = 362,000원

따라서 가장 적은 총비용을 소요하는 "입지 A"를 선정하고 이때 총수송비용은 203,000원이 된다.

32 다음은 물류단지 입지선정을 위한 지역별 물류 관련 비용에 관한 자료이다. 이에 대한 설명으로 옳은 것은? ✅ 14회

(단위 : 천원)

구 분		A지역	B지역	C지역
고정비	연간 자본비용	4,000	5,000	3,600
	연간 연료·동력비	100	200	250
	연간 수용비	20	50	50
	연간 세금	230	250	250
	소 계	4,350	5,500	4,150
변동비	톤당 하역비	30	40	30
	톤당 재고비	60	70	70
	톤당 수송비	10	20	20
	소 계	100	130	120

① 연간 물동량이 10톤인 경우 총비용 면에서 가장 유리한 물류단지는 B지역이다.

② 연간 물동량이 50톤인 경우 총비용 면에서 가장 유리한 물류단지는 C지역이다.

③ 연간 물동량이 100톤 이상으로 증가할 경우 총비용 면에서 가장 유리한 물류단지는 B지역이다.

④ 총비용을 산출할 때 연간 물동량이 많아질수록 중요하게 고려해야 할 것은 고정비 부분이다.

⑤ 연간 물동량이 계속 증가한다고 예측되는 경우 총비용 면에서 가장 유리한 물류단지는 A지역이다.

해설 각 지역의 총비용 산식을 완성하고 주어진 조건에 맞추어 계산한 후, 최소 비용이 도출되는 지역을 선정한다.

- A지역 총비용 = $4,350 + 100x$
- B지역 총비용 = $5,500 + 130x$
- C지역 총비용 = $4,150 + 120x$

정답 **32** ⑤

① 만약 물동량 $x = 10$일 경우

> - A지역 총비용 $= 4,350 + 100 \cdot 10 = 5,350$ ➡ 총비용 최소화되는 최적입지
> - B지역 총비용 $= 5,500 + 130 \cdot 10 = 6,800$
> - C지역 총비용 $= 4,150 + 120 \cdot 10 = 5,350$

② 만약 물동량 $x = 50$일 경우

> - A지역 총비용 $= 4,350 + 100 \cdot 50 = 9,350$ ➡ 총비용 최소화되는 최적입지
> - B지역 총비용 $= 5,500 + 130 \cdot 50 = 12,000$
> - C지역 총비용 $= 4,150 + 120 \cdot 50 = 10,150$

③ 만약 물동량 $x = 100$일 경우

> - A지역 총비용 $= 4,350 + 100 \cdot 100 = 14,350$ ➡ 총비용 최소화되는 최적입지
> - B지역 총비용 $= 5,500 + 130 \cdot 100 = 18,500$
> - C지역 총비용 $= 4,150 + 120 \cdot 100 = 16,150$

④ 연간 물동량이 많아질수록 중요하게 고려해야 할 것은 "변동비" 부분이다.

⑤ 총비용 산식을 연립방정식으로 풀어 보면,

A지역은 B지역대비 -38톤 미만일 때를 제외하고, 즉 늘 A지역이 총비용 면에서 유리하다.

A지역은 C지역대비 10톤 미만일 때를 제외하고는 총비용 면에서 항상 유리하다.

따라서 물동량에 지속적으로 늘어날 때 본 조건에서는 늘 A지역이 총비용 면에서 유리하다.

33 보관하역시설계획과 관련하여 의사결정마디 (B)에서 B1을 선택할 경우의 기대수익은 얼마인가?

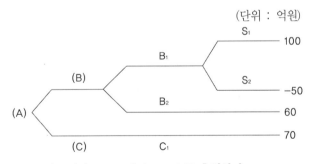

※ 단, $P(S_1) = 0.4$, $P(S_2) = 0.6$으로 추정한다.

① 40억

② 30억

③ 10억

④ −30억

⑤ 20억

정답 **33** ③

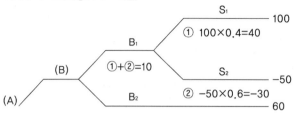

> **해설** 기대수익 = ∑(예상이익 × 확률)

34 물류단지의 입지선정을 위해 어떤 물량이 어느 경로로 흐르고 있는가를 과거에서부터 현재까지의 경향을 파악하는 분석기법은? ✅ 14회

① P – Q분석
② R분석
③ SWOT분석
④ ABC분석
⑤ S – T분석

> **해설** 어느 경로(Route)로 흐르고 있는가를 과거에서부터 현재까지 경향을 파악하는 분석기법은 R분석이다.

35 물류단지에 관한 설명으로 옳지 않은 것은? ✅ 14회

① 물류단지에서 사용하는 자동인식 시스템의 대표적인 사례는 바코드, 무선 태그, RFID, 머신비전(Machine Vision) 등이다.
② 창고관리 시스템(WMS)은 물류단지 내의 업무와 정보를 총괄하며 설비제어 시스템을 통제하는 물류단지의 핵심기능이다.
③ 물류단지에 필요한 기본설비는 입출고장, 입출고 설비 및 기계, 보관 관련 설비, 하역용 기기 및 비품, 사무실, 후생시설 등이다.
④ 물류단지의 입지선정 방법은 총비용비교법, 손익분기도표법, EOQ 모형 등이다.
⑤ 물류단지 시스템 기본설계항목은 입지선정, 시설배치, 격납구분, 시스템 흐름(Flow)과 매뉴얼 작성 등이다.

> **해설** EOQ 모형은 입지선정방법이 아니라 재고관리를 위한 재고모형 중에 하나인 경제적 주문수량 모델이다.

36 다음에서 설명한 물류센터 입지결정의 방법은? ✅ 20회

> 양적 요인과 질적 요인을 모두 고려할 수 있도록 평가기준을 필수적 기준, 객관적 기준, 주관적 기준으로 구분하여 입지평가지표를 계산 후 평가하는 방법이다.

① 총비용 비교법
② 톤-킬로법
③ 브라운 & 깁슨법
④ 무게중심법
⑤ 요소분석법

해설 ③ 브라운 & 깁슨(Brown & Gibson)법은 입지에 영향을 주는 인자들을 필수적 요인(인력 확보, 지역사회 호응도, 교통편리성 등), 객관적 요인(원자재, 판촉비, 인건비, 건축비, 세금 등), 주관적 요인(공단지역, 기후, 교육환경, 노조문제 등)을 고려하여 반영비율에 의한 입지평가지표를 계산하여 입지를 결정하는 기법이다.

37 '갑'회사의 물류거점시설 작업동선의 효율성 제고를 위하여 다음과 같은 조건을 파악하였다. 향후 물량증가가 없다고 가정할 때, 트럭 도크는 몇 개가 필요한가? ✅ 13회

> • 연간 트럭 출입대수 : 10,000대
> • 안전계수 : 30%
> • 연간 도크당 작업시간 : 3,000시간
> • 1일 대당 작업시간 : 6시간

① 18개
② 22개
③ 24개
④ 26개
⑤ 28개

해설
$$소요 도크 수 = \frac{총\ 처리대상\ 물동량(양,\ 시간)}{도크\ 1개의\ 단위처리능력(양,\ 시간)} = \frac{10,000대 \times 6시간 \times (1+0.3)}{3,000시간} = 26개$$

38 어느 창고의 1일 운영시간은 10시간이고, 1일 입고 화물량은 2,000톤이라고 한다. 트럭 1대의 적재용량은 10톤이고 화물하역에 30분이 소요된다고 하면, 이 창고의 도크에는 동시에 몇 대의 트럭을 수용해야 하는가?

① 5대
② 10대
③ 15대
④ 20대
⑤ 25대

정답 36 ③ 37 ④ 38 ②

129

해설 소요 트럭 수 = $\dfrac{\text{총 처리대상 물동량(양, 시간)}}{\text{트럭 1대의 단위처리능력(양, 시간)}} = \dfrac{2,000톤 \times 0.5시간(30분)}{10톤 \times 10시간} = 10대$

39 아래와 같은 조건일 때 요구되는 트럭 도크(Dock)의 수는? ✅ 16회

> • 월간 트럭 출입대수 : 2,000대
> • 월간 작업일수 : 20일(단, 1일 작업시간은 평균 10시간이며, 향후 물동량 증가는 고려하지 않음.)
> • 1일 트럭당 작업시간 : 4시간
> • 안전계수 : 0.2

① 40개 ② 44개
③ 48개 ④ 52개
⑤ 56개

해설 소요 도크 수 = $\dfrac{\text{총 처리대상 물동량(양, 시간)}}{\text{도크 1개의 단위처리능력(양, 시간)}} = \dfrac{2,000대 \times 4시간 \times (1+0.2)}{20일 \times 10시간} = 48개$

40 다음 ( ) 안에 들어갈 말을 알맞게 짝지은 것은?

> 입고구와 출고구가 달라서 입고되는 물품이 일방통행으로 창고 내를 이동하여 출구에서 반출되는 방식을 (㉠), 입고구와 출고구가 동일하거나 또는 동일한 방향에 있어서 보관물품은 보관 후 입고방향과 반대방향의 흐름으로 출고되는 방식을 (㉡)이라 한다.

① ㉠ One Way 방식, ㉡ L형 방식
② ㉠ One Way 방식, ㉡ U – Turn 방식
③ ㉠ U – Turn 방식, ㉡ One Way 방식
④ ㉠ U – Turn 방식, ㉡ L형 방식
⑤ ㉠ L형 방식, ㉡ One Way 방식

해설 One Way(I자형)은 흐름이 향상되고 저장면적은 줄어들고 반면에 U – Turn(U형)은 저장면적은 증대되나 흐름이 저해되는 단점을 갖고 있다.

정답 39 ③ 40 ②

41 물류시설 투자타당성 분석에 관한 설명으로 옳지 않은 것은? ✅ 19회

① 물류시설 투자타당성 분석에서 편익은 운송비용 절감, 보관·하역비용 절감 등이며, 비용은 토지구입비, 건설비, 운영 및 유지관리비 등으로 볼 수 있다.

② 순현재가치(NPV : Net Present Value)는 사업의 경제성을 평가하는 척도 중 하나로 현재가치로 환산된 장래의 연차별 기대현금유입의 합계에서 현재가치로 환산된 장래의 연차별 기대현금유출의 합계를 뺀 값을 의미한다.

③ 투자이익률(ROI : Return On Investment)은 순이익을 투자액으로 나눈 것으로 투자이익률이 클수록 높은 투자타당성을 갖는다.

④ 비용/편익비(B/C : Benefit/Cost ratio)는 편익을 비용으로 나눈 비율을 뜻하며 비용/편익비가 클수록 높은 투자타당성을 갖는다.

⑤ 내부수익률(IRR : Internal Rate of Return)은 기대현금유입과 기대현금유출의 현재가치 합계가 동일하게 되는 수준의 할인율을 의미하며, 낮은 내부수익률이 산출되는 대안일수록 수익성이 좋다고 판단할 수 있다.

[해설] 높은 내부수익률이 산출되는 대안일수록 수익성이 좋다고 판단할 수 있다.

42 C회사는 5개의 부서로 구성되어 있으며, 총 네 종류의 제품을 취급하고 있다. 각 제품은 특정한 순서를 따라 각 부서 사이를 이동하며, 운반의 난이도는 같다. 일일 이동량과 제품들의 부서 간 이동순서가 아래와 같을 때, 다음 설명 중 옳은 것은?

제품종류	일일 이동량	부서 간 이동순서
제품 1	20단위	A → C → B → D → E
제품 2	10단위	B → A → E → C → D
제품 3	5단위	A → B → D → E
제품 4	1단위	A → C → D → B → E

① 부서 A에서 부서 C로의 일일 이동량은 20단위이다.

② 부서 B에서 부서 D로의 일일 이동량은 30단위이다.

③ 부서 C에서 부서 D로의 일일 이동량은 11단위이다.

④ 부서 D에서 부서 E로의 일일 이동량은 26단위이다.

⑤ 부서 E에서 부서 C로의 일일 이동량은 20단위이다.

[해설] C에서 D로의 이동은 제품 2의 10단위, 제품 4의 1단위로 모두 11단위이다.
제품 1과 같이 C에서 B를 거쳐 D로 가는 경우는 산정하지 않는다.

정답 **41** ⑤ **42** ③

43 다음은 '을'회사에서 창고용량의 결정 및 내부설계를 위하여 창고의 용적을 조사·분석한 결과에 대한 설명이다. 적절하지 않은 것은?

총용적			
사용용적			높이로스
랙용적		통로용적	
실질용적	랙공간로스		

높이로스 30%, 통로용적 35%, 실질용적 25%, 랙공간로스 10%

① 총용적에서 전체로스는 40%를 차지하고 있다.

② 랙용적은 실질용적과 랙공간로스(LOSS)로 구성되어 있으며 35%를 차지하고 있다.

③ 총용적은 랙용적, 통로용적, 높이로스(LOSS)로 구성되어 있으며 높이로스의 비율이 가장 낮다.

④ 실질용적은 총용적에서 높이로스, 통로용적, 랙공간로스를 제외한 용적을 말하며 25%를 차지하고 있다.

⑤ 사용용적은 총용적에서 높이로스(LOSS)와 랙공간로스(LOSS)를 제외한 용적을 말하며 60%를 차지하고 있다.

> **해설** 사용용적은 총용적에서 높이로스만을 제외한 용적을 말하며 높이로스 30%를 제외한 70%가 된다.

정답 **43** ⑤

CHAPTER 04

창고보관 시스템의 운용

01 입화 시스템

창고에 입화(入貨)란 화물을 창고 내에 적입하는 작업으로 영업창고의 작업시간과 비용 가운데 입화(入貨)작업도 많은 시간이 소요되는 부문이다. 보통 유통창고에서는 작업시간의 경우 입화와 오더 피킹이 각각 35% 내외이고 출하가 25% 내외를 차지하고 있다. 따라서 입화작업을 능률적으로 실시하기 위해서는 기계화에 의한 인력작업을 최소화하여야 한다. 특히, 입화 시에는 입화설비 외에도 트럭에 입화설비를 부착하여 사용해야 하므로 영업용보다는 자가용이나 전용 트럭이 훨씬 효율적이다.

입화 시스템에는 입화된 화물의 임시보관, 검품 및 보관장소 등에 대한 사무능률화가 요구된다. 입화작업 시에는 물품의 명세를 나타내는 송장이 송부되어 오는데 이 경우 다음과 같은 2가지 방식으로 처리되며 양자 사이에는 사무처리 시간이 크게 달라지기 때문에 **물품취급과 사무처리작업의 능률화를 위해 온라인 방식의 도입이 필요**하다.

① 송장을 입화명세서로 재차 컴퓨터에 입력하는 방식
② 거래처의 온라인 시스템으로 자동입력이 되는 방식

02 오더 피킹 시스템

1 오더 피킹의 의의

(1) 오더 피킹의 개념

① 오더 피킹(Order Picking) : 저장 중에 있는 창고의 재고에서 거래처로부터 수주받은 물품을 주문별로 모아 출하하는 과정을 의미한다.

　㉠ 협의의 개념 : **보관장소에서 물품을 꺼내어 주문별로 집화하는 것**을 의미한다.

　㉡ 광의의 개념 : 이러한 협의의 개념에다 거래처의 정보에 기초한 서류의 흐름과 물품의 피킹, 정돈, 포장 및 배송지역별 상차까지 포함(출하도 포함)하는 것으로 해석된다.

② 오더 피킹은 정보의 흐름에서 생각하면 오더 프로세서(order process)의 흐름인 동시에 물류 측면에선 창고작업의 일환이라고 볼 수 있다. 따라서 현대의 오더 피킹의 개념은 단순한 정적인 예비저장(reserve storage)작업에서 활동적 저장(active storage)작업으로 변하고 있다.

③ 다품종 소량 출고작업이 많아지면서 유통창고의 작업시간 분석에 의하면 <u>30~40%가 **오더 피킹 작업**</u>에 투입되고 있으며, 직접 노무비도 약 40%를 점하고 있다. 따라서 피킹 자체의 기계화와 자동화에 의한 생력화를 통해 작업시간과 비용을 절감할 수 있을 뿐 아니라, 납기의 단축에 따른 고객서비스의 향상에 기여할 수 있다.

◀ 영업창고의 작업시간 및 노무비 비중 사례 ▶

작업시간	직접시간(%)	환산시간(%)	직접노무비(%)	총비용
창고 전체	100.00	100.00	100.0	100.0
입 하	23.38	33.01		
피 킹	25.09	35.22	37.9	11.5
출 하	16.51	23.52		
파손품 보충	5.84	8.25		
잡 무	10.87			
지 연	11.30			
휴 식	7.01			
Handling 및 보충			18.7	5.7

(2) 오더 피킹 시스템의 방법

오더 피킹 시스템의 방법은 다음과 같다.[1]

① 일반분류

  ㉠ 인력에 의한 방법 : 사람이 걸어서 또는 운반기기에 탑승하고서 피킹하는 방법으로 다품종 소량 피킹에 많이 이용하는 방법이지만 찾는 시간, 찾아오는 시간, 꺼내는 시간 등 시간손실이 많아 불편한 방법이다.

  ◉TIP 효율화 방안

    • 단위공간 번호(location no.)를 부여, 품명 대신 이 번호를 검색 – 위치표시
    • 각 선반에서 피킹할 때는 컴퓨터를 이용하여 이동거리를 최소화하는 경로를 계산하여 피킹
    • 넓은 거리를 단축할 수 있는 차량을 이용
    • 입체 고층창고에서는 크레인이나 포크리프트를 이용

---

1) 생산성본부, 『물류관리매뉴얼』, pp.289~292.

ⓛ 물품을 피커(Picker)의 위치에 갖고 오게 하는 방법 : 회전선반(Carrousel)[2]이나 **미니 로드 시스템**(Mini Load System)같은 기계를 사용하여 피커까지 이동시키는 방법으로 피킹된 물품이 피커(picker)까지 오는 시간과 피커가 골라내는 데 많은 시간이 소요된다. 따라서 시간손실을 최소화하는 방법으로서 회전선반을 한 사람이 2~3대씩 담당하게 하는 방법을 사용하고 있다(STO : Stock to Operator). = GTP(Goods to Person)

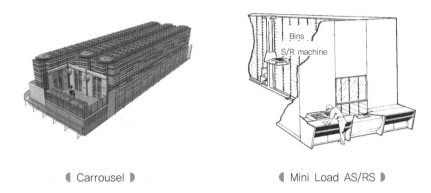

◀ Carrousel ▶　　　　　　◀ Mini Load AS/RS ▶

② **주문형태별 분류** 　🖊기출 7회, 10회, 11회, 13회, 14회, 15회, 16회, 17회, 25회

ⓐ 1인 1건 피킹하는 방법(오더 단위) : 1인 피커가 한 오더의 주문전표에서 요구하는 모든 물품을 피킹하는 방법으로 1인당 건수가 적은 경우에는 문제없지만 건수가 많아지면 작업능률이 많이 떨어진다.

ⓑ 일정지역에서 피킹(Zone picking 또는 Group picking)하는 방법 : 릴레이 방법과 같이 여러 사람의 피커가 제각기 분담하는 단위공간의 작업범위를 정해두고 피킹전표 중에서 자기가 담당하는 선반의 물품만을 골라 피킹하는 방법으로 릴레이식으로 하는 방법과 나중에 그룹별로 집약(consolidation)하는 방법이 있다.

ⓒ 릴레이(Relay) 방법 : 여러 사람의 피커가 제각기 자기가 분담하는 품종(item)이나 단위공간(location)의 작업범위를 정해놓고 피킹전표 중에서 자기가 담당하는 종류만을 피킹하고 **다음 피커에게 릴레이식으로 넘겨주는** 방법이다. – 존 피킹방식과 구분하여 기억

ⓓ 싱글 오더 피킹(Single Order Picking) 방법 : 한 건의 주문마다 물품을 피킹해서 모으는 방법으로서, 1인 1건의 방식이나 릴레이 방식으로도 할 수 있다. 릴레이 대신 나중에 하나로 집계하는 집약방법을 이용하기도 한다.

ⓔ 일괄오더 피킹(Batch Order Picking) 방법 : 여러 건의 주문전표를 합쳐서 피킹하는 총량 피킹방식으로서, 여러 건을 합친 피킹전표의 물품종류 중에서 동일한 것이 많을 경우 동일한 것을 한 번에 피킹할 수 있기 때문에 유리하며 그 종류는 다음과 같다.

---

2) 캐로셀(Carrousel)이란 설비 자체가 화물의 저장 공간 및 회전하면서 작업자의 위치까지 화물을 이동시키는 컨베이어형의 회전 운반 이동기기를 의미한다.

ⓐ 1인이 전부 피킹하는 방법

ⓑ 여러 사람이 릴레이식으로 피킹하는 방법

ⓒ 그룹식으로 피킹하는 방법

ⓗ **총량 피킹방법**(일정시간 오더를 모아 일괄오더 피킹) : 한나절이나 하루의 주문전표를 모아 한꺼번에 피킹하는 방법으로서, 기본적으로 일괄오더 피킹방식과 같다. 미국에서는 30분 단위나 1시간 단위 정도로 일괄 피킹을 하는데 비해, 일본에서는 한나절이나 하루 단위로 일괄 피킹을 하고 있다.

ⓢ **적재방법과 파종방법**(씨뿌리기 방식) : 적재방법은 물품을 적재해 놓고 물품을 집어가는 방법이며, 파종방법은 고객별로 분류하는 방법이다. 이것은 일괄 피킹 중에서 같은 종류의 물품이 거의 모든 거래처에 보내지는 경우에 사용된다(따내기 방법과의 비교 ⁂빈출).

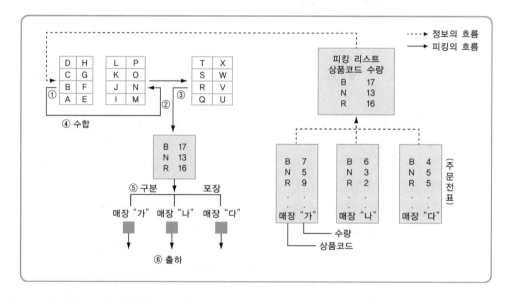

ⓐ 명확하게 ABC 구분이 잘된 품목에 효과가 높음.

ⓑ 고객의 전표 매수와 관계없이 해당 품목이 보관되어 있는 선반에 단 한 번 가서 일괄하여 피킹한 후 다음 공정에서 개별 오더(주문)별로 분류

ⓒ 총 피킹 이동거리가 짧아지는 장점, 최종적으로 재분류를 다시 해야 하는 단점

ⓓ **씨뿌리기 방식의 피킹순서** : 주문전표의 내용을 품목별로 합계하여 피킹리스트 작성 → 피킹리스트를 토대로 각 품목을 일괄하여 피킹 → 피킹한 물품을 정리 → 정리한 물품을 주문전표에 따라 다시 피킹하여 포장한 다음, 재분류

◎ 따내기 방법(집어내기 방식) 빈출

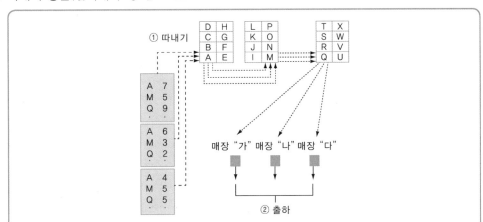

ⓐ 피킹건수를 ABC 분석하였을 때 피킹빈도의 분포특성이 한결같은 경우 유리

ⓑ 단골 거래처별 출하품목의 집중도가 없이 분산되어 있는 경우 유리

ⓒ 마지막 물품 피킹 후, 오더가 완료되어 재분류가 필요 없는 장점

ⓓ 집어내기 방식의 피킹순서 : 주문전표(거래처순) 품목을 창고 내 전 랙을 순회하면서 피킹 → 피킹을 하면서 동시에 골판지 상자나 버킷에 넣어 출하작업장으로 운반 → 출하작업장에서 검품을 한 후 출하

㋑ 어소트(Assort) 방법 : 파종방법에서와 같이 같은 종류의 물품을 거래처별로 배분하는 방식으로서 **고속자동분류 컨베이어를 이용**해서 일괄 피킹한 물품을 고객별로 분류하는 방식이다.

💡TIP 통로 내 오더피킹과 통로 끝 오더피킹 기출 25회

- 통로 내 오더피킹(차량탑승피킹) : 작업자가 스태커 크레인에 탑승하고 입출고 지점을 출발하여 주문품을 정해진 순서에 출고 후 다시 입출고점으로 돌아오는 방식
- 통로 끝 오더피킹 : 제품들이 작업자에게 자동으로 이송되며 작업자는 작업대에서 주문에 맞추어 피킹 작업만을 수행하는 방식

(3) IQ법과 IQ곡선

① 의의 : 창고에서 취급하는 물품의 종류와 수량을 각각 I(item)와 Q(quantity)로 나타내고 I와 Q의 관계로부터 창고의 성격을 파악해야 한다. IQ곡선은 IQ관계를 그래프로 나타낸 것으로서 물류 시스템은 항시 어떤 종류(I)의 물품이 어느 정도의 수량(Q)만큼 흐를 것인가를 분석하는 것이기 때문에 IQ법을 사용하여 창고에서 취급하는 물품의 종류와 종류마다 출하하는 수량을 그래프로 작성하게 된다.[3]

---

3) 김회동, 전게서, 1991. 6, pp.113~115.

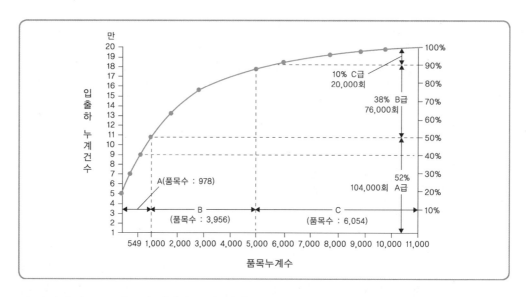

이 곡선의 용도는 창고의 성격과 오더 피킹 시스템을 결정하고 물류기기의 선정과 시스템의 체크를 가능하게 한다.

② IQ곡선에 의한 업종별 창고의 추정사례

◀ IQ곡선의 사례 ▶

구 분	A	B	C
특 성	소품종 대량 출하물	상품종류 많고, 품종별 수량이 비교적 많음.	상품종류가 매우 많고 각 품종별 출하량 적음.
품종수	10% 이내	20~40%	50~70%
누계물동량	40~60%	20~30%	10~20%
기계화 순서	1	2	3
대표품목	주류, 음료	식품, 의약품, 가전제품	약품, 화장품, 잡화상

㉠ A블록 : 1개월 출하종류가 1~100이거나 종류별 수량이 많은 소품종 대량출하 그룹(주류 및 음료 창고)

㉡ B블록 : 상품종류가 100~500으로 비교적 많고 종류별 수량도 비교적 많은 그룹(식품류, 의약품, 가전제품 창고)

㉢ C블록 : 상품종류가 500~1,000 이상으로 아주 많지만 종류별 출하는 비교적 적은 그룹(약 품과 화장품 도매상, 잡화상과 백화점 등의 배송센터 그리고 트럭 터미널)

(4) 오더 피킹의 생산성 향상방안

최근에 창고작업 중 가장 생산성이 요구되는 부분이 오더 피킹부문으로 그 이유는 다음과 같다.

> ㉠ 창고작업 중 "**오더 피킹**"에 <u>가장 많은 비용이 투입</u>(창고운영비의 약 63%)
> ㉡ 오더 피킹 작업관리의 어려움[4]
> ㉢ 품질이나 고객서비스의 향상

이에 따라 제품손상의 최소화, 처리시간의 단축 및 피킹의 정확도 향상이라는 측면에서 오더 피킹 시스템 자체를 재검토해야 할 필요성이 증대되었다.

① 기존 접근법의 연구 : 기존 접근법의 연구(FRP ; **Forward/Reserve** Problem)에 대한 전형적 접근법은 모든 SKU(Stock Keeping Unit)에다 포워드 지역 내 공간을 할당하는 방법이다.

　㉠ **동일 공간법**(Equal Space Approach) : 모든 SKU에 동일한 포워드 공간을 할당하는 방식 이다.

　㉡ **동일 기간 공급공간법** : SKU에게 일정 기간 동안의 공급량을 보관할 수 있는 공간을 할당하는 것으로, 예를 들면 1주일분의 공급량을 보관할 수 있는 공간을 각 SKU에다 배정하는 방법이다.

　그러나 이러한 방법은 **포워드**[5]와 **리저브**[6] 지역의 설계와 관리를 용이하게 한다는 장점은 있으나, 각 SKU의 프로파일(profile)을 무시함으로써 오더 피킹과 보충비용을 절감할 기회를 상실하는 단점이 있다.

② **지능재고할당법** : 지능재고할당법(ISAP ; Intelligent Stock Assignment Planning)에 의한 최신기법을 동원하여 창고비용과 처리시간을 단축하려면 그 절차는 다음과 같다.[7]

　㉠ **1단계** : 창고 활동성 프로파일(각 SKU의 연간 수요량과 단위당 보관부피를 기록)을 위한 자료 분석

　㉡ **2단계** : 활동성 프로파일, 창고 레이아웃, 포장과 보충정책, 점유지수(OI ; Occupancy Index)에 기초한 피킹과 보충생산성 계산

　㉢ **3단계** : FRPS(Forward/Reserve Problem Solver)의 실행[8]

---

4) 이는 주로 Just in Time 방식과 생산주기 단축 등 혁신적인 생산방식의 도입 그리고 마이크로 마케팅과 메가브랜드 전략 등의 새로운 마케팅 프로그램이 실시되고 있기 때문이다.

5) Forward Picking Area : 출고예정재고 보관구역

6) Reserve Picking Area : 비축재고 보관구역

7) 박재원, "실무자를 위한 혁신적 로지스틱스 지침,"『물류시대』, 1991. 3, pp.44~49 ; E.H. Frazelle, Stock Location Assignment and Oder Picking Productivity, The Doctoral Thesis of G.I.T., 1989 (Annual Conference Procceding of APDMA).

8) FRPS는 포워드 지역 내에 위치를 할당할 SKU와 그 수량을 결정하기 위해 수학적 기법을 사용하며 그 결과 WPR(Warehouse Productivity Report)을 생성하게 되었다. WPR은 보통 ㉠ 포워드와 리저브 지역으로부터의 총피킹 건수, ㉡ 포워드 지역에 할당된 SKU의 백분율(%), ㉢ 보충건수, ㉣ 포장과 보충 관련 총인건비, ㉤ 점유지수(Occupancy Index) 향상의 경제적 영향 등을 포함한다.

ㄹ 4단계 : 가장 비효율적인 OI를 결정하기 위해 2~3단계가 반복

ㅁ 5단계 : SLPAS(재고할당문제 해결)를 실행

③ **통합창고설계법** : 이상에서 지능재고할당법(ISAP)은 오더 피킹과 보충의 생산성 향상을 실현하고 비용을 절감할 수 있다. 특히, ISAP는 2개 이상의 장소에서 피킹이 이루어지는 경우에도 적용이 가능하므로 통합창고설계(IWD ; Integrated Warehouse Design)에도 사용할 수 있다.

> ⏱ **핵심포인트**
>
> **오더 피킹의 생산성 향상을 위한 열 가지 원칙**[9] ✏️기출 7회, 10회, 12회, 19회
> ① 가능한 한 **작업종류의 축소**
> ② 피킹 빈도가 높은 물품일수록 피커의 접근이 쉬운 장소에 저장(**회전대응보관의 원칙**)
> ③ 혼잡을 피하기 위해 피킹장소 간 피킹 활동을 조절
> ④ 보통 함께 피킹되는 경우가 많은 물품은 동일 또는 인접장소에 배치(**네트워크 보관의 원칙**)
> ⑤ 피킹의 지역을 포워드 지역(forward picking area), 오더에 의한 출고대기 구역과 리저브 지역(reserve picking area), 비축재고 저장구역으로 분리
> ⑥ 총 이동시간을 축소하기 위해 **오더(수주)를 통합**
> ⑦ 피킹 장소들의 **피킹 순서 결정**
> ⑧ 피킹의 오류를 최소화하기 위해 서류와 표시를 체계화
> ⑨ 분류시간과 오류 최소화를 위해 작업자 편의를 고려한 운반기기 선택 및 설계
> ⑩ 자사의 환경에 맞는 최적의 오더 피킹 설비의 선택

2 오더 피킹의 출고와 설비형태

오더 피킹 시스템은 창고에 따라 파렛트 단위, 케이스 단위 및 단품단위 또는 이들의 복합 형태로 이루어지고 있다. 오더 피킹은 출고형태에 따라 하역기기(적재기기와 운반기기)들 가운데 최적의 필요기기를 선택하는 것이 필요하다. 즉, 각각의 형태에 맞는 기기를 선정함으로써 시간적 손실을 감축하고 비용을 절감할 수 있다.

오더 피킹의 출고형태를 보면 다음과 같다.[10]

---

9) E. H. Frazelle, op. cit.

10) 한국생산성본부, 전게서, p.290.
   김회동, 전게서, 1991. 6, pp.115~119 ; 1991. 7, pp.66~74 ; 1991. 8, pp.114~121 ; 1991. 9, pp.112~119.

◀ 오더 피킹의 출고형태 ▶

형 태	보관단위	피킹단위	약식기호
1	파렛트	파렛트	P → P
2	파렛트	파렛트 + 케이스	P → P + C
3	파렛트	케이스	P → C
4	케이스	케이스	C → C
5	케이스	케이스 + 단품	C → C + B
6	케이스	단 품	C → B
7	단 품	단 품	B → B

㈜ P=파렛트, C=케이스, B=단품

(1) 제1형태 Ⅰ (P→P) 기출 21회

파렛트 단위로 보관하다가 파렛트 단위로 출고하는 패턴으로서 통상 파렛트 내에 적재되어 있는 화물은 동일 종류가 많다. 이 경우 보관을 위한 적재기기와 운반기기는 다음과 같다.

- 적재기기 : ㉠ 파렛트 랙, ㉡ 드라이브 인 랙(drive in rack), ㉢ 파렛트 이동선반, ㉣ 파렛트 슬라이딩 랙(sliding rack), ㉤ 파렛트 캐로셀(carrousel) 등
- 운반기기 : ㉠ 포크리프트, ㉡ 무인 포크리프트, ㉢ 터렛(turret) 포크리프트, ㉣ 스태커 크레인 (stacker crane), ㉤ 피킹 크레인 등

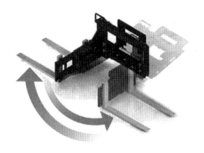 

◀ 터렛(Turret) 포크리프트 : 회전 포크를 장착하여 좁은 통로 운용(적재율 향상) ▶

이 형태의 적재방법은 다음과 같다.

① 평치(Floor Stack) 적재방법

㉠ 재고종류가 적고 수량이 많을 때 사용(예로서 맥주창고)하는 방법으로, 재고 Q/I가 클 때는

적합하지만 I가 많고 Q/I가 작게 되면 보관효율이 떨어지며, 또 Q/I가 크고 피킹 횟수(N)가 작을 때는 효율이 좋고 1회 피킹량이 작고 피킹횟수가 많을수록 효율은 저하한다.

    ⓛ 이 방법은 적재를 위한 특별한 설비 없이 파렛트나 상자를 바닥에 이중, 삼중으로 쌓아 놓는 형식으로, 포크리프트(표준형, 통로 폭이 좁고 회전반경이 적은 형, 좁은 통로 회전형, 고양정형)를 이용하여 하역하며, 포크리프트 수의 증가 시에는 교통문제를 해결하기 위해 일방통행 또는 무선 컨트롤이 필요하다.

② 파렛트 슬라이딩 랙(Sliding Rack)

    ㉠ 재고종류가 1~100 정도이고 수량이 많을 때 효율적이며 재고의 Q/I가 한 칸에 1~20 정도가 적당하고, Q/I가 20~60 정도일 때는 한 종류를 2~3칸에 보관할 수도 있다. 가장 이상적인 것은 1회 피킹이 1~5회 정도이고 출고빈도(N)가 많을 때 가장 효과적이다.

    ⓛ 이 방식은 랙의 구조를 경사지게 하고 선반에 롤러 컨베이어를 설치하여 파렛트를 뒤쪽에서 넣으면 컨베이어를 통해 낮은 앞쪽으로 이동되는 형으로서, **선입선출**(FIFO ; First In First Out)이 가능하고 종류가 다른 파렛트를 랙의 전면에 놓을 수 있어 **오더 피킹의 효율성이 제고**되며, 포크리프트용 **통로가 필요 없어** 피킹이 효율적이다.

◀ 파렛트 슬라이딩 랙 ▶

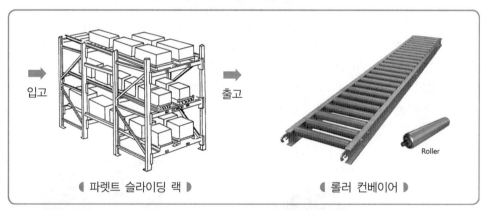

◀ 파렛트 슬라이딩 랙 ▶   **◀ 롤러 컨베이어 ▶**

③ 트랜스 로보시스템(Trans Robo System) : 재고종류가 1~100, Q/I가 1~20, 1회 피킹이 1~5로서 슬라이딩 랙과 같고, 보관 파렛트 밑을 세로로 주행하는 대차를 이용하는 방식이다. 이 시스템은 랙의 전면에 깊이방향과 직각방향으로 주행하는 별도의 대차가 있어 길이방향에서 운반되어 온 파렛트를 대차채로 싣고 랙의 앞쪽으로 운반하는 형태로서, 입고와 출고방향이 같으므로 선입후출이 된다. 슬라이딩 랙과 같이 파렛트가 흘러나오는 것이 아니고 새끼 대차가 그 열로 들어가 파렛트를 하나하나 들어내기 때문에 시간이 다소 소요되지만 1회 피킹횟수가 적을 때는 편리하다.

④ 드라이브 인 랙(Drive In Rack) / 드라이브 스루 랙(Drive Through Rack) ✎기출 22회, 23회

◀ 드라이브 인 랙 ▶

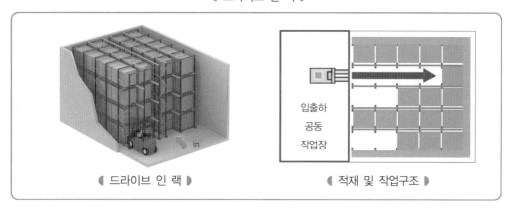

◀ 드라이브 인 랙 ▶   ◀ 적재 및 작업구조 ▶

한 열에 동일 종류의 물품을 보관하기 때문에 물품의 재고종류는 1~50, Q/I가 1~10으로서 슬라이딩 랙이나 트랜스 로보시스템보다 소규모 보관에 적합하다. 이 방식은 랙의 로드 빔을 제거하고 포크리프트가 랙 안으로 진입할 수 있도록 한 것으로, 깊이방향으로 여러 개의 파렛트를 보관할 수 있다.

㉠ **소품종 다량**의 제품, **회전율이 낮은** 제품, 계절적인 수요가 있는 화물
㉡ 랙 내에 가드레일 설치, 지게차와 랙의 충돌 방지

　　[장점] : 랙을 중심으로 앞쪽에 입출하 병용 작업장 뒤쪽은 창고 벽으로 **적재효율 향상**
　　[단점] : 화물의 **선입선출 불가(LIFO)**, **작업효율 감소**

◀ 드라이브 스루 랙 ▶

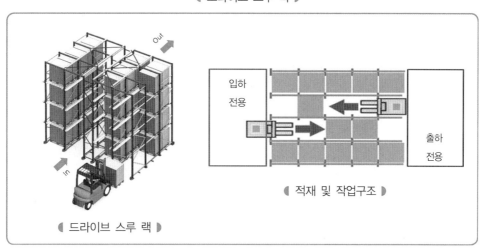

◀ 적재 및 작업구조 ▶

◀ 드라이브 스루 랙 ▶

드라이브 인 랙을 중심으로 앞쪽에는 입하전용 작업장이 뒤쪽은 출하전용 작업장이 별도로 존재하는 형태이다.

[장점] : 입출하 작업장 분리로 **작업효율 향상**, 화물흐름의 효율화와 **선입선출(FIFO)**을 지원
[단점] : 별도 작업장의 공간으로 **적재효율 감소**

⑤ 모빌 랙(Mobil Rack), 이동 랙

ㄱ 랙을 이동시키는 시간이 추가 소요되지만 Q/I와 1회 피킹이 큰 경우에 이용하는 형으로서, 상대적으로 랙 간의 이동횟수가 적어지기 때문에 편리한 방식이다. 그리고 다품종 보관이 가능하고 피킹효율도 비교적 우수하다.

ㄴ 이 형식은 파렛트 이동 랙 방식으로서 파렛트가 적재된 랙의 위치가 일정 장소에 고정되어 있지 않고 구동장치에 의해 좌우로 통로만큼 움직일 수 있어 여타 랙의 배치에서 필연적으로 발생하는 **통로점유율을 극소화**시킨 방식으로서, **다품종 소량출하**의 피킹에 효율적이다.

◀ 파렛트 모빌 랙 ▶

⑥ **회전선반** : Q/I가 1~10 정도 범위 내에서 사용되지만 피킹의 관점에서 보면 1에 가까울수록 좋기 때문에 다품종 소량 오더 피킹기기로서 많이 사용된다. 따라서 1회 피킹이 1에 가깝고 피킹횟수가 클 때 주로 사용된다.

⑦ **보통 랙** : 보통 랙은 Q/I는 1에 근접할수록 효과적이며, 파렛트 입출고에는 포크리프트가 사용된다. 이 같은 랙은 종류가 많지만 곧바로 물품을 들어낼 수 있는 구조로 되어 있어 선입선출이 가능하기 때문에 다품종 보관에 주로 사용된다.

⑧ **고층 랙(High Rack)** : 고층 랙은 고단적재나 무인적재 포크리프트[11] 및 입체자동화 창고[12]로 구성된다. 고단적재 포크리프트를 이용할 때는 보통 평치적재방법보다 종류가 많고 Q/I가 적은 경우에 많이 사용되며, 입체창고는 다품종 보관과 피킹횟수가 많고 1회 피킹량이 1에 가까운 파렛트 피킹에 효과적이다.

---

11) 고층 랙의 고단적재 포크리프트는 터렛 포크리프트(turret forklift 또는 일명 rack forker라고 부른다)를 포크가 180도 회전하여 장비의 전후좌우 이동 없이 파렛트를 보관적재 및 불출할 수 있어, 소요 통로 폭이 여타 포크리프트의 절반 이하로 좁고 10m 이상의 고양정까지 리프팅이 가능하다. 이 방식은 재고 Q/I가 클 때 가장 적합하다.

12) 입체자동 창고는 랙과 스태커 크레인을 조합한 자동창고로서, 고밀도 격납이 가능하고 컴퓨터를 이용해 정보 시스템을 최대한 활용할 수 있기 때문에 다품종 보관과 피킹횟수가 많고, 1회 피킹량이 1에 가까운 파렛트 피킹에 효율적이다. 이 같은 방식은 투자비가 엄청나게 투입되기 때문에 계획단계에서 투자효율성을 충분히 검토하지 않으면 기회손실비가 높아 역효과를 나타낼 수도 있다.

⑨ 무인대차 : 무인대차를 이용하는 경우는 출고종류 I가 적고 Q도 그다지 많지 않은 파렛트 피킹에 주로 사용된다.

(2) 제2형태(P→P + C)

① 제2형태의 무인화 : 제2형태의 사례는 그다지 많지 않으며 미국의 Standard Chemical사가 자동화 창고의 스태커 크레인에 파렛트 피킹 포크와 케이스 피킹용 vacuum head를 설치하여 이 형태를 자동화하였으나, 케이스와 파렛트 규격의 단순화와 표준화가 선행되지 않으면 적용하기가 곤란하다.

② 자동화 창고의 재입고 : 자동화 창고에서 파렛트 단위출고는 그대로 두고 P→P 출고는 파렛트 출고위치까지 꺼내어 케이스를 피킹한 후 파렛트는 원래 보관위치로 되돌리는 형식으로서, 대부분 파렛트 출고이고 케이스 출고가 아주 적은 경우에 적합하다.

③ 자동화 창고와 파렛트 컨베이어 : 자동화 창고 출고위치에 파렛트 컨베이어를 회전시켜 파렛트 단위는 그대로 출고하고, P→C의 출고는 컨베이어에서 작동한 후 재입고시키는 방식이다.

(3) 제3형태(P→C)

이 형태는 제2형태에서 P→P 출고를 생략한 것으로 제2형태를 그대로 적용한다.

① 무인화 : 입체창고에서 케이스를 자동 피킹하는 방법은 보편화된 것은 아니지만 현재 개발 중인 MH(Material Handling)로봇이 개발되면 무인화도 가능할 것이다.

② 자동화 창고의 재입고 : 이는 자동화 창고에서 파렛트를 출고하는 크레인의 능력에 따라 결정된다. 따라서 1회 피킹수량이 클 때는 좋지만 1회 피킹수량이 적고 I가 크면, 종류수마다 파렛트를 피킹한 후 재입고하기 때문에 피킹 능력이 저하되는 단점이 있다.

③ 입체창고와 피킹 크레인 : 이것은 피킹하는 종류가 많고 1회 피킹수량이 적을 때 유효하다. 1회 피킹수량이 크면 피킹한 물품이 피킹용 공 파렛트에 가득차게 되어 출구로 나가 공 파렛트와 교환하고 다시 피킹해야 하기 때문에 오히려 P→C + 재입고가 효율적이다.

④ 피킹 크레인과 컨베이어 : 이것은 입체창고의 스태커 크레인에 사람을 태워서 파렛트로부터 케이스를 피킹하고, 피킹한 케이스는 입체창고의 천장에 설치된 컨베이어로 출고위치까지 보내는 방법으로서, 1회 피킹수량과 I(item, 품종수)가 많고 출고량이 많을 때 유효하다. 여기서 사용하는 오더 피킹 머신은 각국에서 연구하여 현재 상용화되고 있다.

⑤ 랙과 피킹 포크리프트 트럭 : 2~3단 파렛트에는 통상 피킹용 포크리프트가 사용되는데, 이것은 포크리프트에 공 파렛트를 싣고 랙 내로 진입하여 공 파렛트 위에 필요한 케이스를 피킹하는 방법으로서, 물품을 피킹하여 그대로 포크리프트에 적재할 수 있어 편리하지만, 피킹 능력이 적을 때만 주로 사용할 수밖에 없는 방식이다.

⑥ 파렛트 슬라이딩 랙과 컨베이어 : 이것은 파렛트 슬라이딩 랙(流動 랙)에서 피킹한 물품을 대차를 이용하지 않고 랙 전면에 컨베이어를 설치하여 운반하는 방식으로서, 피킹 종류 당 출고수량이 많을 때 유효하며, 이 같은 경우 기기의 조합을 오더 피킹 모듈이라고 지칭한다.

⑦ 피킹 팩킹 머신(Picking Packing Machine) : 스웨덴에서 개발한 방식으로서 컨베이어 위를 주행하는 기계의 운전대에서 조작하는 케이스 피킹용 보조장치로, 컨베이어 양측에 놓여있는 파렛트로부터 케이스를 피킹하는 방식이다. 따라서 이 방식은 맥주와 같이 케이스 한 개가 무거운 중량물을 피킹할 때 아주 유효하게 이용할 수 있다.

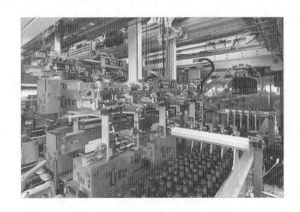

⑧ 파렛트용 회전선반 : 최근 실용화되고 있는 수평회전선반은 I가 많고 1회 피킹수량이 많은 경우 유효하다. 이 경우 케이스의 형상과 규격을 표준화하면 자동 피킹장치(MH robot)와 조합하여 무인피킹 시스템도 가능하다.

(4) 제4형태(C → C)

① 슬라이딩 랙(유동선반)

㉠ 슬라이딩 랙은 유동선반인 플로어 랙(floor rack)으로서 형태에 따라 파렛트 · 소형품 · 케이스 플로어 랙으로 구분되며, C→C의 대표적 랙이다. 단 한 열에 보관된 Q/I와 1회 피킹수량과의 관계를 함께 검토한 다음 선택해야 한다.

ⓛ 이 방식은 경사가 있는 컨베이어를 선반으로 이용한 것으로 물품을 컨베이어 뒤로부터 넣어서 앞에서 피킹하기 때문에 선입선출이 가능하며, 전면에서 한눈으로 식별할 수 있다. 컨베이어의 길이는 10m 이하가 좋으며, 경사는 적당해야 한다. 한 열의 물품은 월 1회 정도 보충하거나 컴퓨터를 통해 보충하는 방법을 사용한다.

② **자동 슬라이딩 랙**(Automatic Sliding Rack) : 자동 슬라이딩 랙은 자동유동 랙으로서 최근에는 정보처리용 컴퓨터의 가격하락으로 오더 피킹의 무인화 경향이 늘어남에 따라 사용량이 불어나고 있다. 이 방법 역시 유동선반과 같이 Q/I의 관계를 고려해야 하며, 출고수량이 적을 때는 채산성이 없다는 단점이 있다.

③ **회전선반**(Carousel) : 회전선반은 입출고를 한 곳으로 할 수도 있고 각 개별로 나누어서 할 수도 있다. 또는 MH(Material Handling) 로봇을 설치하여 자동 입출고할 수도 있다. 그러나 자동 슬라이딩 랙과는 달리 한 개의 피킹이 완료되어야 다음 작업이 가능하다는 시간적 손실 때문에 자본이 많이 투입되더라도 피킹 로봇을 여러 대 장치할 수 있다면 효율적이다.

④ **미니 스태커 크레인** : 미니 스태커 크레인은 입체자동화 창고에서 케이스를 단위로 피킹하는 설비로서, 선반(Bin) 랙 시스템을 의미한다. 피킹 능력은 크레인에 따라 제한되며, 여기서 보다 오히려 C→B에 더 많이 이용되는 형식이다.

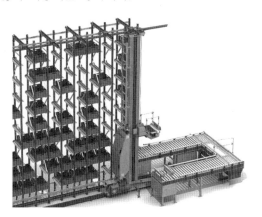

⑤ **중층 랙과 피킹 크레인** : 중층 랙과 피킹 크레인은 제3형태의 피킹 크레인과 컨베이어와 유사한 형식으로서, 입출고가 많지 않을 때 주로 이용한다. 공 파렛트나 대차를 실은 크레인에 사람이 타고 피킹할 물품이 있는 파렛트 위치로 가서 물품이 담긴 케이스를 공 파렛트나 대차에 피킹하는 방식이다.

⑥ **이동선반 및 선반** : 이 같은 선반은 피킹 빈도가 높지 않고 스피드를 요하지 않을 때 주로 이용하며, 이동선반은 선반을 구동장치에 의해 좌우로 통로만큼 이동시킬 수 있어 통로점유율을 극소화시킨 이동(모빌) 랙과 같은 형식이다.

(5) 제5형태(C → C + B)

이 형태는 제4형태(C → C)와 제6형태(C → B)를 조합해서 만든 패턴이다.

(6) 제6형태(C → B)

제6형태는 케이스에서 단품을 피킹하는 방식이다. 그러나 단품은 형상, 크기 및 무게 등이 천차만별이라 자동화가 거의 불가능한 분야이다. 따라서 단품을 피킹하는 경우에는 수작업과 기계를 적절히 조화하여 작업능률을 향상시키는 것이 과제가 되고 있다.

① **슬라이딩 랙(유동 랙)과 컨베이어** : 이 형태는 슬라이딩 랙 전면부에다 컨베이어를 설치하고 랙의 보관 케이스에서 단품을 피킹하여 컨베이어 위의 피킹용 상자에 넣고 다음 피킹 위치로 밀고 가는 형식으로서, 피킹수량이 많을 때는 컨베이어를 구동식으로 바꾸면 능률적이다. 이것은 다품종 소량으로 1회 피킹수량은 적지만 1회당 종류가 많은 피킹에 유효한 방식이다.

② **회전선반(Carousel)**

③ **자동표시방식** : 자동표시방식은 피킹의 능률화를 위해 피킹할 물품장소에 램프를 켜서 식별할 수 있도록 하는 방식으로서 플로어 랙(슬라이딩 랙), 회전선반 및 이동선반 등에 설치할 수 있으며, 피킹 전표가 필요 없이 컴퓨터로 피커에게 작업을 배분하거나 정보처리를 통해 시간절약과 오류방지가 가능한 방식이다.

    ㉠ DPS(Digital Picking System) **기출** 12회

       ⓐ **기능** : 작업자가 아무런 사전 지식 없이도 불 켜진 구역에 불 켜진 선반에 표시된 수량만큼만 피킹하도록 지원한다(다품종, 소량, 다빈도 피킹현장에 적합).

       ⓑ **도입효과** : 피킹 오류의 감소, 생산성 향상, 시간 단축, 작업인원 감소

       ⓒ **종류** : (저가) ← 대치식 DPS, 구동컨베이어 DPS, 자동컨베이어 DPS → (고가) **기출** 21회

ⓛ DAS(Digital Assort System) [기출] 17회, 19회

ⓐ 기능 : 출고시킬 상품 전체를 일정한 장소에 토털피킹해 놓고 거래처별 박스에 다수의 상품을 분류하여 투입할 때 상품의 종류와 수량을 정보시스템에 의해서 지시해 주고 정확한 수량이 투입될 수 있도록 도와주는 시스템

ⓑ DPS와의 비교

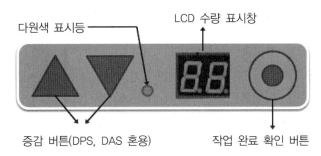

- DPS는 보관 랙에서 물건을 표시된 수량만큼 빼면서 감소 버튼을 누르고 피킹작업이 끝나면 작업완료 버튼을 눌러 다음 피킹을 진행
- DAS는 이와 반대로 랙에 분류하여 넣거나 출고처별로 분류하여 상차시키기 위하여 DPS와는 반대로 저장되거나 출고될 총량을 불 켜진 선반에 수량만큼 분류에 넣어 증가 버튼을 누르고 분류작업이 끝나면 작업완료 버튼을 눌러 다음 분류를 진행

④ 미니 스태커 크레인

⑤ 중층 랙과 피킹 크레인

⑥ 선반(Bin)과 손수레 대차 : 보관종류가 많지만 출고빈도가 적은 피킹에 손수레 대차를 사용하거나 소형 무인대차를 이용한다.

(7) 제7형태(B → B)

제7형태는 다품종 소량 피킹의 대표적 방식으로서 화장품, 약품 및 전기부품 등과 같은 단품(split case)의 피킹에 주로 사용되지만 자동화가 아주 어려운 패턴이다.

① 수동 피킹방법

㉠ **사람과 선반** : 선반에 물품을 보관해 놓고 사람이 피킹 전표로서 물품을 찾아 피킹하는 방식으로서, 못 찾는 시간적 손실을 최소화하기 위해 컴퓨터에 정보자료를 입력하여 넣고 일괄피킹(batch picking)하는 것이 유리하다.

㉡ **표시방법** : 자동표시방법과 동일하다.

㉢ 사람과 회전선반

㉣ **사람과 캐비닛** : 캐비닛 서랍에 칸막이를 설치하여 볼트 너트 같은 소품을 여러 사이즈로 분류해 놓고 피킹할 때 이용하는 방식이다.

② 자동 피킹방법

㉠ **스토아매틱(Storematic)** : 독일 아커사에서 개발한 방식, 단품으로 선반에 보관되어 있는 물품을 **소형 스태커 크레인**으로 피킹하는 일종의 자동판매기형 피킹기기

㉡ **아이티매틱(Itematic)** : 스토아매틱 다음에 개발된 방식으로서, 선반에 진열된 물품을 크레인 대신에 선반의 면을 상하로 움직이는 **컨베이어**와 연결된 피킹기기를 사용하여 피킹하므로 다소 스피드가 있어 의약품이나 자동차 부품센터 같은 곳에서 많이 이용

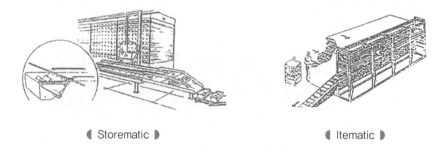

◀ Storematic ▶　　　　　　◀ Itematic ▶

㉢ **마스(MAS ; Mechanical Assembling System)** : 미국의 FMC사와 에이븐사가 개발한 방식으로서, 피킹 속도가 **1초당 3개** 정도로서 세계에서 가장 빠르며, 유형은 일종의 자동판매기에서 담배를 쌓아두는 곳(매거진)에 여러 종류의 단품을 채워 A자형으로 마주보게 나열한 형태로 구성된다. **S형 피킹머신** 또한 작동원리는 유사하면 1초당 1개 피킹이 가능하다.

㉣ 자동 슬라이딩 랙

◀ MAS ▶　　　　　　◀ S-Picking Machine ▶

ⓜ **서랍식 랙(Stock Rack)** : 프랑스에서 개발된 파매랙(pharmelec) 기기로서, 캐비닛의 서랍에 피킹할 물품을 넣어두고 필요한 물품이 들어 있는 서랍을 캐비닛의 앞에 있는 컨베이어까지 끌어내면 컨베이어에 붙어있는 고리나 돌기를 이용하여 물품을 캐비닛 밑에서 꺼내는 구조의 기기

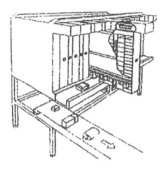

◀ 서랍식 랙 ▶

ⓗ **폴리매틱(Polymatic)** : 이태리 시트마사에서 잡지 피킹용으로 개발한 방식으로서, 피킹 전용기기가 아닌 <u>우편발송용 기기로서 포장기와 일체로 구성</u>

ⓢ **자동분류 컨베이어** : 오더 피킹의 한 유형인 일괄 피킹방법에서 몇 건의 주문을 한데 모아 피킹하면 그 다음에는 고객별로 분류하며 다음과 같은 방식이 있다.

　ⓐ 수동분류방식

　ⓑ **컨베이어를 이용한 자동분류방식**

　　• **전도식** : 물품이 실려 있는 부분을 기울여 미끄러져 떨어뜨리는 방식

　　• **수평식** : 수평으로 분류하는 방식

③ **자동화의 요건**

　㉠ 형상, 규격 및 중량을 고려

　㉡ 합리적 사고방식의 발상

　㉢ 투자효과에 대한 사고방식의 개선

　㉣ 피킹 규모의 평가

　㉤ 기기의 성능 분석

　㉥ 물류기기 외의 분야도 함께 고려

03 자동분류 시스템

1 자동분류 시스템의 의의

(1) 물품분류의 개념 기출 17회

물품의 분류는 정보처리기능과 물품의 물리적 처리기능을 가지고 있다.[13]
① 분류란 개개의 인위적 정보를 가진 물품을 그 정보에 따라 소정의 위치에 집합시키는 것이다 (일본 기계학회).
② 분류란 특정의 목적지에 운반해야 할 제품을 식별하고 유도하며 분리하는 행위이다(미국 운반 관리협회).

(2) 등장배경 기출 25회

① 전자상거래의 활성화와 고객수요의 고도화는 다품종 소량생산에 이은 물류량의 폭발적 증대를 가져왔다.
② 막대한 물류량이 모이는 창고나 물류센터에서 상품의 분류에 막대한 시간과 인적 오류가 발생되고 있다.

(3) 분류시스템의 도입목적 기출 11회

물품을 형태·크기·중량별로 분류하거나 고객별, 주문별, 목적지별로 분류하려는 것이다.
① 생산성 향상 : 성력화(자동화), 생력화(기계화)
② 고객서비스 향상 : 분류오류 및 처리시간 감소

(4) 자동분류 시스템의 활용

자동분류 시스템을 사용하고 있는 곳은 트럭 터미널(노선별), 소매업 배송센터, 신문인쇄업 및 제조업 창고 등이다.
① 노선 트럭의 대형 터미널 : 자동분류기를 사용하지만 컨베이어로 운반할 수 없는 물품은 플라스틱 용기에 넣어 분류하거나 직접 카트에 얹어 출하한다.
② 유통창고 : 분류기기를 사용하여 각 점포별로 물품을 집적한다.
③ 제조업 : 제조공장 인접창고에서 사용하는 경우와 물류센터에서 공장으로부터 수입하여 재고로 둔 것을 오더 피킹하는 경우로 대별된다.

---

13) 생산성본부, 전게서, p.334.

④ **자동분류 시스템의 종류** : 분류장치는 그 성격상 취급물과 적합한 기종이어야 하며[14], 분류 스피드와 적합한 기종이어야 하고 기종 선택 시 기기의 기능이나 하드웨어의 작동내역을 검토해서 결정해야 한다.[15]

2 자동분류 시스템의 구성

자동분류 시스템의 기능은 다음과 같은 기능에 따라 자동분류가 실시된다.
① 물품의 **식별**
② 분류정보의 **지시**
③ **기억**
④ **조회**
⑤ **분류**기기에 대한 작동지시 등이다.

(1) 전 처리장치

자동분류 **컨베이어에 상품을 신속하게 투입**되도록 도와주는 기기이다.
① 전 처리장치의 기능
  ㉠ 맥류의 평활화 : 흐르는 방향은 일정하지만 상품의 크기가 변화할 때 그 변화를 수렴해 주는 기능
  ㉡ 타이밍 조정 : 상품이 투입되는 타이밍을 맞추어줌.
② 전 처리장치의 종류
  ㉠ **트럭 로더**(Truck Loader) : 트럭 상하차용
  ㉡ **언스크럼블러**(Unscrambler) : 차에서 내린 반송물이 다수의 라인에서 1개의 라인으로 합류하는 고속 라인기기

《 Truck Loader 》　　　　《 Unscrambler 》

---

14) 취급물과 분류장치의 적합관계라 함은 반송물의 형상(골판지 상자, 플라스틱 상자, 소형 지상자, 파손하기 쉬운 물품, 플랜트 상품, 포대품, 경량품, 중량품, 장척 물품, 아주 얇은 물품 등)과 분류형식(벨트/팝업 롤러, 벨트/다이버터, 체인/틸트 트레이, 슬랫/푸셔[슬라이더 블록], 카트/벨트 등)과의 개별적인 적합관계를 의미한다.

15) 한국생산성본부, 전게서, pp.346~361.

ⓒ **어큐뮬레이팅 컨베이어** : 일시적으로 컨베이어 위에 자동적으로 반송물을 유동상태로 대기 (live storage)시키는 컨베이어(오버 플로하는 반송물은 1차로 버퍼됨) – 대형마트 결제 컨베이어

◀ 어큐뮬레이팅 컨베이어 ▶

ⓓ **피더(인덕션 또는 미터링 컨베이어)** : 분류기에 정량 피치로 하나씩 반송물을 반송시키는 컨베이어나 장치

ⓔ **프리소트 컨베이어** : 제1차 분류 컨베이어로서 ⓐ 팝업 휠식 분류기에서 대소 사이즈의 반송물을 좌우로 분리할 때, ⓑ 벨트나 다이버터식 분류기에서 좌우 양쪽으로 분류하거나 다이버트가 반송물에 부딪치는 충격을 완화시키는 경우 이용한다.

(2) 후 처리장치

분류 컨베이어에 의해 분류된 상품을 받아 **분류처별 트럭이나 분류함으로 이송**시키는 장치(컨베이어, 슈트)이다.

TIP 슈트(Chute)

중력에 의해 이동되도록 고안된 경사판으로 문제점도 많지만 컨베이어보다 설치비용이 적게 투입되기 때문에 많이 이용되고 있다.

(3) 제어장치

자동분류 컨베이어로 보내진 물품을 식별하여 이미 물품별로 지시되고 기억되어진 활동에 의거 상품을 분류하는 장치로써 대부분 제어 컴퓨터에 의한 컨트롤에 의존하고 있다.

① 제어장치의 기능 활동 **기출** 11회

구 분	지 시	기 억	검출·조회	분 류
기 능	어디에 분류할까를 제품이나 기억장치에 지시	지시를 제품 또는 기계적·전기적인 기억장치에 기억	분류의 위치나 순서에 의해 또는 제품에 기입된 표시를 검출, 조회해서 분기기기에 분류를 지시	분류지시에 의해 분기기기를 작동시키고 제품을 분류

② 코딩 시스템

　㉠ 코딩 시스템 : 분류 컨베이어 위의 상품을 식별하기 위해 상품의 정보를 기호로 표시하는 시스템

　㉡ 자동분류를 위한 코딩방식

　　ⓐ 키보드 입력방식

　　ⓑ 바코드 방식 : 몇 개의 두께가 다른 검은 막대기 모양의 마크를 배열하고 이를 광전관에서 자동으로 식별

　　ⓒ 반사테이프 방식 : RPM 광학센서를 이용하여 반사테이프 식별(빛의 파동)

　　ⓓ 음성코드 방식 : 작업원이 구두로 분류처를 지시(아날로그 음성) → 디지털 신호로 변환 → 기억된 분류활동 개시

(4) 자동분류 컨베이어 및 자동분류기기

소팅 컨베이어(Sorting Conveyer)라고 부르는 자동분류 컨베이어는 컨베이어와 자동분류기기의 조합에 의한 분류 컨베이어와 고속자동 컨베이어로 대별할 수 있다.

① 분류 컨베이어의 종류

　ㄱ 벨트 컨베이어(Belt Conveyer) : 마찰저항이 적은 벨트를 사용하여 물품을 컨베이어의 흐름에 따라 직각이나 비스듬하게 밀어내는 컨베이어

　ㄴ 구동롤러 컨베이어(Live Roller Conveyer) : 롤러 컨베이어의 롤러를 벨트 또는 체인으로 구동하는 컨베이어

　ㄷ 스틸 슬랫 컨베이어(Steel Slat Conveyer) : 2열의 체인 사이에 스틸의 슬랫(판)을 부착한 컨베이어

② 자동분류기기의 종류 　기출　 10회, 11회, 14회, 15회, 17회, 21회

　ㄱ 압출식 : 측면을 압출장치에 의하여 선별하는 방식으로서 수평형(horizontality), 진자형(pendulum) 및 안내형(guide) 등이 있다.

　　ⓐ 푸셔 방식(Pusher Type) : 화물을 컨베이어에 **흐르는 방향에 대해 직각**으로 암으로 밀어내는 방식을 말하며, 구조가 간단해서 어떤 컨베이어와도 조합할 수 있는 장점을 가진 분류방식 – 수평형(horizontality)

　　ⓑ 다이버터 방식(Diverter Type) : 진행하는 방향에 대해서 컨베이어 위에 **비스듬히 놓인 암(arm)**으로 물품을 분류하는 방식으로, 암과 컨베이어의 각도는 보통 30~40도가 일반적 – 진자형(pendulum)

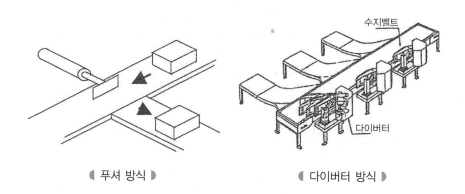

◀ 푸셔 방식 ▶　　　　　　◀ 다이버터 방식 ▶

　　ⓒ 안내형 방식(Guide Type) : 다이버터 방식과 유사하지만 비스듬히 놓인 암이 각도를 형성하면 진행방향으로 흘러가는 힘으로 **가이드를 따라 분류**되는 방식

　　ⓓ 슬라이딩 슈 방식(Sliding Shoe Type) : 연달아 이어진 평면 슬랫으로 구성된 컨베이어이며, 슬랫 상단면 한쪽에 **튀어나온 슈(shoe)**가 분류지점에서 수평으로 이동하면서 화물을 분류하는 방식

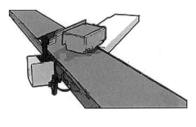

◀ 안내형 방식 ▶

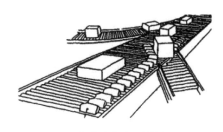

◀ 슬라이딩 슈 방식 ▶

ⓒ **부출식** : 반송 컨베이어의 하측에서 부출식 장치에 의하여 상품을 부출시키고 반송 컨베이어의 외측으로 송출한 후 선별을 행하는 방식으로서, 분류 시에 상품에 대한 충격이 적고 상면이 평탄한 파렛트 상태의 경량화물에 가장 적당하다.

　ⓐ **팝업방식(구동롤러 방식), 이송방식(Transfer) : 구동롤러 사이를 이용해 컨베이어 이동 방향과 직각으로 롤러의 면보다 낮게 몇 개의 체인을 회전**시켜 물품을 분기하기 직전에 체인을 회전시킴과 동시에 롤러의 면보다 다소 높게 물품과 함께 밀어 올려 컨베이어 위의 물품을 직각으로 분류하는 방식

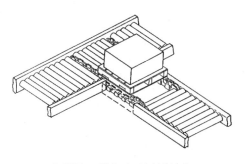

◀ 체인 트랜스퍼, 이송방식 ▶

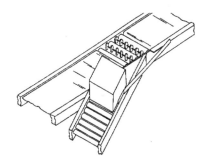

◀ 구동롤러, 팝업 휠 방식 ▶

ⓒ **경사식** : 운반용 컨베이어 자신이 분류장치를 내장하고 일정한 선별위치에서 그 일부가 전도 또는 개방하면서 선별하는 방식으로서, 전도 또는 개방방법에 의하여 사행형과 팡형이 있다. 이 방식은 주로 신문사나 우편국에서 많이 이용하고 있다.

　ⓐ 사행형은 경사진 운반용 벨트 컨베이어를 사용하고 측판에 의하여 보전되고 있는 상품을 측판의 일부인 게이트(gate)를 개방하여 선별하는 장치이다.

　ⓑ 팡형은 반송 컨베이어에 팡 컨베이어를 사용하고 일정 위치에서 팡을 좌우로 전도시키고 선별하는 장치이다. 레이아웃은 수평순환식과 수직순환식이 있다. 선별대상으로는 나무상자, 골판지 상자, 대물, 서류 등 팡에 적재할 수 있는 대상물은 모두 가능하다.

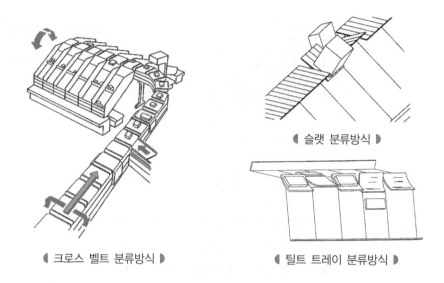

◀ 크로스 벨트 분류방식 ▶ 　　　　 ◀ 틸트 트레이 분류방식 ▶

◀ 슬랫 분류방식 ▶

㉣ 저개식 : 운반구획의 트레이(tray)나 버킷(bucket)을 기울이거나 **바닥면을 열어서** 떨어트려 분류하는 방식이다.

㉤ 공기 노즐 방식 : 각 분기소에 공기 노즐을 설치해서 공기로 컨베이어 위의 물품을 불어내서 분류하는 방식
③ 컨베이어와 자동분기기기의 조합 : 메인 컨베이어와 분류기기의 조합을 통한 작동기능은 다음과 같다.[16]
　㉠ 체인 컨베이어계
　　ⓐ 틸트 트레이는 트레이를 기울여 물품을 미끄러지게 한다.
　　ⓑ 롤러/슬랫은 옆으로 푸셔의 이동을 통해 물품을 밀어낸다.

---

16) 『물류 핸드북』, 전게서, p.256.

ⓛ 벨트 컨베이어계

　ⓐ 팝업 휠은 대각방향의 휠이 올라와 물품의 방향을 바꾼다.

　ⓑ 다이버터는 푸셔 스크레이퍼가 왕복하여 물품을 밀어낸다.

　ⓒ **사행식**은 <u>벨트 옆면의 가이드가 열리며</u> 물품을 미끄러지게 한다.

ⓒ 연속 카트계

　ⓐ 트럭 소터는 카트의 옆판과 밑판이 열리며 물품을 미끄러지게 하거나 떨어뜨린다.

　ⓑ 크로스 벨트는 소형 벨트컨베이어가 수평방향으로 물품을 이송한다.

ⓔ 구동 롤러계

　ⓐ 팝업 휠은 대각방향의 <u>구동 휠이 올라와서</u> 물품의 방향을 바꾼다.

　ⓑ 체인 푸셔는 푸셔가 옆으로 물품을 밀어낸다.

01 입화 시스템에 대한 설명 중 가장 적합하지 않은 것은?　　　　✅ 8회

① 입화란 화물을 창고 내에 적입하는 작업이다.

② 작업시간의 경우 입화와 오더 피킹이 출하작업보다 높은 비중을 차지하고 있다.

③ 입화 시 입화설비 외에도 트럭에 입화설비를 갖추어야 하므로 영업용보다는 자가용이나 전용트럭이 훨씬 효율적이다.

④ 입화 시스템에는 입화 화물의 임시보관, 검품 및 보관장소에 대한 사무능률화가 요구된다.

⑤ 입화와 동시 출고청구서와 출고지시서가 교부되는 유기적인 동시공학이 요구된다.

> [해설] 출고청구서는 출화를 위하여 화주가 작성하여 제출하는 서류로, 제출하고 창고 비용을 모두 처리하면 창고회사는 출고지시서를 내어준다. 화주는 출고지시서를 가지고 현장창고에 제출하면 화물을 내어준다. 즉, 입화와 동시에 발생되는 사건들이 아니다.

02 다음은 오더 피킹의 방식과 그 내용을 설명한 것이다. 잘못 설명된 것은?　　　　✅ 11회

① 존(Zone) 피킹방식 : 여러 명의 작업자가 각기 자기가 담당하는 선반의 범위를 정해 두고 해당 범위에 속하는 선반의 물품만을 피킹하는 방식

② 릴레이 방식 : 각 보관장소를 순회하면서 필요한 물품을 피킹하는 방식

③ 일괄오더 피킹방식 : 여러 건의 주문전표를 모아서 한 번에 피킹하는 방식

④ 총량 피킹방식 : 일정 기간의 주문전표를 한데 모아서 피킹하는 방식

⑤ 1인 1건 방식 : 1인의 작업자가 1건의 주문전표에서 필요한 물품을 피킹하는 방식

> [해설] ② 따내기, 집어내기 방식에 대한 설명이다.
> 릴레이 방식은 존 피킹방식에 피킹된 화물을 다음 구역으로 넘겨주는 방식을 취한다.

정답 **01** ⑤ **02** ②

03 오더 피킹(Order Picking)의 방법에 관한 설명으로 옳지 않은 것은? ✓ 13회

① 1인 1건 방법은 1인의 피커(Picker)가 1건의 주문전표에 명기된 물품을 피킹하는 방법이다.

② 릴레이 방법은 여러 사람의 피커가 각각 자기가 분담하는 종류나 선반의 작업범위를 정해 두고서 피킹전표 속에서 자기가 맡은 종류의 물품만을 피킹해서 릴레이식으로 다음의 피커에게 넘겨주는 방법이다.

③ 존 피킹(Zone Picking)방법은 릴레이 방법과 똑같이 여러 사람의 피커가 각각 자기가 분담하는 종류의 선반의 작업범위를 정해 두고서 피킹 전표 속의 자기가 맡은 종류의 물품만을 피킹한다.

④ 일괄오더 피킹방법은 여러 건의 주문전표를 모아서 한 번에 피킹하는 방법으로, 주문별로 분류할 필요가 없다.

⑤ 총량 피킹방법은 한나절이나 하루의 전표를 모아서 피킹하는 방법이다.

> [해설] 일괄오더 피킹은 이동거리가 줄어드는 장점 대신에 주문별로 재분류할 필요가 생긴다는 단점이 있다.

04 주문 품목을 피킹한 후 재분류 작업이 필요 없는 피킹방식은? ✓ 16회

㉠ 단일주문 피킹방식	㉡ 릴레이 피킹방식
㉢ 일괄주문 피킹방식	㉣ 씨뿌리기 피킹방식

① ㉠, ㉡

② ㉠, ㉢

③ ㉡, ㉢

④ ㉡, ㉣

⑤ ㉢, ㉣

> [해설] 일괄주문 피킹이나 씨뿌리기 피킹방식은 특정 제품 수요에 대한 총량을 피킹한 후 출하작업장 쪽에서 재분류가 필요한 피킹방식이다. 반대로 피킹 이동거리는 줄어드는 장점을 갖고 있다.

정답 **03** ④ **04** ①

05 선반에 표시된 피킹지시에 따라 피킹작업을 수행하기 때문에 상품명과 문자를 읽지 못하는 작업자도 큰 오류 없이 작업수준을 유지할 수 있는 오더 피킹 시스템은 다음 중 어느 것인가? ✅ 10회

① Digital Picking System
② Batch-order Picking System
③ Pallet Picking System
④ Peace Picking System
⑤ Split Picking System

> 해설 DPS는 작업자가 아무런 사전 지식 없이도 불 켜진 구역에 불 켜진 선반에 표시된 수량만큼만 오류 없이 피킹하도록 지원한다(다품종, 소량, 다빈도 피킹현장에 적합).

06 오더 피킹작업을 자동화하고자 할 때, 고려해야 할 요건으로 거리가 먼 것은? ✅ 10회

① 기존 작업자의 작업패턴
② 취급화물의 형상, 규격 및 중량
③ 피킹 규모
④ 적용기기의 성능
⑤ 투자대비 효과

> 해설 고전적 피킹의 기존 패턴을 자동화하려는 것이기 때문에 기존 작업자의 작업패턴은 배제한다.

07 오더 피킹(Order Picking)의 생산성 향상을 위한 방법에 관한 설명으로 옳지 않은 것은? ✅ 19회

① 동시에 피킹하는 경우가 많은 물품들은 서로 원거리에 배치한다.
② 분류시간과 오류를 최소화하기 위해 작업자의 편의를 고려한 운반기기를 설계한다.
③ 피킹 빈도가 높은 물품일수록 피커의 접근이 쉬운 장소에 저장한다.
④ 혼잡을 피하기 위하여 피킹장소 간 피킹활동을 조절한다.
⑤ 피킹의 오류를 최소화하기 위해 서류와 표시를 체계화한다.

> 해설 동시에 피킹하는 경우가 많은 물품들은 네트워크 보관 원칙에 의거하여 이동거리 최소화를 위하여 근거리에 배치한다.

정답 **05** ① **06** ① **07** ①

08 동일한 제품을 토털 피킹(Total Picking)한 후 거래처별로 분배하는 형태의 시스템은?

⊘ 15회

① DAS(Digital Assort System)
② DPS(Digital Picking System)
③ WMS(Warehouse Management System)
④ ERP(Enterprise Resource Planning)
⑤ R/F(Radio Frequency)

해설 │ 출고시킬 상품 전체를 일정한 장소에 토탈 피킹해 놓고 거래처별 박스에 다수의 상품을 분류하여 투입할 때, 상품의 종류와 수량을 정보시스템에 의해서 지시해 주고 정확한 수량이 투입될 수 있도록 도와주는 시스템이다.

09 물류센터에서 자동분류 시스템을 도입하는 목적으로 가장 적합하지 않은 것은? ⊘ 11회

① 유연성의 향상
② 생산성의 향상
③ 분류시간의 단축
④ 분류오류의 감소
⑤ 고객서비스의 향상

해설 │ 자동분류 시스템은 일정 면적을 고정적으로 소요하고 정해진 상품 종류에 맞추어 오류 없이 고속으로 분류시간을 단축해 준다. 따라서 한번 설치되면 공간과 분류가능 상품 종류에 대한 유연성은 제약이 된다고 볼 수 있다.

CHAPTER 05

물류단지와 물류시설

물류시설이란 「물류시설의 개발 및 운영에 관한 법률」에서 크게 운송수단이 이용할 수 있는 도로, 철도, 항만, 공항 등 **물류기반 시설**과 화물터미널, 집배송센터, 화물취급장, 물류단지, 복합물류터미널 등 같은 **거점 시설**로 구분하고 있다.

물류시설	「물류시설의 개발 및 운영에 관한 법률」 참조
① 화물의 운송, 보관, 하역을 위한 시설	
② 위와 관련된 가공, 조립, 분류, 수리, 포장, 상표부착, 판매, 정보통신 등의 활동을 위한 시설	
③ 물류의 공동화, 자동화 및 정보화를 위한 시설	
④ 위의 사항의 시설이 모여 있는 물류터미널 및 물류단지	

유통시설은 일반적으로 제품판매센터, 유통산업거점단지, 제품복합공간시설 등을 포함한다.

01 물류단지

1 물류단지의 개념

물류단지시설과 지원시설을 집단적으로 설치·육성하기 위하여 「물류시설의 개발 및 운영에 관한 법률」 제22조 또는 제22조의2에 따라 지정·개발하는 일단(一團)의 토지 및 시설로서 도시첨단물류단지와 일반물류단지를 말한다.

물류시설을 합리적으로 배치하고 물류시설 용지를 원활히 공급하기 위해 1995년 「유통단지개발촉진법」이 제정되었고 물류시설의 보다 효율적인 확충·운영을 위해 2007년 전면 개정이 이루어지면서 「화물유통촉진법」의 화물터미널 및 창고 관련 규정도 이관시켜 포함하는 「물류시설의 개발 및 운영에 관한 법률」이 수립되었다. 폐지된 「유통단지개발촉진법」에 의해 지정된 유통단지는 이 법에 의해 지정된 물류단지로 전환된다.

물류단지는 물류와 상류기능을 합친 곳이므로 농수산물단지, 공산품 도매단지, 공산품 집배송단지, 유통가공단지, 창고단지, 배송센터, 트럭 터미널 등을 합친 개념이다.

또한, 수출품의 경우에는 이와 같은 물류기지 외에도 통관물류에 필요한 보세지역의 보세창고, 보세장치장, 지역보세구역, CFS/CY, ICD 등과 해외물류센터까지 포함되기 때문에 그 범위가 대단히 광범위하다.

(1) 도시첨단물류단지

도시 내 물류를 지원하고 물류·유통산업 및 물류·유통과 관련된 산업의 육성과 개발을 촉진하려는 목적으로 도시첨단물류단지시설과 지원시설을 집단적으로 설치하기 위하여 지정·개발하는 일단의 토지 및 시설을 말한다.

(2) 일반물류단지

물류단지 중 도시첨단물류단지를 제외한 것을 말한다.

2 물류단지시설

일반물류단지시설과 도시첨단물류단지시설을 말한다.

(1) 일반물류단지시설

화물의 운송·집화·하역·분류·포장·가공·조립·통관·보관·판매·정보처리 등을 위하여 일반물류단지 안에 설치되는 다음 각 목의 시설을 말한다.

가. **물류터미널 및 창고**

나. 「유통산업발전법」 제2조 제3호·제7호·제15호 및 제17조의2의 대규모점포·전문상가단지·**공동집배송센터** 및 중소유통**공동도매물류센터**

다. 「농수산물유통 및 가격안정에 관한 법률」 제2조 제2호·제5호 및 제12호의 **농수산물도매시장**·농수산물공판장 및 농수산물종합유통센터

라. 「궤도운송법」에 따른 궤도사업을 경영하는 자가 그 사업에 사용하는 화물의 운송·하역 및 보관시설

마. 「축산물위생관리법」 제2조 제11호의 작업장

바. 「농업협동조합법」·「수산업협동조합법」·「산림조합법」·「중소기업협동조합법」 또는 「협동조합 기본법」에 따른 조합 또는 그 중앙회(연합회를 포함한다)가 설치하는 구매사업 또는 판매사업 관련 시설

사. 「화물자동차 운수사업법」 제2조 제2호의 화물자동차 운수사업에 이용되는 차고, 화물취급소, 그 밖에 화물의 처리를 위한 시설

아. 「약사법」 제44조 제2항 제2호의 의약품 도매상의 창고 및 영업소시설

자. 그 밖에 물류기능을 가진 시설로서 대통령령으로 정하는 시설

차. 가목부터 자목까지의 시설에 딸린 시설(하기 "지원시설" 가목 또는 나목의 시설로서 가목부터 자목까지의 시설과 동일한 건축물에 설치되는 시설을 포함한다)

(2) 도시첨단물류단지시설

도시 내 물류를 지원하고 물류·유통산업 및 물류·유통과 관련된 산업의 육성과 개발을 목적으로 도시첨단물류단지 안에 설치되는 다음 각 목의 시설을 말한다.

가. "일반물류단지시설" 가목부터 자목까지의 시설 중에서 도시 내 물류·유통기능 증진을 위한 시설

나. 「산업입지 및 개발에 관한 법률」 제2조 제7호의2에 따른 공장, 지식산업 관련 시설, 정보통신산업 관련 시설, 교육·연구시설 중 첨단산업과 관련된 시설로서 국토교통부령으로 정하는 물류·유통 관련 시설

다. 그 밖에 도시 내 물류·유통기능 증진을 위한 시설로서 대통령령으로 정하는 시설

라. 가목부터 다목까지의 시설에 딸린 시설

(3) 지원시설

물류단지시설의 운영을 효율적으로 지원하기 위하여 물류단지 안에 설치되는 다음 각 목의 시설을 말한다. 다만, 가목 또는 나목의 시설로서 상기 일반물류단지시설 가목부터 자목까지의 시설과 동일한 건축물에 설치되는 시설을 제외한다.

가. **대통령령**으로 정하는 **가공·제조** 시설

나. **정보처리**시설

다. **금융·보험·의료·교육·연구·업무** 시설

라. 물류단지의 종사자 및 이용자의 **생활과 편의를 위한 시설**

마. 그 밖에 **물류단지의 기능 증진을 위한 시설**로서 대통령령으로 정하는 시설

(4) 물류단지개발사업

물류단지를 조성하기 위하여 시행하는 다음 각 목의 사업으로서 도시첨단물류단지개발사업과 일반물류단지개발사업을 말한다.

가. 물류단지시설 및 지원시설의 용지조성사업과 건축사업

나. 도로·철도·궤도·항만 또는 공항시설 등의 건설사업

다. 전기·가스·용수 등의 공급시설과 전기통신설비의 건설사업

라. 하수도, 폐기물처리시설, 그 밖의 환경오염방지시설 등의 건설사업

마. 그 밖에 가목부터 라목까지의 사업에 딸린 사업

3 물류단지의 기능

(1) 환적(Transshipment)기능

① 불특정 화주를 대상으로 지역 간 화물의 수송 미 하역의 거점 기능을 수행
② 운송업체들이 입주하여 영업용 화물을 수송하거나 자가 물류 업체가 입주하여 자체 화물의 연계 운송을 담당하는 기능

(2) 집배송기능

① 특정 화주를 대상으로 일정 지역 내에서 화물을 산지로부터 집하
② 특정 화주를 대신하여 최종 수요지까지 배송

(3) 보관기능

① 불특정 화주를 대상으로 원재료 혹은 완제품의 분류, 보관 및 일부 가공기능을 수행
② 화물의 특성에 따라 일반창고, 냉동창고, 냉장창고, 위험물 창고 등과 같은 보관시설과 가공시설이 결합된 형태가 일반적

(4) 조립·가공 기능

① 제조업자가 일괄 생산한 반제품들을 수요자들의 요구조건에 맞추어 조립 혹은 가공하는 기능
② 동일한 업종이 수행하는 동일한 조립, 가공일 때 수행할 수 있다는 면에서 일반 공단의 조립·가공 기능과 차이가 존재

(5) 컨테이너 처리 기능

① 불특정 화주를 대상으로 화물을 컨테이너에 혼재
② 혼재화물이 적입된 컨테이너를 화주별로 분류

(6) 통관기능

① 수출입 화물의 통관 업무(Customs Clearance of Goods)를 수행
② 정체시간이 긴 항만이나 공항이 아닌 물류단지에서 통관을 대신하여 실제 항만이나 공항에 도착해서는 절차를 간소화하여 불필요한 시간 낭비를 줄일 수 있음.

(7) 판매기능

① 상품을 중간 상인이나 최종소비자에게 매매하는 기능
② 특성에 따라 일반 도매, 일반 소매, 대형 소매로 분류

(8) 전시기능

① 전문 매장이 없는 중소기업 제품을 위한 전시기능
② 향후 도소매 시설 조성에 필수적 기능

(9) 포장기능

① 물류기능 : 상품의 손상 방지, 수송 효율성 제고, 상품 가치의 보존 등의 공업포장(수송포장)
② 도소매기능 : 상품의 가치를 제고하기 위한 상업포장(소비자포장)

(10) 기획기능

① 소비자의 수요 변화에 따라 새로운 상품 혹은 기능이나 디자인을 생산자에게 제시
② 다품종 소량생산이 일반화되는 추세에서 더욱 요구되는 기능

4 공동집배송단지

(1) 공동집배송단지의 개요 🖊️기출 19회

① **공동집배송단지**는 <u>동종 및 이종</u> 업체 간에 또는 유통업체들이 대규모 유통업무단지를 조성하여 **도매거래기능, 유통가공기능, 공동수배송기능, 공동재고관리**기능을 수행하는 대규모 물류단지를 의미한다. 이 같은 공동집배송단지는 물류단지의 일종으로서 다수의 유통업체가 각 업체의 집배송센터를 대단위 단지에 집단화시킨 시설로서 다종 대량품을 공급자(생산업자, 도매상, 산지 직송업자)로부터 집화하여 이를 환적 · 분류 · 보관 · 재포장 · 정보처리 등을 수행하는 대표적인 물류공동화시설의 성격을 갖는다.

② 예를 들어, 한국물류센터(슈퍼마켓협회)가 유통구조개선을 위해 용인에 대규모 집배송단지를 조성하는 것이 그 대표적인 사례이다. 여기서 보면 물류센터로 조성되는 집배송단지는 확실히 상류와 물류를 동시에 취급하는 복합단지로서 주로 국내 상거래를 통한 집배송단지의 역할을 수행하며, 도심 내 교통의 혼잡과 부동산 가격의 상승에 따라 도시 외곽에 주로 건설되고 있다.

③ 공동집배송단지는 물류단지 가운데 규모가 적은 단지의 일종으로서 유통업체인 대형 소매기구(백화점, 슈퍼 체인, 연쇄점, 편의점, 하이퍼마켓, 대형 양판점)가 주체가 되기 때문에 상품은 최종소비제품이 대부분이다. 따라서 공동집배송단지는 상품판매와 집배송을 원활하게 하기 위한 일시적인 보관형태의 물류단지이다.

◀ 공동집배송단지의 시설개요 ▶

구 분	내 용
배송시설	• 슈퍼마켓용 배송시설 • 편의점 배송시설
공동관리이용시설	센터빌딩(사무실), 회의실, 연수실, 전산실, 운동장, 터미널(주차장, 주유소, 운송업체관리 사무실)
공공시설	도로, 공원, 운동장, 쓰레기처리장, 전기공급, 상하수도 시설, 차단녹지

(2) 공동집배송단지의 형태

공동집배송단지는 참가업체의 성격과 각 업체의 집배송센터가 갖는 기능에 따라서 다음과 같이 구분한다.

① **공동건물식** : 하나의 건물에 다수업체의 집배송센터를 단지화하는 형태
② **연간식** : 각 업체의 집배송센터를 연립식 건물에 집단화하여 설치하는 형태
③ **가구식** : 하나의 거대한 단지를 질서 있게 구획하여 원활한 단지 내 지도를 마련하여 다수의 구획단위로 구분하는 형태

(3) 공동집배송단지의 장점 기출 13회, 23회

① 물류작업의 공동화를 추구함으로써 물류비용 절감
② 권역별, 지역별, 상품별로 계획배송이 가능해져 중복 교차수송 배제, 차량대수가 감소되어 운송비 절감
③ 혼합배송이 가능하여 차량의 적재효율 증가(공차율이 감소 = 영차율 증가)
④ 공동집배송단지를 사용하는 업체들의 공동참여로 대량구입 및 계획매입이 가능하여 매입가격 인하가 가능하고, 보관수요를 통합·관리함으로써 업체별 보관공간 확보 및 관리비용 경감 가능
⑤ 참여기업의 영업비밀 노출에 대한 우려와 달리 보안이 잘 유지됨.

02 물류터미널

1 물류터미널의 개념

화물의 집화(集貨)·하역(荷役) 및 이와 관련된 분류·포장·보관·가공·조립 또는 **통관** 등에 필요한 기능을 갖춘 시설물을 말한다. 다만, 가공·조립 시설은 **대통령령**으로 정하는 규모 이하의 것이어야 한다.

2 물류터미널사업

물류터미널을 경영하는 사업으로서 복합물류터미널사업과 일반물류터미널사업을 말한다. 다만, **다음 각 목의 시설물을 경영하는 사업을 제외**한다.

가. 「항만법」 제2조 제5호의 항만시설 중 **항만구역 안**에 있는 화물하역시설 및 화물보관·처리시설

나. 「항공법」 제2조 제8호의 공항시설 중 **공항구역 안**에 있는 화물운송을 위한 시설과 그 부대시설 및 지원시설

다. 「철도사업법」 제2조 제8호에 따른 **철도사업자**가 그 사업에 사용하는 화물운송·하역 및 보관시설

라. 「유통산업발전법」 제2조 제15호 및 제16호의 **집배송시설 및 공동집배송센터**

(1) 복합물류터미널사업 《기출》 18회, 19회

① 복합물류터미널의 개념 : **두 종류 이상의 운송수단 간의 연계운송**을 할 수 있는 규모 및 시설을 갖춘 것으로 집배송단지와는 달리 **순수한 물류기능만을 담당**하는 물류기지이다. 물류 단계의 축소를 위해 물류터미널의 대형화 및 집중화가 이루어지는 추세이다.

가. 협의의 복합물류터미널

> 주로 화물취급장, 화물자동차 정류장, 배송센터, 운송수단 간 연계시설, 화물정보센터, ICD(CY 및 CFS), 창고시설과 **통관기능**, 공공편의시설을 가진 순수한 물류기지를 지칭한다.

나. 광의의 복합물류터미널

> 협의의 복합물류터미널, 창고단지, 유통가공시설, 물류사업자의 업무용 시설과 공동편의시설 등을 갖춘 종합물류기지를 총칭한다.

위와 같이 복합물류터미널은 도시 외곽이나 항만 외곽에 건설하여 도로, 철도, 해운 및 항공 등 수송로를 집합 또는 연계하며, 수송과 보관업무 외에도 수출입을 위한 **통관기능**까지 보유하

고 규모가 크기 때문에 기업집단이 건설할 수도 있지만, 주로 공공기관이나 정부가 직접 항만과 같이 사회간접투자의 일환으로 건설하는 경우가 많다.

② 복합물류터미널의 기능 《기출》 22회
　가. **터미널 기능** : 환적기능을 구비하여 출발지에서 도착지까지 수송, 하역, 보관, 포장 활동을 통하여 단위화 및 규격화를 실현, 환적기능을 위한 기계화 및 자동화 등의 생/성력화 실현
　나. **혼재기능** : 소규모 화물의 단위화, 로트(lot)화를 통해 혼재기능을 강화
　다. **유통보관**(가공)**기능** : 대량생산체제를 바탕으로 한 생산자와 다품종, 소량, 다빈도 수주특성을 갖는 소비자를 수송채널을 통해 연결하는 역할
　라. **트랜스폼**(Transform)**기능** : 물류터미널에 있어서 상품의 가공, 포장, 판매단위의 소량다품종 상품을 수요단위에 적합하게 세트상품으로 재포장(유통가공기능과 혼동 주의)
　마. **정보센터기능** : 물자의 집화·배달의 공간과 동시에 화물정보센터로서 기능을 강화, 수송수단의 예약탁송, 화물의 운행 및 도착, 재고관리정보 등을 제공

③ 운영의 장점
　가. 화물파손의 극소화, 교통 혼잡 완화, 보관 및 수배송비 절감, 포장 및 재포장의 일관처리, 통관절차의 간소화
　나. 물류 관련 업체의 노하우 축적과 업무협조체제 구축
　다. 도시 간 대량수송과 도시 내 집배송거점으로서 도시 내외의 수배송의 합리화와 일관운송체제의 확립
　라. 전국 물류중계기지 확립과 간선도로 및 도시 내 교통완화로 도시기능의 재개발
　마. 내륙 ICD로서 수출물류비와 운송시간을 절감하여 수출경쟁력을 제고

④ 운송수단별 연계 형태
　가. 공로와 공로를 연결하는 유니모달(unimodal)방식의 트럭 터미널
　나. 공로와 철도를 연결하는 내륙 복합물류터미널
　다. 공로, 철도, 항만을 연결하는 육해공 복합물류터미널
　라. 공로와 공로 연결하는 공륙 복합물류터미널
　마. 공로, 항만을 연결하는 해륙 복합물류터미널

(2) 일반물류터미널사업

물류터미널사업 중 복합물류터미널사업을 제외한 것을 말한다.
① **물류창고** : 화물의 저장·관리, 집화·배송 및 수급조정 등을 위한 보관시설·보관장소 또는 이와 관련된 하역·분류·포장·상표부착 등에 필요한 기능을 갖춘 시설을 말한다.
② **물류창고업** : 화주(貨主)의 수요에 따라 유상으로 물류창고에 화물을 보관하거나 이와 관련된 하역·분류·포장·상표부착 등을 하는 사업을 말한다. 다만, 다음 각 목의 어느 하나에 해당하는 것은 제외한다.

가. 「주차장법」에 따른 주차장에서 자동차의 보관, 「자전거 이용 활성화에 관한 법률」에 따른 자전거 주차장에서 자전거의 보관

나. 「철도사업법」에 따른 철도사업자가 여객의 수하물 또는 소화물을 보관하는 것

다. 그 밖에 「위험물안전관리법」에 따른 위험물저장소에 보관하는 것 등 국토교통부와 해양수산부의 공동부령으로 정하는 것

03 물류센터와 배송센터

1 물류센터

(1) 물류센터의 의의

① 물류센터의 개념 : 일반적으로 물류센터는 상류에 속하는 도소매기능을 가진 농수산물 도매단지, 공산품 도매단지 및 공산품 집배송단지와 순수한 물류에 속하는 트럭 터미널, 창고단지, 유통가공시설, 배송센터를 총괄하여 지칭하게 된다. 이 같은 물류센터 또는 물류거점은 **제조회사의 판매와 유통업체의 도소매업을 중심**으로 한 상류와 물류가 복합된 경우도 있고 **순수하게 물류기능**만 수행하는 경우도 있다.

② 물류센터의 역할 🖉기출 12회, 14회, 18회, 19회

　㉠ **수송비와 생산비의 절충**이라는 순수 물류기능을 주로 수행하기에 설계 및 제조, 판매 등의 기능은 수행하지 않음.

　㉡ 수요와 공급의 조절역할 : 생산 및 수요량이 계절적 요인에 따라 크게 변동하는 제품, 원부자재의 가격변동이 큰 경우(수급적합)

　㉢ 제조공정의 일부로서의 역할 : 숙성이 요구되는 상품(유통가공)

　㉣ 마케팅 지원의 역할

③ 물류센터의 업무 🖉기출 25회

　㉠ '**입고**'는 입고제품의 수량 및 상태 이상 유무에 대한 검수 등을 포함

　㉡ '**보관**'은 입고구역으로부터 검수된 제품을 파렛트 랙에 저장하는 것이며, 보관위치는 품목과 상품특성에 따라 정함.

　㉢ '**피킹**'은 출고지시에 따라 파렛트, 박스, 낱개 단위별로 이루어지며 일괄피킹, 순차피킹 등의 방법이 있음.

　㉣ '**분류**'는 파렛트, 박스, 낱개 단위별로 피킹된 제품을 배송처별로 구분하는 활동으로 자동컨베이어, DPS(Digital Picking System), 분류자동화기기 등의 설비를 이용

　㉤ '**유통가공**'은 가격표 부착, 바코드 부착, 포장 등의 작업을 수행

④ 물류센터의 규모산정 순서 _기출_ 18회, 23회
   ㉠ 서비스 수준의 결정
   ㉡ 제품별 재고량 결정
      – 목표서비스 수준이 결정되어야 그에 알맞은 재고량이 산정됨.
   ㉢ 보관량 및 보관용적의 산정
   ㉣ 하역작업 방식과 설비의 결정
   ㉤ 총면적의 산출

(2) 물류센터 설계의 단계별 활동

단 계	분석 및 결정사항
분 석	경영전략 및 물류전략 분석 → 제품 및 주품목군 분석 → 물류센터의 구조결정
대안수립	제품단위와 주문정보의 흐름분석 → 구역별 설비 선택과 운영정책 선정
평 가	구역별 성능분석과 구역 간 성능분석 → 전체 시스템의 평가 및 결정 → 물류센터의 배치결정

(3) 물류센터의 설계 특성별 고려사항 _기출_ 21회

① 제품 특성 : 크기, 무게, 가격 등
② 주문 특성 : 주문수, 주문의 크기와 빈도, 처리 속도 등
③ 관리 특성 : 재고정책, 고객비스 목표, 투자 및 운영비용
④ 환경 특성 : 지리적 위치, 입지제약, 환경제약 등
⑤ 설비 특성 : 설비 종류, 운영방안, 자동화 수준 등
⑥ 운영 특성 : 입고방법, 보관방법, 피킹방법, 배송방법

2 배송센터

(1) 배송센터의 의의

① 배송센터의 개념 : 물류센터보다 소규모로 소매점 고객 및 소비자에 대한 배송, 택배기능에 개별기업의 유통, 배송센터 기능을 수행하는 거점을 의미한다.

배송센터(distribution center)를 보통 집배송센터 또는 집배센터라고 부른다. 이는 도매업, 대량 소매업(양판점 및 백화점), 슈퍼 체인, 편의점 등이 매일 상품의 집화와 배송을 동일 장소에서 실시한다는 데 착안하여 나온 명칭이다.

이와 유사한 용어로서 유통센터(commercial distribution center)가 있으며 이는 협의로는 개별기업의 배송센터와 유사한 의미를 가지고 있으며, 광의로는 복합물류터미널과 같은 대규모 물류업무단지 자체를 지칭한다.

물류거점을 우리나라에서는 물류단지라고 총칭하여 부르고 있으며 배송센터는 유통단지(물류거점) 가운데 순수한 물류기능만을 담당하는 화물터미널, 배송센터, 창고단지, 유통가공시설 가운데 일부분이다.

  ㉠ 집배송센터의 기본 작업 프로세스

> 입고 ➡ 검사 ➡ 보관 ➡피킹 ➡ 검품 ➡ 포장 ➡ 출하

  ㉡ 집배송센터의 주요 처리 대상화물

    ⓐ 물품의 보관기간이 짧고 입출고 빈도가 높은(회전율 높은) 화물

    ⓑ Door-to-Door, Desk-to-Desk, Hand-to-Hand, Heart-to-Heart 화물

② 배송센터 건설의 기본요건

  ㉠ 배송창고로 배송하는 것이 보다 경제적일 때(비용절감 효과가 있을 때)

  ㉡ 소량 보관도 창고 시스템 유지비용을 충당할 수 있을 때

  ㉢ 1인 이상의 인력작업량이 될 때

  ㉣ **연중 변동폭이 1 이하**일 때(물동량의 변동폭이 크면 배송센터 효용이 감소됨.)

  ㉤ 배송창고가 포장 간이화에 공헌할 때

  ㉥ 취급상품들의 시장 확대성을 기대할 수 있을 때

    • 비용절감 측면과 마케팅의 Place전략 측면 감안

  ㉦ 협업화의 이점이 적을 때

  ㉧ 물류비 중 운송비의 비중이 클 때

  ㉨ 부패, 마모가 적은 상품일 때(보관성이 높은)

③ 수배송관리 시 효율화가 필요한 요소

  ㉠ **리드 타임**(수주에서 납품까지 또는 수주에서 다음 수주까지의 기간)

  ㉡ **적재율**

  ㉢ **차량운행 대수**

  ㉣ 수배송 **범위(coverage)와 경로(route) 및 수배송비의 비율**

④ 배송센터의 기능 : 물류활동에는 운송, 배송 및 택배(宅配)라고 하는 물류경로(link)와 보관 또는 유통가공을 주로 하는 물류거점(node)으로 분류할 수 있다. 특히, Node 가운데는 공공적인 성격의 유통단지로서 사회간접자본에 의해 조성되는 철도화물역, 항만, 공항, 트럭 터미널, 복합물류터미널 및 ICD 등이 있고 민간 기업에서 설치·운영되는 배송센터, 창고단지, 유통가공시설, 화물자동차 정류장 및 공동집배송단지 등이 있다.

이 가운데 배송센터는 민간 기업에 의해 설치·운영되는 물류시설(node)로서 다품종 대량품을 공급자로부터 수탁하여 수요자의 수주에 의하여 물품을 환적(운송과 집배, 검수), 보관(보관, 분류, 검수), 유통가공(가공, 조립, 포장, 검수), 정보처리 등을 통해 다수 수요자로부터의 주문에 의해 고객이 만족할 만한 서비스 수준으로 집배송하는 기능을 가진 물류시설이다. 따라서

그 기능상 집배송시설을 중심으로 도매시설, 창고시설, 고객, 기타 물류시설, 트럭 터미널 등과 유기적으로 연결되어 있다.

㉠ 대량**생산과 소비의 타이밍 조정**을 위한 보관

㉡ **경제적 운송** 로트(lot)로 출하와 입화를 수행하기 위한 비축

㉢ 분산 보관된 재고의 집약·보관·하역의 **관리효율을 향상**

㉣ 여러 지역으로부터 다종류 조달품의 집약과 소비자에 대한 **계획운송**을 위한 집약

㉤ **생산과 소비의 균형**조정

㉥ 고객에 대한 **배송 서비스 향상**을 위한 소비지에의 근접 보관

㉦ 고객에의 서비스 수준을 유지하기 위한 **안전재고의 유지**

㉧ 운송비용의 절감을 위한 로트 운송 또는 말단배송의 연계점

㉨ 상류와 물류의 분리를 통한 효율화

㉩ 운송효율을 향상하기 위해 소비지에서의 조립·가공·포장에의 필요성에 근거하여 상품의 종류와 유통 형태에 맞는 배송센터를 설치

⑤ 배송센터 구축 시 장점

  ㉠ 수송비 감소

    ⓐ 배송비 증가(배송창고 집약으로 배송커버리지 증가, 배송횟수 증가)

    ⓑ 요율이 높은 배송비의 영향으로 총운송비는 증가함.

    ⓒ 거점수가 증대함에 따라 비례적으로 높은 고정비가 발생하는 창고 및 재고비를 포함한 총비용은 감소함.

  ㉡ 서비스율 향상

  ㉢ 상물분리의 실현

  ㉣ 중복교차수송 배제(거래수 감소)

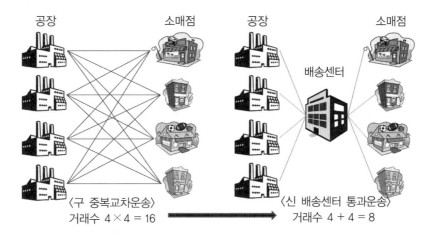

공장　소매점　공장　배송센터　소매점

〈구 중복교차운송〉
거래수 4×4 = 16

〈신 배송센터 통과운송〉
거래수 4 + 4 = 8

　　ⓜ 납품작업의 합리화

　　　　ⓐ 백화점, 양판점으로 공동배송을 통해 상품 공급활동의 효율화

　　　　ⓑ 배송센터 건설을 통해 각 도매상과 소매점 사이의 중복교차운송 배제

　　　　ⓒ 부차적으로 배송센터의 자동분류장치를 설치하여 생산성 향상 도모

(2) 배송센터의 시설계획 　기출 23회

배송센터는 보관창고나 유통창고를 중심으로 한 **수배송과 보관** 및 **유통가공시설이 추가**된 장소이기 때문에 그 의미를 축소하면 유통창고와 같은 개념이며, 확대하면 수배송, 보관 및 유통가공이 복합된 장소이다. 따라서 내부시설에는 유통창고의 시설에서 몇 가지 수배송과 유통가공시설이 추가되고 있다.

즉, 내부시설에는 물품수화장소, 검품장소, 분류장소, 유통가공장소, 보관장소, 특수상품 보관장소, 발송장소 및 사무실(정보처리 포함) 등이 있으며, 주변시설로서는 주차장, 구내도로, 각종 편의시설, 주유소 및 수리나 정비소 등으로 구성되어 있다.

- 소비자의 상품욕구의 변화 – 다품종·소량
- 소비자의 욕구변화에 따른 운송의 변화 – 소로트·다빈도
- 소로트·다빈도 운송에 따른 거점의 변화 – 적정재고, 저비용 및 기회손실이 적은 운영체제가 요구됨.
- 기존 창고는 화물과 화주, 자금, 기술, 정보의 반응성 및 유연성이 부족하여 이를 개선하고 부가가치를 창출할 수 있는 현대적 의미의 거점시설이 요구됨.

(배송센터, 물류거점의 시설계획)은 다음과 같은 순서로 진행된다.[1]

① 조건계획 : 배송센터 시설계획의 조건으로 파악할 사항은 다음과 같다.

　　㉠ 물류상의 단계와 그 역할

　　㉡ 대상 **배송선(고객사, 거래처)의 위치**나 수배송센터의 **위치와 규모**

　　㉢ 대상 상품과 그 **재고기준**

　　㉣ 대상 거래처 및 배송센터의 **작업**

　　㉤ 취급**상품의 특성**으로서 치수·중량·품종·규격·1건당 입출고량

　　㉥ 인수로부터 집약하여 배송하기까지 **리드 타임, 수주빈도, 물류비용** 및 **고객서비스** 등

② 기본계획

　　㉠ 배송센터의 부지, 창고건물의 형식·규모·구조, 운반과 보관방식 및 작업의 흐름 등을 결정하고 취급품의 특징에 따라 운영방식과 보관방식의 조합 중에서 가장 효율적인 시설과 적합한 기기를 선택하여야 한다.

---

1) 유종식, 전게서, pp.144~145.

ⓛ 상품의 특성에 따라 차량의 크기와 대수, 접차·조차·주차공간, 부대작업 공간과 이용기기의 선정, 작업과 시설배치의 적합성을 위한 블록 레이아웃 등을 결정한다.

ⓒ 구체적인 건설과 설비를 위한 각종 건축법과 소방법 등의 법적 규제와 주변 여건을 조사한 다음 서비스의 레벨, 소요자금, 작업비용 등에 대한 종합적인 평가를 수행하여 최종적인 결정을 한다.

③ 세부계획

ⓐ 운반 핸들링을 위한 용기의 크기와 형상

ⓛ 기기와 설비 사양

ⓒ 보관기기와 설비의 사양

ⓔ 보관·운반 핸들링을 위한 보조기기의 결정

ⓜ 특수 차량과 적재를 위한 보조기기

ⓗ 작업장 내 세부 레이아웃(설비와 기기의 레이아웃)

ⓢ 상품별 공간단위(location)의 결정

ⓞ 작업원의 배치와 운용방안

ⓩ 사무처리와 정보처리시설 그리고 부대시설의 결정

④ 실시준비, 운영요령

ⓐ 작업순서 작성

ⓛ 작업기준 결정

ⓒ 관리방법 결정

ⓔ 관리지표 작성

ⓜ 필요인력 확보

ⓗ 신 시스템의 응용방안 및 설비의 발주와 유지방안 등

(3) 거점수와 물류비 🖋기출 9회, 11회, 21회

① 창고수와 물류비와의 관계

ⓐ 창고수가 적정 수에 이를 때까지 총비용은 줄어들다가 넘어서면 다시 증가한다.

ⓛ 창고고정비, 재고유지비용은 수배송비용과 상쇄(상충, 이율배반적, Trade-off)관계가 있다.

ⓒ 총운송비(수송비 + 배송비)는 운송료율이 높은 배송의 횟수 증감에 영향을 크게 받는다(1톤 트럭 요율 > 5톤 트럭 요율).

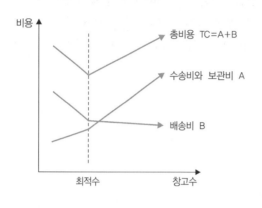
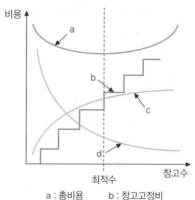

창고수와 물류비의 관계

a : 총비용　　　b : 창고고정비
c : 재고유지비　d : 수배송비용

빈출 • 적정창고수, 최적창고수 구하는 문제
　　　• a~d까지의 개별 비용명과 비용곡선 매칭문제

② 창고수 증가에 따른 관리요소의 변화 **빈출**

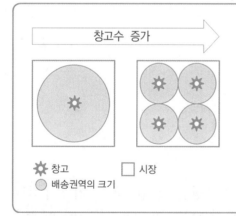

창고수 증가

① 수송 횟수 증가로 수송비 증가
② 배송권역 축소로 배송의 횟수 감소 및 배송비 감소
③ 총운송비 감소(배송요율이 매우 높아 배송 횟수 증감에 영향)
④ 총재고량 증가(안전재고량의 증가)
⑤ 창고고정비 및 재고유지비 증가

☀ 창고　　　□ 시장
◯ 배송권역의 크기

③ 배송센터수 증가의 의미

㉠ 아무런 조건 변화 없이 배송센터수 증가의 의미는 기존대비 거점 수 증가의 의미로 해석한다.

㉡ 기존 창고들을 통합하거나 배송센터에 입주하는 식의 배송센터수 증가의 의미는 기존대비 거점 수 감소의 의미로 해석한다.

• 평균배송권역 증가, 총운송비 증가(배송비 증가 + 수송비 감소), 창고고정비 및 재고유지비 감소

04 기타 물류시설

1 ICD(Inland Container Depot), 내륙 컨테이너기지

(1) 내륙 ICD의 개념 🖊️기출 14회, 25회

① 내륙 ICD(Inland Container Depot)란 국내에서 이용되는 SP의 2차적 창고인 중계소, 배송소 및 보관소와는 달리 국내외 화물이 컨테이너화함에 따라 공단과 항만 사이를 연결하여 화물유통을 원활하게 하기 위한 대규모 물류기지로서 그 규모와 기능이 확대될 때는 복합물류터미널과 같은 역할을 수행하기 때문에 복합물류터미널과 유사어로 공용하는 경우가 많다. 우리나라의 경우 부곡과 양산의 ICD는 복합물류터미널과 그 기능을 같이하고 있다.

② 원래 내륙 ICD는 각 운송수단 간의 연계 및 중계기능을 제외한다면 미만재 소량수출품(LCL Cargo : Less than a Container Load)을 집화하고 방면별로 분류하여 컨테이너 속에 적입(vanning in)한 다음 항만의 CT(Container Terminal)까지 운송하는 업무, 즉 혼재업무(consolidation)를 담당하는 **일종의 내륙 CFS**와 같은 장소를 의미한다. 도시 근교나 공단주변에 위치한 소규모 내륙 ICD는 화물을 집화하여 항만에 가기 전에 대규모 ICD, 즉 복합물류터미널에 일단 화물을 반입하는 경우도 있다.

③ 우리나라나 일본의 경우에는 선사나 육상운송업자들이 항만으로 화물을 수송하기 전에 내륙공단, 철도역 및 대도시 주변 등지에서 화물을 집화 또는 혼재하지만, 미국의 경우에는 ICD가 도시 주변의 고속도로 인터체인지 부근의 트럭 터미널이나 제조회사의 유통창고가 밀집된 지역에 위치하고 있으며, OCP(Overland Common Point)는 대부분 철도역과 ICD가 인접거리에 위치하고 있다.

(2) 내륙 ICD의 형태

내륙 ICD는 두 가지 의미를 갖고 있다.

① Inland Container Depot로서 주로 항만과 내륙 운송수단과의 연계가 편리한 산업지역에 위치한 컨테이너의 **집화 혼재를 위한 화치장**을 의미한다.

② 내륙 컨테이너화물에 **통관기능**까지 부여하고 있는 ICD(Inland Clearance Depot)를 의미한다.

따라서 중요 수출항이 내륙에서 원거리에 있거나 인근 항만의 체선 및 체화현상이 극심한 경우 또는 주변 대도시의 교통혼잡이 극심한 경우에는 내륙 ICD의 역할이 크게 부각되게 된다.

(3) 내륙 ICD의 기능 [기출] 12회, 18회, 21회

① 내륙통관기지로서의 ICD는 항만 내에서 이루어져야 할 **본선 선적 및 양화작업과 마샬링[2] 기능 (marshalling function)을 제외**한 장치보관기능, 집화분류기능, 통관기능을 갖고 있다.

② 선사 및 대리점, 트럭회사, 포워더(forwarder), 컨테이너 수리회사, 하역회사, 관세사, 포장회사 등을 유치하여 운영하기 때문에 내륙 항만이라고 부른다.

③ 따라서 내륙 ICD는 지역항의 기능을 대신하고 내륙운송의 규모경제를 실현할 수 있게 하기 때문에 항만과 대도시의 혼잡을 동시에 완화시키는 기능을 수행하게 된다.

(4) 내륙 ICD의 장점 [기출] 14회

① 시설면 : 항만지역과 비교하여 창고·보관시설용 **토지취득이 용이**하고 시설비용이 절감되어 창고보관료가 저렴

② 하역면 : **노동력의 안정적 확보**와 하역작업의 **기계화를 통한 노동생산성의 향상**

③ 운송면 : 화물의 대단위화에 따른 운송효율의 향상과 항만지역의 **교통혼잡을 피할 수 있어 수송비가 절감**

④ 포장면 : 통관검사 후 재포장이 필요한 경우, ICD **자체 보유 포장시설을 이용**

⑤ 통관면 : 항만에서의 통관 혼잡을 피하고 통관의 신속화에 따른 **비용을 절감**

2 항만지역의 보관시설(수출입 상품의 보관)

(1) 보세구역 [기출] 18회, 22회

수출품의 선적을 위해 보세구역에 반입된 물품은 보세장치장이나 보세창고에서 선적 시까지 대기하게 된다. 보통 수출품은 국유 보세창고에 크게 의존하고 있으며 자가보세창고 및 보세장치장이 이를 지원하고 있다.

---

2) 마샬링(Marshalling) : CY 내에서 컨테이너화물을 컨테이너선에 적양하역을 하기 쉽도록 정렬하는 작업

보세구역의 종류는 다음과 같다.

① **보세장치장** : 지정장치장의 부족 및 수출입자의 편리도모를 위해 보완적 역할로 통관을 위한 수출품의 장치구역으로서 특허기간은 3년이며, 이 기간 내에 경신할 수 있다. 장치장에는 자가장치장, 타소장치장, 영업용 장치장이 있다.

　　㉠ **자가장치장** : 하선 후, 보세운송으로 이동되는 화물화주 자신의 장치장

　　㉡ **영업용 장치장** : 타인의 수출입 물품을 장치하고 보관료를 받아 영업하는 장치장

　　㉢ **타소 장치장** : 「관세법」상 모든 수입물품은 모두 보세구역에 장치하도록 하고 있으나, **예외**적으로 특별한 사정이 있는 물품은 **세관장의 허가를 받아 보세구역이 아닌 곳에 장치**(거대 중량물 등)

② **보세창고** : 보세장치장과 같으나 다만, **세관장의 허가를 득하는 경우 통관하지 않은 내국화물도 장치할 수 있다.** 특허기간은 10년 이내이며, **부패성(perishable) 화물과 생동물(live animal)은 장치할 수 없다.** 보세창고의 장치기간은 외국화물의 경우는 1년 범위, 내국화물은 1년 범위이나 외국화물의 경우 세관장의 인정 하에 1년 범위에서 연장할 수 있다.

③ **지정보세구역** : 지정보세구역은 지정장치장으로서 통관을 위한 물품을 일시 장치하는 장소로서 세관장이 지정하는 구역이다. 이 곳의 물품장치기간은 6개월의 범위 안에서 관세청장이 정하며, 내국화물의 경우 세관장의 허가로 10일 이내 반출할 수 있고 반출품의 보관은 화주가 책임진다.

(2) CY(Container Yard)**/CFS**(Container Freight Station)　📝기출 12회, 14회, 18회, 23회

① CY(Container Yard)

　　㉠ 컨테이너화물은 부두의 컨테이너 터미널 내에 마련된 CY에서 대기하며, 미만재 소량화물(**LCL Cargo**)은 창고형 작업장(창고형 작업장은 stuffing & stripping area에 속함)인 **CFS에서 혼재작업**을 통해 만재화물(FCL Cargo)이 된다. 선적시기가 닥친 화물은 마샬링 야드(marshalling yard)에 이동시켜 선적대기하게 된다.

　　㉡ 주로 마샬링 야드 배후에 배치되어 있으며 컨테이너의 하역작업 전후 컨테이너의 인도ㆍ인수 및 보관을 위해 컨테이너를 쌓아두는 장소를 일컫는다.

② CFS(Container Freight Station) : 수출을 위해 선박회사나 그 대리점이 영업한 화물 중 한 개의 컨테이너를 채울 수 없는 목적 항이 같은 소형 <u>송화주</u>들의 화물(LCL)을 모아 만재(FCL)시키기 위한 작업장소이며, 혹은 목적 항으로 다양한 방식으로 만재(FCL)되어 운송된 컨테이너를 다수의 소형 <u>수화주</u>에게 분할 반출시키는 작업을 하기 위해 지정한 장소를 의미한다.

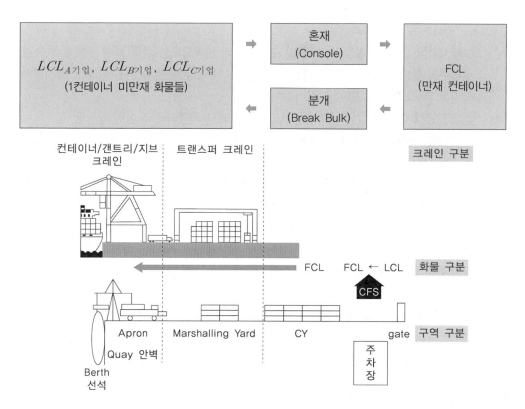

③ ODCY(Off-Dock Container Yard) : 항구에 있는 CY/CFS는 항내(on-dock)에 위치하는 것이 원칙이지만, 부산항이나 인천항의 경우 부두가 협소하여 부두 외곽에 통관기능을 갖추고 내륙지점(off-dock)에 산재해 있으며 아래와 같은 장단점을 가지고 있다.

장 점	단 점
㉠ On-Dock CY대비 낮은 임대료 ㉡ 낮은 조업 혼잡도 ㉢ 기존대비 컨테이너 장치보관기능의 증대 ㉣ **통관기능** 수행	㉠ 물류비의 추가 발생 ㉡ 도심 교통난 가중 ㉢ 토지이용과 도시개발의 제약을 받음. ㉣ 기존 CY의 기능을 분담으로써 기존 항만의 통제기능이 약화됨.

물동량의 감소와 상기된 단점에 의해 ODCY는 점차 ICD에 통합되거나 줄어드는 추세이다.

3 스톡 포인트와 데포

(1) 스톡 포인트(SP : Stock Point) *기출* 14회, 18회, 21회

스톡 포인트란 보통 **재고품**의 <u>임시보관거점</u>으로서 상품의 배송거점인 동시에 예상수요에 대한 보관거점을 의미한다. 스톡 포인트는 일종의 화치장으로서 물품보관에 주력하는 보관장소이므로 제조업체들이 **원료**를 쌓아두거나 **완성품이나 폐기물**들을 쌓아두는 경우가 많으며 유통업체들의 경우에는 배송시키기 위한 전 단계로서 재고품을 비축하거나 다음 단계의 배송센터로 상품을 이전시키기 위해 일시 보관하는 곳이라고 말할 수 있다.

(2) 데포(DP : Depot) *기출* 8회, 14회, 17회, 19회

데포란 화물의 임시보관거점이라는 공통점 이외에 두 가지 의미로 사용된다.
① 스톡 포인트보다 규모가 작은 국내용 2차 창고를 의미하는 경우이다.
② **수출상품**을 집화 및 수송하기 위해 항만 터미널에 CY/CFS를 개설하는 방법 외에 내륙에 ICD를 설치하고 컨테이너 1개당 미만재 소량화물(LCL cargo)을 집화·분류·적입하여 항만으로 이송하는 경우, 이런 용도의 **내륙 CFS**를 데포라고도 부른다. ➡ 국내에서의 데포의 의미
우리나라나 일본에서는 배송센터에서 직접 소비자에게 배송하는 경우가 많아 아직 배송소나 보관소로 한 단계 더 세분화되어 소비자에게 상품이 이동되는 채널(국내용 2차 창고)은 발달하지 못하고 있다.

4 국제 컨테이너 터미널

컨테이너 수송에 있어서 해상 및 육상수송의 접점인 부두에 위치하고 본선하역, 화물보관, 육상수송기관으로의 컨테이너 및 컨테이너 화물의 인수, 인도를 행하는 장소로 컨테이너에의 화물의 적재를 원활하고도 신속하게 하기 위하여 "고도의 유통 작업을 하게 하는 장소 및 설비의 전체"를 의미한다.

05 물류시설의 민간투자사업의 추진방식 ✎기출 19회

1980년 이후 급속한 경제발전과 국민생활 수준 향상에 따라 도로, 철도, 교육시설 등 사회간접자
본시설(SOC) 및 사회기반시설(Infra)에 대한 수요증가와 한정된 정부재원에 의한 시설구축의 한
계를 극복하고자 도입된 제도이다.

참조 사회기반시설에 대한 민간투자법(시행 2019. 3. 14.) [법률 제15460호, 2018. 3. 13., 타법 개정] 제4조
참조

1 BTO(Build – Transfer – Operate) 방식, 수익형 민자 사업

사회기반시설의 준공과 동시에 당해 시설의 소유권이 국가 또는 지방자치단체에 귀속되며 사업시
행자에게 일정 기간의 시설관리운영권을 인정하는 방식
① 의의 : 민간자금으로 건설(Build), 소유권을 정부로 이전(Transfer), 사용료 징수 등 운영
(Operate)을 통해 투자비 회수(민간투자주체가 수요위험 부담)
② 대상 : **도로, 철도** 등 투자비 회수 및 수익(통행료 등) 창출이 용이한 시설

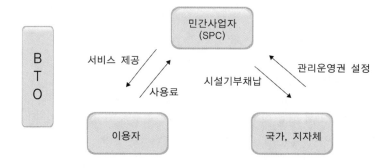

2 BTL(Build – Transfer – Lease) 방식, 임대형 민자 사업

사회기반시설의 준공과 동시에 당해 시설의 소유권이 국가 또는 지방자치단체에 귀속되며, 사업
시행자에게 일정 기간의 시설관리운영권을 인정하되, 그 시설을 국가 또는 지방자치단체 등이 협
약에서 정한 기간 동안 임차하여 사용·수익하는 방식
① 의의 : 민간자금으로 공공시설 건설(Build), 소유권을 정부로 이전(Transfer), **정부가 시설 임
대료(Lease) 및 운영비** 지급(정부가 수요위험 부담)
② 대상 : 학교, 문화시설 등 수요자(학생, 관람객 등)에게 사용료 부과로 투자비 회수가 어려운
시설

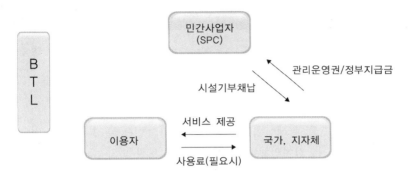

③ 임대형 민자 사업의 중요 고려요소

임대형(BTL) 민자 사업의 중요 고려요소			
D(설계, Design)	B(건설, Build)	F(금융, Finance)	O(운영, Operate)

3 기타 민간투자사업의 투자방식

(1) BOT(Build-Operate-Transfer) 방식

사회기반시설의 준공 후 일정 기간 동안 사업시행자에게 당해 시설의 소유권이 인정되며 그 기간의 만료시 시설소유권이 국가 또는 지방자치단체에 귀속되는 방식

(2) BOO(Build-Own-Operate) 방식

사회기반시설의 준공과 동시에 사업시행자에게 당해 시설의 소유권이 인정되는 방식

(3) BLT(Build-Lease-Transfer) 방식

사업시행자가 사회기반시설을 준공한 후 일정 기간 동안 타인에게 임대하고 임대 기간 종료 후 시설물을 국가 또는 지방자치단체에 이전

(4) ROT(Rehabilitate-Operate-Transfer) 방식

국가 또는 지방자치단체 소유의 기존시설을 정비한 사업시행자에게 일정 기간 동 시설에 대한 운영권을 인정

(5) ROO(Rehabilitate-Own-Operate) 방식

기존시설을 정비한 사업시행자에게 당해 시설의 소유권을 인정

(6) RTL(Rehabilitate-Transfer-Lease) 방식

사회기반시설의 개량·보수를 시행하여 공사의 완료와 동시에 당해 시설의 소유권이 국가 또는 지방자치단체에 귀속되며, 사업시행자는 일정 기간 관리운영권을 인정받아 당해 시설을 타인에게 사용·수익하도록 하는 방식

01 물류단지시설에 관한 설명으로 옳지 않은 것은? ✅ 19회

① 물류센터는 운송비와 생산비의 절충점을 찾아 총비용을 절감할 수 있다.

② 공동집배송단지는 참여업체들의 공동구매 및 보관을 가능하게 한다.

③ 중계센터는 제품의 보관보다는 단순중계가 주요한 기능으로 크로스 도킹(Cross Docking) 등의 기능을 수행할 수 있다.

④ 물류단계의 축소를 위해 물류터미널의 소형화 및 분산화가 이루어지고 있다.

⑤ 복합물류터미널은 소규모 화물의 로트화를 통해 혼재기능을 수행한다.

[해설] 물류단계의 축소를 위해 물류터미널의 <u>대형화 및 집약화</u>가 이루어지고 있다.

02 물류단지시설에 관한 설명으로 옳지 않은 것은? ✅ 17회

① 데포(Depot)는 제조업체가 원료나 완성품을 쌓아두거나 유통업체가 배송 전 단계로 재고품을 비축 또는 다음 단계의 배송센터로 제품을 이전시키기 전에 일시 보관하는 시설이다.

② 물류터미널은 화물의 집하, 하역 및 이와 관련된 분류, 포장, 보관, 가공, 조립 또는 통관 등에 필요한 기능을 갖춘 시설이다.

③ 복합물류터미널은 두 종류 이상의 운송수단 간의 연계운송을 수행할 수 있는 시설이다.

④ 공동집배송센터는 여러 유통사업자 또는 제조업자가 공동으로 사용할 수 있도록 집배송시설 및 부대업무시설이 설치되어 있는 시설이다.

⑤ 내륙 컨테이너기지(ICD)는 주로 항만터미널과 내륙운송수단과의 연계가 편리한 산업지역에 위치한 컨테이너 장치장으로 컨테이너 화물의 통관기능까지 갖춘 시설이다.

[해설] ① Stock Point에 대한 설명이다.
Depot는 주로 수출입 상품의 임시보관 거점으로 활용된다.

03 다음의 설명에 모두 해당하는 물류시설은? ✅ 18회

> • 두 종류 이상의 운송수단 간의 연계운송을 할 수 있는 규모 및 시설을 갖추고 있다.
> • 수송기능 중심의 물류시설로서 화물취급장 또는 집배송시설 등을 보유하고 있다.
> • 해당 지역 운송망의 중심에 위치하여 다른 교통수단과 연계가 용이하다.

① 복합물류터미널   ② 물류센터
③ 공동집배송단지   ④ 중계센터
⑤ 데포(Depot)

[해설] 복합물류터미널은 광의적으로는 창고단지, 유통가공시설, 물류사업자의 업무용 시설과 공동편의시설 등을 갖춘 종합물류기지를 총칭하기도 하며, 터미널 기능, 혼재기능, 유통가공 기능, 트랜스폼 기능, 정보센터 기능을 수행한다.

04 물류센터에 대한 설명으로 가장 적절하지 않은 것은? ✅ 12회

① 다품종 대량의 물품을 공급받아 분류, 보관, 유통가공 등을 통해 적기배송을 위한 시설이다.
② 공급자와 수요자의 중간에 위치하여 수요와 공급을 통합하고 계획하여 효율화를 도모하는 시설이다.
③ 재고집약을 통해 적정재고를 유지하고 상류와 물류기능을 분리하여 중복, 교차수송을 실행한다.
④ 수급조정은 재고집약을 통해 해결하고 수급변동의 영향을 흡수하고 완화한다.
⑤ 유통과정의 단순화로 물류비용을 절감한다.

[해설] 재고집약을 통해 적정재고를 유지하고 상류와 물류기능을 분리하여 중복, 교차수송을 감소시킨다.

05 내륙 컨테이너기지(ICD)의 기능에 해당되지 않는 것은? ✅ 18회

① 수출입 통관업무   ② 선박 적하 · 양하기능
③ 집화, 분류기능   ④ 장치, 보관기능
⑤ 육상운송 수단과의 연계기능

[해설] 선박 적하 · 양하기능은 항만의 기능이다.

정답 **03** ① **04** ③ **05** ②

06 효율적인 수송을 위해 갖추어진 집배중계 및 배송처에 컨테이너가 CY(Container Yard)에 반입되기 전 야적된 상태에서 컨테이너를 적재시키는 장소는? ✓ 19회

① 데포(Depot)
② 스톡 포인트(Stock Point)
③ CFS(Container Freight Station)
④ 복합물류터미널
⑤ 집배송센터

[해설] 임시보관 거점이라는 측면에서 스톡 포인트(Stock Point)와 함께 출제되어 빈도가 높다.
스톡 포인트는 일종의 화치장으로서 물품보관에 주력하는 보관장소이므로, 제조업체들이 원료를 쌓아두거나 완성품이나 폐기물들을 쌓아두는 경우가 많으며 유통업체들의 경우에는 배송시키기 위한 전 단계로서 재고품을 비축하거나, 다음 단계의 배송센터로 상품을 이전시키기 위해 일시 보관하는 곳이다.

07 공동집배송의 개념과 도입효과에 관한 설명으로 옳지 않은 것은? ✓ 13회

① 공동집배송을 통하여 차량 적재율을 높이고 운송거리의 단축을 통하여 물류비의 절감을 기대할 수 있다.
② 공동집배송은 작업을 공동으로 수행하므로 화물흐름의 원활화, 인력절감, 공간활용의 극대화를 기대할 수 있다.
③ 공동집배송센터는 화주 및 물류업자가 공동으로 사용할 수 있도록 집배송시설 및 부대업무시설이 설치되어 있는 지역 및 시설물이다.
④ 공동집배송단지는 관련법상의 제약과 높은 지가로 개별업체 차원에서 개발이 곤란한 경우에 유용하다.
⑤ 공동집배송단지로 개발하는 것은 토지효율 및 투자효율을 낮출 수 있다.

[해설] 공동집배송단지는 공동화를 도모하는 시설이므로 동일한 자원들을 여러 주체들이 나누어 쓰기 때문에 토지효율 및 투자효율은 높다.

정답 **06** ① **07** ⑤

08 다음 중 물류거점에 대한 설명으로 옳지 않은 것은? 12회

① CFS(Container Freight Station)는 '소비지에 가까운 일시보관장소'라는 개념으로 규모가 작은 2차 센터(창고)의 의미를 지닌다.

② 물류단지란 물류단지시설과 지원시설을 집단적으로 설치·육성하기 위하여 지정·개발하는 일단의 토지를 말한다.

③ 공동집배송센터는 제조업자 및 유통업자가 공동으로 화물을 생산지에서 집화, 하역, 보관, 가공, 포장, 배송하는 역할을 한다.

④ 복합물류터미널은 두 종류 이상의 운송수단 간 연계운송을 할 수 있는 시설을 갖춘 터미널이다.

⑤ 내륙 ICD(Inland Container Depot)는 컨테이너의 장치보관, 통관을 내륙에서 수행하는 물류거점이다.

해설　① Stock Point에 대한 설명이다.
CFS(Container Freight Station)는 소량화물 LCL(Less than Container Load)화물을 모아서 컨테이너 하나의 분량, FCL(Full Container Load)로 만드는 취급장이다.

09 물류시설에 관한 설명으로 옳지 않은 것은? 18회

① CFS(Container Freight Station)에는 FCL(Full Container Load)화물이 보관되어 있으며, CY(Container Yard)에서는 LCL(Less than Container Load)화물이 혼재작업 후 FCL화물로 만들어져 CFS로 보내진다.

② 스톡 포인트(Stock Point)는 대도시, 지방중소도시에 합리적인 배송을 실시할 목적으로 설립된 유통의 중계기지이다.

③ 보세구역은 지정보세구역·특허보세구역 및 종합보세구역으로 구분하고, 지정보세구역은 지정장치장 및 세관검사장으로 구분한다.

④ ICD(Inland Container Depot)는 산업단지와 항만 사이를 연결하여 컨테이너화물의 유통을 원활히 하기 위한 대규모 물류단지로서 복합물류터미널의 역할을 수행한다.

⑤ 특허보세구역은 보세창고·보세공장·보세전시장·보세건설장 및 보세판매장으로 구분한다.

해설　CFS에는 LCL화물이 보관되어 있으며 CFS에서는 이러한 LCL화물들을 FCL화물로 만들어 CY를 통하여 마샬링 야드 에이프론을 거쳐 선박에 FCL상태로 선적되게 된다.

정답　**08** ① **09** ①

10 물류거점의 수와 관련된 주요 비용은 재고유지비용, 수배송비용 및 관리비용 등이다. 이들의 상관관계에 대한 다음 설명 중 틀린 것은? ✓ 11회

> ㉠ 물류센터의 수가 늘어나면 재고유지비용은 증가한다.
> ㉡ 물류센터의 수가 늘어나면 수송비용은 증가한다.
> ㉢ 물류센터의 수가 늘어나면 배송비용은 증가한다.
> ㉣ 물류센터의 수가 늘어나면 시설투자비용은 증가한다.
> ㉤ 물류센터의 수가 늘어나면 관리비용은 증가한다.
> ㉥ 물류센터의 수가 늘어나면 안전재고의 합은 증가한다.
> ㉦ 물류센터의 수가 늘어날수록 총비용은 증가하다가 감소한다.

① ㉠, ㉥　　　　　　　　　② ㉡, ㉢
③ ㉢, ㉦　　　　　　　　　④ ㉤, ㉦
⑤ ㉥, ㉦

해설　㉢ 아무런 조건 변화 없이 물류센터가 증가하면 단순히 거점수가 증가한다고 판단하여 각 센터에서 소비지까지의 배송커버리지와 배송의 횟수는 줄어들어 배송비용은 감소하고 수송비용은 증가한다.
㉦ 물류센터가 증가하게 되면 적정거점수까지는 꾸준히 총비용이 감소하다가 적정거점수를 넘어서게 되면 다시 증가하게 된다.

11 다음은 창고수와 물류비의 관계를 그림으로 나타낸 것이다. 각 항목별 명칭이 바르게 연결된 것은?

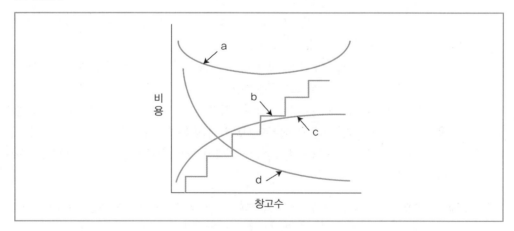

	a	b	c	d
①	총비용	창고고정비	재고유지비	수배송비용
②	총비용	수배송비용	창고고정비	재고유지비
③	총비용	재고유지비	창고고정비	수배송비용
④	총비용	재고유지비	수배송비용	창고고정비
⑤	총비용	창고고정비	수배송비용	재고유지비

[해설] a~d까지의 개별 비용곡선을 기억하고 특히 수배송비용은 거점수가 많아질수록 수송의 횟수는 증가하고 배송의 횟수는 감소하는데, 배송의 요율이 상대적으로 높기 때문에 수배송비용의 총합은 배송의 횟수 증감에 결정됨을 이해하도록 한다. 또한, 적정 창고수는 총비용이 최소화되는 지점(a곡선의 저점)으로 빈출됨을 기억해야 한다.

12 어느 정도 직접수익이 가능한 도로, 철도, 항만 등 물류기반시설에 대해 준공과 동시에 해당 시설의 소유권이 국가 또는 지방자치단체에 귀속되며, 사업시행자에게 일정 기간의 시설관리운영권을 인정하는 방식은? ✔ 19회

① 운영 후 이전방식(BOT : Build Operate Transfer)
② 이전 후 운영방식(BTO : Build Transfer Operate)
③ 임대운영 후 이전방식(BLT : Build Lease Transfer)
④ 소유권을 갖고 임대하는 방식(BOL : Build Own Lease)
⑤ 소유권을 갖고 운영하는 방식(BOO : Build Own Operate)

[해설] 이전 후 운영방식(BTO : Build Transfer Operate)
사회기반시설의 준공과 동시에 당해 시설의 소유권이 국가 또는 지방자치단체에 귀속되며 사업시행자에게 일정 기간의 시설관리운영권을 인정하는 방식이다.
㉠ 의의 : 민간자금으로 건설(Build), 소유권을 정부로 이전(Transfer), 사용료 징수 등 운영(Operate)을 통해 투자비 회수(민간투자 주체가 수요위험 부담)
㉡ 대상 : <u>도로, 철도</u> 등 투자비 회수 및 수익(통행료 등)창출이 용이한 시설

13 동일한 조건하에서 배송센터의 수가 늘어나는 경우에 관한 설명으로 옳은 것은? ✔ 16회
① 배송센터에서 배송처까지의 수송비용은 증가한다.
② 전체 배송센터의 재고수준은 증가한다.
③ 전체 배송센터의 운영비용은 감소한다.
④ 납기준수율은 감소한다.
⑤ 고객대응시간은 증가한다.

정답 **12** ② **13** ②

> [해설] ① 배송센터가 늘어나면 배송커버리지가 줄어들어 배송처까지의 운송비용은 감소한다.
> ③ 물동량이 고정인 상태에서 고정비용인 배송센터 수가 늘어나므로 전체 배송센터의 운영비용은 증가한다.
> ④ 시간적 효용을 발생시키는 배송센터의 증가는 총재고량의 증가와 더불어 납기준수율의 향상을 가져온다.
> ⑤ 소비지에 가까운 배송센터 수의 증가는 고객대응시간을 감소시킨다.

14 일반적으로 물류센터의 규모를 계획할 경우, 순서를 옳게 나열한 것은? ✔ 18회

> ㉠ 총면적의 산출   ㉡ 제품별 재고량 결정
> ㉢ 하역작업 방식과 설비의 결정   ㉣ 보관량 및 보관용적의 산정
> ㉤ 서비스 수준의 결정

① ㉡ → ㉤ → ㉢ → ㉣ → ㉠   ② ㉡ → ㉤ → ㉣ → ㉢ → ㉠
③ ㉣ → ㉢ → ㉤ → ㉡ → ㉠   ④ ㉤ → ㉡ → ㉣ → ㉢ → ㉠
⑤ ㉤ → ㉣ → ㉢ → ㉠ → ㉡

> [해설] 물류센터의 규모산정 순서이다.

15 '갑'회사는 3종류의 제품을 보관하는 창고를 신축하려고 하며, 지정위치 저장(Dedicated Storage)방식을 사용할 예정이다. 각 제품의 입출고는 독립적으로 이루어지며, 각 제품의 재고수준도 상호 독립적이다. 각 제품당 보관서비스 수준이 98%가 되도록 보관 소요공간을 할당하는 경우 가장 근사(近似)한 창고의 보관서비스 수준은? ✔ 13회

① 100%   ② 98%
③ 96%   ④ 94%
⑤ 92%

> [해설] 3종류의 제품에 대해 보관서비스 수준이 개별적으로 관리되고 각 98% 수준으로 동시에 충족되어야 한다는 조건이다. 여러 개의 사건이 동시에 충족될 확률은 개별 확률의 곱으로 계산된다.
> ∴ $0.98 \times 0.98 \times 0.98 = 0.941192$
> 본 창고는 약 94%의 보관서비스 수준이 유지될 것으로 판단된다.

정답 **14** ④ **15** ④

01 재고관리 시스템

1 재고관리의 의의

(1) 재고관리의 개념 기출 25회

① 재고관리의 개념 및 중요성

　㉠ 재고관리의 개념 : 기업이 미래에 사용할 목적으로 생산을 용이하게 하거나 또는 고객으로부터의 수요를 만족시키기 위하여 유지하는 원자재, 재공품, 완제품, 부품 등 재고를 최적 상태로 관리하는 절차

　　ⓐ 경영학적 측면 : 주어진 서비스율, 조달기간, 수요분포를 통해 어떤 발주방법을 택하고 1회당 발주비용, 1회당 발주량 크기 등을 검토하는 것

1회 주문량은 얼마로?	경제발주(EOQ : Economic Order Quantity) 결정의 문제
언제 주문해야 하는가?	발주시기, 발주점의 문제
어느 정도 재고를 보유?	적정재고수준, 안전재고의 문제

　　ⓑ 실무적 측면 : 신속 · 정확한 재고 파악, 재고조사방법 활용

　㉡ 재고의 보유목적(중요성)

　　ⓐ 원자재 적정수준 유지 : 재고비용 절감, 운전자금 원활화, 조업도 안전화, 서비스의 향상

> **재고비용 = 구매비용 + 발주비용 + 보관비용 + 품절손실비용 + 진부화비용**

　　ⓑ 품절방지 : 매출기회의 상실 대비, 고객서비스 향상과 더불어 재고비용 절감

　㉢ 재고관리의 역할

　　ⓐ 생산량과 수요량 사이의 완충역할

　　ⓑ 구매와 수송활동의 경쟁력 확보

　　ⓒ 가격상승에 따른 투자효과 기대

　　ⓓ 원활한 생산공정의 지원

　　ⓔ 긴급 상황의 대비

② 재고의 유형 – 재고보유의 목적

㉠ 안전재고 : 완충재고, 미래의 불확실성에 대비한 재고

㉡ 비축재고 : 미래의 피크수요에 대비한 재고

㉢ 로트 사이즈 재고 : 로트 사이즈 크기 단위로 발생되는 재고

㉣ 수송 중 재고 : 수송기간 중 생기는 수송 중 재고

㉤ 예비일감 재고 : 공정재고(WIP : Work In Process), 공정 독립을 위한 Buffer 재고

$$공정재고 = \frac{생산량 \times 사이클타임}{작업시간}$$

㉥ 투기재고 : 장래 원부자재 가격의 인상이익을 목적으로 보유되는 재고(장래의 원자재 부족, 고갈예상, 인플레이션)

㉦ 불용재고 : 사용도 안 되고 판매도 안 되는 재고

(2) 재고관리의 목적과 실시방법 [기출] 10회, 15회

재고관리를 경영활동의 일부로서 관찰한다면, 재고관리의 목적과 실시방법은 다음과 같다.[1]

① 상품 재고량의 적정화 : 적정재고량이란 판매출하량을 기준하여 상품이 절품되지 않도록 발주 보충관리를 함으로써 재고 적정화를 통해 재고비용을 절감하고 운전자금을 원활히 해야 한다. 보통 출하량은 1개월 전후로 확인하여 월간 출하량의 0.5~1.2배가 적정선이다.

② 선입선출(First in – First out)의 실현 : 제품수명주기의 단축으로 인하여 재고의 진부화, 열화, 사장을 막기 위하여 입고순서에 따라 출고하는 방법이다. 고층 및 중층 랙을 설비한 경우, 특히 이 순서를 꼭 지켜야 한다.

③ 상품매매를 파악 : 판매관리는 출고상품에 따라 출하가격의 ABC분석을 실시하며, 사이클은 상품특성에 따라 3개월에 1회 정도 실시한다.

④ 데드 스톡 방지관리 : 데드 스톡(사장재고)의 증대는 자금관리에 적신호를 가져오기 때문에 재고상품은 1개월에 1회 정도 확인하여 이를 조절하여야 한다.

⑤ 실재 재고량의 파악 : 재고관리는 항상 실제로 창고에 잔재하는 화물의 재고량을 파악할 수가 있다.

---

1) 野島伉郎, 『中小企業のための物流マニュアル』, 白桃書房, 1988, pp.119~125.

⑥ 사무처리비용의 절감 : 사무관리의 OA화를 통해 재고관리상의 제 절차를 하나로 통일할 수 있어 재고비용 및 재고금리의 합리화 뿐 아니라, 상품주문에 관련된 제 비용과 상품부족에 따른 피해손실을 방지할 수 있다.

⑦ 제조업의 조업도 안정화 : 상품의 특성에 따라 생산개시시점을 파악할 수 있어(發注點管理) 품절을 방지할 수 있으며, 생산을 계획화할 수 있기 때문에 생산공정상 안정된 조업도를 유지할 수 있다. 조업도의 안정화는 생산원가를 절감하는데 크게 기여한다.

⑧ 소비자에 대한 서비스 향상 : 적절한 재고량과 품절이 방지됨으로써 소비자에게 즉시에 적량을 배송할 수 있다.

(3) 기업 내 재고관리의 역할

① 경제규모의 추구 – 규모의 경제달성

    ㉠ 원자재 조달, 운송, 제품생산과정에서 경제규모의 이익을 추구할 수 있으며 원자재 조달의 경우, 적정량을 구매하여 단위당 운송비나 원가를 낮추게 된다. 운송과정에서 트럭에 만차 적재는 과소 적재하는 경우보다 단위당 운송에서 경제성을 추구할 수 있다. 생산과정에서도 대량생산으로 규모의 이익을 얻을 수 있으나 판매기간까지 상당기간 재고상태로 보관하지 않으면 안 된다.

    ㉡ 일시에 대량생산으로부터 얻어지는 이익은 재고관리비용과 비교되어야 하며 자주 생산라인을 변경할 경우, 주문 – 생산에 소요되는 시간(lead time)이 길어지게 되므로 규모의 경제 실현과 재고관리와 트레이드 오프(Trade-off)관계에 있게 된다.

② 수요 공급의 조절 : 계절적으로 수요가 변동되거나 공급이 집중되는 상품의 경우, 연중 안정적인 노동력의 유지와 생산체제의 구축이 필요하며 재고의 관리가 전제되어야 한다.

③ 생산물의 특화 : 특정 생산물에 특화하여 규모의 경제를 달성하게 되는 경우, 이러한 제품은 혼재가 가능하도록 배송창고에 운송되고 유통창고로 다시 운송된다.

④ 불확실성에 대한 대비 : 재고관리는 장래의 수요예측, 가격폭등 등 예측 곤란한 불확실성에 대한 대비가 되고 있다. 또한, 완제품의 재고는 대고객서비스의 향상을 위한 대비가 되어 급격한 수요의 증가가 있을 경우 적절히 공급해 주게 된다.

⑤ 종합물류 경로에서의 완충

    ㉠ 종합물류 경로과정에 관련되는 공급자, 조달자, 생산자, 배송인, 중간상인, 최종소비자 등이 지역적으로 산재해 있어 이들 사이에 재화의 시간적 · 공간적 효율성을 기할 수 있어야 한다.

    ㉡ 이러한 과정에서 정보의 흐름이 있어야 하며 정확한 정보는 각 과정 간의 관련인들을 통합시켜주는 역할을 하게 된다. 따라서 이러한 다단계 과정을 거치는 종합물류에서는 각 과정별로 재고가 발생되며, 이러한 재고의 효율적인 관리 및 처리가 전체의 효율을 향상시키는 중요한 요소가 된다.

(4) 재고량 변화 동인과 재고의 과다 · 과소

① 재고량 변화 동인

발주비용 ↑ : 1회 발주비용이 커질 경우	
조달기간 ↑ : 주문 후 수령까지 조달기간이 길어질 경우	↑
원화가치 ↑ : 원고상태, 같은 금액으로 이전보다 더 많은 수입재고의 구매가 가능할 경우	재고량
수 요 량 ↑ : 제품에 대한 수요가 증가할 경우	
제품가격 ↑ : 가격의 상승	↓
원화가치 ↓ : 원저(원화가치 절하)상태	재고량

② 재고 과다

　㉠ 장 점

　　ⓐ 대량발주 단위로 주문비용이 적게 소요된다.

　　ⓑ 품절과 결품률이 낮다.

　　ⓒ 서비스율이 높다.

　㉡ 단 점

　　ⓐ 자금 운용이 어렵다.

　　ⓑ 재고비용이 과다하게 지출된다.

　　ⓒ 재고품의 손상, 열화 사례가 많다.

　　ⓓ 재고회전율이 나쁘다.

　　ⓔ 보관시설이 크게 소요된다.

　　ⓕ 창고 내 물품이동 및 정리 등 시간과 노력이 많이 소요된다.

　　ⓖ 다수의 인력과 장비가 필요하다.

　　ⓗ 화재, 도난의 위험부담이 크다.

　　ⓘ 재고수량의 관리가 힘들다.

③ 재고 과소

　㉠ 장 점

　　ⓐ 자금 활용이 가능하다.

　　ⓑ 재고비용이 축소된다.

　　ⓒ 재고회전율이 좋다.

　　ⓓ 보관시설이 적게 소요된다.

　　ⓔ 소수의 인력, 장비로 관리가 가능하다.

　　ⓕ 화재, 도난의 위험부담이 적다.

　　ⓖ 재고수량의 관리가 쉽다.

   ⓛ 단 점
     ⓐ 소량다발 발주로 비용이 많이 소요된다.
     ⓑ 품절과 결품률이 증대된다.
     ⓒ 서비스율이 낮다.
   ⓒ 적정재고의 이익
     ⓐ 계획적인 자금운용이 가능하다.
     ⓑ 유지비와 발주비의 최적치를 구할 수 있다.
     ⓒ 적정 서비스율의 유지가 가능하다.
     ⓓ 재고품의 손상, 열화 사례가 드물다.
     ⓔ 재고회전율이 좋다.
     ⓕ 적정규모의 보관시설 확보가 가능하다.
     ⓖ 작업을 계획적으로 수행할 수가 있다.
     ⓗ 적정인원과 장비로도 관리할 수 있다.
     ⓘ 적정 서비스수준을 유지할 수 있다.
     ⓙ 화재나 도난에 적절하게 대처할 수 있다.
     ⓚ 재고수량의 관리가 용이하다.

(5) 재고관리의 합리화 방안

재고관리가 합리적으로 이루어지기 위해서는 다음과 같은 방안[2]들이 모색되어져야 할 것이다.

① 일반적인 재고관리 합리화 방안
  ㉠ 생산계획의 확립
  ㉡ 생산관리, 구매, 검수, 수납, 보관 및 출하 등과 관련된 책임의 확립
  ㉢ 주기적 또는 수시로 재고조사의 실시
  ㉣ 경영분석을 통해 재고자산 회전율의 상시 파악
  ㉤ 창고관리의 개선
  ㉥ 보관설비의 규모와 입지의 적정화

② 채찍효과의 경감
  ㉠ **채찍효과의 정의** : 공급망상에 공급망 주체들은 직면하는 다양한 불확실성으로 인하여 안전재고를 포함한 실제 필요한 재고보다 더 많이 주문하게 되고, 이러한 현상이 공급망 상류로 거슬러 올라갈수록 심화되는 왜곡된 수요의 발생과 이의 확산을 비유한 용어이다.

---

2) 황복주·김원석·이영희, 『현대 경영학원론』, 도서출판 두남, 1997, p.356.

ⓛ 채찍효과의 발생원인 – "불확실성" 기출 12회, 13회

발생원인	설 명
개별적인 수요예측 (Demand Forecasting)	• 통상적으로 재고수준이 재주문점보다 낮아지면 미리 설정된 목표재고량까지 재고를 보충기업의 전통적인 예측관행이 시장에서 소비자들의 실제 수요가 아닌 자사에 들어온 주문량에 근거하여 예측하게 된다. 이럴 경우 공급사슬 상류로 갈수록 수요가 왜곡되고 변동이 증가된다.
긴 리드타임 (Lead Time)	• 안전재고와 재주문점을 산정할 때는 일일 수요량의 평균이나, 표준편차와 더불어 리드타임이 함께 고려된다. • 리드타임이 길어지거나 변동이 있으면 수요변동의 작은 변화도 안전재고와 재주문점에 변동을 초래하게 된다.
일괄, 대량주문 (Batch Ordering)	• 주문이 얼마간 없다가 한꺼번에 집중되는 현상이 발생 • 일괄주문방식을 취한다면 공급사슬의 상류로 갈수록 변동 폭이 심한 수요패턴이 나타난다(예 실수요가 70인데 100개 단위주문).
잦은 가격변동 (Price Fluctuation)	• 가격변동이 있다면 소매업체는 가격이 낮을 때 많은 양을 구매하려 한다. • 특정 시기나 특정 제품에 대한 판촉과 가격할인은 공급사슬에 있어서 주문량의 변동성을 증대시키는 원인이 된다.
결품방지 과잉주문 (Inflated Ordering)	• 특정 상품의 수요가 공급을 초과해서 결품이 발생할 가능성이 있는 경우에 과잉주문이 발생한다. • 그러나 수요가 갑자기 떨어지면 기존 주문을 취소하기도 하는 관행들이 결국 제조업체나 공급업체의 수요측정을 왜곡한다.
전통적인 기업조직과 행태의 문제	• 일상적으로 공급사슬의 각 구성원은 대개 자신의 입장을 고려한 행동을 취하며, 행동이 다른 구성원들에 어떤 영향을 미칠지는 고려하지 않는다. • 고려하고자 하더라도 파악하는 것이 쉽지 않다. • 이런 행태는 신뢰결여로 인한 모든 공급사슬에서 기회주의적 입장을 취한다.

ⓒ 채찍효과의 경감방안 – "불확실성 감소" 기출 12회, 13회, 15회, 16회, 17회, 18회, 25회
  ⓐ 공급체인 전반에 걸쳐 수요에 관한 정보를 집중화하고 공유(**공급사슬관리**의 실시)
  ⓑ 최종소비자의 수요변동 폭을 감소시킬 수 있는 영업전략 선택, "EDLP(Every Day Low Price, 항시저가정책)"

ⓒ 제품의 공급리드타임을 감축시킬 수 있는 방안 연구
- 주문 리드타임 : 제품의 생산과 인도에 소요되는 시간으로 크로스 도킹(Cross Docking)의 도입을 통해 감소시킴.
- 정보 리드타임 : 주문 처리에 소요되는 시간으로 적절한 정보시스템의 도입을 통해 감소시킴.

③ 지속보충 시스템(CRP-continuous replenish planning)의 활용 〔기출〕 12회, 14회

㉠ 정 의
ⓐ 전통적으로 유통업자(고객)가 독자적인 수요예측에 의해 제조업자(공급자)에 주문을 하고 재고를 관리하던 전통적인 재고보충방법을 탈피한 방법
ⓑ 공급망 구성원 간의 장기계약에 의한 파트너 관계 수립과 시스템을 통한 정보공유(유통의 실제 판매정보, POS)를 통해 전략적으로 재고를 보충하는 "지속보충 시스템"
ⓒ 일반적으로 CRP라 하면 전통적인 보충방식을 탈피한 VMI를 의미함.

㉡ 종 류

VMI(Vendor Managed Inventory)	CMI(Co-Managed Inventory)
공급자에 의해 보충되는 유통업체의 재고	협력에 의해 보충되는 유통업체의 재고
↓	↓
협력과정	
유통업체의 실제 판매량, 판매시점정보(POS)를 공급업자와 공유	
↓	
실 판매량에 근거한 공급업자의 수요예측	
↓	
"공급업자"가 유통업체의 **재고보충량을 결정**	공급업자의 예측 결과를 유통업체와 공유
	↓
	"유통업체"가 최종 자신의 **재고 보충량을 결정**
VMI(Vendor Managed Inventory)	CMI(Co-Managed Inventory)

〔빈출〕 CMI는 유통업자와 공급업자가 "**공동으로**" 재고보충량을 결정한다는 설명으로 자주 출제된다.

(6) 재고비용

① 재고비용의 구성
㉠ **주문비용**(Cost of Ordering) : 상담, 주문, 검사, 운송(자재를 구입하기 위한)
㉡ **준비비용**(Set-up or Production Change Cost) : 재고품을 구매하지 않고 회사 자체 내에서 생산할 때 발생하는 제조 작업에 맞는 준비요원의 노무비, 필요한 자재나 공구의 교체, 원료의 준비 등에 소요되는 비용

ⓒ 재고유지비용(Carrying & Holding Cost) : 이자, 창고료, 보험료, 세금, 재고위험비용 등
- 재고위험비용 : 진부화비용, 손상비용, 감모비용, 재배치비용 기출 21회, 22회

ⓔ 재고부족비용(Shortage Cost, Stock-out Cost) : 재고부족에 의한 생산중단, 판매기회의 손실, 신뢰도 하락

ⓜ 총재고비용(Total Inventory Cost) : 준비비용(주문비용) + 재고유지비용 + 재고부족비용

② 재고비용의 절감사례

ⓐ 지역적으로 분리된 다수의 물류센터를 한 구역의 물류센터로 통합

ⓑ 원부자재가 저렴할 때 원자재를 집중구매

ⓒ 공급망 주체(공급업자, 제조업자, 유통업자)들의 재고를 통합관리

ⓓ 조달기간을 줄일 수 있는 운송수단으로 전환(선박 → 항공)

ⓔ 물류센터에서 최종 조립 및 테스팅(Postponement – 지연생산)

2 재고관리의 기본구조

(1) 재고관리와 재고번호 부착

재고관리의 목적은 재고번호(재고번호 및 재고주소)를 부착하여 재고와 보관품과의 관계를 명확히 함으로써 작업효율을 향상시키는 데 있기 때문에 자동화의 관점에서 상품 코드와 재고번호를 정확히 기록하여야 한다.

창고 내 배치되는 물품의 표시는 다음과 같이 표시할 수 있다.

◀ 창고 내 재고번호 작성순서 ▶

행(위치)	6행	5행	3~4행	2행	단위 행
행 수	×	×	××	×	×
의 미	동번호	단수번호	열번호	연번호	해당 단내번호
사용문자	알파벳	숫자	숫자	숫자	숫자

주 **각 행의 의미와 표시방법**

① 6행 : 동 표시번호로서 A, B, C, D동 등 창고가 복수로 있을 때 알파벳으로 26개 동까지 표시할 수 있으며, 만일 그 이상일 때는 01, 02, 03동 등과 같은 숫자로 표시

② 5행 : 단수를 의미하며, 1행마다 0~9까지 최고 10단 건물 등 다단창고의 단높이를 표시

③ 3~4행 : 열을 의미하는데 2행으로 00~99까지 최고 100열까지 표시 가능

④ 2행 : 어떠한 연속번호를 표시하는데 0~9까지 최고 10 연속번호를 사용 가능

⑤ 단위행 : 상품이 보관되는 단위층의 단을 표시하며, 0~9까지 최고 10 연속번호를 표시 가능

이상의 경우 행수가 부족하면 행수를 증가시키면 된다. 만일, 재고번호가 B 2-63-4라면 B동 2단(높이) 6열 3연(연속번호) 4단(단위 단내)에 물품이 적재되어 있음을 표시한다.

(2) 재고관리상 보관방법 `기출` 20회

재고관리방법에는 창고 내 적재모형에 따라 프리 로케이션, 쇼트 프리 로케이션, 고정 로케이션 (고정 재고번호 부착방식)으로 대별할 수 있다.

① 프리 로케이션(Free Location, Randomized) : 이 방식은 보관품목과 보관장소를 대응하지 않고 보관품목을 그 특성에 따라 보관하는 방법이다. 보통 관리방법은 컴퓨터로 처리하기 때문에 자동창고 같은 곳에 많이 이용한다. 해당 방식의 활용을 통한 특징 및 장점은 다음과 같다.

    ㉠ 공간효율이 향상됨.

    ㉡ 크레인 가동률을 향상

    ㉢ 작업자의 개입이 전혀 필요 없음.

    ㉣ 로케이션 제어가 핵심

    ㉤ 수동으로 피킹 및 출고작업을 수행하는 방식에는 적합하지 않음.

② 절충식 로케이션(Zoned Free Location, Narrow Free Location) : 입고 시 Free Location을 사용하고 출고이력이 있는 제품이 재입고가 될 경우에는 확인된 회전율에 입각하여 Fixed Location과 Free Location을 사용하여 보관하는 방법이다.

    ㉠ 최초 입고된 화물의 회전율이 검증(ABC 재고분류)되면 재입고 시에 A, B제품은 A, B 전용 Fixed Location 구역으로 회전율이 떨어지는 C제품은 좁게 설정된 Free Location을 그대로 이용하는 방식

    ㉡ 자동화 창고가 어려운 상태에서 공간과 작업효율을 동시에 감안한 방식

    ㉢ 구역 로케이션(Zone Location), 쇼트 프리 로케이션(Short Free Location) : 이 방식은 **일정 범위를 한정하여 품목군의 보관구역을 지정해 놓고 그 범위 내에서 자유롭게 보관하는 방식**이다. 이 방식은 일반적인 보관방식으로서 프리 로케이션의 변형이라고 보면 된다.

③ 고정 로케이션(Fixed Location, Dedicated) : 이 방식은 고정재고번호 부착방식으로서 재고번호에 따라 품목을 대응하여 보관하는 방식이다. 이 방식은 전자가 컴퓨터를 이용하는 방식인데 비하여 수작업방식에 많이 이용하는 방식으로서, 작업자가 재고수불수량을 기록하게 된다. 주로 회전율이 높은 상품의 보관에 활용된다.

3 보관품목의 배치

(1) IQ 로렌츠 곡선

다음의 품목별 입출하 건수표를 살펴보면, 입출하 빈도가 표시되어 있고 화물의 이동에 따른 회선을 표시하고 있다. 입출하 건수가 많으면 입출하 회전이 높다는 것을 나타내며, 반대로 입출하 건수가 적으면 입출하 회전이 낮다는 것을 나타낸다. 다음 그림은 품목별 입출하 건수표에 의해 IQ 로렌츠 곡선으로 작성한 것이다.

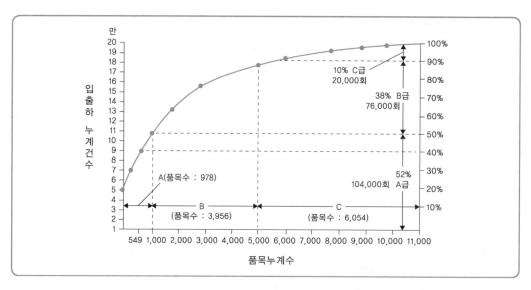

◀ IQ 로렌츠 곡선 ▶

(2) 입체창고의 품목배치

① 입출고가 동일 장소인 경우 : 입체창고에서 출고가 동일 장소인 경우, 위 IQ 로렌츠 곡선에서는 쇼트 프리 로케이션에 기준한 창고 내 품목의 배치를 나타내고 있다. 여기서는 3가지 방법으로 배치하는데 이를 열거하면 다음과 같다.[3]

　㉠ 입출고구 근처부터 A품목, B품목, C품목의 순으로 화물을 배치한다.

　㉡ 입출고구로부터 먼 장소에서부터 A, B, C 순으로 배치한다.

　㉢ 각 통로별로 다음과 같이 배치한다.

　　ⓐ X통로에 크레인 승강속도가 제일 빠른 크레인을 장비, A품목 배치

　　ⓑ Y통로에 두 번째 빠른 크레인을 장비하여 B품목을 배치

　　ⓒ Z통로에 가장 속도가 느린 크레인을 장비하여 C품목을 배치

이상의 3가지 방법 중에서 당연히 첫 번째 방법이 가장 우수하다. 따라서 이 같은 창고의 경우, 크레인의 가동률을 최대로 하며 고장 시 백업 체제를 완비하여야 한다.

이때는 ㉠ 크레인의 주행거리 및 주행시간을 최소화하며, ㉡ 1개의 크레인이 고장이 났을 때 다른 크레인으로 수불을 대신하게 되며(fail save), ㉢ 크레인의 부화를 평준화시킬 수 있다.

---

3) 당택 풍, 『물류개론, 유비각』, 1989, pp.78~80.

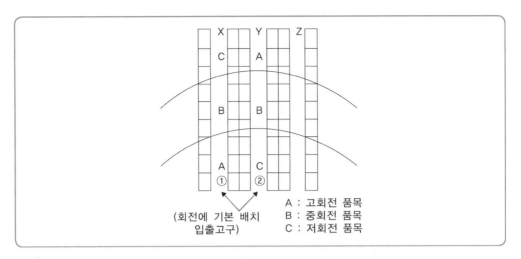

◀ 입출고구가 동일한 경우 물품배치도 ▶

② **입출고가 다른 경우** : 입출고가 다른 경우 품목배치의 조건은 입출하 시 긴급도 및 우선도가 높은 순서로 배치한다. 일반적으로 고객의 주문에 신속하게 대응하는 것은 고객서비스면에서 필요하기 때문에 생산입고나 구입입고보다는 우선해야 한다. 생산입고나 구입입고는 입고 시 처리시간에 다소 여유가 있으므로 고객주문부터 처리되어야 한다는 뜻이다.

따라서 출고구 근처에는 회전이 높은 품목 그룹을 배치하는 데 예를 들면 출고구로부터 A, B, C로 배치하는 것이 일반적이다(입출고구 ②번). 또한 자동창고의 경우, 크레인의 작업효율을 기준으로 품목을 배치할 수 있다.

이 경우 그 기능은 다음과 같다.

㉠ 크레인은 듀얼 사이클(dual cycle)에 의해 입출고를 동시에 수행한다.

㉡ 듀얼 사이클을 가능하게 하기 위해 입고 시는 랜덤으로 출고 시는 계획적으로 한다.[4]

㉢ 크레인 작업을 평준화한다. 예를 들어, 여러 개의 파렛트가 입고된다면 제1번 파렛트는 제1번 크레인, 제2번 파렛트는 제2번 크레인, 제3번 파렛트는 제3번 크레인으로 순차적으로 크레인을 할당할 수 있다.

---

4) 보통 수주정보가 단절되어 출고 직전에 확정된다면, 이때 입고가 랜덤으로 수행되더라도 출고를 파킹할 수 있기 때문에 듀얼 사이클은 가능해진다.

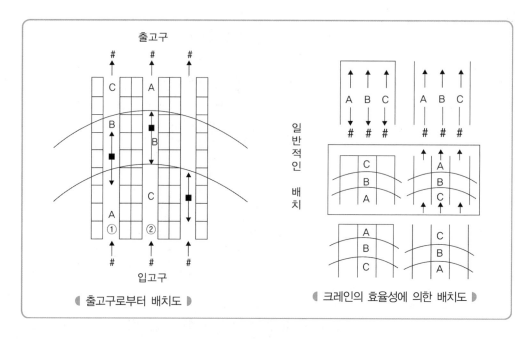

◀ 입고 랜덤과 출고계획의 매트릭스 ▶

	계 획	랜 덤
계 획	I 입고계획 출고계획형	II 입고계획 출고 랜덤형
랜 덤	III 입고 랜덤 출고계획형	IV 입고 랜덤 출고 랜덤형

㉣ 처리형태를 보면 입고 랜덤과 출고계획이 가장 좋은 방법임을 나타내고 있다.

4 재고관리방식 및 분석기법

(1) 재고관리방식

재고관리의 방식은 재고를 관리함에 있어서 언제 발주하는가, 얼마나 발주하는가, 언제 재고조사를 하는가? 등의 사항을 구체적으로 결정하는 일이다. 따라서 기간 내 발주횟수, 발주량, 기간 내 재고조사 횟수를 어떻게 정하는가 하는 세 가지 사항이 최적 재고관리방식의 선정기준이 된다. 기본적으로 재고관리방식에는 정량발주점법(發注點法), 정기발주법, 서비스 점법, 재고배분법, DRP(Distribution Requirement Planning)법으로 대별할 수 있다. 이 외에도 정량유지방식과 이중발주점방식 등이 있다.

상품의 입구 ⇒			발주점	평균 재고량	예비 재고량	⇒ 상품의 출구

예비재고선(적선)

평균재고량선(녹선)

발주점선(청선)

경고선(황선)

최대재고량선(백선)

〈자료〉 唐澤 豊, 「物流システム入門」, 現代工學社, 1978.

◀ 발주점 관리의 개념 ▶

① 정량발주 시스템(발주점법, Q시스템) 기출 8회, 9회

　㉠ 현재의 재고량을 지속적으로 파악, 유지함으로써 현재의 재고량이 발주점에 도달하면 고정 주문량(Q)만큼 발주하는 시스템

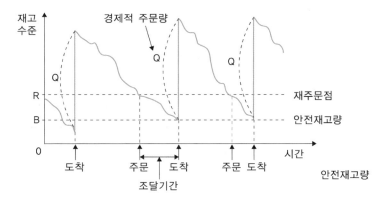

　㉡ 발주량 고정, 발주주기 유동 기출 7회

> 수요가 일정한 재고에 대하여 특히 유용

> 관리하기 쉽고 신입도 발주업무 가능

> 주문량이 일정하여 수입, 검품, 보관, 반출이 용이하고 작업비용이 적게 듦.

> 경제적 로트 사이즈를 이용하기 때문에 재고비용이 최소화됨.

② 정기발주 시스템 → 수요변동이 큰 품목에 유리, 매번 수요예측 기출 9회, 14회

  ㉠ 발주주기를 정해 놓고 발주시점에서의 재고량을 체크하여 장래수요를 예측, 감안하여 발주하는 것으로 발주일에 얼마를 발주하는가 하는 것이 관건

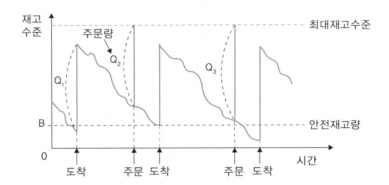

  ㉡ 발주량 변동, 발주주기 고정(P시스템)

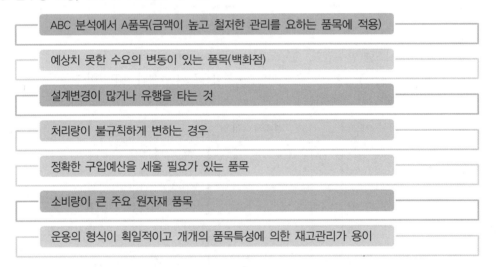

ABC 분석에서 A품목(금액이 높고 철저한 관리를 요하는 품목에 적용)

예상치 못한 수요의 변동이 있는 품목(백화점)

설계변경이 많거나 유행을 타는 것

처리량이 불규칙하게 변하는 경우

정확한 구입예산을 세울 필요가 있는 품목

소비량이 큰 주요 원자재 품목

운용의 형식이 획일적이고 개개의 품목특성에 의한 재고관리가 용이

③ Two-Bin 시스템 기출 9회, 11회, 13회, 15회, 17회

  ㉠ 정의 : 주로 부품의 재고관리에 많이 사용되는 기법으로, 두 개의 상자에 부품을 보관하여 필요 시 하나의 상자에서 계속 부품을 꺼내어 사용하다가 바닥이 나면 발주를 하고 나머지 상자의 재고를 내어 쓰고, 발주량이 도착하면 빈 상자를 보충하는 순환을 갖는 보충시스템

> 가격이 저렴하고 사용빈도가 높음.
>
> 조달기간이 짧은 자재에 대하여 주로 적용하는 간편한 방식
>
> 발주점법의 변형으로 저가품목에 주로 사용
>
> 재고수준을 계속 조사할 필요가 없음.

ⓒ Two – Bin 보충방식 사례(단, 조달기간은 1기간, 수요율은 400개/1기간)

	Bin 1	Bin 2	활 동
❶	500개	500개	최초 보충
❷	0개	500개	800개 주문
❸	0개	100개	800개 입고
❹	500개	400개	즉시 보충
❺	500개	0개	800개 주문
❻	100개	0개	800개 입고
❼	400개	500개	즉시 보충

④ 기준재고 시스템, 정기정량 혼합방식, Min – Max 시스템

　ⓐ 기본 정기발주법의 관리 형태 : 정해진 기간에 한번만 재고를 파악(정량발주처럼 수시 재고
　　파악은 필요 없음.)

　ⓑ 발주시점이 되었을 때 주문논리는 정량발주 형태

　　ⓐ 주문시점에는 정량발주식으로 재주문점이 설정되어 있어 현 재고가 이에 도달하지 않으
　　　면 다음 정기주문시점까지 주문을 하지 않음.

　　ⓑ 재주문점에 도달하였으면 정량발주식으로 주어진 수량(Q)만큼을 주문

⑤ DRP(Distribution Resource Planning), **자원분배계획** : MRP가 생산 시스템의 종속수요를 다
루기 위한 시스템이라면, DRP는 유통네트워크상의 종속수요를 다루기 위한 전형적인 Push형
시스템이며 여러 가지의 개선의 여지 중에서 특히 유통부분에 대한 문제점을 개선하기 위한
체계적 접근방법이다.

　ⓐ DRP의 목적

　　ⓐ 고객(시장)의 수요에 대한 정보를 고객과 가장 가까운 곳에서 얻고 수요를 예측하고 생
　　　산계획의 수립에 민첩하게 반영하는 것

　　ⓑ 제조업체의 완제품 창고에서부터 도소매에 이르는 유통망 상의 재고를 줄이고자 하는
　　　것 – QR/CRP의 철학과 일맥상통함.

ⓛ 자원분배계획(DRP)의 특장점

ⓐ 생산이 완료된 제품을 수요처에 효율적으로 공급하기 위한 시스템이다.

ⓑ 주요 산출물은 물류망의 최적 단계수를 결정한다.

ⓒ 정시배송을 늘리고 고객의 불만을 감소시켜 고객서비스 향상에 기여한다.

ⓓ 고객의 수요정보를 예측하여 제품의 재고수준을 낮추는 효과가 있다.

> **빈출** MRP와 개념과 비교하는 문제가 빈출된다.

⑥ Pull방식과 Push방식의 재고관리

Pull방식	Push방식
• 실제 지역수요를 고려하여 수요예측에 의한 재고보충량 결정 • 각 지역의 재고의 정확한 관리 가능 • 통합적 재고계획을 바탕으로 개별적 재고보충량을 할당	• 수요량을 미리 예측하여 예측된 수량만큼 단계적으로 재고를 밀어냄. – 재고보충량이 할당됨. • 재고에 대한 의사결정에 독립성이 없음.

(2) 재고분석기법

수많은 품목의 재고를 획일적으로 취급하거나 동일한 서비스 수준으로 이끌어가다 보면 재고증가를 초래하게 된다. 따라서 제품을 중요 등급별로 분류하여 그 중요도에 따라 서비스의 격차 및 관리방법을 차별화하는 것이 재고감축을 통한 물류비 절감효과를 가져올 수 있다.

① ABC 재고분석 **기출** 8회, 10회, 12회, 17회

ⓖ ABC 재고분석의 개념 : 20 : 80 파레토 법칙에 의거하여 재고를 매출기여도에 따라 그룹을 나누어 비용효율적인 재고관리를 한다는 개념

품목 그룹 A	품목 그룹 B	품목 그룹 C
품목수 : 10~15% 매출액 : 70~80%	품목수 : 10~20% 매출액 : 15~20%	품목수 : 65~80% 매출액 : 5~10%
소품종 대형 매출	중간	다품종 소형 매출

정기발주방법 유리
(절대적이지 않음)
	정량발주방법 유리
	≒ Q시스템
	(절대적이지 않음)
		❶ 정기정량 혼합방식
		  ≒ 기준재고 시스템
		  ≒ Min-Max 시스템
		❷ Two-Bin 시스템

ⓛ ABC 분석절차

ⓐ 모든 제품의 단가와 평균판매량 산정

ⓑ 모든 상품의 월평균 판매액 산정(= 단가 × 월평균 판매량)

ⓒ 월평균 판매액 순으로 제품을 열거

ⓓ 월판매액의 총판매액을 계산

　　　ⓔ 총판매액의 누적 값을 구함.
　　　ⓕ 누적판매액을 총판매액으로 나누어 누적판매율을 계산
② 재고피라미드 분석
　　　㉠ 보유재고의 구성을 움직임이 일어나지 않은 기간별로 구분하여 도표화한 것
　　　㉡ 잉여재고자산에 대한 정책을 수립하는 데 유용하게 사용
　　　㉢ 재고의 미사용기간이 길어질수록 재고보유 품목수와 금액은 줄어들어야 **건강한 재고관리**
　　　상태

품목수(%)	미사용 기 간	금액(%)
	구간 n ⋮	
	구간 2 구간 1	

△ Good ▽ Bad

③ 재고자산의 평가법

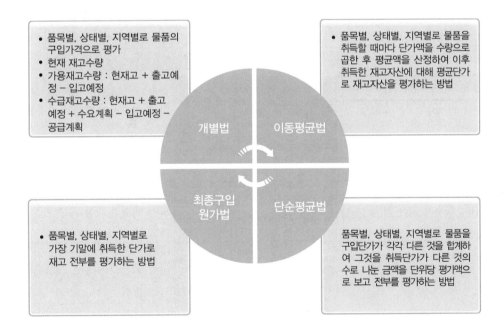

개별법
- 품목별, 상태별, 지역별로 물품의 구입가격으로 평가
- 현재 재고수량
- 가용재고수량 : 현재고 + 출고예정 − 입고예정
- 수급재고수량 : 현재고 + 출고예정 + 수요계획 − 입고예정 − 공급계획

이동평균법
- 품목별, 상태별, 지역별로 물품을 취득할 때마다 단가액을 수량으로 곱한 후 평균액을 산정하여 이후 취득한 재고자산에 대해 평균단가로 재고자산을 평가하는 방법

최종구입원가법
- 품목별, 상태별, 지역별로 가장 기말에 취득한 단가로 재고 전부를 평가하는 방법

단순평균법
품목별, 상태별, 지역별로 물품을 구입단가가 각각 다른 것을 합계하여 그것을 취득단가가 다른 것의 수로 나눈 금액을 단위당 평가액으로 보고 전부를 평가하는 방법

5 수요예측

(1) 정성적 예측

Ⅰ. 직관에 의한 예측	❶ 델파이법(Delphi Method)	미래사항에 대한 의견을 질문서에 기재 후 분석하기를 5~6회 반복(높은 정확성)
	(기출 7회, 13회)	전문가들을 한자리에 모으지 않는 방식으로 다수의견이나 유력자의 발언 등에 영향력 배제
		시간과 비용이 많이 소요, 참가구성원 그룹에 따라 결론이 다름, 난상토론처럼 창의력 자극은 없음.
	❷ 판매원(영업사원) 종합법	특정 시장에 정통한 영업사원이나 거래점 의견을 종합
		단기간에 양질의 시장정보 입수 가능
		자신의 경험에 치우쳐서 예측, 오차가 큼.
	❸ 경영자 판단법	예측과 관련 있는 상위 경영자의 의견을 모아 예측
		단기간에 양질의 정보 입수
		경영자의 능력차에 따라 오차가 크고 정확도가 낮음.
Ⅱ. 의견조사에 의한 예측 ≒ 소비자 시장조사법	❶ 전화나 면담조사	한정된 표본을 조사하기 때문에 치밀하고 과학적인 조사가 요구됨.
	❷ 설문지조사	
	❸ 소비자 모임에서의 의견수렴	조사기간이 길고, 비용이 많이 소요됨.
→ 가장 객관적인 정성적 기법	❹ 시험판매	
Ⅲ. 유추에 의한 예측	❶ 라이프사이클 유추법 ≒ 생애주기유추법	유사품목군의 상품수명주기 기간별 과거 매출의 증감 폭을 기준으로 수요량 예측
	❷ 자료유추법	비슷한 상품의 특성을 가진 상품의 과거 자료를 기초로 판매량을 예측하는 방법

(2) 정량적 예측

Ⅰ. 시계열기법	❶ 전기예측법	예측 직전 기간의 실제 판매량(Y)을 그대로 예측치로 활용
→ 과거 시간에 따른 실제 판매량을 기초로 수요예측 F : Forcast(예측 판매량) Y : Yield(실측 판매량) n : 기간수	② 단순이동평균법	예측하려는 기간까지의 정해진 기간 동안의 실제 판매량을 단순 평균하여 예측
	기출 7회, 8회, 12회, 14회, 18회, 21회	$$F_{n+1} = \frac{Y_1 + Y_2 + Y_3 + \cdots + Y_n}{n}$$
	③ 가중이동평균법	예측하려는 기간까지의 정해진 기간 동안, 예측대상 기간에 가까운 기간에 실제 판매량일수록 더 큰 가중치를 주어 예측
	기출 14회, 17회, 18회 21회	if, 3개월 이동평균을 이용 4월의 예측치는? $(0.5, 0.3, 0.2)$ $F_4 = Y_3 \cdot 0.5 + Y_2 \cdot 0.3 + Y_1 \cdot 0.2$
	④ 지수평활법	가중이동평균법의 경우 감안하는 기간이 길어질수록 가중치를 나누어주기 힘든 점을 개선하여 평활상수 α를 통해 이를 구현한 예측법(계산 간단, 평활상수 변경 용이)
	기출 9회, 11회, 14회, 15회, 17회, 18회, 19회 21회	$F_{n+1} = \alpha Y_t + (1-\alpha) F_t$ $F_{n+1} = F_t + \alpha(Y_t - F_t)$
	⑤ 최소자승법	예측값과 실측값의 오차제곱합을 최소화하는 추정량을 주는 함수식을 예측식으로 하는 방식
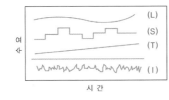	❻ 추세선식 기출 21회	과거의 실제 판매량을 기반으로 예측 함수식을 구성 기본은 추세식(Trend)을 구성하고 추가적으로 해당 함수식에 계절지수 : (S-Seasonality) 순환성 : (C-Cycle) 불규칙변동 : (I-Irregularity) 을 가법(더하거나), 승법(곱하여)으로 함수식을 완성

Ⅱ. 인과형 기법	회귀방정식	원인과 결과관계를 가지는 두 요소의 과거 실제 변화량의 관계를 분석하여 함수식화한 예측방법
		$Y = aX + b$ (a : 기울기, b : 상수, n : 기간수)
		기울기$(a) = \dfrac{n\sum XY - (\sum X)(\sum Y)}{n\sum X^2 - (\sum X)^2}$ 상 수$(b) = \dfrac{\sum Y - a\sum X}{n}$

6 재고관리 시스템의 구성

(1) 서비스율과 백오더율 ✏️기출 10회, 11회, 13회, 17회, 19회

① 서비스율(Service Rate)

> 가지고 있는 재고로부터 주문이나 수요를 납기 내 얼마나 잘 충족시켰는가를 보여주는 척도

ㄱ 서비스율 $= \dfrac{\text{출하량(금액)}}{\text{수주량(금액)}} \times 100\%$

서비스율 $= \dfrac{\text{납기 내 납품량(금액)}}{\text{수주량(금액)}} \times 100\%$

ㄴ 서비스율 = 1 − 백오더율

② 백오더율(Back Order Rate)

> 납기일까지 일부 또는 전부를 납품하지 못한 수량(금액)의 비율척도

ㄱ 백오더율 $= \dfrac{\text{납기 내 납품하지 못한 양(금액)}}{\text{수주량(금액)}} \times 100\%$

ㄴ 백오더율 = 1 − 서비스율

(2) 재고회전율 ✏️기출 11회, 17회, 18회, 19회

> 재고자산에 투자한 자본이 신속하게 회수되고 재투자되었는가를 측정하는 척도

① 재고회전율의 산정식

$$재고회전율 = \frac{총수요량(매출액)}{평균재고량(금액)}$$

평균재고량(금액)	$= \dfrac{기초재고수량(금액) + 기말재고수량(금액)}{2}$ 그러나 검수횟수가 늘어나면 이를 감안한 평균값을 사용한다.
일평균 재고	$= \dfrac{단위기간 \; 중 \; 재고합계액}{영업일수(수요일수)}$

② 재고량과 재고회전율의 상관관계

㉠ 재고회전율 ⬇

평균재고량 ⬆	→ 재고유지비용 ⬆ → 품절률 ⬇ → 서비스율 ⬆

㉡ 재고회전율 ⬆

평균재고량 ⬇	→ 재고유지비용 ⬇ → 품절률 ⬆ → 서비스율 ⬇

③ 수요량과 재고회전율 관계 : 수요량이 크면 재고회전율이 높은 정비례관계

(3) 재고회전기간

① 수요에 대응한 며칠 혹은 몇 개월분의 재고를 가지고 있는가?

② 재고를 모두 소진하기 위해서 걸리는 기간

$$재고회전기간 = \frac{영업일수(수요대상기간)}{재고회전율}$$

(4) 조달기간(Lead-Time)

① 개 념

㉠ 고객의 조달기간 : 주문을 하고 최종 수령할 때까지의 기간(고객의 요구 리드타임)

㉡ 생산자의 조달기간 : 생산개시부터 최종 완제품 출하까지의 기간(공급 리드타임)

㉢ 안전재고 및 재주문점에 영향을 크게 주므로 짧게 유지하도록 함.

② 재주문점

$$ROP(\text{Reorder Point}) = d_d(\text{Daily demand}) \times m(\text{Mean time})$$
$$\text{재발주점} = \text{일평균 수요} \times \text{조달기간}(\fallingdotseq \text{리드타임})$$

(5) 안전재고량 기출 10회, 11회, 14회, 15회, 18회

① 안전재고량의 산정식

$$\text{안전재고} = \text{일평균 수요의 표준편차} \times \text{안전계수} \times \sqrt{\text{조달기간}}$$

② 안전계수

허용결품률	1%	2%	3%	5%	10%	20%	30%
안전계수	2.33	2.06	1.89	1.65	1.29	0.85	0.53
서비스율	99%	98%	97%	95%	90%	80%	70%

┃안전계수 찾기┃
• 문제에서 그냥 제시해 주거나 z값과 해당되는 계수 값을 주고 구하도록 유도한다.
• z0.03과 z0.97은 안전계수 값이 1.89로 동일하다[5]는 확률통계 법칙에 착안하여 문제에서는 목표서비스율이 97%일 때 다음과 같이 (z0.01=2.33, z0.02=2.06, z0.03=1.89)에서 해당하는 계수 값을 열거해 주고 값을 찾아 연산하도록 유도한다.

③ 품목별 안전계수

높은 안전계수	낮은 안전계수
• 품절이 발생되면 상품의 입수가 쉽지 않고 손해를 주는 상품 • 수요의 변동폭이 큰 상품	• 품절이 발생되어도 상품의 입수가 쉬운 상품 • 재고가 남으면 큰 손해가 나는 상품 • 수요의 변동폭이 작은 상품 • 재고유지비용이 큰 상품(집중관리)

7 재고관리모형

(1) 경제적 주문량(Economic Ordering Quantity) 기출 매회

① 경제적 주문량(EOQ)의 의의 : 연간 총재고비용을 최소화시키는 1회 주문량, 경제적 주문량이다.

---

5) 하위 1%는 누적 99%(상위 1%)의 확률 계수 값과 같다.

> 연간 총비용(YTC) = 연간 주문비용(YCO) + 연간 재고유지비용(YCH) + **품절비용 + 기회**
> **비용**
> * 품절비용과 기회비용은 비구조적이고 추상적이기에 실제 계산에서는 제외한다.

② EOQ모형의 기본가정 및 구현

  ㉠ EOQ모형의 기본가정 기출 8회

  ⓐ EOQ 산정식을 구성하는

   연간 수요(D : Yearly Demand),

   1회 주문비용(CO : Cost of Ordering),

   연간 단위당 재고유지비용(CH : Carrying Holding Cost)은 알려져 있음.

   – 연간 단위당 재고유지비용(CH)을 구성하는 **가격**(P)과 **재고유지비율**(I)도 동일함.

  ⓑ 단위기간당 사용률(d_d, d_w, d_m : Daily/Weekly/Monthly Demand)은 일정

  ⓒ 조달기간(lead-time), m(meantime)은 일정하며 알려져 있음.

  ⓓ 주문량은 일시에 조달됨.

  ⓔ 수량할인은 허용하지 않음.

  ⓕ 하나의 품목에 대해서만 고려

  ㉡ EOQ시스템의 순환

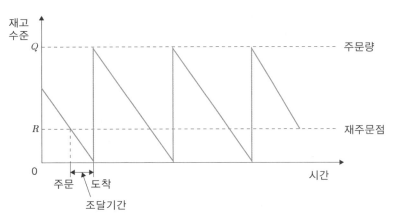

  ⓐ 보충된 Q^*수량을 최대재고수준으로 소모가 시작됨.

  ⓑ 일평균 수요만큼씩 시간의 흐름에 따라 재고가 일정하게 감소함.

  ⓒ 재고주문 후 즉시 재고가 보충되지 못하고 반드시 조달기간이 소요되기 때문에 조달기
   간 동안의 수요를 감안하여 ROP(재주문점) 수량만큼 창고에 남았을 때 도출된 경제적
   주문수량 Q만큼을 단위 주문함.

  ⓓ 주문을 하고 조달기간이 지나면 창고의 재고가 0이 되며 바로 이 시점에 주문한 수량,
   Q^*가 도착하여 결품이 방지되고 재고가 운용됨.

③ 경제적 주문량(Q_{EOQ}, Q^*) 관련 산정식

　㉠ 경제적 주문량 산식

$$EOQ = \sqrt{\frac{2 \cdot CO \cdot D}{CH}} = Q^* \quad \text{(새로 구한 Quantity, EOQ를 의미함)}$$

ⓐ 연간수요(Yearly Demand)	ⓑ 1회 주문비용(Cost of Ordering)
ⓒ 가격(Price)	ⓓ 재고유지비율(I)

연간단위당 재고유지비용(CH) = 가격, 원가(P) × 재고유지비율(I)
(Carrying & Holding Cost)

　㉡ 각 변수의 제시방식

　　ⓐ CO(Cost of Ordering) : 1회 주문비용
　　　• 문제에서 그냥 주어짐.
　　ⓑ D(Yearly Demand) : 연간 수요
　　　• 문제에서 그냥 주어짐.
　　　• d_d(Daily Demand), 일평균 수요가 주어짐. → d_d × 연간 영업일수(수요일수)
　　　• d_w(Weekly Demand), 주평균 수요가 주어짐. → d_w × 52주
　　　• d_m(Monthly Demand), 월평균 수요가 주어짐. → d_m × 12달
　　ⓒ CH(Carrying & Holding Cost) : 연간 단위당 재고유지비용
　　　• 문제에서 그냥 주어짐.
　　　• P(상품가격) 혹은 원가 × I(재고유지비율)　　　

　㉢ 연간총비용을 최소화시키는 EOQ(Economic Ordering Quantity)

연간 총비용(YTC) = 연간 주문비용(YCO) + 연간 재고유지비용(YCH)
(Yearly Total Cost = Yearly Cost of Ordering + Yearly Carrying & Holding Cost)

　ⓐ 연간 주문비용

연간주문비용(YCO) = 연간 주문횟수 × CO

　　• 연간 주문횟수 = $\dfrac{D}{Q^*}$　　　　　　　Q^*-EOQ를 의미함. 🔖 21회

　　• 주문주기(Cycle Time) = $\dfrac{영업일수}{연간 주문횟수}$

ⓑ 연간 재고유지비용 📝기출 9회, 14회, 15회, 17회, 19회

$$연간\ 재고유지비용(YCH) = 평균재고량 \times CH$$

• 평균재고량 $= \dfrac{기초재고 + 기말재고}{2} = \dfrac{Q^* + 0}{2} = \dfrac{Q^*}{2}$

• EOQ상의 기초재고, 기말재고의 의미

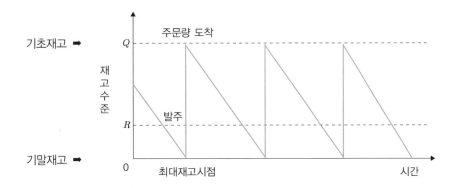

심화문제

> EOQ상의 평균재고량을 구하는 문제에서 기초재고량, 안전재고량, 재주문점수량, 일평균수요, 조달기간과 같은 수치를 주었을 경우 최초 기초재고로부터 시간흐름에 따라 재고가 소진되고 보충되는 것을 그래프로 그려보고 반복되는 안정화된 그래프가 나오게 되면 그 그래프를 기준으로 평균재고량을 구한다.

ⓒ 연간 총재고비용 = 연간 주문비용 + 연간 재고유지비용

$$YTC = YCO + YCH = YCO \times 2 = YCH \times 2$$

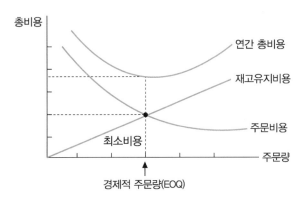

EOQ를 구한 후, 연간 주문비용이나 연간 재고유지비용은 같다.
(상기 그래프에서 재고유지비용과 주문비용이 만나는 ●지점의 비용 값이 같음을 참조.)

$$\text{연간 주문비용}(YCO) = \text{연간 재고유지비용}(YCH)$$

따라서 EOQ를 도출한 후 두 개의 값 중 하나만 구할 수 있다면 연간 총비용은 아래와 같다.

$$YTC = YCO + YCH = YCO \times 2 = YCH \times 2$$

ㄹ 안전재고량(Safety Stock)

$$\text{안전재고량}(S \cdot S) = \text{일평균 수요의 표준편차} \times \text{안전계수} \times \sqrt{\text{조달기간}}$$

ㅁ 재주문점(ROP : Reorder Point) : 조달기간 동안의 수요에 대응하는 창고 내 재주문 기점
수량 《기출》 10회, 14회, 15회, 16회, 18회, 19회, 21회

• 창고에 몇 개 남아있을 때 고정주문량만큼 주문하는가?

ⓐ 일반적인 재주문점 산정공식

$$ROP = d_d \times m$$

ⓑ 안전재고를 고려한 재주문점 산정공식 《빈출》

$$\text{안전재고를 고려한 재주문점} = ROP + S \cdot S$$
$$= \text{고정} + \text{유동}$$
$$\quad\,(\text{평균}) \quad (\text{오차})$$

ㅂ 적정재고 : 고객이 참아주는 한도 내에서 이익을 가장 많이 실현해 주는 재고량

$$\text{적정재고} = \text{평균재고}(\frac{Q^*}{2}) + \text{안전재고}$$

(2) 경제적 생산량(Economic Production Quantity) 《기출》 8회, 9회, 14회, 16회

① EPQ의 의의와 특징

㉠ EPQ의의 : 연간 총 생산비용을 최소화시켜주는 1회당 생산량을 의미한다.

ⓛ EPQ와 EOQ의 비교

EPQ	EOQ
P-1 공급자가 재고나 수요에 대한 제조량을 결정하는 데 사용	O-1 기업이 공급자로부터 주문량을 결정
P-2 순차적 공급	O-2 재고의 입고가 순식간에 이루어짐.
P-3 준비비	O-3 발주비용

② EPQ의 기본가정

ㄱ 연간 재고유지비용(CH)과 가동준비비용(Setup Cost)은 정확히 예측됨.

ㄴ 수요율(u)과 생산율(p)이 일정한 확정적 모델

ㄷ 안전재고, 재고부족은 없음.

ㄹ 생산량의 크기와 관계없이 생산단가는 일정

ㅁ 수량할인은 없음.

ㅂ 생산기간(t_p) 동안 생산율(p)은 재고사용률(u)을 초과함.

ㅅ 수요를 만족시키지 못한 모든 생산은 재고로 처리

③ 경제적 생산량(Q_{EPQ}, Q^*) 관련 산정식

ㄱ 모델의 구성요소

> D : 연간 수요량
>
> Q : 생산조업당 생산량
>
> Q^* : 경제적 생산량
>
> t_p : 일정 기간 동안의 생산이 계속되는 생산가동시간(생산조업기간)
>
> t_s : 두 생산가동 시작 사이의 기간(생산조업 사이의 기간)
>
> u : 일정 기간 동안의 사용률, 수요율(일정 기간 동안 사용된 재고량)
>
> p : 일정 기간 동안의 생산율(일정 기간 동안의 생산량)
>
> q : 생산조업(t_p) 동안의 최고재고량
>
> S : 생산조업당 가동 준비비용

ㄴ 연간 총 생산비용 = 연간 재고유지비용 + 연간 가동준비비용

ㄷ 경제적 생산량

$$EPQ = \sqrt{\frac{2 \cdot S \cdot D}{CH}} \times \sqrt{\frac{p}{p-u}}$$

ⓔ **최대 재고량**(q) : 수요속도를 고려하여 단위 생산속도로 단위 생산기간 동안 보유하게 되는 최대 재고량

$$최대재고량 = \sqrt{\frac{2 \cdot S \cdot D}{CH}} \times \sqrt{\frac{p-u}{p}}$$

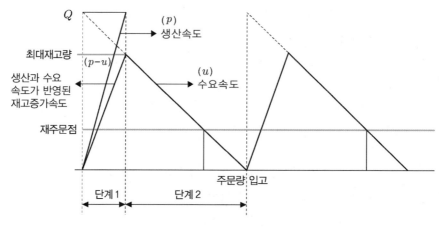

◀ 경제적 생산량모형과 최대재고량 ▶

ⓜ **연간 단위당 관리비용**

$$IC = CH \times \left(\frac{p-u}{p} \times \frac{1}{2} \right)$$

ⓗ **연간 가동준비비용** : 생산라인을 새로 세팅하거나 재개할 때마다 소요되는 시간 및 비용손실을 계산한 값이다.

$$연간 \ 가동준비비용 = \frac{D}{Q^*} \times S$$

ⓢ **생산주기**(t_s) : 일정 기간 동안 만들어낸 총생산수량(EPQ)은 매일 일평균 수요(u)씩 소진되고 일정 기간 후 생산된 재고가 완전 소진되므로 생산일정이 재개되어야 하는 주기를 계산한 값이다.

$$생산주기 = \frac{Q_{EPQ}}{u}$$

◎ 생산기간(t_p) : 목표 생산수량(EPQ)을 일평균 생산능력(p)으로 며칠을 소요해야 완성할 수 있을지를 계산한 값이다.

$$생산기간 = \frac{Q_{EPQ}}{p}$$

(3) 단일기간 모형

① 단일기간 모형(Single Period Model)의 개념과 적용유형

㉠ 단일기간 모형의 개념 : 한번의 주문으로 주어진 기간 동안의 수요에 대비하기 위한 재고관리 모형이다.

㉡ 단일기간 모형 적용유형

ⓐ 드문 간격으로 한 품목에 높은 수준의 수요가 있는 경우 : 패션상품이나 연하장과 같이 특수한 시기에 일시적으로 유행하는 제품

ⓑ 상품의 수명주기가 짧고 불확실한 수요를 가지고 있는 경우 : 고기, 꽃, 야채와 같이 신선도를 유지해야 하는 제품이나 신문 및 잡지와 같은 정기간행물

② 단일기간 모형에 의한 구매량 결정 방식 20회

㉠ 수요량과 구입량에 따른 기대이익 검토에 따른 구매량 결정

수요량	확률
101	5
102	25
103	40
104	20
105	10

수요량 구입량	101	102	103	104	105
101	157.5	156	154.6	153	151.5
102	154.5	161	159.5	158	156.5
103	151.5	158	164.5	163	161.5
104	148.5	155	161.5	168	166.5
105	145.5	152	158.5	165	171.5

↓

◀ 수요량과 구입량에 따른 총이익(만원) ▶

수요량 구입량	101	102	103	104	105	총 기대이익
101	157.5	156	154.6	153	151.5	154.4
102	154.5	161	159.5	158	156.5	159.0
103	151.5	158	164.5	163	161.5	**161.6**
104	148.5	155	161.5	168	166.5	161.0
105	145.5	152	158.5	165	171.5	158.8
확률(%)	5	25	40	20	10	

• 총 기대이익 = 수요량과 구입량에 따른 총이익 × 확률

> **예** 구입량 101개의 총 기대이익
>
> $(157.5 \times 0.05) + (156 \times 0.25) + (154.6 \times 0.40) + (153 \times 0.20) + (151.5 \times 0.10) = 154.4$

• 총 기대이익을 극대화시켜주는 구매량은 **103개**, 그때의 기대이익은 **161.6(만원)**

ⓒ 서비스 수준 개념에 따른 구매량 결정 ✏️기출 20회

> C_U = 수요보다 한 단위 적게 주문하는 경우의 손실
>
> C_O = 수요보다 한 단위 초과 주문하는 경우의 손실
>
> C_M = 한계비용(주문량을 한 단위 증가시킬 때의 비용 변화량)
>
> $= p \times C_O + (1-p) \times (-C_U)$
>
> p = 최적주문량 서비스 수준
>
> = 추가주문으로 인한 손실과 이익이 균형을 이루는 서비스 수준
>
> = 한계비용(C_M) = 0으로 만드는 서비스 수준
>
> $= \dfrac{C_U}{C_U + C_O}$

예제보기

다음의 상황에서 서비스 수준 개념에 따른 구매량을 구하시오.

제품의 수요분포

수요량	확률
101	5
102	25
103	40
104	20
105	10

수요보다 한 단위 적게 주문하는 경우의 손실 = 50,000원
수요보다 한 단위 초과 주문하는 경우의 손실 = 30,000원

해설

① 서비스 수준(p) 계산 $= \dfrac{C_U}{C_U + C_O} = \dfrac{50,000}{50,000 + 30,000} = 0.625 = 62.5\%$

② 수요분포표에서 누적확률계산

◀ 수요의 누적확률분포 ▶

수요량	확률	누적확률
101	5	5
102	25	30
103	40	70	← 62.5%
104	20	90
105	10	100

③ 계산된 서비스 수준(62.5%)이 속한 구간 탐색

④ 서비스 수준 62.5%에 해당하는 수요량 103개를 최적주문량으로 선택

103개

02 자재관리 시스템

1 자재관리의 의의

(1) 자재의 개념

① 광의의 개념 : 자재(material)는 생산 시스템을 구성하고 있는 물적·인적 요소까지를 포함하는 개념이다. 예를 들면, 토지·건물·기계공구와 같은 물적 시설과 동력·인력·운송과 같은 서비스, 그리고 생산을 위해 직접 투입되는 여러 가지 재료 등을 포함하는 것이다.

② 협의의 개념 : 자재는 제조를 위하여 직간접적으로 투입해야만 하는 원료(raw material)와 재료를 의미하는 것이다.

(2) 자재관리의 개념

① 자재관리란 기업경영에 필요한 자재를 효율적으로 관리하는 시스템을 의미한다. 이를 위해서는 다음과 같은 두 가지 성질이 포함되고 있다. 첫째, 계속성으로 기업의 제조활동에 필요한 자재를 중단 없이 계속하여 공급하는 것이다. 둘째, 경제성으로 재고투자와 관리비용을 최소화하도록 관리하는 것을 의미한다.

② 자재관리의 기본적 역할은 기업의 자본이익률을 극대화하는 것이며, 이를 위하여 자본회전율의 제고와 매출이익률의 제고가 필수적인 요소가 되고 있다. 따라서 자본이익률은 자본회전율에다 매출이익률을 곱하면 얻어지게 되며, 자본이익률, 자본회전율, 매출이익률을 구하는 공식은 다음과 같다.

$$\text{㉠ 자본이익률} = \frac{\text{이익}}{\text{총자본}} \qquad \text{㉡ 자본회전율} = \frac{\text{매출액}}{\text{총자본}} \qquad \text{㉢ 매출이익률} = \frac{\text{이익}}{\text{매출액}}$$

③ 기업에 있어서 자재관리 시스템을 실시할 경우에 ㉠ 구매단가(unit price), ㉡ 재고비용(inventory carrying cost), ㉢ 구매비용(ordering cost) 등을 절감할 수 있는 기대효과가 있다.

(3) 자재관리의 기능

현대적 자재관리의 중요한 기능은 다음과 같은 것들이 있다.[6]
① 구매(Purchasing)
② 공급품에 대한 통제(Control of Supply Item)
③ 생산품의 재고통제(Inventory Control of Production Item)
④ 인수(Receiving)
⑤ 운반(Traffic and Shipping)

(4) 자재관리 담당자의 역할

기업에 있어서 자재관리를 책임지고 있는 담당자는 다음과 같은 영역에서 그 역할을 수행하여야 한다.
① 기간별(단기 · 중기 · 장기) 자재수급계획의 수립
② 생산을 위한 원자재의 소요량 파악
③ 자재구매요구서의 작성 및 보관
④ 자재의 재고현황 파악 및 적정재고 유지
⑤ 자재의 기간별 · 품목별 재고량 조사
⑥ 자재와 관련된 각종 통계표의 작성
⑦ 자재업무와 관련된 제도의 개선 및 업무의 표준화 실시

---

5) 김희탁 외, 『생산관리』, 법문사, 1998, p.389.

(5) 자재로스 구조

실제 투입재료비		
최적 실적재료비		재고 Loss
표준재료비	수율 Loss	
가치 재료비	가치 Loss	

→ 과잉재고, 진부화재고

→ 수율 Loss, 불량(Scrap)

→ 재질/규격 Loss

TIP 실제 투입재료비(100%)를 기준으로 하여 Loss들을 빼 나가는 문제가 출제된다.

(6) 자재 재료비, 기말재고자산

① 선입선출법에 의한 기말재고자산 계산

매출, 출고 시점에 시계열적으로 가장 먼저 매입, 입고된 재고자산부터 계상하는 방식

	일자	거래	수량	단가			
㉠	6월 1일	전월 이월	50	180원	(+)	50 × 180원 = 9,000원	
㉡	10일	매입	100	200원	(+)	100 × 200원 = 20,000원	
㉢	11일	매출	80		(−)	50 × 180원 = 9,000원 30 × 200원 = 6,000원	180원 전량 소진 200원 잔여 70개
㉣	20일	매입	150	220원	(+)	150 × 220원 = 33,000원	
㉤	25일	매출	100		(−)	70 × 200원 = 14,000원 30 × 220원 = 6,600원	200원 잔여 소진 220원 잔여 120개

기말재고자산 = ㉠ + ㉡ − ㉢ + ㉣ − ㉤

= 9,000 + 20,000 − 15,000 + 33,000 − 20,600 = 26,400원

② 후입선출법에 의한 기말재고자산 계산

매출, 출고 시점에 가장 가깝게 매입, 입고된 재고자산부터 계상하는 방식

	일자	거래	수량	단가			
㉠	6월 1일	전월 이월	50	180원	(+)	50 × 180원 = 9,000원	
㉡	10일	매입	100	200원	(+)	100 × 200원 = 20,000원	
㉢	11일	매출	80		(−)	80 × 200원 = 16,000원	200원 잔여 20개
㉣	20일	매입	150	220원	(+)	150 × 220원 = 33,000원	
㉤	25일	매출	100		(−)	100 × 220원 = 22,000원	220원 잔여 50개

기말재고자산 = ㉠ + ㉡ − ㉢ + ㉣ − ㉤

= 9,000 + 20,000 − 16,000 + 33,000 − 22,000 = 24,000원

2 주요 자재관리기법

(1) 적시생산(JIT : Just In Time) 시스템

① JIT 시스템의 정의 [기출] 13회, 21회

ㄱ JIT 시스템의 기본 개념은 제품생산에서 요구되는 부품 등 자재를 필요한 시기에 필요한 수량만큼 조달하여 낭비적 요소를 근본적으로 제거하는 생산시스템이다(Pull 방식).

ㄴ 진정한 JIT 시스템의 의미는 구매, 제조, 유통에 이르는 기업 활동의 전 과정에 걸쳐 적용되는 개념으로 적시(Just In Time)납기의 실행에 중점을 두고 있는 하나의 관리 철학으로, 모든 생산자원의 낭비요소를 제거함으로써 무재고와 총괄적 품질관리(Total Quality Control)를 달성하려는 행동철학이라고 할 수 있다.

② JIT 시스템의 목적과 특징

ㄱ JIT 시스템의 목적 : JIT 시스템의 목적은 낭비요소를 철저히 배제하여 비용절감, 재고감소, 품질향상을 통한 이익과 투자수익을 극대화하는 데 그 근본 목적이 있으며,[7] 이 목적을 달성하기 위해서는 기업의 생산활동에 있어서 3不(불필요, 불합리, 불균일)을 철저히 배제함으로써 달성된다는 것이다.

ⓐ 불필요 : 부가가치가 없는 동작이나 작업을 의미하는 것

- 다음 공정이 소화할 수 없는 것을 만드는 것(자기 공정이 능력이 있다고 능력만큼 만드는 것)
- 기다리는 불필요(작업대기, 기계대기)
- 동작의 불필요(허리를 구부리거나, 불필요한 이동, 손과 발놀림)
- 운반의 불필요(재료, 부품, 제품, 공구 등을 이동시키는 것)
- 재공 및 재고의 불필요(공정 간 또는 공정상에 있는 작업 중인 것 외의 재고)
- 불량의 불필요(불량발생)
- 가공 및 작업 그 자체의 불필요(불필요한 부위의 작업이나 과다정밀도 및 강도요구)
- 작업의 불필요(재료 및 부품의 방향전환, 정렬, 상하운동 등의 여분동작)

ⓑ 불합리 : 피로의 원인이 되는 동작과 작업을 의미하는 것

- 운반의 무리(힘든 일)
- 부자연스런 자세(허리를 구부리는 일, 작업위치의 불안정)
- 억지로 하는 일(맞지 않은 것을 무리하게 맞추는 일)
- 잘 모르고 덮어놓고 하는 것(추측과 연습으로 임하는 작업)
- 필요 없이 신경 쓰는 일(헷갈리기 쉬운 문자와 기호를 보는 일, 사고발생이나 순서를 잊지 않으려고 마음 쓰는 일)

---

7) Rogerg Schroeder, Operations Management, 2nd ed., McGraq-Hill, N.Y., 1985, p.474.

ⓒ 불균일 : 불필요와 불합리의 원인이 되는 것
- 작업동작이 불규칙인 불균일
- 자재 및 공구의 위치가 수시로 바뀌는 불균일

이상의 3불의 대상은 사람(Man), 기계(Machine), 물자(Material) 등 3M을 주요 대상으로 하고 있다.

JIT 시스템은 생산활동에 있어서 필요한 물건을 필요한 시간에 필요한 양만큼 필요한 장소에 조달하여 생산함으로써 비용절감과 이익증대 그리고 생산성 향상으로 매진할 수 있도록 유도되어 진다. 따라서 새로운 방식이나 아이디어가 제품 또는 생산과정에서 이용되는 것은 기술혁신(Technical Innovation)이라고 한다면 JIT 시스템은 공정 간의 가공 및 부품의 이동내지 생산에 새로운 사고를 적용시킨 공정기술혁신(process innovation)이라 할 수 있다.[8]

ⓛ JIT 시스템의 특징 : JIT 시스템은 불필요한 요소들을 제거하고 합리성을 추구해 나가는 생산방법, 생산공정 개선의 장기적인 축적을 통하여 생산공정의 혁신을 이룩하는 것으로 다음과 같은 특징을 가지고 있다.[9]

ⓐ 무창고 생산시스템 : 사내외 조달부품은 필요한 시간에 필요한 양만큼 해당 공정에 투입시켜 즉시 활용하는 생산방식이므로, 부품재고의 보관에 필요한 창고가 원칙적으로 불필요하다.

ⓑ 관리의 용이성 : 생산공정의 흐름을 현장에서 쉽게 확인할 수 있어 과잉생산, 과잉재고, 작업의 이상 등을 용이하게 관리할 수 있다.

ⓒ 수요변화에 탄력적인 대처가 가능 : 이는 생산소요시간(lead time)을 극소화하여 수주생산방식을 취하여 로트의 크기(lot size)를 작게 하여 다양한 요구와 시장변화에 신속히 대처할 수 있는 시스템이다.

ⓓ 공동참여 : 생산공정에 이상이 발생하면 작업자는 누구나 생산공정을 통제할 수 있는 방법을 갖는 시스템이다.

③ JIT 시스템의 도입절차 : 기본적인 JIT 시스템의 도입단계는 다음과 같이 구분해 볼 수 있다.[10]
첫째, 회사의 경영전략, 경쟁적 위치, 경영상의 문제점과 제조기술 등을 재검토해야 한다.
둘째, 구체적인 종합계획의 수립이 필요하다.
셋째, 공장의 재배치를 고려한다.
넷째, 종업원에게 새로운 시스템 적응을 위한 재교육과 기계의 재배치와 함께 JIT 시스템을 실시·운용하게 된다.

8) 李舞曉, 『新生産 System의 設計』, 工場管理, KSA, 1990. 5, pp.102~113.
9) 丘一燮, 『도요타 生産方式과 看板 시스템』, 韓國生産性本部, 1988. 2, pp.8~9.
10) 이청호, "JIT생산 시스템의 도입방안에 관한 연구", 조선대학교 경영경제연구소, 『경영경제연구』 13-1, 1990, pp.195~196.

이상의 내용을 더 구분하면 다음과 같이 10단계로 나타낼 수 있으며, 이 단계별로 JIT 시스템의 도입이 이루어져야 할 것이다.

　㉠ 교육적 주의환기

　㉡ 묶음에서 흐름생산으로

　㉢ 전사적 품질관리(TQC)

　㉣ 평준화된 생산계획

　㉤ 수요예측

　㉥ 재고감축

　㉦ 납품업자와의 협조관계

　㉧ 시스템의 단순화작업

　㉨ 제품설계의 변화

　㉩ 공정의 자동화

④ JIT 시스템의 일반적 추진단계 및 항목과 수단 : JIT 시스템의 단계별 추진항목을 살펴보면 다음에 나오는 'JIT 시스템의 단계별 추진항목' 표와 같으며, JIT 시스템의 단계별 추진항목에 대한 수단은 다음과 같다.

　㉠ 제1단계 : 5S에 의한 추진 단계

　㉡ 제2단계 : 눈으로 보는 관리의 전사적 전개 단계

　　ⓐ 간판에 의한 방법

　　ⓑ 생산관리판에 의한 방법, 경고등 및 표시등에 의한 방법

　㉢ 제3단계 : 3불 추방운동에 의한 작업개선 단계

　　ⓐ 눈으로 보아 문제점이 보이도록 함.

　　ⓑ 모든 작업을 표준화

　　ⓒ 3M에 대한 3불을 철저히 배제

　㉣ 제4단계 : 신뢰성 해석에 의한 품질의 안정화

　　ⓐ FMEA(Failure Mode and Effects Analysis ; 고장 모드와 영향분석)로서 신규설계, 간접시험에 주로 활용한다.

　　ⓑ FTA(Fault Tree Analysis ; 고장의 나무해석)로서 처음에는 안전해석을 위한 사상의 원인 탐구용으로 개발된 것이었으나, 오늘날에는 FMEA의 보조수단으로 사용되고 있다.

◀ JIT 시스템의 단계별 추진항목 ▶

	주요 추진항목	세부내용
제1단계	직장 개선풍토를 위한 5S(정리, 정돈, 청소, 청결, 습관화) 추진	• 전원 참가에 의한 정리정돈 • 정위치 지정 • 통로개념 활용 • 직장교육
제2단계	눈으로 보는 관리의 전사적 전개	• 적극적 관리에 의한 3整 운동 • 주요 공정표시 • 이상경보등에 의한 조기 대책 • 개선반의 활용
제3단계	3불 추방운동의 전개로 작업개선	• 오류방지의 확대 • 직선화 라인도입에 의한 3불 추방 • Less-Engineering에 의한 3불 추방 • 정밀 동정 분석표에 의한 작업개선 • 준비시간 단축
제4단계	신뢰성 해석에 의한 품질의 안정화	• Check체제의 충실 • FMEA, FTA 도입에 의한 신뢰성 • Claim의 해석
제5단계	JIT 시스템 관리체제의 확립	• 조업지도(외주) • 생산관리 시스템의 확립 • 서열생산체제 확립 • JIT 시스템의 적용

⑤ JIT 시스템의 효율적 추진을 위한 전제조건 및 유의점 : JIT 시스템을 효율적으로 추진하기 위해서는 JIT 시스템을 유지시킬 수 있는 기업의 제반 분위기 및 여건이 필요하다. 이러한 제반 분위기 및 여건은 다음과 같다.

첫째, 경영진의 강력한 의지를 필요로 한다.

둘째, FA 및 OA를 위한 투자능력이 갖추어져야 한다.

셋째, FA 및 OA의 추진을 위한 기술인력이 충분하여야 한다.

넷째, 분임조의 개선제안 활동이 활성화되어야 한다.

다섯째, 전 종업원의 의식구조가 개혁되어져야 할 것이다.

㉠ 전 사원 참여를 위한 분위기 조성

㉡ 프로젝트 팀의 구성 운영

㉢ 프로젝트 팀원의 개인주의 배제

㉣ 협력업체와의 협조체제 구축

⑥ JIT 시스템의 추진에 따른 기대효과 : JIT 시스템의 추진에 따른 기대효과는 결국 생산성의 향상이다. 따라서 생산성의 향상을 위해서는 JIT 시스템의 가정과 선행조건들이 충족되어져야 한다.[11]

    ㉠ 재고의 감소

      첫째, 창고비용의 감소

      둘째, 재고관리를 위한 서류업무의 감소

      셋째, 재고관리 인원의 감소

      넷째, 진부화 · 도난 · 세금 등의 감소가 이루어진다.

    ㉡ 품질의 향상 : 로트 규모가 작으므로 한 공정에서 생산된 부품의 불량 여부가 다음 공정에서 바로 발견되므로 문제의 원인을 조기에 발견하여 즉시 해결책을 강구할 수 있도록 한다. 품질향상으로 얻을 수 있는 부수적인 장점은 다음과 같다.

      첫째, 제(관련)작업의 감소

      둘째, 자재 낭비의 감소 등을 들 수 있다.

    ㉢ 동기부여 : JIT 시스템은 작업자들의 생산능력, 동기부여, 참여의식을 향상시키는 결과가 되며, 동기가 부여된 노동력은 품질향상 및 원가절감을 통한 생산성의 향상을 가져온다. JIT 시스템을 도입함에 따라 얻게 되는 실질적 이익은 다음과 같다.

      첫째, 재촉이나 지연의 제거

      둘째, 적시에 부품조달

      셋째, 기계준비시간의 단축

      넷째, 로트 크기가 작아서 유휴재고와 창고공간의 감소

      다섯째, 재고회전율의 개선 등이다.

(2) 자재소요계획(MRP : Material Requirement Planning)기법

  ① MRP기법의 의의   **기출** 10회, 11회, 13회, 17회, 19회

    ㉠ MRP기법은 경제적 주문량과 재주문점 산정을 기초로 하는 전통적인 재고관리기법의 제약점을 보완하기 위하여 개발된 일정관리 및 재고관리기법이다. 여기에서 MRP란 **완제품의 생산수량 및 일정을 기초**로 하여 그 제품생산에 필요한 **원자재, 부품 등의 모든 자재의 소요량 및 소요시기를 역산**하여 자재조달계획을 수립함으로써 일정관리와 더불어 재고관리를 기하고자 하는 방법을 의미한다.

    ㉡ 완제품에 대한 월간 · 연간 수요예측에 따라 종속수요인 자재의 구매량을 산정(push방식)을 위하여 자재소요량계획은 기본적으로 총괄생산계획하에 자재명세서, 주일정계획, 재고기

---

11) G. H. Manoochebr, "Improving Productivity with the Just in Time System", *Journal of Systems Management*, Vol.36, No.7, Jan. 1985, p.23.

록철의 정보를 받아 제품별로 설정된 안전재고량과 리드타임을 고려하여 주문시기와 주문량을 통제하는 정보시스템이다. 기출 7회, 8회, 10회, 14회, 18회, 19회

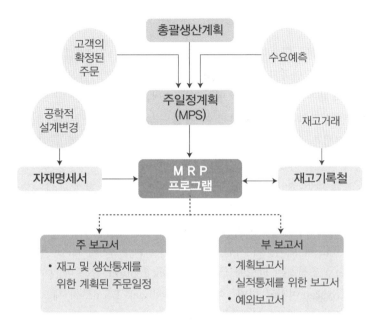

② **MRP기법의 기능 및 목적** : MRP기법의 기능을 크게 계획(planning)과 조정(control)으로 나눌수 있으며, 웨이트(Oliver W. Wight)는 다음과 같이 4단계로 분류하고 있다.

　㉠ **우선순위계획(Priority Planning)** : MRP기법에서의 우선순위계획은 몇 가지 작업을 해야할 경우에 어느 작업을 언제 실시할 것인가를 정하는 것을 말한다. 즉, 착수순서와 실시시기를 의미하는 것이다.

　㉡ **생산능력계획(Capacity Planning)** : 우선순위계획에 의하여 각 부분별로 계획기간별 소요량이 산출되어 판매, 외주, 내부 작업 등의 형태를 취하는 데 생산능력계획에서는 이 모두가 대상이 된다. 이를 조정하기 위해서 우선 잠정계획을 작성하여 해당 기간의 작업장의 능력과 비교한다.

　㉢ **생산능력조정(Capacity Control)** : 생산부분에서의 능력은 생산설비의 용량과 그 설비에서 생산하는 산출물의 속도를 의미하는 데, MRP기법에서의 능력이란 산출속도를 의미한다.

　㉣ **우선순위조정(Priority Control)**

　　ⓐ 생산능력조정에서 산출하는 총주문량을 조정·관리하는 것이다. 이를 각 주문량과 납기일 측면에서 조정할 필요가 있는 것이다. 즉, 실행단계에서의 구체적인 처리라고 할 수 있다.

ⓑ 이러한 MRP기법의 목적은 필요한 물자(적재)를 필요한 때(적기)에 필요한 양(적량)을 필요한 곳(적소)에 조달하는 것이다. 이밖에 일정계획(우선순위계획)과 능력계획(공수계획)을 수립하는 데 필요한 정보를 제공하는 것도 MRP의 주요한 목적[12]이라고 할 수 있다.

③ MRP기법의 종류 : 당초 재고관리 시스템으로 시작된 MRP기법은 그의 적용범위가 점차 확대되고 있는데 크게 다음과 같은 세 가지 유형으로 분류할 수 있다.

　㉠ **제1유형 MRP**(재고관리 시스템) : 필요한 물자의 적기생산 및 조달을 목적으로 한 재고관리 시스템 성격의 MRP기법이다. 이 기법은 능력계획과 연결되어 있지 않은 것이 다음 유형의 MRP기법과 크게 다른 점이라 할 수 있다. 따라서 제1유형의 MRP기법을 Open Loop MRP라 하고, 제2유형의 MRP기법을 Closed Loop MRP[13]라고 한다.

　㉡ **제2유형 MRP**(생산·재고관리 시스템) : 이는 생산기업에서 재고와 생산능력의 계획·관리에 쓰이는 정보시스템을 의미한다. 부품전개 순서대로 발주를 행할 때 생산능력의 이용가능 여부가 검토되는 데, 이때 생산능력의 차질이 있으면 이를 생산계획에 반영하여 MPS를 변형시키도록 한다. 이 기법은 발주(order release)와 MPS(대일정계획) 간에 생산능력의 이용도를 조절하는 피드백 루프(feedback loop)가 있는 바, 이러한 유형의 기법을 Closed Loop System이라고 한다. 이 경우 Feedback Loop로써 재고와 생산능력을 통제한다.

　㉢ **제3유형 MRP**(제조자원계획 시스템 ; **MRP Ⅱ** : Manufacturing Resources Planning) : 이 기법은 재고는 물론 생산능력·자금·인력·시설·생산설비 등의 생산자원 모두를 계획·관리하는 데 이용되는 정보시스템을 의미한다.

　　MRP Ⅱ는 제조활동의 계획·관리뿐만 아니라 재무·마케팅에서의 계획과 관리를 포괄한 시스템으로 기업에서의 모든 자원을 관리하는 전사적 정보시스템으로 확대되었다.

④ **MRP기법의 실시절차**
　㉠ 제품별 생산량과 생산일정의 파악
　㉡ 제품분석과 제품분석도의 작성
　㉢ 자재의 품목별 재고현황과 조달기간의 파악
　㉣ MRP계획표의 작성

⑤ **MRP기법의 적용 전제**
　㉠ 종합생산계획(Master Production Schedule)의 존재
　㉡ 자재청구서(BOM : Bill of Material) 자재명세서의 존재
　㉢ 재고품의 조달기간(lead time)의 확인

---

12) Chase, J. N. and N. J. Aquilano, *Production & Operations Management*, 4th ed., Richard D. Irwin Inc., 1985, p.533.
13) Schreder, Roger G., *Operations Management*, 2nd ed., Prentice-Hall Book Co., 1985, pp.423~424.

⑥ MRP의 계산요소

　ⓐ 총소요량(Gross Requirements) : **자재명세서를 전개함으로써 목표로 하는 최종 상품과 각 반제품의** 기간별 총요구량을 의미

　ⓑ 예정입고량(Scheduled Receipt) : **예정수취량, 이미 발령된 주문, 이미 발주가 되어 일정한 기간이** 경과하는 기간 초에 또는 생산완료 혹은 도착되도록 예정된 주문량, 수취일정의 변경은 되어도 수취 자체를 취소할 수 없다.

　ⓒ 예상가용량(Projected Stock) : **기간별 예상재고, 각 기간 초에 실제로 보유하리라고 기대하는** 재고로써 그 기간의 총소요량을 만족시키기 위하여 사용된다.

> • 기초 예상재고 = 전기 예상재고 + 입고예정량 – 총소요량
> • 당기 예상재고 = 기초 예상재고 + 계획보충량

　ⓓ 순소요량(Net Requirements) : 기간별 총소요량에서 그 기간의 예상가용량을 뺀 차이

기출 21회

> 순소요량 = 총소요량 – 현 재고 – 입고예정 재고 + 할당된 재고 + 안전재고

　ⓔ 계획보충량(계획수취량) : **순소요량을 충당하기 위하여 예정된 시기 초에 수취하리라고 기대할 수 있는** 계획된 주문량

> • 로트 크기 주문방식(Lot-Size Ordering) : 계획보충량이 순소요량을 초과할 수 있으며 초과분은 다음 기간의 가용재고에 가산된다고 가정한다.
> • Lot for Lot방식(L4L) : 계획보충량과 순소요량은 항상 동일하다(필요한 만큼 보충).

　ⓕ 계획발주량(발주계획) : **계획보충량을 예정된 시기의 초에 수취할 수 있도록 앞서 구매주문이나** 작업주문을 해야 하는 수량. 계획발주량 = 조달기간 이후의 계획보충량

(3) JIT 시스템과 MRP기법의 비교

JIT 시스템과 MRP기법과의 차이는 일본과 미국의 문화적 차이에서 나타난다고 할 수 있으며, 이상의 차이에도 불구하고 JIT 시스템과 MRP기법은 모두 고유의 사용영역이 있다. 즉, JIT 시스템은 반복적 생산의 경우에 유용하게 이용되며, MRP기법은 비반복적인 생산에서 유용하게 활용되고 있다(JIT 시스템과 MRP기법의 비교 참조).

◀ JIT 시스템과 MRP기법의 비교 ▶ 기출 9회, 12회, 15회, 18회

구 분	JIT 시스템	MRP기법
국 가	일 본	미 국
성 격	집단지향형 : 집단의 책임과 팀워크 강조	개인지향형 : 개인의 책임과 성과 강조
작업자 훈련	개인책임소재 명확화와 지속적 훈련	개인상호간의 경쟁에 의존
제조상태	후공정에 의해 회수된 양만 생산	LOT단위로 생산
기본 개념 및 공정	생산사이클타임 중심의 생산, 예정 조달기간과 관계없이 최소 재고만 허용	주생산계획 중심의 생산, 예정조달기간 동안의 재고 허용
재 고	재고를 줄이기 위해 가능한 모든 노력을 기울이며, 0의 재고를 위해 노력(무재고)	예측오차, 미래의 불확실성에 대비하여 안전재고를 유지한다.
발주 형태	수동발주	자동발주
공급자와의 관계	공급자와의 협력관계를 유지하고 공급자를 생산 시스템의 일부로 간주하며, 공급자는 소량의 부품을 수시로 납품한다.	다수의 공급자를 유지하며, 경쟁을 시킴으로써 자재공급비용을 낮춘다.
조달기간	자재공급자를 인접화하여 조달기간을 짧게 유지한다.	필요한 조달기간을 인정한다.
LOT 크기	꼭 필요한 양만을 충족하며, 부품의 제조량 및 구매량 모두 최소의 보충량만을 로트(lot) 크기로 유지한다.	제조준비비용과 재고유지비용의 균형을 이루도록 로트(lot) 크기를 결정한다.
제조 준비	신속한 금형교체 등 제조준비시간을 최소화하여 로트(lot) 크기를 줄이고 다양한 부품 생산을 시도한다.	제조준비시간의 우선도가 낮으며, 최대산출량에만 목표를 두고 생산의 신속한 교체에 대한 노력이 부족하다.
자재의 대기	자재의 대기행렬은 제거하며, 자재의 대기시간이 적을수록 문제해결이 용이하다.	자재의 대기는 필요한 투자로서 이는 선행의 공정에서 문제가 발생하였을 때 후속공정이 지장을 받지 않고 작업을 계속할 수 있다.
품 질	완전한 품질을 유지하지 못하면 생산에 지장을 초래하며, 품질문제는 원천에서 개선한다.	약간의 불량을 허용하며, 실제로 불량이 얼마나 발생하였는가를 조사하고 이를 예측하는 방법을 개발한다.
보전활동	기계설비의 고장은 최소가 되도록 계속적으로 보전활동을 수행한다.	필요할 때만 보전활동을 수행하며, 재공품재고를 유지하므로 기계설비의 정비가 결정적으로 중요한 것은 아니다.
작업자	합의에 의한 경영으로 작업자의 참여하에 작업시스템의 변화를 시도한다.	작업자를 고려하기보다는 명령에 의한 경영으로 새로운 작업 시스템을 설치 · 운영한다.

〈자료〉 김희탁 외, 『생산관리』, 법문사, 1998, p.529를 중심으로 재작성함.

03 구매관리 시스템

1 구매관리의 의의

(1) 구매관리의 개념

일반적으로 구매란 어떤 주체가 재화를 취득하기 위해 규격을 결정하고 공급원을 선정하며, 거래를 교섭하여 계약을 체결하고 납입을 확보하는 기능을 의미한다. 이러한 구매활동을 계획·조정·통제·평가하는 일련의 과정을 거치게 되는데 이를 총칭하여 구매관리라고 한다. 기업에 있어서 구매관리는 다음과 같은 범주가 해당되고 있다.

① 생산활동의 흐름 속에서 생산계획을 달성할 수 있도록 지원
② 생산에 필요한 원자재의 조달
③ 신용 있는 거래선의 확보
④ 최고 품질의 재화 확보
⑤ 적정한 시기에 조달
⑥ 적정한 필요 수량의 조달
⑦ 최소비용의 지불을 통한 구매관리활동

(2) 구매관리에 영향을 미치는 요인

합리적인 구매관리를 위해서는 다음과 같은 구매에 영향을 미치는 여러 가지 요인들을 철저하게 분석하고 파악하는 것이 중요한 과제가 된다.

① **구매요구에 관한 권한** : 어떤 구매라 하더라도 적절한 절차에 의해 이루어져야만 한다. 즉, 구매요구서에 결제함으로써 구매가 이루어지게 된다. 또한, 자재구매를 통제하려면 가능한 한 소수인에 의해서 결제가 이루어지도록 하며, 경영계층에 따라 결제할 수 있는 상한이 결정되어 있다면 보다 합리적일 것이다.

② **제조형태** : 연속생산의 경우에는 최소한의 재고는 항상 준비되어 있어야 하므로 일시에 비교적 많은 양의 자재를 확보하는 반면, 묶음생산의 경우는 전자에 비하여 상대적으로 적은 양의 자재를 확보해도 된다. 그러므로 후자인 경우가 전자보다 자재확보에 시간적인 유연성이 있게 된다.

③ **외부주문(외주)** : 일반적으로 외주가 이루어지는 경우는 자사 보유의 시설로 생산이 불가능한 경우이다. 그러므로 이때에는 "Make-or-Buy"에 관한 광범위한 연구가 필요하며, 여기에서 성공을 거두려면 기업 내 각 부서와의 긴밀한 관계유지가 전제되어져야 한다.

④ **제품의 표준화** : 구매측에서 볼 때 구매자재에 표준화가 이루어져 있을 경우에는 이루어져 있지 않을 경우보다 구매비가 절약될 것이며, 나아가 자재비가 절약될 수 있을 것이다.

⑤ **경제적 구매 lot** : 너무 과다한 양의 구매는 불필요한 재고유지비가 지출되는 반면, 과소한 양의 경우에는 제조를 불가능하게 할 것이다. 따라서 이와 같은 관점에서 결정된 적정구매량을 경제적 구매 lot(economic purchase lot)라 하는데, 이것이 어느 정도인가에 따라 구매량이 달라질 것이다.

⑥ **자재시장의 성격** : 자재의 구매원, 즉 자재시장을 결정한다는 것은 구매장소를 결정하는 것이다. 그런데 시장은 그 성격에 따라 매우 짧은 기간 동안만 형성되거나, 양적으로 제한되어 있는 시장도 있게 된다. 이 경우에는 자재구매에 관한 유연성이 없게 된다.

⑦ **구매계약의 성격** : 자재의 공급측 또는 구매측 중 어느 쪽의 사정에 따라, 물론 지켜지도록 최선을 다하겠지만, 반드시 구매계약이 잘 지켜진다고 장담할 수는 없는 것이다. 이에 대비하여 구매측에서는 기술, 제조 그리고 구매 등 여러 부서 간의 협조가 이루어져야 한다. 왜냐하면 계약 불이행의 가능성에 관한 정보를 빨리 파악하면 할수록 보상해야 할 비용을 절약할 수 있기 때문이다.

⑧ **거래방식** : 만일, 구매한 자재가 요구되는 품질이 확보되지 못할 경우에 이의 반품 여부에 대한 기준을 설정하는 것은 구매에 크게 영향을 미칠 것이다.

(3) 구매부서의 주요 활동

① 구매 관리부서의 주요 활동
  ㉠ 구매청구서의 수령 및 평가와 검토
  ㉡ 구매물량의 총괄 발주
  ㉢ 구매활동의 신속처리 및 사후검토
  ㉣ 구매에 따른 지불권한 보유
  ㉤ 구매 관련 사항의 기록 및 보관

② 공급자 · 거래처 선정
  ㉠ 거래처 선정 시 유의사항
    ⓐ 공개입찰제를 실시하여 선정의 투명성을 확보해야 한다.
    ⓑ 특별한 경우에는 지정입찰제를 실시하여 선정할 수도 있다.
    ⓒ 견적을 통한 선정 작업을 실시한다.
    ⓓ 특별한 경우 수의계약의 형태를 이용하여 선정하기도 한다.
    ⓔ 특명계약을 통한 선정도 예외로서 인정되고 있다.
  ㉡ 거래처 선정 후 구매 형태
    ⓐ 매 경우마다 구매 실시
    ⓑ 장기계약에 의한 구매
    ⓒ 구매요구 시 구매
    ⓓ 일괄구매
    ⓔ 투기목적으로 구매
    ⓕ 시장구매

2　구매관리방식의 종류와 특징

(1) 전통적인 구매방식과 JIT 구매방식

① 전통적인 구매방식과 JIT 구매방식의 차이점

구 분	전통적 구매방식	JIT 구매방식
구매동인	생산계획	수요발생
공급자 선정	기회주의적	경쟁 입찰
공급자의 수	다 수	소 수
거래기간	단기·장기	장 기
발주수량	대 량	소 량
생산수량	대 량	소 량
창고의 규모	대 형	소 형

② JIT 구매관리의 요건
　　㉠ 공급업자와 구매자 간의 장기적인 안정성과 유연성을 유지하기 위하여 협조 강화 및 구매기
　　　능이 기업의 전략적 계획에 통합되어야 한다.
　　㉡ 공급업체가 제조업체의 수요량을 신속하게 파악할 수 있도록 정보공유
　　㉢ 신뢰성 있는 공급업자와의 장기계약을 통해 공급업체의 업무협조 및 정보공유의 계기가 되
　　　는 파트너십 구축
　　㉣ 필요한 시간에 필요한 장소로 필요한 양만큼 배달해 주고 신제품 개발도 참여
　　㉤ 부품의 공급 차질에 따른 생산지연에 대한 비용은 부품공급업자가 부담
　　㉥ 리드타임 감소를 위해 지리적으로 근접한 장소에 위치

(2) 집중구매방식과 분산구매방식　기출　7회, 8회, 9회, 10회, 14회, 16회, 21회, 25회

　　가장 능률적인 구매방식이란 집중구매방식(centralized purchasing method)과 분산구매방식
(decentralized purchasing method)을 적절하게 선택하여야 한다. 이 문제는 경영규모가 확대됨
으로써 더욱 중요한 관심사가 되고 있다. 대기업에서는 각 부서에서 필요로 하는 자재의 주문을
한 부서에서 집중시켜 구매를 하게 되므로 보통 대량의 구매가 이루어지게 되는데, 이와 같은 구
매방식이 집중구매방식이다. 한편, 분산구매방식은 기업의 각 부서에서 소요되는 자재를 각기 독
립적으로 분산시켜 구매하는 방식을 의미한다.
　　집중구매방식과 분산구매방식은 서로 상반되는 득실이 있으므로 대부분의 기업에서는 이 두 가지
방법을 조화하여 실시하고 있는 경우가 많다.

① 구매방식별 구매품목

집중구매 품목	분산구매 품목
㉠ 금액 중요도가 높은 품목, 전사 공통품 및 표준 품목 ㉡ 대량 소요품목, 구입절차가 까다로운(수입자재) ㉢ 수요량, 수요빈도가 높은 품목, 수량할인이 있는 품목	㉠ 시장성 품목 ㉡ 구매지역에 따라 가격의 차이가 없는 품목 ㉢ 수량·금액이 소규모인 품목 ㉣ 사무용 소모품 및 수리 부속품(MRO)[14]

② 구매방식별 장단점

구 분	장 점	단 점
집중구매	㉠ 대량구매로 가격과 거래조건 유리 (구매교섭력 증대) ㉡ 공통자재의 표준화 및 단순화로 재고감소 ㉢ 자재수입 등 절차가 복잡한 구매에 유리 ㉣ 구입절차를 표준화하여 구매비용 절감 ㉤ 시장조사나 거래처의 조사, 구매효과 측정에 유리	㉠ 각 공장의 구매 자주성이 없고 절차 복잡 ㉡ 각 공장의 재고파악이 힘듦. ㉢ 긴급조달이 쉽지 않음. ㉣ 구매절차, 사무처리가 복잡하고 긴 시간 소요 ㉤ 납품업자가 멀리 위치할 경우, 조달기간과 운임이 증가됨.
분산구매	㉠ 자주적 구매 가능 ㉡ 사업장 특수요구가 반영됨. ㉢ 구매수속을 신속히 처리가능 ㉣ 공급업자가 공장과 가까울수록 유리	㉠ 본사 방침과 다른 자재를 구입할 경우가 발생 ㉡ 구입경비가 많이 소요되고 구입단가가 높음. ㉢ 공급자가 먼 곳에 위치할 경우, 수송비의 증가로 효용가치가 떨어짐.

(3) 당용구매방식

당용구매방식(Hand-to-Mouth Purchasing Method)은 보통 단기적으로 필요할 때마다 필요한 양만큼 구매하며, 결코 재고를 발생시키지 않는 것을 원칙으로 하는 구매방식이다. 당용구매방식은 다음과 같다.

① 가격이 정상보다 높으나 하락되리라 예상되는 경우,

② 현재 가격이 떨어지고 있는 경우,

③ 가격이나 소요되는 자재의 양 또는 질이 불확실한 경우 등에 이루어진다.

---

14) MRO(Maintenance, Repair, Operation)
- 생산활동상의 직접재인 원자재를 제외한 기업에서 소요되는 유지, 보수, 운영 소모성 자재를 의미한다.
- 구매대상 품목은 규격이 통일되어 있어 표준화가 용이하며 품질이 균일하다.
- 사무용품, 기계부품, 청소용품 등은 소모성 자재이므로 직접 해당 부서가 구매하기 보다는 대행구매가 적합하다.
- 정보기술과 전자상거래의 발달로 영역이 확대되어 가고 있다.

이 방식의 기본적인 목표는 불리한 상황에서 재고수준을 최소화함으로써 재고손실을 줄이려는 데 있다.

(4) 평균가격에 의한 구매방식

① 이 구매방식은 일반적으로 자재의 가격이 시장에서 끊임없이 상승 또는 하락을 계속하고 있는 경우에 이용되는 방식이다. 특히, 가격이 변화하는 과정 중 유리한 시점에서 구매하려는 방식으로서 당연히 어느 특정 기간 또는 특정 시장에서 실현되는 자재의 평균가격보다 낮은 가격에서 구매가 이루어진다.

② 이는 특정 자재에 대한 수요가 이미 확정되어 있고, 가격이 지속적으로 변화하는 경우에 유리한 방식이다.

(5) 상호구매방식

① 이 구매방식은 상호구매협약에 의하여 기업 상호간에 생산되는 생산품을 상호구매하기로 결정함으로써 이루어지는 방식이다. 이 방식은 주로 화학공업과 같이 계열 기업 간에 많이 활용되고 있으며, 안정된 구매를 기업 상호간에 유지함으로써 조업을 안정화할 수 있다는 이점이 있다.

② 그러나 이 방식은 자유로운 거래방식에 의해 거래상대를 선정하고 가격을 결정하므로, 본래의 구매에서 얻을 수 있는 이점을 많이 활용할 수 없다는 단점도 있다.

3 공급자의 선정방법

(1) 입찰에 의한 방법(경쟁방식)

① 미리 정한 제한가격의 범위 내에서 가장 유리한 가격과 조건으로 입찰자를 선정하는 방법

② 입찰에 의한 공급자 선정 절차

공고 → 입찰등록 → 입찰 → 개찰 → 낙찰 → 계약

(2) 지명경쟁에 의한 방법

① 지명한 공급자들 중에 가장 유리한 가격과 조건으로 입찰자를 구매자가 선정하여 입찰토록 하는 방법

② 지명경쟁에 의한 공급자 선정 절차

공고 → 지명 → 등록 → 개찰 → 낙찰 → 계약

(3) 제한경쟁에 의한 방법

발주자는 계약의 목적·성질·규모 등을 고려하여 필요하다고 인정될 때에는 참가자의 자격을 도급한도액, 실적, 기술의 보유현황, 재무상태 등으로 입찰자를 제한하는 경쟁(예 지방중소업체 생존권 보호를 위해 해당 지역 업체들만)

(4) 협의에 의한 방법

입찰 후 각 업체별로 구체적으로 협의(경험과 정보가 부족할 경우)

(5) 수의계약에 의한 방법

현저하게 유리한 조건을 갖추었을 때, 긴급구매, 기밀을 요할 때, 소액구매들의 경우 구매방법

---

04 제약이론과 공정관리

1 제약이론

(1) 제약이론의 개념 및 운영목적

① 제약이론(Theory of Constraints)의 개념 : 제약이론이란 1980년대 말 Goldratt 박사가 기업 이익의 최대화와 자원의 효율적 사용이라는 목표에 걸림돌이 되는 제약들을 어떻게 관리할 것인가를 제시한 이론

② 제약이론의 운영목적 : 산출물 최대화[쓰루풋(Throughput) 증대]

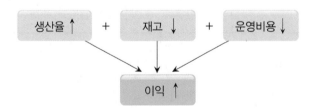

(2) 주요 제약요소(기업의 산출물 결정)

① 내부자원제약 : 높은 성과를 제한하는 기업 내의 능력과 같은 자원

② 시장제약 : 기업의 생산능력에 비해 제품에 대한 시장수요가 부족한 경우

③ 정책제약 : 높은 성과를 제한하는 잔업사용의 금지와 같은 기업의 정책

(3) 제약이론 운영의 주요 개념

① D : Drum

군인들이 행군을 할 때 드러머가 두드리는 드럼의 박자에 맞추어 걷는 것을 비유한 것으로, 드럼은 행진의 속도를 결정하는 페이스메이커이다. 활동 프로세스상에서는 병목공정이 전체의 속도를 결정하는 페이스메이커이므로 드럼의 역할을 하게 된다. 따라서 프로세스 상의 모든 기능들은 병목이 치는 드럼의 속도와 박자에 자신의 박자를 맞추어야 가장 효율적인 활동이 된다.

② B : Buffer

행군 대열에 있는 모든 군인들이 드럼에 맞추어 행진하므로 드러머는 행군이 중단되지 않도록 일정한 박자로 계속 드럼을 두드려야 하고, 그러기 위해서는 드럼을 중단시킬 수 있을 만한 요인들은 제거해야만 한다. 즉, 병목공정의 작업이 끊이지 않게 해야만 프로세스가 중단되지 않고 지속될 수 있으므로 병목공정이 만에 하나 일이 없어 운휴하는 일이 생기지 않도록, 항시 예비일감재고를 병목공정 앞에 버퍼(buffer)를 두는 활동이 필요하다.

③ R : Rope

행군을 할 때 앞에 가는 군인들은 뒤에 오는 이들의 보폭을 가늠할 수가 없다. 걷는 속도와 박자는 드럼소리에 의존할 수 있지만 보폭의 크기가 다르게 되면 군인들 간의 간격은 점점 더 벌어지게 된다. 이 간격은 가장 느리게 걷는 군인과 그 군인 앞, 뒤에 걷는 사람 사이가 가장 클 수밖에 없는데 이 둘 사이를 로프(rope)로 묶는다고 가정해 보면, 보폭이 달라도 항상 일정한 간격을 유지할 수 있게 된다. 프로세스 상에서도 이와 같이 병목공정과 그 이후의 공정은 마치 로프로 연결해 놓은 것과 같이, 병목의 속도에 맞추어 흐름을 형성하도록 해야 한다.

> **핵심포인트**
>
> **제약이론의 DBR**
> 병목은 드럼을 두드려 속도를 결정하고(drum) 병목의 앞 공정은 병목이 쉬는 일이 생기지 않도록 항상 버퍼를 형성하며(buffer), 병목 이후 공정은 병목과 일정 속도를 맞추어 흐름이 이어질 수 있도록(rope)하여 공정프로세스 전체를 최적화하고자 하는 철학이다.

2 공정관리

(1) 라인밸런싱, 라인편성효율, 일정통제 균형성 기법(Line Balancing, Line of Balance, Balance Efficiency)

① LOB의 개념

㉠ 라인을 구성하는 각 공정 간의 균형, 공정 역할을 고르게 나누어주어 최대의 생산효율을 이끌어내는 것

ⓛ 2공정 이상으로 사람이나 설비가 연결되어 작업을 할 경우 각 공정별 작업량 분배 효율성을 의미함.

② LOB의 목적

ㄱ 작업공정 내의 재공품 감소

ㄴ 가동률 향상

ㄷ 리드타임(Lead Time) 감축, 향상

ㄹ 애로공정, 제약공정(Neck Time) 개선으로 생산성 향상

③ LOB(Line of Balance)의 기능

ㄱ 완성품의 납기 지연의 원인과 조립공정을 구성하는 세부공정 또는 어느 작업장에서 일어났는가를 파악하여 중점 관리를 가능하게 함.

ㄴ 책임소재가 밝혀진 작업공정을 위하여 일정계획이 차질이 생길 경우를 대비하여 대비책을 미리 강구해 두게 하는 기능

④ LOB 산정식

$$공정효율(LOB) = \frac{\sum 각 \ 공정시간}{(애로공정 \ 작업시간 \times 공정수)} \times 100\%$$

공정효율 100%의 상황은 모든 개별 공정 활동이 균일하게 이루어지는 상황. 즉, 각 공정의 리드타임이 모두 같은 상황

(2) 공정재고, 재공재고, 재공품(Work In Process)

① 생산과정 중에 있는 물품으로 저장 또는 판매 가능한 상태의 반제품과는 다름. 즉, 재공품은 앞으로 더 가공해야만 제품이나 부분품이 될 수 있음.

② 일반적인 공장은 연속적으로 물품을 생산하고 있으므로 각 공정마다 존재함.

③ 공정재고량 산정식

$$공정재고량 = \frac{생산량 \times 사이클타임}{작업시간}$$

(3) 공정효율 개선 관리지표

① 가동률 　기출　 13회, 15회

$$운행한 \ 비율 = \frac{가동일수}{영업일수} \times 100\% = \frac{생산실적}{생산능력} \times 100\% = \frac{실제작업시간}{총작업시간}$$

② 작업공수, 유실공수, 표준공수 _{기출} 16회

   ㉠ **작업공수** : 작업수행의 양, 일의 범위

      ⓐ 특정 작업에 소요된 인원(Man) × 소요된 시간(Hour)

      ⓑ 공수비율 = $\dfrac{\text{특정 작업에 소요한 시간}}{\text{총작업시간}}$ (예 입하공수비율 = $\dfrac{\text{입하작업 소요시간}}{\text{총작업시간}}$)

   ㉡ **유실공수**(비가동률) : 기계고장, 원부자재결품, 결근, 휴가자 휴업공수, 품질불량으로 인한 재작업, 교육훈련, 정전 등으로 인한 유실된 작업수행의 양, 일의 범위

   ㉢ **표준공수** : 특정 작업을 하는데 소요되는 표준시간

$$\text{작업효율} = \frac{\text{표준공수}}{\text{작업공수}} = \frac{\text{표준작업시간} \times \text{일일생산량}}{\text{일작업인원} \times \text{일작업시간}} \times 100\%$$

③ 공정효율 개선 관리지표를 이용한 관리과정

   ㉠ 공정별, 작업자별, 설비단위별 표준작업시간 측정

   ㉡ 애로공정 선정 및 개선

   ㉢ 작업방법 개선

   ㉣ 작업자 재배치

01 보관에 관한 설명으로 옳지 않은 것은? 17회

① 단순저장기능 중심에서 라벨링, 재포장 등 유통지원기능이 강화되고 있다.
② 생산과 판매의 조정 및 완충기능을 수행한다.
③ 수요변동의 폭이 적은 물품에 대해 안전재고 수준을 높이고 있다.
④ 운영효율성을 향상시키기 위해 물류정보 시스템의 사용이 증가하고 있다.
⑤ 다품종 소량화, 소량 다빈도화, 리드타임 단축 등 시장환경 변화에 신속하게 대응해야
한다.

> 해설 안전재고량 = 수요의 표준편차 × 안전계수(목표서비스율별) × $\sqrt{조달기간}$
> 수요의 변동폭이 적다는 의미는 수요의 표준편차가 작다는 것을 의미하므로 안전재고량은 줄어든다.

02 창고 내 로케이션(Location) 관리에 관한 설명으로 옳지 않은 것은? 20회

① 로케이션(Location) : 배치된 지역 및 위치에 주소를 부여하는 것을 말한다.
② 고정 로케이션(Fixed Location) : 선반 번호별로 보관하는 품목의 위치를 고정하여 보관하
는 방법이다.
③ 프리 로케이션(Free Location) : 품목과 보관하는 랙 상호간에 특별한 연관관계를 정하지
않는 보관방법이다.
④ 구역 로케이션(Zone Location) : 특정 품목군을 일정한 범위 내로 한정하여 보관하고, 그
범위 내에서 특정 위치를 고정하는 방법이다.
⑤ 고정 로케이션(Fixed Location) : 수작업으로 관리하는 경우가 많고, 선반 꼬리표방식과
병행해서 사용하는 경우도 있다.

> 해설 ④ **구역 로케이션**(Zone Location) : 일정 품목군에 대하여 일정한 보관구역을 설정하지만 그 범위 내에서
> 는 Free Location을 채택하는 방법으로서, 일반적으로 널리 이용하고 있는 선반관리방법이다. 주로 컴
> 퓨터로 제어되는 입체자동창고에서 절충식 방법을 채용하고 있다.
> ② **고정 로케이션**(Fixed Location) : 고정 선반번호방식으로, 선반번호마다 그에 대응하는 품목을 정하여
> 보관하는 방법이다.
> ③ **프리 로케이션**(Free location) : 보관 품목과 보관 랙의 장소를 대응시키지 아니하고 보관 품목을 그
> 특성에 따라 최적하다고 생각되는 장소에 보관하는 방법으로 자동창고시스템에 사용한다.

03 다음은 재고관리의 주요 목적을 설명한 것이다. 잘못된 것은?

① 재고의 적정화에 의해 재고투자 및 재고 관련 비용의 절감

② 재고금액의 감소와 과대재고 방지에 의한 운전자금 절감

③ 재고관리에 의한 생산 및 판매활동의 안정화 도모

④ 과학적이고 혁신적인 재고관리에 의거, 업무 효율화 및 간소화 추진

⑤ 기업의 합리적 재고관리는 소비자와는 밀접한 관계가 적고 기업의 이익만을 추구

해설 기업의 합리적 재고관리는 기업의 이익 향상과 소비자 서비스 유지와 향상을 위해 그 역할을 다한다.

04 기업의 재고관리에 있어서 재고가 많은 경우의 특징으로 구성되어 있는 항목은?

㉠ 자금 운용이 곤란	㉡ 품절·결품률이 증가한다.
㉢ 재고회전율이 좋다.	㉣ 보관시설의 과다 필요
㉤ 작업을 계획적으로 수행	㉥ 서비스율이 낮다.
㉦ 재고수량관리가 어렵다.	㉧ 적정서비스 유지
㉨ 계획적인 자금운용	

① ㉠, ㉡, ㉢ 　　　　　② ㉠, ㉡, ㉨

③ ㉠, ㉣, ㉦ 　　　　　④ ㉠, ㉣, ㉨

⑤ ㉡, ㉢, ㉦

해설 재고 과소 : ㉡, ㉥ / 재고 적정 : ㉢, ㉤, ㉧, ㉨

05 다음 중 재고관리 기법을 설명한 것으로 적절하지 못한 것은?

① 기준재고 시스템은 S-S재고 시스템 또는 Min-Max 재고시스템이라고 부르며 정량재고방식과 정기재고방식의 혼합방식이다.

② 정기발주법은 보관품목 배치의 A그룹에 속하며, 발주간격이 길고, 수요가 일정한 재고에 특히 유용하다.

③ 정량발주법은 보관품목 배치의 B그룹에 속하며, 저가의 물품에 적합하다.

④ TWO-BIN방식은 보관품목 배치의 C그룹에 속하며, 다수의 소형매출, 조달기간이 짧은 자재에 대하여 많이 사용하는 방법이다.

⑤ 정량주문 시스템은 주문량이 중심이 되므로 Q시스템이라 부르며, 계속적인 실사를 통하여 재고수준을 체크하므로 연속실사방식이라고 한다.

해설 정기발주법은 보관품목 배치로는 A그룹에 적합하지만 발주간격은 일정하고, 수요에 변동성이 있는 재고에 특히 유용하다.

06 다음 재고관리법의 기본이론에 관한 설명으로 옳은 것은? (단, 수요와 공급은 불확실하다.)

✅ 20회

ㄱ 정량발주법 : 주문량(A)과 주문 간격(B)
ㄴ 정기발주법 : 주문량(C)과 주문 간격(D)

① A는 변동이고, B는 고정이다.　　② A는 변동이고, C는 변동이다.
③ A는 고정이고, D는 고정이다.　　④ B는 변동이고, C는 고정이다.
⑤ C는 변동이고, D는 변동이다.

해설 ㄱ **정량발주법** : 주문량이 일정(고정)하기 때문에 수입, 검품, 보관 등이 용이하나, 발주시기가 일정하지 않기 때문에 대량 일괄발주가 불가능하고, 발주빈도가 높으며 양이 많은 품목에 대하여는 비용이 높아진다. 즉, 주문량은 일정(고정), 주문 간격은 변동
ㄴ **정기발주법** : 주문시간 간격을 일정하게 하여 재고상태를 정기적으로 조사하고, 주문량을 변화시켜 재고의 조정을 행한다. 일반적으로는 수요의 변동이 심한 것에 사용한다. 즉, 주문량은 변동, 주문 간격은 일정(고정)

07 투빈 시스템(Two Bin System)에 관한 설명으로 옳지 않은 것은?

✅ 17회

① 부품의 재고관리에 많이 사용되는 기법으로 선입선출(FIFO)을 지킬 수 있는 가능성이 높아진다.
② 주문량이 중심이 되므로 Q시스템이라고도 부르며, 계속적인 재고수준 조사를 통하여 리드타임 기간의 수요변동에 대비해야 한다.
③ 흐름랙(Flow Rack)을 사용하면 통로공간의 낭비를 줄일 수 있어 공간효율성이 뛰어나며, 저장 및 반출 작업을 단순화시킬 수 있다.
④ 투빈 시스템을 사용하기 위해서는 한가지 품목에 대하여 두 개의 저장공간이 필요하다.
⑤ 조달기간이 짧은 저가 품목에 대하여 많이 사용하는 방법이다.

해설 Q시스템은 정량주문방식을 의미하며 투빈 시스템은 계속적인 재고수준 조사를 하지 않고 두 개의 빈(Bin)에 부품이나 재고를 넣고 사용하며 빈 하나의 재고를 모두 소진하면 이 상황을 재발주점으로 하여 정량발주가 이뤄지는 재고의 가치가 낮은 저가 품목에 주로 적용이 된다.

정답 **06** ③ **07** ②

08 재고관리모형과 관련하여 Q형 모형(고정주문량 모형)과 P형 모형(고정기간 모형)을 비교한 것으로 옳지 않은 것은? ✅ 17회

구 분	Q형 모형	P형 모형
① 주문량	일정함.	가변적임.
② 주문시기	재주문점 이하시	조사주기마다
③ 재고수준	허용 결품률에 좌우	매우 낮음.
④ 관리대상	저가 품목	고가 품목
⑤ 관리측면	관리부담이 많음.	관리부담이 적음.

[해설] P형 모형은 A형 상품에 적합한 만큼 재고수준도 높고 회전율도 높은 특징을 가진다. 매 기간 목표재고량을 다시 계산하므로 수요의 변동폭이 큰 상품에 더 적합하다고 알려져 있으므로 안전재고량도 상대적으로 더 큰 편에 속한다.

09 재고관리 및 통제에 관한 설명으로 옳지 않은 것은? ✅ 17회

① 정량발주법은 현재의 재고상태를 파악하여 재고량이 재주문점에 도달하면 미리 설정된 일정량을 주문하는 시스템이다.

② ABC 재고관리에서 A품목은 매출액이 매우 적어서 가능한 노력이 적게 드는 관리방법을 택하며, B품목은 매출액이 비교적 적지만 품목이 많으므로 정량발주 시스템 적용이 바람직하고, C품목은 매출액이 높은 품목으로 정기발주 시스템 이용이 적합하다.

③ 정기발주법은 재고량이 특정 수준에 이르도록 적정량을 일정 기간마다 재주문하는 방법이다.

④ 안전재고는 수요의 변동, 수요의 지연, 공급의 불확실성 등으로 품절이 발생하여 계속적인 공급중단 사태를 방지하기 위한 예비목적의 재고량이다.

⑤ 조달기간(Lead Time)은 발주 후 창고에 주문품목들이 들어오기까지의 기간으로 기간이 짧을수록 재고수준은 낮아진다.

[해설] A품목은 단가는 저렴하지만 총매출액이 매우 높아서 가장 치밀하게 관리하는 품목에 해당한다. 매번 수요 예측을 다시 하는 정기발주 방식을 주로 취한다. C품목은 품목수는 매우 많지만 이 품목들에서 산출되는 총매출액은 매우 적은 형태로 정기 · 정량 혼합방식이나 Two–Bin 시스템 등을 활용한다. B품목은 정량발주 방식을 주로 취한다.

정답 **08** ③ **09** ②

10 재고관리의 지연(Postponement)전략에 관한 설명으로 옳지 않은 것은? ✅ 14회

① 지연전략은 고객 요구사항을 지연시켜 고객서비스 향상에 장애요인이 된다.

② 구매자의 요구사항 다양화 및 설계변경 등으로 인한 경영기회 손실을 최소화한다.

③ 유통가공이 이루어지지 않는 기본적인 부품 및 반제품을 보유할 필요가 있다.

④ 실제 수요가 인지될 때까지 포장 또는 라벨작업 등을 지연시켜 위험을 최소화한다.

⑤ 지연전략에는 최종조립, 부분가공 등의 유통가공 기능을 포함한다.

> **[해설]** **지연(Postponement)전략**
>
> 지연전략은 고객 수요를 포함한 수요정보가 명확해질 때까지 완제품이 되는 것을 지연하는 것이 대표적인 방식이다. 이 전략은 불필요한 완제품 재고를 만들어두고 팔리지 않으면 손해를 보는 것이 아니라, 다품종 제품들의 공통생산 프로세스까지 제작하여 반제품 상태로 보유하다가 수요가 확실해지면, 반제품에서부터 수요에 대응하여 완제품을 만들어 실수요에 대응하므로 수요에 대한 반응성을 유지하면서 불용재고는 줄어든다. 따라서 고객서비스 향상에는 일정한 도움을 준다고 판단할 수 있다.

11 '갑'회사의 5월 중 자재에 관한 거래내역은 다음과 같다. 선입선출(FIFO) 방법으로 5월에 출고한 자재의 재료비를 구하면 얼마인가? ✅ 11회

일 자	활동내역	개 수	단 가
5월 2일	매 입	50개	₩100
5월 10일	매 입	50개	₩120
5월 15일	출 고	60개	
5월 20일	매 입	50개	₩140
5월 24일	출 고	70개	

① ₩18,000
② ₩15,200
③ ₩9,000
④ ₩7,600
⑤ ₩6,000

> **[해설]** 선입선출법(First In First Out : FIFO)을 따를 때,
> • 5월 15일, 60개 출고 시 자재비 = (50 × 100) + (10 × 120) = 6,200원
> • 5월 24일, 70개 출고 시 자재비 = (40 × 120) + (30 × 140) = 9,000원
> ∴ 5월 출고 자재의 재료비 = 6,200 + 9,000 = 15,200원이다.

12 다음 표와 같은 상황에서 후입선출법을 적용하였을 때 기말재고자산은? ✔ 13회

일 자	거 래	수 량	단 가
6월 1일	전월 이월	50	180원
6월 10일	매입	100	200원
6월 11일	매출	80	
6월 20일	매입	150	220원
6월 25일	매출	100	

① 18,000원 ② 20,000원

③ 22,000원 ④ 24,000원

⑤ 26,000원

[해설] 후입선출법이므로 가장 늦게 매입된 재고자산이 가장 먼저 빠져나감으로 매출거래 이전 매입단가를 기준으로 재고자산에서 감해주면 다음과 같다.
- 6월 11일 매출건 = (180×50) + (200×100) − (200×80) = 9,000 + 20,000 − 16,000 = 13,000원
- 6월 25일 매출건 = (220×150) − (220×100) = 33,000 − 22,000 = 11,000원
∴ 후입선출에 의한 총기말자산 = 13,000 + 11,000 = 24,000원

13 '갑' 회사의 3개월 간 판매실적 정보와 6월의 수요예측량은 아래 표와 같다. 3개월 간 이동평균법(A)과 단순지수평활법(B)을 이용하여 계산한 '갑' 회사의 8월의 수요예측량(개)은? (단, 평활상수(α)는 0.3, 답은 소수점 첫째자리에서 반올림한다) ✔ 20회

구 분	5월	6월	7월
실수요량(개)	205	190	210
수요예측량(개)		200	

① A : 200, B : 201 ② A : 200, B : 204

③ A : 200, B : 205 ④ A : 202, B : 201

⑤ A : 202, B : 205

[해설] 이동평균법(A)과 단순지수평활법(B)
㉠ 이동평균법(A) : (205 + 190 + 210) / 3 = 201.7 ≒ 202개
㉡ 단순지수평활법(B) : 평활상수를 α로 표시하면 지수평활법에 의한 예측치(C) = α × 전기의 실적치 + (1 − α) × 전기의 예측치가 된다.
7월의 예측치 = 0.3 × 190 + 0.7 × 200 = 197개, 따라서 C = 0.3 × 210 + (1 − 0.3) × 197 = 200.9개 ≒ 201개

정답 **12** ④ **13** ④

14 효율적인 재고관리와 물류운영 최적화를 위해 가장 우선적으로 고려되어야 할 사항은?

15회

① 보관시설의 설계
② 제품의 품질
③ 운반경로의 예측
④ 정확한 수요의 예측
⑤ 적정 서비스

> **해설** 재고관리와 물류운영의 전체최적화를 위해 가장 우선적으로 고려되어야 하고 중요한 자료를 주는 활동은, 객관적인 수요 데이터와 외부 데이터들을 종합적으로 활용하여 정확하게 추정해 내는 것이다.

15 수요예측기법에 관한 설명으로 옳지 않은 것은?

14회

① 단순이동평균법은 6~12개월 간의 안정적인 자료를 기반으로 단기 예측값을 구하는데 유용하다.
② 지수평활법은 과거의 정보보다는 최근의 정보에 더 많은 가중치를 가지고 예측값을 구하는 방법이다.
③ 회귀분석은 인과형 예측에 유용한 방법이다.
④ 추세지수평활법은 지수평활법에 추세효과인 평활상수를 고려하여 예측값을 구하는 방법이다.
⑤ 가중이동평균법은 과거의 모든 자료에 동일한 가중치를 부여하여 예측값을 구하는 방법이다.

> **해설** 가중이동평균법은 최근 기간의 실제 판매 데이터에 더 높은 가중치를 주어 예측값을 구하는 방식이다.

16 다음 표와 같이 과거 실적치가 주어졌을 때, 가중이동평균법(Weighted Moving Average)으로 예측한 5월의 수요량은? (단, 2월 가중치는 0.1, 3월 가중치는 0.3, 4월가중치는 0.6이며, 소수점 첫째 자리에서 반올림하시오.)

17회

월	1	2	3	4	5
수요량	145	183	163	178	?

① 166
② 170
③ 174
④ 178
⑤ 182

가중이동평균법에 의한 계산의 핵심은 예측하려고 하는 기간에 가까울수록 높은 가중치를 배정하는 것이다.

∴ 5월 수요량 = (178 × 0.6) + (163 × 0.3) + (183 × 0.1) = 174

17 다음과 같은 판매실적 정보와 6월에 대한 예측치가 있다. 7월의 실판매량과 오차가 가장 적은 F7값을 제시할 수 있는 예측기법은? ✅ 18회

구 분	1월	2월	3월	4월	5월	6월	7월
실판매량	100	90	93	102	89	82	85
예측치	−	−	−	−	−	92	F_7
(가중치)				0.3	0.4	0.3	

① 3개월 이동평균법
② 3개월 가중평균법
③ 5개월 이동평균법
④ 평활상수 0.3인 지수평활법
⑤ 평활상수 0.4인 지수평활법

해설 실판매량(85)과 가장 적은 오차를 주는 예측방법을 찾는다.

① 3개월 이동평균법 $= \dfrac{102 + 89 + 82}{3} = 91$, 오차 = 6

② 3개월 가중평균법 = (102 × 0.3) + (89 × 0.4) + (82 × 0.3) = 90.8, 오차 = 5.8

③ 5개월 이동평균법 $= \dfrac{90 + 93 + 102 + 89 + 82}{5} = 91.2$, 오차 = 6.2

④ 평활상수 0.3인 지수평활법 $= F_6 + \alpha(Y_6 - F_6) = 92 + 0.3(82 - 92) = 89$, 오차 = 4

⑤ 평활상수 0.4인 지수평활법 $= F_6 + \alpha(Y_6 - F_6) = 92 + 0.4(82 - 92) = 88$, 오차 = 3

18 KFLI 회사는 제품 판매량을 예측하기 위하여 단순지수평활법(Simple Exponential Smoothing Method)을 사용하고 있다. 1월 제품 판매량을 92,000개로 예측하였으나 실판매량은 95,000개였고, 2월 실판매량은 90,000개였다. 3월의 제품판매량 예측치는? (단, 지수평활계수 $\alpha = 0.2$) ✅ 19회

① 90,880개
② 91,680개
③ 92,080개
④ 92,600개
⑤ 93,120개

해설
(단위 : 개)

기간	1월	2월	3월
실측치(Y − yield)	95,000	90,000	
예측치(F − forecast)	92,000	F_2	F_3

- $F_2 = F_1 + \alpha(Y_1 - F_1) = 92,000 + 0.2(95,000 - 92,000) = 92,600$개
- $F_3 = F_2 + \alpha(Y_2 - F_2) = 92,600 + 0.2(90,000 - 92,600) = 92,080$개

19 30,000개 파렛트를 보관하는 창고에 30대의 포크리프트가 연간 270일 기준으로 하루에 8시간 작업을 행한다고 하자. 이때 입고에서 출고까지의 평균작업시간이 12분이 걸린다면, 이 창고의 연간 재고회전은 몇 회인가?

① 0.37 ② 0.18
③ 10.8 ④ 2.16
⑤ 25.92

해설
$$재고회전 = \frac{기간\ 총\ 처리대상물동량}{평균재고량(파렛트)} = \frac{30대 \times 270일 \times 8시간 \times 60분(단위환산)}{30,000개 \times 12분} = 10.8회$$

20 다음 중 MRP(Material Requirement Planning)에 관한 설명으로 옳은 것을 모두 선택한 것은? ✅ 14회

㉠ MRP의 입력요소는 BOM(Bill of Material), MPS(Master Production Scheduling), 재고기록철(Inventory Record File) 등이다.
㉡ 주문 또는 생산지시를 하기 전에 경영자가 계획들을 사전에 검토할 수 있다.
㉢ 종속수요품 각각에 대하여 수요예측을 별도로 해야 한다.
㉣ 개략생산능력계획(Rough-Cut Capacity Planning)에 필요한 정보를 제공한다.
㉤ 상위품목의 생산계획이 변경되면 부품의 수요량과 재고보충시기를 자동적으로 갱신하여 효과적으로 대응한다.

① ㉠, ㉢, ㉣ ② ㉡, ㉢, ㉤
③ ㉠, ㉡, ㉤ ④ ㉠, ㉢, ㉤
⑤ ㉡, ㉣, ㉤

ⓒ 수요예측은 독립수요인 완제품에 대해서만 수행한다. 종속수요는 계산된다.
ⓔ 거꾸로 개략생산능력계획이 MRP에 필요한 정보를 제공한다.

21 다음 표는 임의의 부품에 대해 총소요량, 예정입고량, 기초재고가 주어진 MRP 계획표의 일부이다. 부품에 대한 리드타임(Lead Time)이 1주이고 주문단위(Lot Size)가 L4L(Lot for Lot)으로 결정된다면, 2주, 3주, 4주의 예상가용량의 합은? ✅ 17회

주		1	2	3	4	5
총소요량			30	35	20	35
예정입고량				50		
예상가용량	10					
순소요량						
계획보충량						
계획발주량						

① 10 ② 15

③ 20 ④ 25

⑤ 30

L4L(Lot for Lot)방식은 필요한 순소요량만큼만 발주하여 보충하고 예상가용량이 0이 되도록 만드는 보충방식이다. 해당 문제는 3주차에 예정입고량을 50개를 넣어 event를 발생시킨 문제이다.

주		1	2	3	4	5
총소요량			30	35	20	35
예정입고량			0	50	0	0
예상가용량	10	10	0	15	0	0
순소요량			20	0	5	35
계획보충량			20	0	5	35
계획발주량		20	0	5	35	

∴ 2주, 3주, 4주의 예상가용량 합 = 0 + 15 + 0 = 15개

정답 **21** ②

22 다음은 임의의 부품에 대한 자재계획표의 일부이다. 부품의 리드타임(Lead Time)과 로트크기(Lot Size)는? ✅ 13회

			주						
			1	2	3	4	5	6	7
부품	총소요량		200		200		200		400
	예정입고량		400						
	예상가용량	0	200	200	0	0	200	200	200
	순소요량						200		200
	계획보충량						400		400
	계획발주량				400		400		

① 리드타임 : 2주, 로트크기 : 200
② 리드타임 : 2주, 로트크기 : 400
③ 리드타임 : 3주, 로트크기 : 200
④ 리드타임 : 3주, 로트크기 : 400
⑤ 리드타임 : 4주, 로트크기 : 200

[해설] 계획발주량과 계획보충량을 살펴보면 400개 단위로 주문되고 주문을 하면 2주 후에 보충되는 것을 감안하여 총소요량에 대응하고 있음을 알 수 있다.

23 JIT(Just In Time)와 자재소요량계획(MRP : Material Requirements Planning)에 관한 설명으로 옳은 것을 모두 고른 것은? ✅ 18회

ㄱ JIT는 Push 시스템 기반이다.
ㄴ JIT는 최소의 재고로 낭비 요소를 제거하기 위한 것이다.
ㄷ MRP 시스템은 효율성 제고를 위해 간판과 작업배정을 혼용하여 관리 통제한다.
ㄹ MRP는 조달기간 중의 소요재고를 유지한다.

① ㄱ, ㄴ
② ㄱ, ㄷ
③ ㄱ, ㄹ
④ ㄴ, ㄷ
⑤ ㄴ, ㄹ

[해설] ㄱ JIT는 실제 수요에 근거한 Pull기반 시스템이다.
ㄷ 간판(Kanban)의 활용은 JIT이고, MRP 시스템은 효율성 제고를 위해 간판의 도착순이 아닌 작업배정에 의해 관리·통제한다.

정답 **22** ② **23** ⑤

24 자재소요량계획(MRP : Material Requirements Planning)의 주요 입력요소를 모두 고른 것은?

18회

> ㉠ 재고기록철
> ㉡ 원단위
> ㉢ 자재명세서
> ㉣ 재료계획서
> ㉤ 주일정계획
> ㉥ 안전재고량
> ㉦ 리드타임

① ㉠, ㉢, ㉣, ㉦
② ㉠, ㉢, ㉣, ㉥
③ ㉡, ㉢, ㉤, ㉥
④ ㉢, ㉣, ㉤, ㉦
⑤ ㉠, ㉢, ㉤, ㉥, ㉦

해설 자재소요량계획은 기본적으로 자재명세서, 주일정계획, 재고기록철의 정보를 받아 제품별로 설정된 안전재고량과 리드타임을 고려하여 주문시기와 주문량을 통제한다.

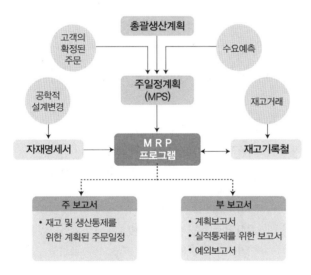

• **재고기록철** : 자재관리 대상품목의 입출고에 대한 내역, 품목번호, 품목명, 안전재고량, 리드타임, 표준원가, 발주량, 주문비용, 주문량 결정법, 현재보유재고량, 재고할당량 등에 대한 기록

정답 **24** ⑤

25 자재소요량계획(MRP : Material Requirements Planning)에서 A제품은 2개의 부품 X와 3개의 부품 Y로 조립된다. A제품의 총수요는 30개이고, 부품 X의 예정입고량이 10개이며 가용재고는 없고, 부품 Y의 예정입고량은 15개이고 가용재고가 5개일 때 부품 X와 부품 Y의 순소요량이 몇 개인지 순서대로 옳게 나열한 것은? 18회

① 50, 50 ② 50, 60

③ 50, 70 ④ 60, 70

⑤ 60, 90

해설
- 부품 X의 수요 = 2A
- 부품 Y의 수요 = 3A
- A제품의 총수요가 30개일 때,
  - 부품 X 소요량 = 2A = 2 × 30 = 60개
  - 부품 Y 소요량 = 3A = 3 × 30 = 90개

㉠ 제품 X의 예정입고량 10 ➡ 순소요량 = 60 − 10 = **50개**
㉡ 제품 Y의 예정입고량 15, 가용재고 5 ➡ 90 − 15 − 5 = **70개**

26 JIT(Just In Time)와 MRP(Material Requirement Planning)에 해당되는 특성을 가장 바르게 구성한 것은? 12회

㉠ 안정된 주일정계획(MPS) 필요 ㉡ 자재소요계획에 의한 자재소요 판단
㉢ 반복생산의 일정 및 재고관리에 적용 ㉣ Push방식 이용
㉤ 간판(Kanban) 이용 ㉥ 최소한의 재고수준을 위한 노력

① JIT − ㉠, ㉡, ㉤   MRP − ㉢, ㉣, ㉥

② JIT − ㉠, ㉤   MRP − ㉡, ㉢, ㉣, ㉥

③ JIT − ㉠, ㉢, ㉤, ㉥   MRP − ㉡, ㉣

④ JIT − ㉡, ㉤   MRP − ㉠, ㉢, ㉣, ㉥

⑤ JIT − ㉡, ㉢, ㉤   MRP − ㉠, ㉣, ㉥

해설
- JIT 시스템 : 안정된 주일정 생산계획(MPS) 필요
  ⓐ 반복 생산일정 및 재고관리에 적용   ⓑ 간판(Kanban) 이용 생산계획 집행
  ⓒ 최소한의 재고수준을 위해 노력   ⓓ 수주(주문)에 의한 Pull방식
- MRP 시스템 : 변경이 잦은 주일정 생산계획(MPS) 수용
  ⓐ 자재소요계획에 의한 자재소요 판단
  ⓑ 생산계획에 의한 Push방식

정답 **25** ③   **26** ③

27 테이블을 생산하기 위해 상판과 다리를 주문한 MRP계획표의 일부분이다. 다음 표에 관한 설명으로 옳지 않은 것은? ✅ 15회

주 주항목	1	2	3	4	5
테이블					
총소요량					200
현재고					20
순소요량					180
발주량				180	
상판					
총소요량				180	
현재고				100	
순소요량				80	
발주량		80			
다리					
총소요량				360	
현재고				50	
순소요량				310	
발주량	310				

① 테이블의 주문량은 모두 200개이다.
② 상기 MRP는 테이블 생산시 불량품 발생을 고려하지 않았다.
③ 상판에 대한 리드타임은 2주, 다리에 대한 리드타임은 3주이다.
④ 테이블 한 개를 생산하기 위해 다리가 4개 필요하다.
⑤ 상기 MRP를 작성한 업체가 직접 테이블을 생산하는 업체라면 생산하는 데 소요되는 기간은 1주이다.

해설 불량품 발생을 고려하지 않는 MRP 계획표의 해석은
완제품의 납기(5주차)와 총소요량(200개)을 확인하는 것으로부터 시작
– 5주차에 완제품 테이블의 현재고가 20개 있으므로 순소요량은 180개
– 5주차에 180개의 완제품을 완성을 위하여 4주차의 총소요량이
㉠ 상판은 180개, ㉡ 다리는 360임을 확인하였다.

여기서 테이블 1개당 상판은 1개, **다리는 2개가 소요됨**을 확인할 수 있다.
각 부품의 리드타임은 해당 기간의 순소요량만큼을 언제 발주했는지 확인해 보면 알 수 있다.
• 4주차의 상판 80개는 2주차에 발주되어 있으므로 "상판"의 리드타임은 2주
• 4주차의 다리 310개는 1주차에 발주되어 있으므로 "다리"의 리드타임은 3주

정답 **27** ④

28 자원분배계획(DRP : Distribution Resource Planning)에 관한 설명으로 옳지 않은 것은?

✓ 15회

① 고객의 수요정보를 예측하여 제품의 재고수준을 낮추는 효과를 가져온다.

② 주요 산출물은 물류망의 최적 단계수를 결정한다.

③ 정시 배송을 늘리고 고객의 불만을 감소시켜 고객서비스 향상에 기여한다.

④ 생산완료된 제품을 수요처에 효율적으로 공급하기 위한 시스템이다.

⑤ 생산시스템에 원자재나 부품을 효율적으로 공급하여 조달 및 생산물류를 효율적으로 계획, 통제한다.

[해설] 원자재나 부품을 효율적으로 공급하고 계획, 통제하는 시스템은 MRP(Material Requirement Planning)이다.

29 다음 자재명세서(BOM : Bill Of Material)를 가지는 제품 X의 소요량이 50개일 때, 부품 H의 소요량은? (단, (   ) 안의 숫자는 상위품목 한 단위당 필요한 해당 품목의 소요량)

✓ 19회

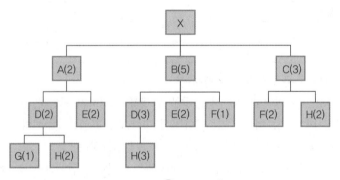

① 1,950개
② 2,450개
③ 2,950개
④ 3,450개
⑤ 3,950개

[해설]
A(2) ➡ A = 2X	B(5) ➡ B = 5X	C(3) ➡ C = 3X
D(2) ➡ D = 2 · 2X	D(3) ➡ D = 3 · 5X	
H(2) ➡ H = 2 · 2 · 2X = 8X	H(3) ➡ H = 3 · 3 · 5X = 45X	H(2) ➡ H = 2 · 3 · X = 6X

상기표는 부품 H의 소요량 계산을 위한 수치만 계산한 결과이다.

완제품 X에 대한 부품 H의 총부품 소요량 = 8X + 45X + 6X = 59X
X의 소요량이 50개일 때 ➡ 59X = 59 · 50 = 2,950개

30 제품 X는 2개의 부품 Y와 3개의 부품 Z로 조립된다. 이때 부품 Y는 1개의 부품 A와 2개의 부품 B로 조립되고, 부품 Z는 2개의 부품 A와 4개의 부품 C로 조립된다. 각 제품 및 부품의 리드타임이 아래 표와 같을 때, 제품 X가 10주차에 100개가 필요하다면 부품 C를 몇 주차에 몇 개를 주문해야 하는가? (단, 제품 X 및 각 부품의 초기재고는 없다.) ✅ 14회

품 명	X	Y	Z	A	B	C
리드타임 (조립, 조달기간)	1주	2주	3주	2주	1주	3주

① 2주차, 600개
② 3주차, 400개
③ 3주차, 1,200개
④ 6주차, 300개
⑤ 7주차, 1,200개

해설 제품 X의 수요를 X라 정의
- 제품 X에 대한 종속수요 → Y = 2X, Z = 3X
- 부품 Z의 종속수요 → A = 2Z, C = 4Z
- 완제품(X) 한 개에 대한 부품 C의 종속수요는 C = 4Z = 4(3X) = 12X = 12(100) = 1,200개
- 10주차에 100개의 완제품이 완성되려면 C제품 조달기간이 3주인 상황에서 C제품은 3주차에 1,200개가 주문되어야 한다.

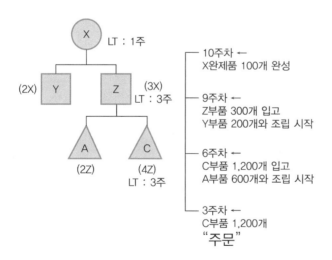

31 JIT(Just In Time)를 도입하여 운영하고 있는 A작업장의 부품수요는 1분당 7개이고, 각 용기당 35개의 부품을 담을 수 있다. 용기의 순환시간이 50분일 때, 필요한 용기수와 최대 재고수준은? ✅ 14회, 23회

① 용기수 - 5개, 최대 재고수준 - 300개
② 용기수 - 5개, 최대 재고수준 - 350개
③ 용기수 - 7개, 최대 재고수준 - 300개
④ 용기수 - 7개, 최대 재고수준 - 350개
⑤ 용기수 - 10개, 최대 재고수준 - 350개

> **해설**
> • 필요용기수량 = $\dfrac{\text{부품소요량} \times \text{순회시간} \times \text{안전계수}}{\text{용기당 부품보관수량}}$ = $\dfrac{6개}{4개}$ = 1.5
>
> = $\dfrac{7개 \times 50분}{35개}$ = 10개 ✅ 12회 유사
>
> • 최대 재고수준 = 부품소요량 × 순회시간 = 7개 × 50분 = 350개

32 재고관리 지표에 관한 설명으로 옳지 않은 것은? ✅ 19회

① 서비스율(%) = (납기 내 출하금액 ÷ 수주금액) × 100
② 백오더율(%) = (요구량 ÷ 결품량) × 100
③ 연간 재고회전율(회) = 연간 총 매출액 ÷ 연간 평균 재고액
④ 원가절감비율(%) = (원가절감액 ÷ 구매예산) × 100
⑤ 재고율(%) = (입고금액 ÷ 출고금액) × 100

> **해설** 백오더율(%) = (결품량 ÷ 요구량) × 100

33 B사에서 생산하는 제품은 사이클타임이 2시간, 1일 생산량이 200개이다. 1일 10시간 작업을 한다면 공정 중 재고(In-process Inventory)는 몇 개인가? ✅ 16회

① 10개　　　　　　　　　　　② 20개
③ 30개　　　　　　　　　　　④ 40개
⑤ 50개

> **해설**
> • 공정 중 재고 = $\dfrac{\text{생산량} \times \text{사이클타임}}{\text{작업시간}}$ = $\dfrac{200개 \times 2시간}{10시간}$ = 40개

정답 **31** ⑤ **32** ② **33** ④

34 제품 A는 주당 500박스에서 1,000박스 사이로 수요가 발생하며, 회사는 박스당 20,000원에 공급받아 40,000원에 판매한다. 이때의 서비스 수준 및 최적 재고수준은? (단, 판매되지 않은 제품의 잔존가치는 없으며, 무상 폐기처분된다.) ✔ 15회

① 서비스 수준 : 30%, 최적 재고수준 : 160개
② 서비스 수준 : 33%, 최적 재고수준 : 665개
③ 서비스 수준 : 50%, 최적 재고수준 : 750개
④ 서비스 수준 : 67%, 최적 재고수준 : 335개
⑤ 서비스 수준 : 77%, 최적 재고수준 : 835개

해설 ㉠ 주간 수요 500박스를 예상하여 주문하였는데 실제 1,000박스의 수요가 발생할 수 있는 상황이므로,

$$\therefore \text{서비스 수준} = \frac{\text{충족된 수요}}{\text{총수요}} = \frac{500}{1,000} \times 100 = 50\%$$

㉡ 최적 재고수준 = 평균재고 + 안전재고
해당 문제에서 안전재고의 언급이 없으므로 감안하지 않고 평균재고만을 고려할 때

$$\therefore \text{최적 재고수준} = \frac{\text{최소수요} + \text{최대수요}}{2} = \frac{500 + 1,000}{2} = 750\text{개}$$

35 단순한 경제적 주문량(EOQ)과 관련된 다음 보기 중 올바른 가정으로 이루어진 것은?

㉠ 수요는 연속적이고 일정하다.
㉡ 1회 주문비용과 단위당 재고유지비용은 일정하다.
㉢ 자본 가용성에 한계가 있다.
㉣ 재고부족은 허용된다.

① ㉠, ㉡   ② ㉠, ㉡, ㉢
③ ㉡, ㉢   ④ ㉡, ㉢, ㉣
⑤ ㉢, ㉣

해설 경제적 주문량 모델의 기본가정

$$EOQ = \sqrt{\frac{2 \cdot CO \cdot D}{CH}} \quad (D : \text{연간 수요}, \ CO : \text{1회 주문비용}, \ CH : \text{연간 단위당재고유지비용})$$
$$CH = p \times i \quad (p : \text{가격}, \ i : \text{재고유지비율})$$

정답 **34** ③ **35** ①

ⓐ EOQ함수식에 사용되는 모든 변수는 알려져 있고 고정되어 있다.
　(연간 수요, 1회 주문비용, 연간 단위당재고유지비용, 가격, 재고유지비율, 조달기간, 일평균수요 등)
ⓑ 주문량은 일시에 보충된다. 조달기간이 지나면 보충하고 정리하는 시간의 소요는 없다고 가정
ⓒ 수량할인은 허용하지 않는다.
ⓓ 자본 가용성에 한계는 없다
ⓔ 재고부족은 허용되지 않는다(안전재고는 없다).

36 EOQ 모형과 EPQ 모형에 관한 설명으로 옳은 것을 모두 고른 것은? ⊘ 17회

> ㉠ EOQ 모형에서 평균재고수준은 경제적 발주량의 절반과 같다.
> ㉡ EOQ 모형에서 연간 발주비는 경제적 발주량에 반비례한다.
> ㉢ EOQ 모형은 안전재고를 고려해야 한다.
> ㉣ EOQ 모형에서 재주문점은 1일 수요량과 리드타임으로 구할 수 있다.
> ㉤ EPQ 모형에서 1일 수요량은 일정하고 확정적이며, 1일 생산량보다 많다.
> ㉥ EPQ 모형에서 제품의 1일 생산량은 생산기간 동안 일정량씩 증가한다.
> ㉦ EPQ 모형에서 1회 생산에 소요되는 준비비용은 생산수량과 관계없이 일정하다.

① ㉠, ㉡, ㉣, ㉦　　　　　　　② ㉠, ㉢, ㉣, ㉦
③ ㉠, ㉢, ㉤, ㉥　　　　　　　④ ㉡, ㉣, ㉤, ㉥
⑤ ㉡, ㉢, ㉤, ㉦

해설 ㉢ EOQ 모형은 안전재고를 고려하지 않는다.
　　㉤ 생산율이 수요율보다 높아야만 ($p > u$) EPQ 모형이 수요에 대응하면 올바르게 순환된다.
　　㉥ 1일 생산량은 생산기간 동안 일정하다.

37 KFLI 회사는 A제품을 판매하고 있다. A제품에 대한 주간 수요는 100개이고, 주문 리드타임(Lead Time)은 2주이다. KFLI회사가 보유재고가 300개일 때 500개를 주문하는 재고정책을 사용할 경우 평균재고는? ⊘ 13회

① 300개　　　　　　　　　　② 350개
③ 400개　　　　　　　　　　④ 450개
⑤ 500개

정답 36 ① 37 ②

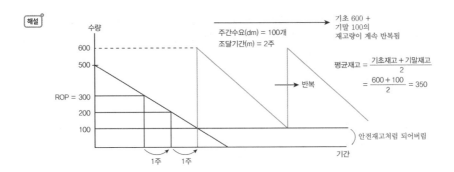

해설

38 다음 중 재고유지비용에 포함되지 않는 것은? ✅ 10회

① 준비교체 비용 　　　　　　② 저장비용
③ 진부화비용 　　　　　　　　④ 자본비용
⑤ 자재취급비용

해설 재고유지비용은 보관(저장)비용, 진부화 비용, 정보화 비용, 자본비용, 자재취급비용 등이 포함된다. 준비교체비용(Set up Cost)은 경제적 생산량을 계산할 때 사용되는 변수이다.

39 아래와 같은 조건일 때, 제품 A의 보관공간으로 몇 상자 분의 면적을 할당하여야 하는가? ✅ 15회

• 주간 수요는 평균이 1,000상자, 표준편차가 300상자인 정규분포를 따름
• 주문 리드타임은 2주
• 보유재고가 2,500상자일 때, 7,000상자를 주문하는 정량발주 시스템 사용

① 7,300상자 　　　　　　② 7,500상자
③ 7,700상자 　　　　　　④ 7,900상자
⑤ 8,100상자

해설 • 조달기간 중 수요 = 평균수요 × 조달기간
　　　　　　　　 = 1,000상자 × 2주
　　　　　　　　 = 2,000상자
• 재주문점 2,500상자에서 7,000상자(EOQ)만큼 주문하면, 조달기간 중 수요량 2,000상자가 소모되고 재고가 500상자 남았을 때 주문한 7,000상자가 도착하므로, 7,500상자를 보관할 공간을 확보해 두어야 한다.

정답 **38** ① **39** ②

263

40 다음 표는 X회사의 각 주차별 기말재고량을 나타낸 것이다. 이에 근거하여 6월의 재고유지비용(Inventory Holding Cost)은? (단, 평균재고량은 해당 월의 기초와 기말재고량의 산술평균으로 구하고, 제품가격은 개당 10,000원, 단위당 월간 재고유지비용은 제품가의 10%이다.) 19회

주차	5월	6월				7월
	4주	1주	2주	3주	4주	1주
재고량	140	200	280	300	240	200

① 140,000원
② 160,000원
③ 190,000원
④ 226,667원
⑤ 255,000원

[해설] 재고유지비용 = 평균재고량 × 연간 단위당재고유지비용

- 평균재고량 = $\dfrac{기초재고 + 기말재고}{2}$ = $\dfrac{140개 + 240개}{2}$ = 190개

측정된 재고량은 해당 주간의 마지막 요일에 측정한 값이다.
㉠ 6월 기초재고량 = 5월 마지막 주 재고량 = 140개
㉡ 6월 기말재고량 = 6월 마지막 주 재고량 = 240개
- 연간 단위당재고유지비용 = 가격 × 재고유지비율 = 10,000원 × 0.1 = 1,000원

∴ 6월 재고유지비용 = 6월 평균재고량 × 연간 단위당 재고유지비용 = 190개 × 1,000원 = 190,000원

41 'KFLI' 상점의 치약의 평균재고는 1,000개이며, 구매가격은 1,000원, 연간 재고유지비율 2%, 1회 주문비용은 500원이다. 연간 재고유지비용은 얼마인가?

① 15,000원
② 16,000원
③ 20,000원
④ 24,000원
⑤ 28,000원

[해설] 연간 재고유지비용 = 연간 단위당재고유지비용 × 평균재고량
- 연간 단위당재고유지비용 = 가격 × 재고유지비율 = 1,000원 × 0.02 = 20원
- 평균재고량 = 1,000개

∴ 연간 재고유지비용 = 20원 × 1,000개 = 20,000원

42 자동차 부품을 생산하는 KFLI 회사는 자동차 회사의 파업으로 1억원 상당의 부품을 3개월 동안 납품하지 못하고 보관하고 있었다. 그동안 보관하는 데 소요된 창고면적은 100m²이고 보관비용으로 월 50,000원/m²을 지출했다. 이 제품의 연간 진부화 비용은 제품가격의 4%이고 금리 또한 연 4%이다. 여기에 제시되지 않은 비용은 무시하고 3개월 동안의 재고유지비를 산출하면 얼마인가? ✅ 11회

① 17,000,000원
② 35,000,000원
③ 25,000,000원
④ 45,000,000원
⑤ 18,000,000원

해설 재고유지비용(Inventory Holding Cost, Carrying Cost)은 재고를 실제로 유지·보관하는데 소요되는 제 비용을 말한다. 재고유지비용은 재고수준에 따라 직접적으로 변동하는 데, 여기에는 저장비, 보험료, 세금, 감가상각비, 진부화에 의한 손실, 재고투자에 묶인 자금의 기회비용 등이 포함된다.

• 보관비용 = 50,000원 × 100m² × 3개월 = 15,000,000원

• 진부화 비용 = 1억원 × 0.04(4%) × $\frac{3개월}{12개월}$ = 1,000,000원

– 이자비용(기회비용) = 1억원 × 0.04(4%) × $\frac{3개월}{12개월}$ = 1,000,000원

∴ 총재고비용 = 15,000,000 + 1,000,000 + 1,000,000 = 17,000,000원

43 KFLI 기업이 판매하는 상품 B의 지난해 연간 매출액은 120억원, 순이익률은 8%, 연간 재고유지비용은 매출액의 2%, 연간 평균재고금액은 재고유지비용의 10배였다. 지난해 상품 B의 재고회전율은? ✅ 18회

① 1
② 2
③ 5
④ 8
⑤ 10

해설
• 재고유지비용 = 매출액 × 0.02
• 연간 평균재고금액 = 재고유지비용 × 10

㉠ 재고유지비용 = 120억 × 0.02 = 2.4억
㉡ 연간평균재고금액 = 2.4억 × 10 = 24억

• 재고회전율 = $\frac{연간 총처리량}{평균재고량}$ = $\frac{연간 총매출액}{연간 평균재고금액}$ ∴ 재고회전율 = $\frac{120억}{24억}$ = 5

정답 **42** ① **43** ③

265

44 어떤 제품의 연간 수요는 100,000개, 1회 주문비용은 20,000원, 개당 주문단가는 100원, 개당 연간 재고유지비용은 주문단가의 10%이다. 경제적 주문량(EOQ)을 이용하여 재고보충을 한다면 이 품목의 재고회전율은? ✅ 16회

① 5   ② 8

③ 10   ④ 12

⑤ 14

해설

$$EOQ = \sqrt{\frac{2 \cdot CO \cdot D}{CH}}$$

$$EOQ = \sqrt{\frac{2 \cdot CO \cdot D}{CH}} \quad (D : 연간\ 수요,\ CO : 1회\ 주문비용,\ CH : 연간\ 단위당재고유지비용)$$

$$CH = p \times i \quad (p : 가격,\ i : 재고유지비율)$$

- $EOQ = \sqrt{\dfrac{2 \cdot 20,000원 \cdot 100,000개}{100원 \times 0.1}} = 20,000개$

- 재고회전율(Inventory Rate) $= \dfrac{연간\ 총재고량(액)}{평균재고량(액)}$

- 평균재고량 $= \dfrac{EOQ}{2} = \dfrac{20,000개}{2} = 10,000개$

$$\therefore\ 재고회전율 = \frac{100,000개}{10,000개} = 10회$$

45 할인점에서 기간별 일정 수요를 갖고 있는 생활필수품을 BOX 단위로 판매하고 있다. BOX 단위당 단가는 10,000원이고 연간 수요의 소비량은 50,000BOX이며 연간 재고유지비용은 20%로 추정된다. 1회 주문비용이 2,000원이라고 할 때 경제적 주문량(EOQ)은 몇 BOX인가? ✅ 10회

① 305   ② 316

③ 400   ④ 415

⑤ 450

해설

$$EOQ = \sqrt{\frac{2 \cdot CO \cdot D}{CH}} \quad (D : 연간\ 수요,\ CO : 1회\ 주문비용,\ CH : 연간\ 단위당재고유지비용)$$

$$CH = p \times i \quad (p : 가격,\ i : 재고유지비율)$$

$$\therefore\ EOQ = \sqrt{\frac{2 \times 2,000 \times 50,000}{10,000 \times 0.2}} = 316.2222 \qquad 약\ 316개$$

정답 **44** ③ **45** ②

46 물류업체 A사의 회당 주문비용은 2배, 단위당 연간 재고유지비용은 4배로 변하였다면 경제적 주문량(EOQ : Economic Order Quantity)모형에서 연간 주문비용은 기존의 연간 주문비용에 비해 어떻게 변하는가? (단, 나머지 조건은 모두 동일하고, $\sqrt{2}$ = 1.414이며, 답은 소수점 셋째자리에서 반올림한다.) ✅ 20회

① 41% 감소   ② 변화 없음

③ 41% 증가   ④ 100% 증가

⑤ 183% 증가

[해설] • 회당주문비용(CO) 2배 증가, 연간 재고유지비용(CH) 4배 증가

    ⊙ 연간 주문비용 $= \dfrac{D}{EOQ} \times CO$ ⓛ 연간 주문비용 $= \dfrac{D \times CO \quad (\times 2)}{\sqrt{\dfrac{2 \times CO \times D \quad (\times 2)}{CH \quad (\times 4)}}}$

    ⓒ 정리 = 기존 연간 주문비용 $\times \sqrt{2} \times 2$

                 = 기존 연간 주문비용 $\times 2.828 \rightarrow 1 + 1.828 \rightarrow$ 약 183% 증가

47 KFLI사 휴대폰의 연간 재고유지비용이 21% 증가하고, 주문비용 및 수요량이 각각 10%씩 증가하였을 때 경제적 주문량(EOQ)은?

① EOQ가 10% 증가   ② EOQ가 21% 증가

③ EOQ가 11% 감소   ④ EOQ가 1% 감소

⑤ EOQ는 변동 없음.

[해설]

$$EOQ = \sqrt{\dfrac{2 \cdot CO \cdot D}{CH}} \qquad (D : \text{연간 수요}, \; CO : \text{1회 주문비용}, \; CH : \text{연간 단위당재고유지비용})$$

    ⊙ 연간 재고유지비용 21% 증가 = 연간 단위당 재고유지비용 $\times$ (1 + 0.21)

    ⓛ 주문비용 10% 증가 = 1회 주문비용 $\times$ (1 + 0.1)

    ⓒ 연간 수요량 10% 증가 = 연간 수요량 $\times$ (1 + 0.1)

$$EOQ = \sqrt{\dfrac{2 \times CO \times 1.1 \times D \times 1.1}{CH \times 1.21}} = \sqrt{\dfrac{2 \cdot CO \cdot D \times 1.21}{CH \times 1.21}} = \sqrt{\dfrac{2 \cdot CO \cdot D}{CH}}$$

    ∴ EOQ의 변화는 없다.

48 재고보충을 위한 경제적 주문량(EOQ) 모형에서 일정 기간 동안 총수요량이 40% 증가하고 단위재고유지비용이 30% 감소하였다면, 증감하기 전과 비교하여 EOQ는 얼마나 변동되는가? (단, $\sqrt{2}=1.414$, $\sqrt{3}=1.732$, $\sqrt{4}=2$, $\sqrt{5}=2.236$ 이며, 소수점 첫째 자리에서 반올림하시오.) 15회

① 41% 증가   ② 33% 증가

③ 23% 증가   ④ 23% 감소

⑤ 14% 감소

 해설

$$EOQ = \sqrt{\frac{2 \cdot CO \cdot D}{CH}} \qquad (D: \text{연간 수요}, \ CO: \text{1회 주문비용}, \ CH: \text{연간 단위당재고유지비용})$$

㉠ 총수요량이 40% 증가 = 연간 수요 × (1 + 0.4) = × 1.4
㉡ 단위재고유지비용이 30% 감소 = 연간 단위당재고유지비용 × (1 − 0.3) = × 0.7

$$EOQ = \sqrt{\frac{2 \times CO \times D \times 1.4}{CH \times 0.7}} = \sqrt{\frac{2 \cdot CO \cdot D}{CH}} \times \sqrt{2} = \sqrt{\frac{2 \cdot CO \cdot D}{CH}} \times 1.414$$

∴ EOQ의 변화는 (1 + 0.414) 기존대비 41.4% 증가하였다.

49 A 제품의 연간 수요량이 1,000개이고 제품단가는 1,000원이며, 단위재고유지비용은 제품단가의 10%이다. 연간 수요량이 2,000개로 증가하고, 단위재고유지비용이 제품단가의 80%로 증가하면 증가하기 전과 비교할 때 EOQ는 얼마나 변동되는가? 17회

① 변동 없음.   ② 50% 증가

③ 50% 감소   ④ 100% 증가

⑤ 100% 감소

 해설

$$EOQ = \sqrt{\frac{2 \cdot CO \cdot D}{CH}} \qquad (D: \text{연간 수요}, \ CO: \text{1회 주문비용}, \ CH: \text{연간 단위당재고유지비용})$$

$$CH = p \times i \qquad (p: \text{가격}, \ i: \text{재고유지비율})$$

㉠ 연간 수요량이 2배 증가(1,000원 ➡ 2,000원) = 연간 수요 × 2
㉡ 단위재고유지비용이 제품단가의 80%로 증가 = $(p \times 0.1)$ ➡ $(p \times 0.8)$ = 연간 단위당재고유지비용 × 8

$$EOQ = \sqrt{\frac{2 \times CO \times D \times 2}{CH \times 8}} = \sqrt{\frac{2 \cdot CO \cdot D}{CH}} \times \sqrt{\frac{1}{4}} = \sqrt{\frac{2 \cdot CO \cdot D}{CH}} \times \frac{1}{2}$$

∴ EOQ의 변화는 기존대비 50% 감소하였다.

정답 **48** ①   **49** ③

50 KFLI 기업은 연간 수요가 400개인 제품을 경제적 주문량 모형(EOQ : Economic Order Quantity)을 이용하여 발주하고 있다. 제품의 개당 가격은 50원, 1회 발주비용이 20원, 단위당 연간 재고유지비용은 제품가격의 20%이다. A기업의 연간 최적발주횟수(회)는?

● 18회

① 5   ② 10

③ 15   ④ 20

⑤ 25

[해설]

(1) $EOQ = \sqrt{\dfrac{2 \cdot CO \cdot D}{CH}}$

D(Demand) : 연간 수요, CO(Cost of Ordering) : 1회 주문비용

CH(Carrying & Holding Cost) : 연간 단위당재고유지비용 = P(Price) × i(Inventory rate)

= 가격 × 재고유지비율

(2) 최적발주횟수(연간 발주횟수) = $\dfrac{연간\ 수요}{경제적\ 주문량(EOQ)}$

(1) $D = 400$개, $CO = 20$원, $CH = p \times i = 50$원 × 0.2 = 10원

$EOQ = \sqrt{\dfrac{2 \times 20원 \times 400개}{10원}} = 40개$

(2) $D = 400$개, $EOQ = 40$개

연간 최적발주횟수 = $\dfrac{400개}{40개} = 10$회

51 KFLI 업체는 다음의 자료로 경제적 주문량 모형(EOQ)을 이용하여 특정 부품의 재고정책을 수립하려고 한다. 이러한 재고정책을 운영하기 위한 연간 최소 총비용(원)은? (단, 총비용은 재고유지비용과 주문비용의 합이다.)

● 18회

• 연간 수요 : 4,000개
• 주문비용 : 10원/회
• 연간 단위당재고유지비용 : 2원

① 200   ② 400

③ 600   ④ 800

⑤ 1,000

정답 **50** ②   **51** ②

[해설]

$$EOQ = \sqrt{\frac{2 \cdot CO \cdot D}{CH}} = \sqrt{\frac{2 \times 10원 \times 4,000개}{2원}} = 200개$$

- 연간 재고유지비용 = 평균재고량($\frac{EOQ}{2} = \frac{200}{2} = 100개$) × 연간 단위당재고유지비용(2원) = 200원

- 연간 주문비용 = 연간 주문횟수($\frac{연간수요}{EOQ} = \frac{4,000}{200} = 20회$) × 1회주문비용(10원) = 200원

> ∴ 연간 총비용 = 연간 재고유지비용 + 연간 주문비용 = 200원 + 200원 = 400원

* 연간 재고유지비용 곡선과 연간 주문비용 곡선이 만나는 곳의 주문량이 EOQ이므로, EOQ 도출 후의 연간 재고유지비용과 연간 주문비용은 같다.

52 갑이라는 회사에서는 A라는 상품의 재고를 정량발주법으로 관리하고 있다. 이 상품에 대한 연간 수요량이 400개, 구매가격은 단위당 10,000원, 연간 단위당재고유지비는 구매가격의 10%이고, 1회 주문비용은 8,000원이다. 단, 1년은 365일로 한다. 이 경우에 주문주기는? ✔ 11회

① 33일 ② 50일

③ 73일 ④ 80일

⑤ 93일

[해설]

$$EOQ = \sqrt{\frac{2 \cdot 1회\ 주문비용 \cdot 연간\ 수요량}{연간단위당\ 재고유지비용}} = \sqrt{\frac{2 \times 8,000원 \times 400개}{10,000원 \times 0.1}} = 80개$$

- 연간 최족주문횟수 = $\frac{연간\ 수요량}{EOQ} = \frac{400개}{80개} = 5회$

∴ 주문주기 = $\frac{연간\ 영업일수}{연간\ 주문횟수} = \frac{365일}{5회} = 73일$

53 일일 수요가 정규분포를 따르며 평균이 5, 표준편차가 3, 리드타임이 2일인 제품이 있다. 수요가 불확실한 상태에서 서비스 수준이 95%(표준 정규분포값은 1.645)일 때, 안전재고량은? (단, $\sqrt{2} = 1.414$, $\sqrt{3} = 1.732$, $\sqrt{4} = 2$, $\sqrt{5} = 2.236$ 이며, 소수점 첫째 자리에서 반올림하시오.) ✔ 15회

① 5 ② 7

③ 9 ④ 12

⑤ 15

[해설]

안전재고량($S \cdot S$) = 일평균수요의 표준편차 × 안전계수 × $\sqrt{조달기간}$

> ∴ 안전재고량 = $3 \times 1.645 \times \sqrt{2} = 6.978$ ∴ 약 7개

정답 52 ③ 53 ②

54 재고관리와 관련된 자료는 아래와 같다. 서비스율을 95%로 할 경우에 재주문점(ROP)으로 가장 근사한 값은 얼마인가? ✅ 11회

- 조달기간 : 9일(확정)
- 1일 수요의 평균 : 40개
- 1일 수요의 표준편차 : 10개
- $P(0 \leq Z \leq 1.96) = 0.475$

① 419 ② 443
③ 489 ④ 469
⑤ 476

해설 안전재고를 고려한 재주문점(ROP) = 조달기간 동안의 평균수요 + 안전재고
- 조달기간의 평균수요 = 일평균수요 × 조달기간 = 40개 × 9일 = 360개
- 안전재고 = 일평균수요의 표준편차 × 안전계수 × $\sqrt{\text{조달기간}}$ = 10개 × 1.96 × $\sqrt{9\text{일}}$ = 58.8개

∴ 재주문점(ROP) = 360개 + 58.8개 = 418.8   ∴ 약 419개

55 어느 대리점의 제품 A의 월간 수요량이 1,000개이고, 공급업체 물류센터에 주문 후 도착기간이 2일 소요된다. 월간 판매일수는 25일이며 품절을 방지하기 위해 안전재고를 40개 보유할 경우, 제품 A의 재주문점은 얼마인가? ✅ 10회

① 120개 ② 140개
③ 200개 ④ 220개
⑤ 240개

해설 재주문점(ROP) = 조달기간의 평균수요 + 안전재고

- 조달기간의평균수요 = 일평균수요 × 조달기간 = $\dfrac{1,000개}{25일}$ × 2일 = 80개

일평균수요 = $\dfrac{\text{주간 총수요}}{\text{주간 영업일수}}$ = $\dfrac{\text{월간 총수요}}{\text{월간 영업일수}}$ = $\dfrac{\text{연간 총수요}}{\text{연간 영업일수}}$

- 안전재고 = 40개

∴ 재주문점(ROP) = 80개 + 40개 = 120개

56 KFLI 기업에서는 연간 총판매량이 20,000개, 주문 시 리드타임(Lead Time)이 4일인 제품을 취급하고 있다. 1일 수요의 표준편차는 40개이고 해당 제품수요에 대한 서비스 수준을 99%(안전계수 z = 2.33)로 유지하기 위한 재주문점(ROP)은 얼마인가? (단, 연간 영업일수가 250일이다.)

① 450개   ② 487개

③ 506개   ④ 513개

⑤ 520개

[해설] 재주문점(ROP) = 조달기간의 평균수요 + 안전재고

- 조달기간의평균수요 = 일평균수요 × 조달기간 = $\dfrac{20,000개}{250일}$ × 4일 = 320개

$$일평균수요 = \frac{주간\ 총수요}{주간\ 영업일수} = \frac{월간\ 총수요}{월간\ 영업일수} = \frac{연간\ 총수요}{연간\ 영업일수}$$

- 안전재고 = 일평균수요의 표준편차 × 안전계수 × $\sqrt{조달기간}$ = 40개 × 2.33 × $\sqrt{4}$ = 186.4개

∴ 재주문점(ROP) = 320개 + 186.4개 = 506.4   ∴ 약 506개

57 다음 중 안전재고량에 관한 설명으로 옳지 않은 것은?   ✔ 13회

① 수요는 확정적으로 발생하고, 부품의 공급업자가 부품을 납품하는 데 소요되는 기간(조달기간)이 확률적으로 변할 때, 조달기간의 평균이 길어지더라도 조달기간에 대한 편차가 같다면 부품의 공급업자와 생산공장 사이의 안전재고량은 변동이 없다.

② 안전재고량은 안전계수와 수요의 표준편차에 비례한다.

③ 고객의 수요가 확률적으로 변동한다고 할 때, 수요변동의 분산이 작아지면 완제품에 대한 안전재고량은 감소한다.

④ 생산자의 생산수량의 변동폭이 작아지면 부품의 공급업자와 생산공장 사이의 안전재고량은 감소한다.

⑤ 부품의 공급업자가 부품을 납품하는 데 소요되는 기간의 분산이 작아지면 부품의 공급업자와 생산공장 사이의 안전재고량은 증가한다.

[해설] 원자재 조달에 리드타임의 편차가 작다면 불확실성이 감소하기 때문에 안전재고량은 감소한다.

안전재고 = 일평균수요의 표준편차 × 안전계수 × $\sqrt{조달기간}$

정답 **56** ③   **57** ⑤

58 A사는 B사에 식품을 납품하는 하청기업이다. A사는 지금 1,000만원 상당의 식품을 B사에 납품할 예정이나 B사의 창고사정이 나빠 2달 정도 납품을 지연해 달라는 요청을 받았다. 동 제품을 2달간 보관하려면 20m²의 창고면적이 소요되고 보관비용은 m²당 월 10,000원이 지출된다. 이들 물품을 전담할 창고담당자 2명의 노무비는 각각 50만원씩이다. 동 제품의 연간 진부화 비용은 제품가격의 6%이고 금리 역시 연간 6%이다. 여기에 제시되지 않은 비용지출은 없는 것으로 가정할 때 2달간 재고유지비는 얼마인가?

① 240만원 ② 250만원
③ 260만원 ④ 270만원
⑤ 280만원

해설

창고보관비용	창고담당자 인건비
20m² × 10,000원 × 2달 = 40만원	2명 × 50만원 × 2달 = 200만원
진부화 비용	금리
1,000만원 × 0.06 × $\frac{2달}{12달}$ = 10만원	1,000만원 × 0.06 × $\frac{2달}{12달}$ = 10만원

∴ 2달간 총재고유지비 : 40만원 + 200만원 + 10만원 + 10만원 = 260만원

59 S사는 연간 작업일수가 200일이고, 철사사용량이 50kg/(일)인 것으로 나타났다. 재고관리와 관련된 비용자료가 다음과 같을 때 경제적 생산량(EPQ)은 얼마인가?

• 생산능력 = 100kg/일   • 철사가치 = 1,000원/kg
• 연간재고유지비용 = 200원/kg   • 생산준비비용 = 10,000원/회

① 1,000 ② 1,210
③ 1,414 ④ 2,000
⑤ 2,212

해설

$$EPQ = \sqrt{\frac{2 \times S \times D}{CH}} \times \sqrt{\frac{p}{p-u}}$$

(S : 생산준비비용, D : 연간 수요, CH : 연간 단위당재고유지비용, p : 생산율, u : 수요율)
문제에서 계산을 위한 변수를 정리해 보면,
㉠ 일 수요율(u) = 철사사용량 50kg/일
㉡ 일 생산율(p) = 생산능력 100kg/일
㉢ 연간 작업일수 = 200일
연간 수요(D) = 일수요율 × 연간 영업일수 = 50kg × 200일 = 10,000kg

정답 **58** ③ **59** ③

ⓒ 연간 단위당재고유지비용(CH) = 200원

ⓓ 생산준비비용(S) = 10,000원/회

$$\therefore EPQ = \sqrt{\frac{2 \times 10,000원 \times 10,000\text{kg}}{200원}} \times \sqrt{\frac{100}{100-50}} = 1414.21$$

60 어느 소매점이 어버이날을 대비해 카네이션을 주문하려고 한다. 단, 판매기간이 짧기 때문에 주문은 1회만 하고 10송이 단위로 주문해야 한다. 이때 카네이션 한 송이의 구매가격은 1천원, 판매가격은 2천원이다. 어버이날까지 판매하지 못한 카네이션은 2백원을 받고 꽃 배달집에 처분된다. 소매점이 추정한 수요분포가 다음과 같을 때 합리적 주문량은?

✔ 13회

수 요	확 률(p)
10	0.10
20	0.10
30	0.20
40	0.35
50	0.15
60	0.10

① 20
② 30
③ 40
④ 50
⑤ 60

[해설]

- 최적 주문량 수준(P) = $\dfrac{Cu}{Cu + Co}$

  $= \dfrac{1,000}{1,000 + 800}$

  $= 0.555\cdots$

  − Cu = 2,000 − 1,000 = 1,000원

  − Co = 1,000 − 200 = 800원

  P(0.55)가 포함되는 누적 확률

  수요구간은 40개이며,

  수요구간(0.40~0.75)에 해당한다.

	수 요	확 률(p)	누적 확률
	10	0.10	0.10
	20	0.10	0.20
	30	0.20	0.40
P수준 포함 구간 →	40	0.35	0.75
	50	0.15	0.90
	60	0.10	1.00

정답 **60** ③

61 채찍효과(Bullwhip Effect)에 관한 설명으로 옳지 않은 것은? ✅ 14회

① 공급사슬에서 정보의 왜곡현상은 채찍효과를 발생시킨다.

② 공급사슬상에서 채찍효과는 공급사슬상의 하류, 즉 소비자 측으로 갈수록 그 폭이 커진다.

③ 채찍효과의 주요 원인으로는 부정확한 수요예측, 제품가격의 변동, 긴 리드타임 등을 들 수 있다.

④ 채찍효과는 제조업자, 유통업자, 고객 사이에서 제품의 거래와 관련된 정보의 불일치에 기인한 문제로 볼 수 있다.

⑤ 채찍효과의 해소를 위해서는 정보의 공유, 기업 간 협업을 통한 재고관리, 효과적인 가격정책 등이 요구된다.

해설 채찍효과는 공급사슬상의 상류, 즉 공급자 측으로 갈수록 그 폭이 커진다(수요의 왜곡과 확산, 증폭).

62 다음 중 채찍효과(Bullwhip Effect)가 발생하는 원인으로 보기에 가장 거리가 먼 것은? ✅ 15회

① 부정확한 수요예측　　　　　② 일괄주문처리

③ 정보의 가시성 확보　　　　　④ 제품가격의 변동

⑤ 과도한 통제에 따른 리드타임의 증가

해설 채찍효과의 발생원인을 간략하게 축약하면 불확실성을 증가시킬 수 있는 활동이다.
정보의 가시성이 확보가 되면 불확실성이 줄어들기 때문에 채찍효과가 경감된다.

63 소비자, 도소매점, 물류창고, 제조업체로부터의 수요정보가 시간이 지나면서 더욱 왜곡되는 이른바 채찍효과(Bullwhip Effect)에 관한 대처방안으로 옳지 않은 것은? ✅ 12회, 15회

① 정보를 공유하고 공급망(Supply Chain)상에서 재고를 관리할 수 있는 전략적 파트너십을 구축한다.

② 공급망 전반에 걸쳐 있는 수요정보를 공유함으로서 안전재고를 줄인다.

③ 제조업체 판매실적 평가는 소매상이 제품을 소비자에게 판매한 POS(Point on Sales) 판매정보보다 소매상에게 판매한 실적을 활용한다.

④ 소비자 수요절차상의 고유한 변동폭을 감소시키거나 안정적인 가격구조 등으로 소비자 수요의 변동폭을 조정한다.

⑤ 고객, 공급자와 정보의 실시간 공유를 위한 정보기술 전략을 수립하고 운용한다.

> [해설] 수요예측을 위한 가장 정확하고 신뢰성 높은, 현재 수요량과 수요속도를 파악할 수 있는 자료는 POS 자료이다.

64 공급체인관리(SCM : Supply Chain Management)에서 채찍효과(Bullwhip Effect)에 대한 생성요인 및 대처방안으로 옳지 않은 것은? ✅ 13회

① 공급체인(Supply Chain) 전반에 걸쳐 수요정보를 중앙집중화하여 체계적으로 관리함으로써 불확실성을 제거한다.
② 리드타임(Lead Time)이 길어지면 수요와 공급의 변동폭의 증감 정도가 축소된다.
③ 제품을 생산하고 공급하는 데 소요되는 리드타임과 주문 처리에 소요되는 정보 리드타임을 단축시킨다.
④ 공급처관리의 효율성을 중시하여 일괄적으로 주문하는 경우 발생한다.
⑤ 공급체인 전체의 관점이 아니라 개별기업 관점에서 의사결정을 수행하게 되면 공급체인 전체의 왜곡현상을 발생시킨다.

> [해설] 리드타임이 길어지면 수요와 공급의 변동폭의 증감 정도는 확대된다. 수요예측에 이용되는 "평균수요"에는 평균에 대한 "오차 값"을 포함하기 때문에 리드타임이 길어지면 이 오차(불확실성)의 합도 커진다.

65 다음 중 집중구매방식의 장점을 모두 고른 것은? ✅ 19회

> ㉠ 구매교섭력을 증대시킨다.
> ㉡ 본사 방침과 상관없이 각 사업장의 독립적인 구매가 가능하다.
> ㉢ 구매절차를 표준화하여 구매비용을 절감한다.
> ㉣ 자재수입 등 절차가 복잡한 구매에서 구매절차를 통일하기가 유리하다.
> ㉤ 긴급조달이 필요한 자재구매에 유리하다.
> ㉥ 시장조사 등 구매효과 측정이 용이하다.

① ㉠, ㉡, ㉢
② ㉠, ㉢, ㉤
③ ㉡, ㉣, ㉥
④ ㉠, ㉢, ㉣, ㉥
⑤ ㉠, ㉢, ㉣, ㉤, ㉥

> [해설] ㉡, ㉤은 분산구매의 장점에 해당하는 설명이다.

정답 **64** ② **65** ④

66 구매방식은 집중구매와 분산구매로 크게 나눌 수 있는데, 다음 중 분산구매방식의 장점이 아닌 것은? ✅ 10회

① 자주적 구매가 가능하다.
② 구매선이 사업소에서 가까운 곳에 있는 경우에 운임 그 밖의 모든 것이 값싸게 지불되고 납입 서비스에 유리하다.
③ 구입절차를 통일하기가 쉽다.
④ 구매절차가 간단하고 비교적 단기간으로 끝난다.
⑤ 사업장의 특수요구 반영이 유리하다.

[해설] 구입절차를 표준화하여 구매비용을 절감하는 구매방식은 집중구매이다.

67 분산구매에 관한 설명으로 옳지 않은 것은? ✅ 16회

① 절차가 복잡한 구매에 유리하다.
② 긴급 수요가 발생할 때 신속히 대응할 수 있다.
③ 거래업자가 사업장으로부터 근거리일 경우 경비가 절감된다.
④ 사업장의 특수요구를 반영할 수 있다.
⑤ 사업장에서 자율적으로 구매한다.

[해설] 수입과 같은 절차가 복잡한 구매일 경우 본사의 집중구매가 유리하다.

68 수요의 불확실성에 대처하기 위한 방법 중 하나로 제품의 완성을 뒤로 미루어 물류센터에서 출고 직전에 간단한 조립이나 패키징을 하는 것은? ✅ 16회

① ATP(Available To Promise)
② VMI(Vendor Managed Inventory)
③ Cross-Docking
④ Postponement
⑤ SAM(Sales Agent Model)

[해설] 민첩공급사슬(Agile Supply Chain)에서 주로 사용하는 생산전략으로, 완제품의 완성시점을 지연하며 재고유지수준을 반제품 상태에서 유지하고 수요가 확실해지면, 수요에 맞추어 최종 재화를 완성시켜 재고를 최소화시키는 전략이다.

정답 **66** ③ **67** ① **68** ④

69 다음은 무엇에 관한 설명인가? ✓ 14회

> 제조업체 또는 공급업체, 도매배송센터가 상품보충 시스템을 관리하는 경우로 상품보충 시스템이 실행될 때마다 판매, 재고정보가 유통업체에서 제조업체로 전송되는 것으로, 이러한 정보는 제조업체의 상품보충 시스템에서 미래의 상품수요량 예측 데이터로 활용되며, 또한 제조업체의 생산공정에서는 생산량 조절에도 사용된다.

① TMS(Transportation Management System)
② POS(Point Of Sales)
③ VMI(Vendor Managed Inventory)
④ MPS(Master Production Scheduling)
⑤ CPT(Carriage Paid To)

[해설] 지속보충 시스템(CRP : Continuous Replenish Planning)의 하나로, 전통적인 유통업자의 독립적인 수요예측에 의한 발주 및 재고보충 시스템에서 벗어나 공급업체가 유통업체가 공유해준 판매 및 재고정보를 바탕으로 하여 유통업체의 발주확정과 재고보충을 하는 시스템을 VMI라고 한다.

정답 **69** ③

PART 02

하역론

CHAPTER 07 보관 및 하역기기

CHAPTER 08 하역의 개요 및 기계화

CHAPTER 09 장소별 하역 및 하역 시스템의 설계

CHAPTER 10 유닛로드 시스템

물류관리사

보관 및 하역기기

01 보관기기

1 랙(Rack)

창고 내 화물의 효율적인 보관을 위하여 제작된 구조물(기둥 + 선반)이다.

(1) 랙의 종류 🖊기출 매회

① 보관가능 하중별

경(輕)량급 랙	중(中)량급 랙	중(重)량급 랙
150kg 이하	151 ~ 500kg	500kg 초과

② 선반고정형 및 이동형
ㄱ) 선반고정형

파렛트 랙 (Pallet Rack = Selective Rack) 🖊기출 13회, 19회, 25회	쌓아 올린 물품들의 파렛트 화자 형태 보관을 지원하는 랙
	• 장점 : 조립식 구조로 자유로운 랙의 이동과 설치 및 단수조정이 가능하여 범용성(다양한 화물)이 높음. • 단점 : 바닥면적의 비효율적 활용(저층 아파트 연상), 구조물로 인해 평치보관보다 공간효율이 낮아짐.

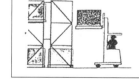

◀ 평치보관 ▶ ◀ 파렛트 랙 ▶

• Double Deep Rack : 파렛트의 적재 깊이가 두배가 되도록 설계되어 창고 내 통로의 개수가 감소되어 적재효율을 증대시키는 효과가 있다. 화물의 적출방식은 리치타입의 지게차나 스태커 크레인을 이용하는 경우와 파렛트 선반 자체가 화물과 함께 푸시백(Push-Back) 방식으로 이동대차에 의해 밀려 올라갔다가 자연스럽게 출고 시 랙 입구로 흘러내려오게 하는 방식이 있다.

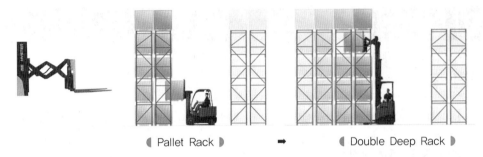

◀ Pallet Rack ▶ ➡ ◀ Double Deep Rack ▶

적층 랙 (Mezzanine Rack) 기출 8회, 10회, 19회	천장이 높은 단층창고의 경우, 다층식으로 **겹쳐 쌓은 랙**
	• 보관효율이 높고, 분해이동 가능 • 창고 **상부의 공간효율 향상** 　– 메자닌(Mezzanine) : 천장이 높은 단층창고의 상부 공간을 　　사용하기 위해 설치한 보관장소

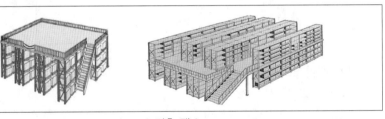

◀ 적층 랙 ▶

인테이너 (Intainer)	파렛트의 이동성과 랙의 구조물의 성격을 모두 갖춘 기기
	• 공간에 맞추어 랙을 이동배치 가능 • 미 사용시 적은 공간으로 다수 인테이너 보관 가능

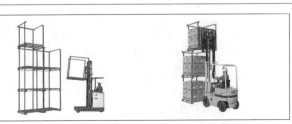

◀ 미 사용시 ▶　　　　　◀ 인테이너 조립 및 적재 ▶

걸이식 랙 (Hanger Rack)	물건을 매달아서 화물을 보관하는 랙
책꽂이식 랙	세워서 보관해야 하는 화물을 보관하는 랙

◀ 걸이식 랙 ▶　　　　　　　　　◀ 책꽂이식 랙 ▶

암 랙 (Arm Rack) 기출 7회, 9회, 12회, 13회, 19회	늑 외팔걸이 랙 캔틸레버 랙 장척물 랙	기본 프레임에 암(arm)을 결착하여 장척(길이가 긴) 화물보관을 지원하는 랙
		• 파이프 등과 같이 보관이 어려운 장척물의 보관이 용이 • 구르기 쉬운 장척물 화물의 유실을 방지하기 위해 Arm 끝에 "Stopper" 부착

◀ 외팔걸이 랙 ▶　　　◀ 캔틸레버 랙 ▶　　　◀ 장척물 랙 ▶

ⓛ 선반이동형 및 화물이동 지원형

ⓐ 랙 이동형

이동 랙 (Mobile Rack) 기출 7회, 13회, 21회	레일 등을 이용하여 직선적으로 수평이동되는 랙
	• 다품종 소량화물에 적합 • 수동식, 전동식, 수압식, 핸들식 • 장점 : 적재효율을 2~3배 향상

◀ 이동 랙 ▶

회전 랙 (Carousels Rack)	수평 또는 수직으로 순환되고, 소정의 입고, 출고할 장소에 이동 할 수 있는 랙 *기출* 10회, 11회, 12회, 13회, 14회, 16회, 17회
	• 다품종 소량·경량화물에 적합 • 수직형 회전 랙은 보안기능이 상대적으로 높음.

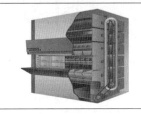 

◀ 수직형 회전 랙 ▶　　　　　　　　◀ 수평형 회전 랙 ▶

ⓑ 화물중력이동 지원형

중력식 랙 (Gravity Rack) *기출* 8회, 11회, 12회, 13회, 14회, 16회, 17회, 19회	≒ 유동 랙 흐름 랙 플로 랙 슬라이딩 랙	선반에 장착된 롤러, 롤러컨베이어, 레일, 슬라이딩(경사로 미끄러짐) 선반 등을 이용하여 동력 또는 중력으로 출구 또는 입구 방향을 향해 화물이 이동하는 랙
		• 다품종 소량화물에 적합 • 재고관리 용이 • 화물의 파손 감소 • 입출하 작업장 분리 : 작업효율 향상 • 화물의 선입선출 용이(FIFO)

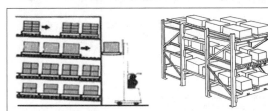 

• Push-Back Rack : 파렛트랙의 적재능력을 2~4배 높이기 위해 설계된 랙으로, 좁은 공간에 다량의 적재 시 효율적인 랙 시스템이다. 입출고 시 랙 선반의 이동대차를 부드럽게 밀어서 파렛트나 화물을 적재하고 출고 시는 이동대차가 중력에 의해서 파렛트나 화물을 출고구 쪽으로 내려오도록 고안되어 있다. 선입선출이 안 되는 단점을 가지고 있다.

◀ Push-Back Rap ▶

ⓒ 랙 내 포크리프트 진출입형

| 드라이브 인 랙
(Drive in Rack)
🖉기출 7회, 12회, 13회,
15회, 17회, 19회 | 랙의 선반 대신에 기둥에 살짝 튀어나온 가드 및 레일, 걸이 구조
물을 부착한 형태로 포크리프트 포크에 파렛트 화물을 삽입한 채
랙 내부로 진입하여 각층의 걸이 구조물에 화물이 적재된 파렛트
를 내려놓고 나오는 형태

• **소품종 다량**의 제품, 회전율이 낮은 제품, 계절적인 수요가 있는
 화물
• 랙 내에 가드레일 설치, 지게차와 랙의 충돌 방지
• 장점 : 랙을 중심으로 앞쪽에 입출하 병용 작업장 뒤쪽은 창고 벽
 으로 **적재효율 향상**
• 단점 : 화물의 **선입선출 불가**(LIFO) |

◀ 드라이브 인 랙 ▶　　◀ 적재 및 작업구조 ▶

| 드라이브 스루 랙
(Drive Through Rack)
🖉기출 19회 | 드라이브 인 랙을 중심으로 앞쪽에는 입하전용 작업장이 뒤쪽은 출하
전용 작업장이 별도로 존재하는 형태

• 장점 : 입출하 작업장 분리로 **작업효율 향상**, 화물흐름의 **효율화**와 **선
 입선출(FIFO)**을 지원
• 단점 : 별도 작업장의 공간으로 **적재효율 감소** |

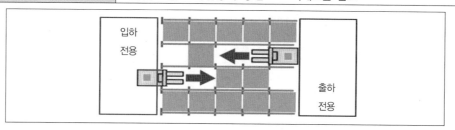

◀ 드라이브 스루 랙 ▶

③ 전용 랙, 특수 랙 : 화물의 형상에 맞추어 보관할 수 있도록 제작된 랙

④ 피킹병행 랙 : 보관 및 피킹기능을 모두 갖춘 랙

서랍식 랙 (Stock Rack)	서랍형 랙에 수작업으로 화물이 적입되고 피킹 시에는 해당 랙이 전면에 비치된 컨베이어까지 밀려나와 컨베이어의 공조로 제품을 꺼내는 구조로 된 랙(서랍식 랙 하단은 개방되어 있고 바닥면에 돌기구멍이 있으며, 컨베이어 위에는 솟아 있는 돌기를 이용하여 컨베이어가 회전하면서 제품을 꺼내갈 수 있도록 구조화된 랙)

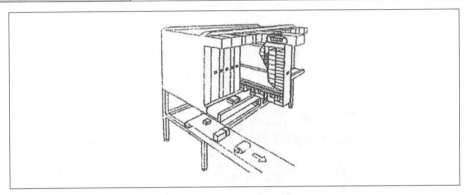

◀ 서랍식 랙 ▶

스토아매틱 (Storematic)	단품으로 선반에 보관되어 있는 물품을 "**소형 스태커 크레인**"으로 피킹하는 자동판매기 형식의 피킹기기
아이티매틱 (Itematic)	크레인 대신 상하로 움직이는 "**컨베이어**"에 이와 연결된 피킹기기를 이용하여 피킹

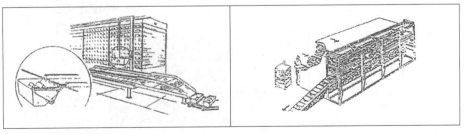

◀ Storematic ▶　　　　　　　◀ Itematic ▶

매스(MAS)	"**1초당 3개**" 피킹속도로 A자형으로 마주보게 나열된 매거진에 여러 종류의 단품을 쌓아 둔 형태
S형 피킹머신	"**1초당 1개**" 피킹속도로 MAS보다 저조하며 외형은 매스와 거의 동일, 운용시스템이 MAS와 상이

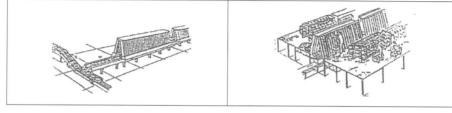

◀ MAS ▶ ◀ S-Picking Machine ▶

⑤ 자동화 창고 랙

　㉠ 제어방식별 구분

　　ⓐ 온라인 제어방식 랙 : 컴퓨터와 하역기기가 일체화되어 자동으로 구동되는 랙

　　ⓑ 오프라인 제어방식 랙 : 컴퓨터를 통해 입출고카드, 테이프 및 바코드를 해독시키면 랙에 부착된 기기가 구동되는 랙

　㉡ 높이별 구분

　　ⓐ 하이스택 랙(High Stack Rack) : 좁은 통로 폭과 바닥면적의 효율적인 활용(고층 아파트 연상)으로 공간효율의 극대화(AS/RS, 자동화창고용 랙)

　　ⓑ 고층 랙 : 15m 이상

　　ⓒ 중층 랙 : 5m 초과, 15m 미만

　　ⓓ 저층 랙 : 5m 이하

(2) 랙 종류별 사양

① 파렛트의 단위 적재중량 및 랙 선반의 적재능력

　　㉠ 1Pallet 적재중량 : 1.05t

　　㉡ 2열 적재 랙 선반의 적재중량 : 1.05t × 2 = 2.1t

② 1열 적재, 2열 적재시 랙 선반의 입구너비

　　㉠ 1열 적재 입구너비 : T12형 1,200mm + 여유치수 100mm = 1,300mm

　　㉡ 2열 적재 입구너비 : (1,200mm × 2) + 여유치수 100mm = 2,500mm

③ 랙 종류별 사양

구 분	한계중량	입구간격	랙의 깊이	기 타
파렛트 랙	2.1t	2,500mm	1,100mm	2Pallet / 1선반
드라이브 인 / 스루 랙	1.05t (1Pallet당)	1,300mm	200mm (돌출길이)	
유동 랙 (Flow, 슬라이딩)	1.05t (1Pallet당)	1,300mm	200mm (돌출길이)	화자 간 공백 없이 연속적재
이동 랙	2.1t	2,500mm	1,100mm	주행대의 높이 : 300mm

(3) 랙의 구역구분 및 구역중심 랙 관리기법

① 랙의 구역구분

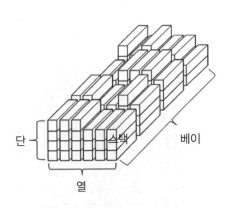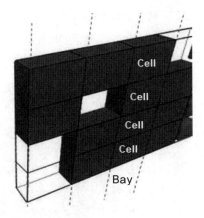

　　㉠ Cell : 화물이 저장되는 단위공간

　　㉡ Bay : 통로의 진입방향으로 전면에서 본 열을 의미

단일명령만을 수행하는 자동창고 시스템(AS/RS : Automated Storage and Retrieval System)에서는 시간당 360건의 주문을 처리한다. 이때 S/R(Storage and Retrieval)장비의 운행당 평균 주기시간은 1분이며, 자동창고의 저장용량이 9,000단위, 랙의 단(Tier)수가 15층일 때, 저장 랙을 구성하는 베이(Bay) 수는? ✅ 21회

① 25　　　　② 50　　　　③ 75　　　　④ 100　　　　⑤ 125

해설 고층 자동창고는 열(전면에서 바라본 열), Bay(측면에서 바라본 열), 층으로 이뤄짐.
열과 열 사이 통로를 따라 Bay들(수평)과 층(수직)을 오가는 스태커 크레인이 가동됨.
자동화 파렛트 랙은 1cell에 2pallet가 적재됨.
- 시간당 360건을 처리(360건/60분) ➡ 분당 6건 처리
- 장비 주기시간 1분, 분당 6건 처리 ➡ 스태커 크레인 6대가 동시에 열 작업처리
- 저장용량이 9,000단위, 랙의 단수가 15층, 6열, 2pallet/cell
➡ 9,000단위 ÷ 15층 ÷ 6대 ÷ 2pallet = 50Bay

②

② 구역중심 랙 관리기법

　㉠ 픽스드 로케이션(Fixed Location) ≒ 고정 로케이션

> 미리 입고될 제품의 Location을 지정해놓고 입출고하는 방식

　　주로 회전율이 높은 상품의 보관에 활용됨.

　㉡ 프리 로케이션(Free Location)

> 보관장소가 정해지지 않는 **자동화창고용** 랙 관리방법

　　ⓐ 공간효율이 향상됨.
　　ⓑ 크레인 가동률을 향상
　　ⓒ 작업자의 개입이 전혀 필요 없음.
　　ⓓ 로케이션 제어가 핵심
　　ⓔ 수동으로 피킹 및 출고작업을 수행하는 방식에는 적합하지 않음.

　㉢ 절충식 로케이션(Zoned Free Location, Narrow free location)

> 입고 시 Free Location을 사용하고, 출고된 제품을 재입고할 경우에는 Fixed Location을 사용하는 랙 관리방법

ⓐ 최초 입고된 화물의 회전율이 검증(ABC 재고분류)되면 재입고 시에 A, B제품은 A, B전용 Fixed Location 구역으로 회전율이 떨어지는 **C제품**은 좁게 설정된 **Free Location**을 그대로 이용하는 방식

ⓑ 자동화 창고가 어려운 상태에서 공간과 작업효율을 동시에 감안한 방식

2 파렛트(Pallet)

(1) 파렛트의 종류

① 운영방식에 의한 분류 〔기출〕 20회

㉠ 자가 파렛트 : 소요 파렛트 수량을 전체를 구매하여 직접 운영 및 유지·보수를 하는 파렛트

㉡ 임대 파렛트 : 필요한 수량만큼의 파렛트 임대회사로부터 임대하여 사용하는 방식

ⓐ 초기 고정투자비가 적게 든다.

ⓑ 표준 파렛트 도입이 가능하다.

ⓒ 성·비수기의 양적 조절이 가능하다.

ⓓ 유지·보수 관리 노고가 별도로 필요 없다.

ⓔ 파렛트 풀 시스템 도입을 고려할 수 있다.(단, 파렛트 풀 시스템이 선행되지 않은 임대 파렛트의 사용에는 업체 간 파렛트의 이동 시에 회수가 용이하지 않다는 단점이 있다.)

② 형태에 의한 분류

㉠ 단면/양면 사용형 : 적재판이 단면/양면에 존재

㉡ 2방향/4방향 차입식 : 차입구의 방향이 2방향/4방향

㉢ 한쪽/양쪽 날개형 : 편면 및 양면의 날개부착 여부에 따라 구분

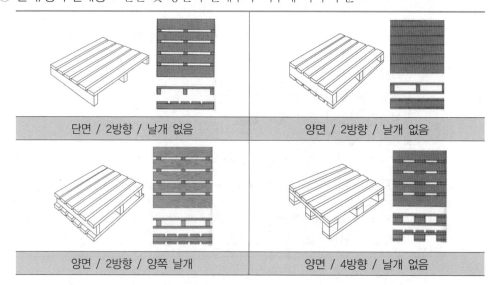

단면 / 2방향 / 날개 없음	양면 / 2방향 / 날개 없음
양면 / 2방향 / 양쪽 날개	양면 / 4방향 / 날개 없음

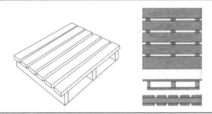

양면 / 2방향 / 한쪽 날개

③ 재질에 의한 분류

   ㉠ 목재 파렛트

      ⓐ 다루기 쉽고 가격이 싸며, 가볍고 강한 성질

      ⓑ 상·하역 시에 미끄럼 현상이 적고 쉽게 유지·보수가 가능

      ⓒ 온도변화에 따라 변화가 적음.

      ⓓ 환경친화적

      ⓔ 폐품활용이 우수

      ⓕ 송진, 벌레, 나방 등의 병충해 단점(목재 파렛트를 찌거나 약품처리하는 이유)

   ㉡ 합판재 파렛트

      ⓐ 데크보드 1장으로 접착공법이 가능하고 외관이 보기 좋으나 가격이 비싼 편

      ⓑ 처리가공에 따라 난연성, 방부성, 방충성 및 여타 기능의 배합 가능

   ㉢ 철재 파렛트

      ⓐ 강도나 내구성이 우수 : 중량물 하역 및 항만하역에 많이 사용

      ⓑ 무겁고 보수가 어려우며, 잘 미끄러짐.

   ㉣ 플라스틱 파렛트

      ⓐ 순 플라스틱 파렛트와 철심을 넣어서 제조한 플라스틱 파렛트(2종류)

      ⓑ 가볍고 색채가 좋으며 손상도 별로 없고 위생적이며 내구성이 좋음.

      ⓒ 우천시, 혹은 수분이 많은 화물을 다루어도 부패되지 않음.

      ⓓ 외부의 온도변화에 따라 변형될 수도 있으며 폐기물 처리에도 어려움.

      ⓔ 비교적 저가이나 사용 후 폐기시 공해가 유발되는 문제

④ 용도에 의한 분류 〔기출〕 18회, 19회

   ㉠ 1회용 파렛트(Disposable Pallet) : 한번 사용을 목적으로 한 파렛트

   ㉡ 반복 파렛트(Reusable Pallet) : 반복 사용하는 파렛트

   ㉢ 캡티브 파렛트(Captive Pallet) : 한 회사의 범위 내 또는 한정된 수송 시스템에 있어서 사용되는 파렛트

   ㉣ 교환 파렛트(Exchange Pallet) : 당사자 간의 협정에 의해 결정한 동일 모양의 파렛트로 호환성이 있는 파렛트

ⓒ 풀 파렛트(Pool Pallet) : 한 회사 또는 업계를 초월하여 넓은 범위에서 이용되어 호환성이 있는 파렛트

ⓗ 사일로 파렛트(Silo Pallet) : 주로 "분립체"를 담는 데 사용되고 밀폐된 상측면과 뚜껑을 가지며 하부에 개폐장치가 있는 상자형 파렛트이다.

◀ 사일로 파렛트 ▶

(2) 파렛트의 선정기준

① 운송수단과의 정합성

② 하역작업성

③ 포장모듈 치수와의 정합성

④ 기존 장비시설 활용도

(3) 단위 적재화물의 치수 및 파렛트

① 국제대형컨테이너

ⓐ 외부 치수 폭(입구너비) : 2,438mm, 내부 치수 폭(입구너비) : 2,330mm

ⓑ 높이와 길이는 컨테이너 형식에 따라 상이

② 정합하는 파렛트 규격

ⓐ 내부 치수 2,330mm에서 짐을 부리는 데 필요한 최소한의 여유치수 50mm 정도를 감안하면 입구너비 2,280mm 가용

ⓑ PVS(1,140mm×1,140mm), NULS(1,100mm×1,100mm) 가용

(4) ISO 규격 국제 파렛트(ISO 6780)

① 1,200mm×800mm(유럽 18개국이 공동으로 운영하는 표준 파렛트, 해상용 ISO 컨테이너 사용에는 비효율적)

② 1,140mm×1,140mm(해상용 컨테이너에 의존하는 미국, 캐나다, 영국 등의 지원하에 채택됨)

③ 1,219mm × 1,016mm(미국의 표준 파렛트 48"×40"(inch) 규격으로, 미국 이외의 국가에서는 사용하지 않음.)

④ 1,100mm × 1,100mm(한국, 일본 등 아시아 표준 파렛트)

⑤ 1,067mm × 1,067mm, 1,200mm × 1,000mm

3 창고·보관 하역기기를 통한 생산성 향상 방안

(1) 포크리프트 트럭(지게차)은 파렛트나 슬립시트를 이용하여 집합화물로 만들어 운반

(2) 드럼과 같이 다루기 힘든 형상일 경우 사이드 클램프(측면고정용 공구)를 부착하여 운반

(3) 인력의 이동을 최소화하는 기기의 활용(STO : Stock to Operator) 기출 20회

수직·수평 회전 랙(Carousels), 서랍식 랙(Stock Rack), 선반이동로봇(Kiva System), Mini-load AS/RS, Automatic Dispenser[1]

- 작업자가 랙으로 이동하는 것이 아니라 랙이 작업자에게 이동
- 다품종 소량, 서비스 부품에 적절함.

---

1) 자동분배기 : 자동으로 상품을 분배하여 작업자에게 이동

(4) 창고 내에서 로봇기기를 적절히 사용

① 파렛타이저(Palletizer) : 여러 가지 물품을 파렛트 위에 정해진 패턴에 따라 쌓는 일을 하는 자동기계 🖋기출 19회

  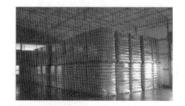

◀ Palletizer ▶

② 디파렛타이저(Depalletizer) : 파렛트 화물의 자동 해포기기

◀ Depalletizer ▶

③ 선반이동 로봇 : Staples, The Gap, Amazon 등의 인터넷 소매 유통창고에서 사용되는 다단 선반이동용 로봇(Kiva system)

④ 그리드이동 로봇(노르웨이 AutoStore) : 그리드로 이루어진 해당 설비는 최상단에서 로봇이 주문에 맞춰 상품이 보관된 Bin(보관상자)을 찾아내어 설비와 작업자 간 접점 포인트 인 Port (입구구, 출고구)로 이송시켜주면, 작업자가 주문에 따라 해당제품을 피킹 및 포장을 하고 반대로 입고 시에는 비어있는 Bin을 찾아 Port로 가져와 주어 격납을 지원하는 로봇

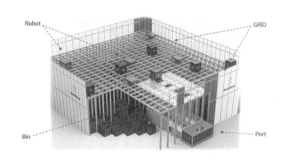

⑤ 오더 피킹 로봇 : 신선화물과 같이 빠른 처리나 중량물과 같이 핸들링에 어려움이 있을 경우, 제한된 시간 내에 출고화물을 빠르게 구분 처리하는 로봇

(5) 자동창고 시스템(AS/RS ; Auto Storage & Retrieval System) 활용

① 구성요소

[필수요소]	
• 파렛트	• 하이스택 랙
• 스태커 크레인(스태커 수직이동)	• 트레버서(스태커 수평이동)
[부수요소]	
• 컨베이어	• 무인반송차(AGV, RGV)
• DPS/DAS(Digital Picking/Assorting System)	• 바코드, RFID
• 분류기(Sorter)	• 버킷
• 원격제어기	• 호스트(Computer)

② 운영형태

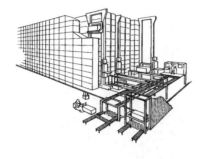

◀ Unit Load AS/RS ▶

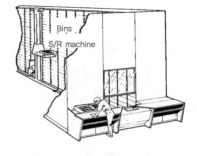

◀ Mini Load AS/RS ▶

02 하역기기

1 창고일반 운반 및 하역기기

(1) 지게차(Forklift Truck) **및 지게차 부속**(Attachment)

① 포크리프트(Forklift) 〔기출〕 8회, 12회, 18회

> • 포크, 램 등과 같이 화물을 적재하는 장치(attachment) 및 이것을 승강시키는 마스트[2]
>   (mast)를 구비한 하역자동차
> • 지게차는 카운트웨이트나 아웃리거(스트래들) 둘 중 하나로 하중을 지지(양립 불가)

㉠ 카운터 밸런스형(Counter Balance Type)

ⓐ 포크를 이용하여 화물을 들어 올릴 때 차체가 화물방향으로 기울어 전복되는 것을 방지
하기 위해 차체 뒷부분에 카운터웨이트(무게추)를 장착한 형태의 지게차(마스트, 카운
터웨이트, **"양고"** – 포크의 승강 한계높이란 의미에서 〔빈출〕)

---

2) 운반 · 하역기기 이해를 돕는 3가지 구조물(기기 부속품) 명칭

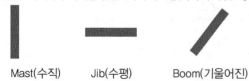

Mast(수직) Jib(수평) Boom(기울어진)

ⓑ 중량물의 하역 및 운반 시에 차체의 균형을 유지하기 위해 전면의 하중이 후면의 하중보다 총합이 작게 유지되어야 한다.

(무게추와 장비의 무게 × 장비의 무게중심과 전륜차축 사이의 거리) > (짐의 무게 × 짐의 무게중심과 전륜차축 사이의 거리)

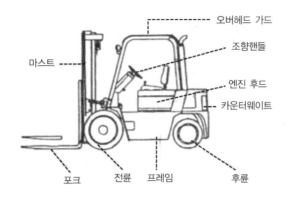

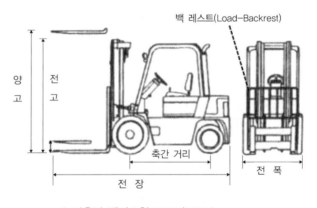

◀ 카운터 밸러스형 포크리프트 ▶

ⓛ **리치형(Reach Type)** : 차체 전방에 포크와 수평하게 차체 전방으로 연결된 2개의 아웃리거(out rigger)의 일종인 Straddle의 장착을 통해 화물 승강으로 인한 전복을 방지하고, **마스트와 포크가 일체화되어 전후방으로 이동**한다는 특징을 가진 지게차

ⓒ **스트래들형(Straddle Forklift)** : 차체 전방에 포크와 평행하게 장착된 스트래들에 의해 차체 안정성을 유지하며 Mast의 전후 이동기능은 없는 지게차

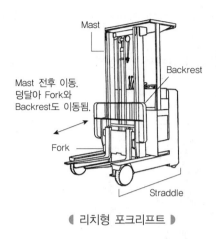

◀ 리치형 포크리프트 ▶

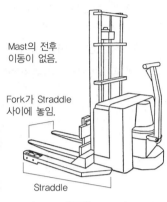

◀ 스트래들형 포크리프트 ▶

ⓔ **사이드 포크형**(Side Forklift), **사이드 로더**(Side Loader)
  ⓐ 좁은 통로를 가지는 창고에서 **지게차의 측면에 포크가 설치**되어 **좁은 통로**의 이동과 측면
    에서의 포크의 승강 및 리치형과 마찬가지로 포크의 전후 이동이 가능한 지게차
  ⓑ 승강시 포크방향에 수평하게 아웃리거가 지지되어 전복방지

◀ 리치형 사이드 포크리프트 ▶

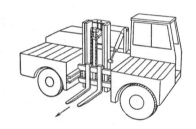

◀ 사이드 포크리프트 ▶

ⓜ **3방향 지게차**(Turret)
  ⓐ Mast 전방의 Fork가 좌우 90도로 회전하며 좌우 이동 후, 수평으로 포크가 이동 가능한
    형태이며 승강시 아웃리거로 하중을 지탱
  ⓑ 사이드 포크형과 마찬가지로 통로 소요 면적을 크게 줄여 저장 공간 증대가 가능

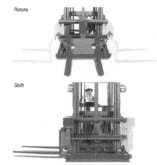
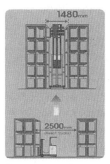

ⓗ 플랫폼 형

　ⓐ 오더 피킹 트럭(Order Picking Truck) : 하역장치와 운전좌석이 일체화되어 이동되는
　　형태

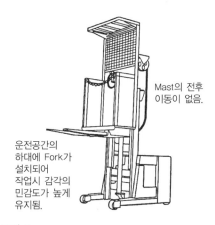

《 오더 피킹 트럭 》

　ⓑ 플랫폼 트럭 : 빈번한 물류작업을 수행하며 최소한의 공간에서 신속한 작업수행

ⓢ 핸드 · 전동 파렛트 트럭 : 인력하역을 지원하는 소형 파렛트 트럭

《 플랫폼 트럭 》　　　　　　　　《 핸드 파렛트 트럭 》

◎ 스태커(Stacker) : 인력 및 동력을 이용하여 화물의 수직 상·하역 지원기기

❰ 스태커 ❱

ⓩ 동력원에 의한 분류

　ⓐ 디젤엔진 지게차 : 힘과 내구성이 좋고 연료가 경제적이지만 매연과 소음이 큼.

　ⓑ LPG엔진 지게차 : 출력은 디젤에 비해 10% 정도 감소하지만 연료비가 경제적이고 매연과 소음이 적은 점에서 옥내작업에 적합

　ⓒ 축전지식 지게차 : 배터리를 에너지원으로 각각의 직류전동기로 주행 및 하역을 진행하는 전동식 형태로 **"매연과 소음이 없는 완전 무공해"**

② 지게차 부속품(Attachment)

　㉠ 파렛트 포크, 칼집 포크, 롤러붙이 포크

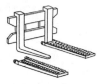

❰ 파렛트 포크 ❱　　　❰ 칼집 포크 ❱　　　❰ 롤러붙이 포크 ❱

　㉡ 램, 크레인 암, 힌지드 포크, 덤핑 포크 ❈빈출

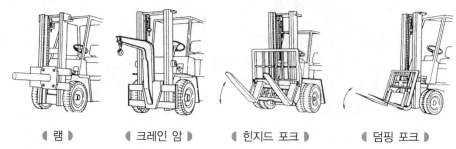

❰ 램 ❱　　❰ 크레인 암 ❱　　❰ 힌지드 포크 ❱　　❰ 덤핑 포크 ❱

　ⓐ 램(Ram) : 둥근 원통 코일 등을 끼워 이동하도록 지원하는 장치

　ⓑ 크레인 암(Crane Arm) : 크레인 작업을 하기 위한 부속장치

ⓒ **힌지드 포크**(Hinged Fork) : 포크만 상하로 기울어지도록 지원하는 장치

ⓓ **덤핑 포크**(Dumping Fork) : **백레스트와 포크가 함께** 상하로 기울어지도록 지원하는 장치

ⓒ 리치 포크, 푸셔 포크

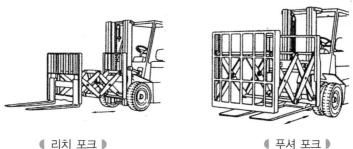

◀ 리치 포크 ▶　　　　　◀ 푸셔 포크 ▶

ⓐ **리치 포크**(Reach Fork) : 마스트로부터 포크가 전후방으로 이동하도록 지원하는 장치
　　– 통로 폭을 줄이고 깊이가 깊은 랙을 사용하여 공간활용률을 증대시킴.

ⓑ **푸셔 포크**(Pusher Fork) : 포크 위의 화물을 밀어낼 수 있는 장치 ✏기출 7회

ⓔ **스프레더**(Spreader) : 컨테이너 고정쇠가 장착되어 컨테이너를 하역할 수 있도록 고안된
부속장치 ✏기출 11회

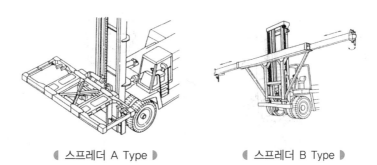

◀ 스프레더 A Type ▶　　　　　◀ 스프레더 B Type ▶

ⓜ **클램프**(Clamp) : 화물을 사이에 끼워 고정시키는 부속장치 ✏기출 7회, 11회

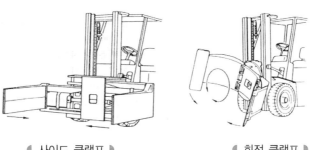

◀ 사이드 클램프 ▶　　　　　◀ 회전 클램프 ▶

ⓗ 로드 스태빌라이저, 퍼니스 차저, 버킷, 머니플레이터

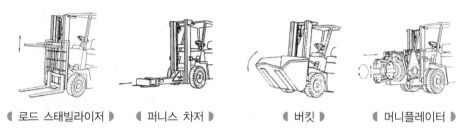

◀ 로드 스태빌라이저 ▶ ◀ 퍼니스 차저 ▶ ◀ 버킷 ▶ ◀ 머니플레이터 ▶

ⓐ **로드 스태빌라이저**(Load Stabilizer) : 지면이 고르지 못한 곳에서 파렛트 위의 플라스틱 컨테이너(음료수 짝)들이 이동 중 붕괴되는 것을 막기 위한 장치　📝기출 11회
ⓑ **퍼니스 차저**(Furnace Charger) : 화기나 유해환경에 원·부자재를 밀어 넣는 부속장치
ⓒ **버킷**(Bucket) : 벌크 화물의 하역에 사용하기 위한 부속장치
ⓓ **머니플레이터**(Manipulator) : 부속물을 집어 돌리고 수평이동, 위해환경용 로봇팔

📝기출 10회

③ 페이로더, 셔블로더

　건설장비로 물류장비는 아니지만 종종 보기로 출제된다.

◀ 페이로더 ▶

◀ 셔블로더 ▶

(2) 컨베이어

① **슈트**(Chute) **컨베이어** : "자동 활강 컨베이어", **무동력**으로 중력에 의해 경사판을 따라 흘러내리도록 고안된 컨베이어

◀ 슈트 컨베이어 ▶

② **벨트(Belt) 컨베이어** : 컨베이어 양 끝에 고무, 강철, 직물로 된 벨트를 감아 걸고 그 위에 화물을 싣고 운반하는 컨베이어

③ **체인(Chain) 컨베이어** : 체인 컨베이어는 각종 체인을 루프 상으로 연결하여 화물을 운반하는 형태

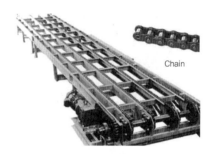

◀ 벨트 컨베이어 ▶　　　　　◀ 체인 컨베이어 ▶

④ **트롤리(Trolly) 컨베이어** : 외줄 체인에 걸어 **매달려 이동**하는 형태　기출 13회

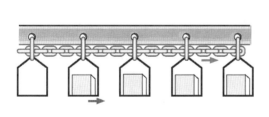
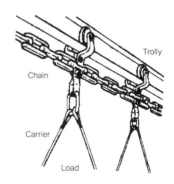

◀ 트롤리 컨베이어 ▶

⑤ **슬랫(Slat) 컨베이어** : 넓은 널빤지(슬랫)가 연달아 이어진 형태의 컨베이어

303

⑥ 에이프런(Apron) 컨베이어, 팬 컨베이어 : 오목하게 벌크화물들을 **담아 이동할 수 있는 구조**로 만들어진 컨베이어

  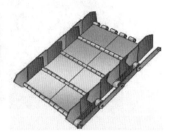

◀ 슬랫 컨베이어 ▶   ◀ 에이프런 컨베이어 ▶   ◀ 팬 컨베이어 ▶

⑦ 흐름 컨베이어 : **밀폐된 상태**로 체인이나 케이블로 이동시키는 특수 컨베이어로 **주로 분립체**(시멘트, 곡물 등)를 **운반**할 때 사용하며 수평, 수직경사, 곡선 등으로 운반하는 기기

 TIP 흐름(flow)이라는 단어가 주는 "액체"라는 어감 때문에 혼동을 줌.

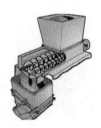  

◀ 흐름 컨베이어 ▶

⑧ 스크류(Screw) 컨베이어 : 스크류를 이용하여 분립체, 고형물, 액체화물 종류 이동
⑨ 진동(Vibrating) 컨베이어 : 진동을 이용하여 분립체를 이동시킴.

  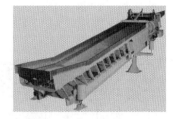

◀ 스크류 컨베이어 ▶   ◀ 진동 컨베이어 ▶

⑩ 신축(Adjustable Length) 컨베이어 : 컨베이어 내부에서 다단으로 겹쳐져 전체 길이를 자유롭게 조정이 가능한 컨베이어, Flexible Conveyor

 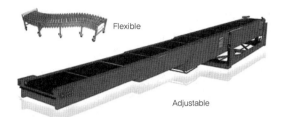

Flexible

Adjustable

◀ 신축 컨베이어 ▶

⑪ 어큐뮬레이팅(Accumulating) 컨베이어 : "**집적 컨베이어**"라고도 하며 박스 등을 쌓을 때 운송 작업을 일시적으로 체류시키고 라인 간 라인상의 물류량 변동을 흡수하여 원활한 흐름을 유지하는 컨베이어(대형마트의 결제 컨베이어 연상)

◀ 어큐뮬레이팅 컨베이어 ▶

⑫ 토우(Tow) 컨베이어 : 궤도를 따라 파인 바닥 홈에 로프가 이동하면서 연결된 대차를 이끌고 순회하는 컨베이어

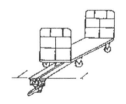 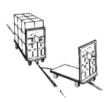 

◀ 토우 컨베이어 ▶

305

⑬ 분류 컨베이어

🔴TIP Chapter 04 창고보관 시스템의 운용 / 03 자동분류 시스템 참조

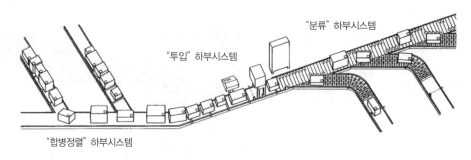

◀ 분류 컨베이어 ▶

(3) 크레인(Crane) 기출 12회, 13회, 14회

① 크레인

   ⊙ 지브 크레인(Jib Crane)

      ⓐ 외팔로 뻗은 형상의 지브(Jib)를 따라 호이스트가 트롤리에 결합되어 주행되는 형태의 크레인, 지브는 360도 회전됨.

      ⓑ 지반을 지지하는 수직 마스트에 수평으로 뻗은 지브(Jib)에서 트롤리 및 호이스트 장비를 통해 화물을 달아 올리는 크레인의 총칭

      ⓒ 상하좌우 선회운동을 통해서 또는 지면이나 궤도상을 주행하면서 화물운반

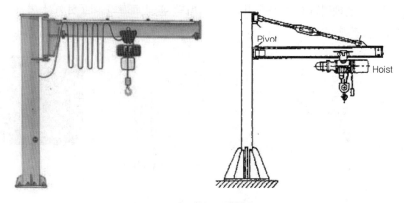

◀ 지브 크레인 ▶

   ⊙ 천장 크레인(Overhead Traveller Crane) : 공장 및 창고의 천장에 양쪽 벽을 잇는 레일이나 와이어 로프를 설치하여 천장을 수평으로 이동하고 모노레일을 따라 움직이는 호이스트나 스태커, 로프나 체인을 이용한 트롤리를 이용하여 화물을 수직으로 이동시키는 크레인

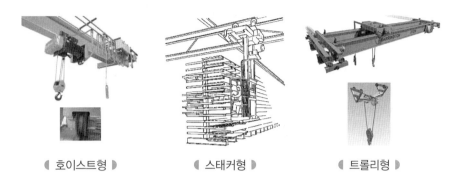

◀ 호이스트형 ▶　　　　◀ 스태커형 ▶　　　　◀ 트롤리형 ▶

ⓒ 스태커 크레인(Stacker Crane) 　기출 11회, 13회, 14회

　　ⓐ 보통 자동화 창고의 하이스택 랙에서 통로를 오가는 주행장치와 하이스택 랙의 수직이
　　　동의 승강장치를 이용하여 입출고하는 크레인

　　ⓑ 트레버서(Traverser) : 스태커 크레인을 수평으로 이동시키는 장치

　　ⓒ 대기점(Home Position) : 스태커 크레인의 대기 장소

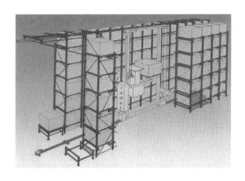

　　ⓓ 스태커 크레인 구성

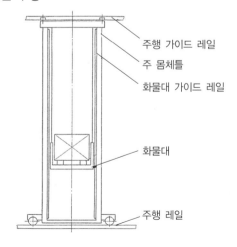

주행 가이드 레일
주 몸체틀
화물대 가이드 레일

화물대

주행 레일

ⓔ 윈치 크레인(Winch Crane) : 도르래 방식으로 원통형 드럼에 와이어 로프를 감아 중량물을 끌어 올리거나 당기는 기계로 "권양기"라고도 함.

◀ 윈치 크레인 ▶

② 크레인 부속기기

　ⓐ 호이스트(Hoist) 🖍기출 16회

　　ⓐ 권상 : 화물을 달아 올림.

　　ⓑ 권하 : 화물을 달아 내림.

　ⓒ 트롤리(Trolley) : 모노레일이나 와이어 로프를 타고 호이스트를 수평 이동시키는 부속기기

◀ 호이스트 ▶　　　◀ 트롤리 ▶　　　◀ 호이스트 + 트롤리 ▶

　ⓒ 호퍼(Hopper) : 원료나 연료, 화물을 컨베이어나 기계로 이송하는 **깔때기**

◀ 호퍼 ▶

(4) 무인반송차

① 정의 : 차체에 자동 혹은 수동으로 화물을 적재하고 지시된 장소까지 주행하는 장치이다. 무인
　운반차, 무인견인차, 무인포크리프트

② 종류 : AGV(Auto Guided Vehicle), RGV(Rail Guided Vehicle)

③ 무인 운반기기의 제어방식　✏️기출 23회

㉠ 광학식 인도방식 : 자동 주행하는 운반기기의 경로를 제어하는 방식으로 바닥에 테이프나
　페인트 선을 그려 페인트와 테이프를 광학 센서로 식별하여 진로를 결정하는 방식이다.

㉡ 자기 인도방식 : 인도용 동선이 바닥에 매설되어 있어서 저주파가 흐르는 동선을 따라 2개
　의 탐지용 코일로 탐지하여 자동 주행하는 방식이다.

㉢ 자기 코딩방식 : 트레이에 자기로 코드화한 철판을 붙이고 이를 자기 판독 헤드로 읽게 함으
　로써 컴퓨터에 정보를 전달하여 제어하는 방식이다.

㉣ 전자기계 코딩방식 : 카드 삽입구에 행동지시용 카드를 먼저 삽입, 컴퓨터에 정보를 제공하
　여 제어하는 방식이다.

㉤ 레이저 스캐닝 방식 : 벽이나 기둥과 같은 위치 변화가 없는 곳에 레이저 리플렉터를 부착하
　며 AGV는 리플렉터에 레이저빔을 방사하여 주변 환경과 자기 위치를 인지하면서 매핑을
　하며 제어하는 방식이다.

2 항만 운반 및 하역기기

(1) 야드 / 로드 트랙터(Yard/Road Tractor) 기출 23회

① 야드 트랙터 : 컨테이너 터미널 내에서만 운행할 수 있도록 제작되어 야드 섀시(yard chassis)와
의 조합으로 안벽과 야드 사이를 운반하는 장치이다. 고출력 · 저속운행 운반기기

➡ 「주차장법」에 의거하기에 축중량 제한이 없어 바퀴의 수가 적다.

② 로드 트랙터 : 도로운송용으로는 로드 트랙터 + 로드 섀시의 조합으로 섀시에 바퀴가 더 많이
달려 있고 트랙터의 고속주행이 가능하다.

➡ 「도로교통법」에 의거하기에 축중량 제한이 있어 바퀴의 수가 많다.

(2) 탑 핸들러(Top Handler)

카운터 밸런스형 대형 지게차에 컨테이너 4개의 모서리쇠를 끼워 컨테이너를 고정할 수 있는 스프
레더(spreader)나 체결 고리가 달린 팔과 **마스트**를 갖추고 **수직으로 컨테이너를 상 · 하역**하는 기
기로써 작업순서를 미리 결정하여 작업한다.

(3) 칼마, 사이드 포크형 포크리프트(대형 지게차)

① 칼마 : 대형 컨테이너 및 중량물(17~25t) 전용 포크리프트. 제조사 "칼마(Kalmar)" 이름에서 유래되었다.

② 사이드 포크형 : 대형 컨테이너와 중량물을 측면에서 상·하역하는 기기

(4) 리치 스태커 기출 21회

① 카운터 밸런스형 대형 지게차에 컨테이너 4개의 모서리쇠를 끼워 컨테이너를 고정할 수 있는 스프레더(spreader)나 체결 고리가 달린 유압식 지브 혹은 **신축형 붐**(Boom)으로 높이를 조절할 수 있는 컨테이너 상·하역기기

② 트랜스퍼 크레인 같이 위에서 컨테이너를 다루는 방식과 달리 간섭이 일어나므로 작업순서를 미리 결정하여 작업한다.

(5) 스트래들 캐리어 기출 24회, 25회

① 안벽 또는 야드에서 컨테이너를 직접 상하차 및 이동을 지원하는 장비

② 기동성이 뛰어나지만 3단 1열 정도의 제한된 컨테이너 적재능력으로 야드의 활용도가 떨어져 현재는 야드 트랙터를 이용하여 이동하고, 트랜스퍼 크레인을 이용하여 적재하는 형식이 보편적(스트래들 캐리어의 다리구조물로 인해 적재 열들 간에 공백이 생김)이다.

(6) 항만 크레인 　기출 11회, 14회, 16회

① 트랜스테이너(Transtainer) : 철도를 통해 화차에 실려 온 컨테이너 화물을 환적하기 위해 사용되는 크레인-교형(다리형) 크레인으로 트랜스퍼 크레인과 명칭을 혼용한다.

◀ 트랜스테이너 ▶

② 트랜스퍼 크레인(Transfer Crane) : 마샬링 야드에서 선적될 컨테이너를 5단 6열 정도로 미리 정리해 놓는 교형 크레인

③ 갠트리 크레인(Gantry Crane, Container Crane) : **에이프런과 안벽에 걸쳐** 교형으로 생긴 크레인으로 선박 쪽으로 수평으로 길게 뻗은 Jib를 따라 트롤리와 호이스트가 이동하면서 컨테이너를 상·하역, 수평으로 뻗은 지브구조물을 가졌다 하여 지브 크레인(Jib crane), 컨테이너를 하역한다고 하여 컨테이너 크레인(container crane)으로 표현하기도 한다. 　기출 21회

◀ 트랜스퍼 크레인 ▶

◀ 갠트리 / 컨테이너 크레인 ▶

④ **언로더**(Unloader) : 부두에서 본선으로 석탄, 광석 등의 벌크화물을 부리기 위해서 만들어진 기중기로써 "**컨테이너 전용터미널에는 없음.**"

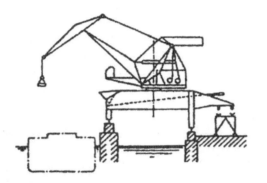

⑤ **데릭**(Derrick) : **삼각뿔 구조물**의 전방 모서리 양쪽 끝에 **기울어진 마스트 또는 붐**(boom)을 고 정시키고 위 끝에서 화물을 달아 올리는 지브 붙이가 달린 크레인으로, **재래선박의 상 · 하역 설비** 중 하나이다. ※빈출

313

⑥ 타워 크레인(Tower Crane) : 타워 형태의 인입식 크레인

 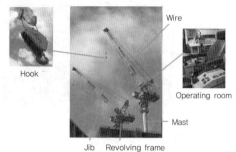

⑦ **자주 크레인**(Mobile Crane) : 지브 크레인에 바퀴, 크롤러(트랙터 통바퀴), 캐터필러(탱크 등을 전진시키기 위하여 차륜에 거는 띠 모양의 장치)의 조합으로 **스스로 주행**이 가능한 크레인

◀ 트럭 크레인 ▶　　　　　　　◀ 크롤러/캐터필러 크레인 ▶

⑧ **부선 크레인**(Floating Crane) : 부력이 매우 큰 낮고 평평한 바닥을 가진 바지선박에 부착된 지브 크레인, FO-FO방식 상·하역을 지원

(7) 로딩암 [기출] 21회

본선과 터미널 간 기름이송 작업시 연결되는 육상 터미널 측 이송설비

3 공항 운반 및 하역기기

(1) Tug Car, Dolly, Transporter [기출] 9회, 10회, 12회, 17회, 22회

① Tug Car : 항공화물을 이동시키는 저속에 큰 힘을 내는 트랙터

② Dolly : Tug Car에 연결되어 연달아 항공 벌크화물 및 항공 컨테이너를 이동시키는 동력장치 없는 섀시

③ Transporter : 단위 적재용기를 터미널에서 항공기까지 이동시키는 이동장치

◀ Tug Car ▶　　　◀ Dolly ▶　　　　　◀ Transporter ▶

(2) High Loader, Self Propelled Conveyor

① High Loader : 대형 화물기에 단위 탑재용기를 적하·출하하기 위한 높이 조절기기, 소형 포크 리프트나 트랜스포터 이동 [기출] 23회

② Self Propelled Conveyor : 수화물과 소화물을 화물실에 낱개 단위로 적하·출하하기 위한 높이 조절 및 이동 컨베이어

◀ High Loader ▶

◀ Self Propelled Conveyor ▶

핵심포인트

Contour Gauge(형상측정기) 기출 25회

항공 파렛트에 적재된 화물의 형상, 윤곽을 측정하기 위한 스케일(Scale) 같은 것

01 창고관리에 관한 다음 설명 중 가장 잘못된 것은?

① 오프라인 제어방식은 컴퓨터에 의해 처리된 입출고 카드 및 테이프 등을 판독장치로 판독시 킴으로써 하역기기를 작동하는 제어방식을 말한다.

② 랙의 적재하중에 따라 경량급(100kg 이하), 중간급(300kg 이하), 중량급(300kg 초과)으로 분류된다.

③ 기계화 창고와 자동화 창고의 차이점은 그 시스템이 정보처리 시스템과 일체화되어 있는지 여부에 따라 구분된다.

④ 온라인 제어방식은 컴퓨터와 하역기기가 일체가 되어 직접 정보를 교환하여 자동으로 운전 하는 제어방식이다.

⑤ 랙 시설을 하고 지게차, 크레인 또는 컨베이어 등에 의해서 시스템적으로 기계화된 창고가 기계화 창고이다.

> [해설] 적재하중에 따른 랙의 구분
> • 경량급 랙 : 150kg 이하
> • 중간급 랙 : 151~500kg
> • 중량급 : 500kg 초과

02 파렛트는 사용재료, 형태, 형식, 용도 등에 따른 유형으로 구분할 수 있다. 다음 중 용도에 따른 유형이 아닌 것은? ✅ 18회

① Disposable Pallet ② Pool Pallet

③ Exchange Pallet ④ Flat Pallet

⑤ Reusable Pallet

> [해설] Flat Pallet은 파렛트의 형태별 구분이며 나머지는 용도별 구분이다.

정답 **01** ② **02** ④

03 **파렛트(Pallet)의 종류와 설명으로 옳지 않은 것은?** ✅ 19회

① 스키드 파렛트(Skid Pallet) : 핸드리프트로 하역할 수 있도록 만들어진 단면형 파렛트이다.

② 시트 파렛트(Sheet Pallet) : 1회용 파렛트로 목재나 플라스틱으로 제작되어 가격이 저렴하고 가벼우나 하역을 위하여 Push-Pull 장치를 부착한 지게차가 필요하다.

③ 사일로 파렛트(Silo Pallet) : 주로 분말체를 담는데 사용되며, 밀폐상의 측면과 뚜껑을 가지고 하부에 개폐장치가 있는 상자형 파렛트이다.

④ 롤 상자형 파렛트(Roll Box Pallet) : 받침대 밑면에 바퀴가 달리고 상부구조가 박스인 파렛트로 최근에는 배송용으로 많이 사용된다.

⑤ 기둥 파렛트(Post Pallet) : 주로 액체를 취급하는 데 사용되며 밀폐상의 측면과 뚜껑을 가지며 상부 또는 하부에 출입구가 있는 상자형 파렛트이다.

> 해설 ⑤ Tank Pallet에 대한 설명이다.
> Post Pallet는 파렛트의 기능과 랙의 기능을 동시에 가지며 미 사용시 기둥을 접고 겹쳐쌓아 부피를 줄일 수 있도록 고안된 파렛트이다.

04 **보관을 위한 랙창고의 파렛트래킹 시스템 중에서 다음 설명에 가장 알맞은 것은?**

> 파이프 등과 같이 보관이 어려운 장척물의 화물을 보관하고 전면에 기둥이 없으므로 공간낭비 없이 화물을 보관할 수 있는 랙

① 드라이브 인 랙(Drive In Rack)

② 슬라이딩 랙(Flow Rack)

③ 모빌 랙(Mobile Rack)

④ 암 랙(Arm Rack)

⑤ 드럼 랙(Drum Rack)

> 해설 파이프와 같이 긴 화물, 장척물의 보관에 사용되는 랙은 암 랙(Arm Rack), 캔틸레버(Cantilever Rack), 외팔지주 랙 등으로 불린다.

> 정답 **03** ⑤ **04** ④

05 랙의 종류와 특성이 잘못 연결된 것은? ✅ 13회

① 파렛트 랙(Pallet Rack) – 주로 파렛트에 쌓아 올린 물품의 보관에 이용
② 암 랙(Arm Rack) – 장척화물의 보관에 이용
③ 드라이브 스루 랙(Drive-through Rack) – 파렛트가 랙 내에서 미끄러져 움직이며, 한쪽에서 입고하고 다른 한쪽에서 출고되는 선입선출이 필요한 물품을 효과적으로 보관할 수 있는 랙
④ 이동 랙(Mobile Rack) – 레일 등을 이용하여 직선적으로 수평이동되는 랙
⑤ 회전 랙(Carrousel) – 사람은 고정되어 있고 물품이 피커(Picker)의 장소로 이동하여 피킹(Picking)하는 형태의 랙

> [해설] ③ 중력식 랙(Gravity rack), 흐름 랙(Flow rack)에 대한 설명이다.
> 드라이브 스루 랙(Drive-through Rack)은 드라이브 인 랙을 중심으로 앞쪽에는 입하전용 작업장이 뒤쪽에 출하전용 작업장이 별도로 존재하는 형태이다.

06 다음 그림은 어떤 물류 설비인가? ✅ 15회

① AS/RS   ② Carousel
③ Mezzanine Rack   ④ Mobile Rack
⑤ Gravity Flow Rack

> [해설] 자동화 창고의 고층 입체 자동화 랙(Auto Storage & Retrieval System)이다.

정답 **05** ③ **06** ①

07 자재보관을 위하여 사용되는 회전랙(Carousel)에 관한 설명으로 옳지 않은 것은? ✓ 16회

① 랙이 작업자의 위치로 이동하므로 작업자의 이동을 최소화하는 방법이다.

② 회전랙은 수평형 회전랙(Horizontal Carousel)과 수직형 회전랙(Vertical Carousel)으로 구분할 수 있다.

③ 일반적으로 수직형 회전랙은 수평형 회전랙보다 높은 천장이 필요하다.

④ 일반적으로 수평형 회전랙이 수직형 회전랙보다 품목보호 및 보안성이 뛰어나다.

⑤ 자동창고와 비교할 때 도입비용이 저렴하여 소화물 자동창고(AS/RS)의 대안으로 사용된다.

> [해설] 수직형 회전랙은 주변에 주차타워를 연상하면 좋은데 입출고구가 하나이므로 상대적으로 수평형 회전랙보다 보안성이 좋은 것으로 평가된다.

08 낱개피킹 시스템 중 작업자 이동형 시스템에서 사용하는 설비가 아닌 것은? ✓ 17회

① Bin Shelving　　　　　② Storage Drawer

③ Mezzanine　　　　　④ Carousel

⑤ Mobile Storage

> [해설] Carousel은 STO(Stock to Operator)설비의 하나로 화물을 작업자에게 이동시켜주어 작업자는 이동할 필요가 없다.

09 다음에서 설명하는 랙(Rack)의 종류는?

> • 한쪽에 출입구를 두며 포크리프트를 이용하여 실어 나르는 데 사용하는 랙이다.
> • 로드빔(Load-beam)을 제거하여 포크리프트가 랙 안으로 진입이 가능하고 포크리프트 통로 면적이 절감되어 보관효율이 높은 편이다.
> • 소품종 다량 또는 로트(Lot) 단위로 입출고될 수 있는 화물보관에 최적인 랙이다.

① 파렛트 랙(Pallet Rack)　　　　② 적층 랙(Mezzanine Rack)

③ 슬라이딩 랙(Sliding Rack)　　　④ 모빌 랙(Mobile Rack)

⑤ 드라이브 인 랙(Drive-in Rack)

> [해설] 해당 설명은 드라이브 인 랙에 대한 설명이다.
> 입고구와 출고구가 별도로 같은 방향으로 형성되어 있으면 드라이브 스루 랙이 된다.

10 랙(Rack)에 관한 설명으로 옳지 않은 것은? 19회

① 암 랙(Arm Rack)은 외팔지주걸이 구조로 기본 프레임에 암(Arm)을 결착하여 화물을 보관하는 랙으로 파이프, 가구, 목재 등 장척물 보관에 적합하다.

② 드라이브 인 랙(Drive In Rack)은 회전율이 낮은 제품이나 계절적 수요제품에 경제적이다.

③ 파렛트 랙(Pallet Rack)은 주로 파렛트에 쌓아올린 물품의 보관에 이용한다.

④ 적층 랙(Mezzanine Rack)은 상품의 보관효율과 공간 활용도가 높다.

⑤ 드라이브 스루 랙(Drive Through Rack)은 넓은 장소에서 다른 종류의 물품을 많이 보관할 경우 유용하다.

[해설] 드라이브 스루 랙은 소품종 다량 물품을 보관할 때 유용하다.

11 집배중심형 창고에서 창고의 입출고 기능을 향상시키기 위한 방법과 거리가 먼 것은?

① 트럭 적재함과 창고높이 조절과 같이 창고와 연계되는 접점을 조정한다.

② 엘리베이터, 컨베이어 등을 수직·수평운반에 이용한다.

③ 입출고 등을 위한 창고 내의 작업시간대가 서로 중복되지 않도록 할당한다.

④ 보관품의 재고위치 검색이 용이하도록 한다.

⑤ 드라이브 인 랙이나 이동식 랙을 설치하여 통로면적을 축소한다.

[해설] 집배중심형 창고는 흐름중심형으로 설계되어야 하므로 저장 용량보다는 흐름을 살릴 수 있는 구조의 설비를 이용해야 한다. 따라서 드라이브 인 랙이나 이동식 랙(mobile rack)처럼 통로의 면적을 줄여 저장용량을 향상시키는 데 큰 역할을 하는 랙보다는 흐름을 살릴 수 있는 중력식 랙(gravity rack), 흐름랙(flow rack), 유동 랙 등을 적극 활용하는 편이 낫다.

정답 **10** ⑤ **11** ⑤

12 보관설비에 대한 다음 설명 중 틀린 것은? ✔ 11회

① 평치보관은 특별한 자동화 설비가 필요 없다는 장점을 가지고 있으나, 공간활용률이 낮아진다는 단점도 가지고 있다.

② 보관물품의 선입선출을 위하여 플로 랙(Flow-Through Rack)을 운용할 수 있다.

③ 타이어, 유리 등과 같이 형태가 특수한 물품이나 조심스럽게 다루어야 하는 물품은 캔틸레버 랙(Cantilever Rack)에 보관하여야 한다.

④ 창고 내의 공간 활용도를 높이기 위하여 모바일 랙(Mobile Rack)을 사용하는 것이 유리하다.

⑤ 상품을 대량으로 취급하는 경우 건물의 층고에 여유가 있으면 하이스택 랙(High-Stack Rack)을 설치하는 것이 바람직하다.

[해설] 캔틸레버 랙은 길이가 긴, 장척물의 보관에 적합한 랙이며 타이어, 유리 등과 같은 경우는 형상에 맞는 특수 랙을 이용한다.

13 창고나 공장의 천장이 높은 경우, 하단에 랙을 설치하고 그 위에 플로어를 깔아 다시 랙을 설치한 형태로서 자립구조체이며, 필요에 따라 그 일부 또는 전체를 분해 이동할 수 있는 그림과 같은 랙을 무엇이라 하나? ✔ 10회

① 유동 랙(Flow-though Rack)　　② 서랍 랙(Slide Rack)
③ 암 랙(Arm Rack)　　　　　　　④ 적층 랙(Mezzanine Rack)
⑤ 회전 랙(Carrousel Rack)

[해설] 적층 랙은 통로와 선반을 다층식으로 겹쳐 쌓은 랙으로, 다품종, 소량, 경량물의 보관에 적합하다. 창고의 상층부를 활용할 수 있도록 고안된 구조로 면적효율과 공간 활용이 상대적으로 뛰어나며 최소의 통로로 최대로 높게 쌓을 수 있어 경제적이다.

정답 **12** ③ **13** ④

14 다음 창고보관 장비 중 포크리프트가 랙 내부에 진입하여 하역작업을 할 수 있고, 보관장소와 통로를 겸하기 때문에 화물의 적재율을 높일 수 있으며, 소품종 대량의 제품이며 회전율이 적은 제품에 적합하고, 계절적인 수요가 있는 화물의 보관에 매우 경제적인 랙은 무엇인가? 🔵 12회

① 모빌 랙
② 파렛트 랙
③ 드라이브 인 랙
④ 암 랙
⑤ 적층 랙

해설 드라이브 인 랙은 포크리프트가 랙 내부에 진입하여 하역작업이 가능한 랙으로, 적재공간이 통로가 되므로 적재율이 향상된다. 회전율이 낮고 계절적인 수요를 가진 화물보관에 경제적이다.

15 컨베이어의 명칭으로 적합한 것은?

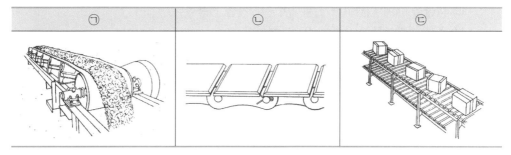

㉠	㉡	㉢

① ㉠ 고무벨트 컨베이어(Rubber Belt Conveyor) – ㉡ 플랫 톱 컨베이어(Plat Top Conveyor) – ㉢ 슬랫 컨베이어(Slat Conveyor)

② ㉠ 에이프런 컨베이어(Apron Conveyor) – ㉡ 슬라이딩 컨베이어(Sliding Conveyor) – ㉢ 슬랫 컨베이어(Slat Conveyor)

③ ㉠ 에이프런 컨베이어(Apron Conveyor) – ㉡ 슬랫 컨베이어(Slat Conveyor) – ㉢ 슬라이딩 컨베이어(Sliding Conveyor)

④ ㉠ 고무벨트 컨베이어(Rubber Belt Conveyor) – ㉡ 슬랫 컨베이어(Slat Conveyor) – ㉢ 플랫 톱 컨베이어(Plat Top Conveyor)

⑤ ㉠ 고무벨트 컨베이어(Rubber Belt Conveyor) – ㉡ 슬랫 컨베이어(Slat Conveyor) – ㉢ 슬라이딩 컨베이어(Sliding Conveyor)

해설 ㉠ 고무벨트 컨베이어 : 컨베이어 양 끝에 고무로 된 벨트를 감아 걸고 그 위에 화물을 싣고 운반하는 컨베이어
㉡ 플랫 톱 컨베이어 : 구획된 일정 면적의 상판이 연달아 이어진 형태의 컨베이어
㉢ 슬랫 컨베이어 : 넓은 널빤지(슬랫)가 연달아 이어진 형태의 컨베이어

정답 **14** ③ **15** ①

16 자동창고의 시스템 구성요소이며, 화물을 원하는 임의 위치까지 운반하는 자동주행장치로 최근에는 레이저로 유도되는 장비가 등장하였다. 이 장비는 무엇인가? ✅ 12회

① Stacker Crane
② Traverser
③ Conveyor
④ Bucket
⑤ AGV

〔해설〕 무인반송차(AGV : Automatic Guided Vehicle)는 화물을 지정 입출고대 위치까지 이동시키는 자동주행장 치로, 바닥면의 자기테이프와 대차바닥면의 센서를 통해 이동하는 방식과 레이저로 유도되는 무인반송차 등이 있다.

17 회전 랙(Carrousel)에 대한 설명으로 가장 옳은 것은? ✅ 12회

① 형태가 특수한 화물을 보관하기에 적합하다.
② 화물을 랙에 입출고하기 위하여 지게차를 사용한다.
③ 주로 파렛트를 이용하여 유니트화한다.
④ 보통 한쪽에서 입고하면 반대편에서 출고하는 형태를 취한다.
⑤ 일반적으로 화물의 피킹장소를 고정시켜 사용한다.

〔해설〕 ① 형상보관에 의한 전용랙에 대한 설명이다.
② 회전 랙은 별도의 하역기기 없이 작업자의 위치에서 입고하고 출고한다.
③ 회전 랙은 보통 다품종 경량 소량화물이기 때문에 파렛트를 활용하지 않는 경우가 일반적이다.
④ 흐름 랙(Flow Rack)에 대한 설명이다.

18 자재를 운반하기 위하여 사용되는 컨베이어에 관한 일반적인 설명으로 옳은 것은? ✅ 18회

① 고정된 장소 간에 운반량이 많을 시에 적합하다.
② 바닥공간을 다른 용도로 활용하기 위하여 주로 작업자의 머리 위의 공간을 이용한다.
③ 포크리프트 등의 산업용 차량보다는 유연하게 장소를 이동하면서 사용한다.
④ 중량물을 운반하는 데 적합한 기기이다.
⑤ 가장 유연한 운송장비로 주로 제품별 배치보다는 공정별 배치에서 이용된다.

〔해설〕 ② 트롤리 컨베이어가 있긴 하지만 일반적이진 않다.
③ 일반적으로 고정된 장소를 점유하여 유연하게 장소를 이동하기엔 어렵다.
④ 일반적으로 소형, 경량물을 운반하는 데 적합하다.
⑤ 가장 유연한 운송장비는 아니며 공정별 배치보다는 제품별 배치(라인)에 보다 적합하다.

정답 **16** ⑤ **17** ⑤ **18** ①

19 폐쇄형 천장 트럭에 동일 간격으로 매달려 있는 운반기에 화물을 탑재하여 운반하며, 가공, 조립, 포장, 보관 작업 등에 사용되는 기기는? ✓ 13회

① 체인 컨베이어(Chain Conveyor)
② 무인이송차량(AGV)
③ 지브 크레인(Jib Crane)
④ 롤러 컨베이어(Roller Conveyor)
⑤ 트롤리 컨베이어(Trolley Conveyor)

해설 '매달려' 있는 운반기를 이용하여 이동시키는 컨베이어는 트롤리 컨베이어이다.

20 다음 컨베이어의 분류 중 나머지 넷과 구별되는 하나는? ✓ 12회

① 슬랫 컨베이어(Slat Conveyor)
② 토우 컨베이어(Tow Conveyor)
③ 트롤리 컨베이어(Trolley Conveyor)
④ 에이프런 컨베이어(Apron Conveyor)
⑤ 공기 컨베이어(Pneumatic Conveyor)

해설 공기 컨베이어는 '공기'를 매체로 하는 유체 컨베이어로 압송식과 흡인식이 있다. 나머지는 체인의 구동을 통해 이동시키는 컨베이어들이다.

21 암(Arm)을 이용하여 컨베이어가 흐르는 방향에 대해서 직각 방향으로 화물을 밀어내는 방식이며, 구조가 간단해서 어떤 컨베이어와도 연결이 용이한 분류 방식은 무엇인가? ✓ 11회

① Pusher 방식   ② Slide Shoe 방식
③ Carrier 방식   ④ Pop-up Roller 방식
⑤ Diverter 방식

해설 직각 방향으로 화물을 밀어내는 방식은 Pusher 방식이다.

22 다음의 설명은 컨베이어 작업의 장점을 나열한 것이다. 이 장점에 해당되지 않는 것은?

① 컨베이어 자체가 가늘고 길며 작업공간을 별로 차지하지 않아 좁은 장소에서도 작업이 가능하다.

② 컨베이어 자체를 안정시켜두면 노면이 나빠도 운반이 가능하다.

③ 컨베이어 자체로서 경사를 주면 중력이 작용하여 중력이용의 운반을 하기 쉽다.

④ 컴퓨터와 연동하여 컨베이어상의 화물을 제어하고 있는 모습을 입체창고와 물류센터에서 볼 수 있어 원격제어와 자동제어가 가능하다.

⑤ 속도가 한정되어 있어 하역작업에 시간이 걸리며, 양단에 인원을 필요로 하는 경우가 있다.

[해설] 컨베이어 작업의 단점에 대한 설명이다.

23 자동분류 컨베이어 방식 중 화물이 진행하는 방향에 대해 컨베이어 위에 비스듬히 놓인 암(Arm)을 이용하여 물품을 분류하는 방식은? ✓ 14회

① 푸셔(Pusher) 방식　　② 크로스 벨트(Cross-Belt) 방식

③ 다이버터(Diverter) 방식　　④ 슬라이딩 슈(Sliding-Shoe) 방식

⑤ 경사트레이(Tilted Tray) 방식

[해설] 비스듬히 놓인 암(Arm)을 이용하는 형태는 다이버터 방식이다.

24 분류시스템(Sorting System)의 명칭에 관한 설명으로 옳지 않은 것은? ✓ 15회

① 팝업(Pop-up) 소팅 컨베이어 : 컨베이어 반송면의 아래 방향에서 벨트, 롤러, 휠, 핀 등의 분기장치가 튀어나와 단위화물을 내보내는 컨베이어

② 틸팅(Tilting) 소팅 컨베이어 : 레일을 주행하는 트레이, 슬라이드의 일부 등을 경사지게 하여 단위화물을 활강시키는 컨베이어

③ 다이버터(Diverter) 소팅 컨베이어 : 외부에 설치된 암(Arm)을 회전시켜 반송 경로상에 가이드벽을 만들어 단위화물을 이동시키는 컨베이어

④ 크로스 벨트(Cross Belt) 소팅 컨베이어 : 레일을 주행하는 연속된 캐리어상의 소형벨트 컨베이어를 레일과 교차하는 방향에 구동시켜 단위화물을 내보내는 컨베이어

⑤ 슬라이딩 슈(Sliding Shoe) 소팅 컨베이어 : 레일을 주행하는 트레이 등의 바닥면을 개방하여 단위화물을 방출하는 컨베이어

[해설] 바닥면을 개방하는 방식은 "저개식" 컨베이어이다.

25 분류시스템에 사용되는 방식에 관한 설명으로 옳지 않은 것은? ✔ 17회

① 슬라이딩 슈 방식(Sliding Shoe Type)은 컨베이어에서 이동할 수 있는 슬랫으로 밀어서 분류하는 방식으로, 충격이 크기 때문에 깨지기 쉬운 물건에는 사용할 수 없다.

② 틸팅 방식(Tilting Type)은 컨베이어를 주행하는 트레이, 슬라이드 등에 물품을 적재하였다가 분류되는 순간에 트레이, 슬라이드가 기울어지는 방식으로 고속처리가 가능하지만 중력에 의한 파손품이 발생될 수 있다.

③ 팝업 방식(Pop-up Type)은 컨베이어의 아래 방향에서 벨트, 롤러, 휠, 핀 등의 분기장치가 튀어나와 분류하는 방식으로, 화물의 하부면에 충격을 주는 단점이 있다.

④ 다이버터 방식(Diverter Type)은 외부에 설치된 안내판을 회전시켜 컨베이어에 가이드벽을 만들어 벽을 따라 이동시키는 방식으로, 화물 형상에 관계없이 분류가 가능하기 때문에 다양한 종류의 화물을 처리하는 데 사용된다.

⑤ 크로스 벨트 방식(Cross-belt Type)은 컨베이어를 주행하는 연달은 벨트에 소형 벨트컨베이어를 교차시켜서 분류하는 방식으로, 분기점이 많은 통신판매, 의약품, 화장품, 서적 등의 분류에 사용된다.

> 해설 ① '밀어서'라는 표현에서 Pusher 방식임을 알 수 있다.
> 슬라이딩 슈 방식(Sliding Shoe Type)은 연달아 이어진 평면 슬랫으로 구성된 컨베이어이며, 슬랫 상단면 한쪽에 튀어나온 슈(shoe)가 분류지점에서 수평으로 이동하면서 화물을 분류하는 방식이다.

26 포크리프트의 설명으로 잘못된 것은? ✔ 8회

① 카운터 밸런스(Counter Balance)형 포크리프트는 가장 일반적인 형식으로 포크 등 승강 및 적재장치를 차체 전반부에 장착한 형식이다.

② 스트래들리치(Straddle Reach)형 포크리프트는 차체 전방에 주행 차륜을 부착한 2개의 아웃리거(Outrigger)를 가지고 있으며, 차체 후방에는 카운트웨이트가 있어 포크리프트의 안정성을 유지한다.

③ 사이드 포크(Side Fork)형 포크리프트는 승강 및 적재장치를 차체 측면에 설치한 차량이다.

④ 피킹(Picking) 포크리프트는 랙 창고에 사용되며 포크면의 높이에 운전대를 설치하여 임의의 높이에서 작업자가 작업을 할 수 있다.

⑤ 피킹(Picking) 포크리프트는 좁은 통로에서 사용가능하며 포크가 180도 회전할 수 있다.

> 해설 ② 카운트 밸런스형 포크리프트에 대한 설명이다.
> 스트래들형 포크리프트는 차체 전방에 주행 차륜을 부착한 2개의 아웃리거가 있어 포크로 중량화물 하역시 전복되는 것을 막아주기 때문에 차체 후방에는 카운트웨이트(무게추)가 필요 없다.

정답 **25** ① **26** ②

27 다음 그림은 하역 · 운반기기이다. 올바르게 짝지어진 것은? ✅ 14회

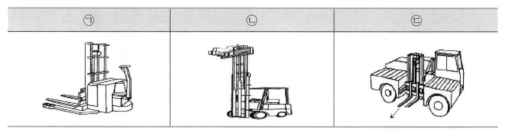

| ㉠ | ㉡ | ㉢ |

① ㉠ 사이드 포크리프트 트럭 – ㉡ 래터럴 스태킹 트럭 – ㉢ 오더 피킹 트럭
② ㉠ 래터럴 스태킹 트럭 – ㉡ 스트래들 포크리프트 – ㉢ 사이드 포크리프트 트럭
③ ㉠ 스트래들 포크리프트 – ㉡ 사이드 포크리프트 트럭 – ㉢ 래터럴 스태킹 트럭
④ ㉠ 오더 피킹 트럭 – ㉡ 래터럴 스태킹 트럭 – ㉢ 사이드 포크리프트 트럭
⑤ ㉠ 스트래들 포크리프트 – ㉡ 래터럴 스태킹 트럭 – ㉢ 사이드 포크리프트 트럭

[해설] ㉠ 포크 양옆에 아웃리거가 전방으로 뻗어 나와 지게차 전복을 방지하는 것이 특징이다.
㉡ 차량 진행방향의 양쪽 또는 한쪽에 화물을 적재하는 형태의 트럭이다.
㉢ 차체 진행방향 옆면(사이드)에 포크가 직각으로 작동하여 통로공간 절감을 도모하는 포크리프트 트럭이다.

28 다음과 같은 작업조건하에서 물류센터가 필요로 하는 포크리프트 대수는? ✅ 15회

- 연간 작업일수 : 360일
- 일일 작업시간 : 20시간
- 장비가동률 : 75%
- 시간당 처리량 : 12톤/시간
- 연간 목표처리량 : 1,296,000톤

① 10대   ② 15대
③ 20대   ④ 25대
⑤ 30대

[해설]
- 시설 및 장비소요량 = $\dfrac{\text{목표처리대상 물동량 or 시간}}{\text{시설 및 장비의 단위처리능력(물동량 or 시간)}}$

- 포크리프트 소요량 = $\dfrac{1,296,000\text{톤}}{360\text{일} \times 20\text{시간} \times 12\text{톤}} = \dfrac{1,296,000\text{톤}}{86,400\text{톤}} = 15$대

∴ 장비가동률 75% = $\dfrac{15\text{대}}{0.75} = 20$대

[정답] **27** ⑤   **28** ③

29 충전지식 포크리프트의 설명으로 옳지 않은 것은? ✔ 10회

① 변속 및 역전 조작이 간단하여 운전이 용이하다.
② 출발 가속도가 크다.
③ 배기가스가 나오지 않는다.
④ 운전이 조용하다.
⑤ 장거리 운전에 적합하다.

> [해설] 충전지 방식 포크리프트는 배터리 용량의 한계로 아직까지는 단거리 운전에 적합하다.

30 아래와 같은 조건의 창고에서 포크리프트는 몇 대가 필요한가? ✔ 11회

- 창고의 파렛트 보관능력 : 5,000개
- 창고의 연간 재고회전율 : 12회
- 포크리프트의 연간 가동일수 : 300일
- 포크리프트의 1일 작업시간 : 10시간
- 포크리프트 1대가 1개의 파렛트를 처리하는 데 걸리는 시간 : 30분

① 10대 ② 12대
③ 15대 ④ 20대
⑤ 25대

> [해설]
> - 시설 및 장비소요량 = $\dfrac{\text{목표처리대상 물동량 or 시간}}{\text{시설 및 장비의 단위처리능력(물동량 or 시간)}}$
> - 포크리프트 소요량 = $\dfrac{5{,}000개 \times 12회 \times 30분}{300일 \times 10시간 \times 60분(단위환산)} = \dfrac{1{,}800{,}000분}{180{,}000분} = 10대$

31 포크리프트의 평균 적재운반거리는 250m, 평균 공차이동거리는 150m이다. 적재와 하역 시간은 각각 30초, 속도는 3km/시간, 가동률은 0.9일 때 하역장에서 1분당 1회의 운반을 위해 필요한 포크리프트의 총 소요대수는? (단, 소수점 첫째 자리에서 반올림하시오.) ✔ 17회

① 7대 ② 8대
③ 9대 ④ 10대
⑤ 11대

해설 ㉠ 속도 = 3km/시간 : 문제에서 사용되는 거리단위와 시간단위로 통일 ➡ 3,000m/60분 = 50m/분

• 적재운반시간 = 적재운반거리/이동거리(분) = $\dfrac{250m}{50m}$ = 5분

• 공차이동시간 = 공차이동거리/이동거리(분) = $\dfrac{150m}{50m}$ = 3분

• 적재시간 = 30초, 하역시간 = 30초 ➡ 총 1분

㉡ 총소요시간 = 5분 + 3분 + 1분 = 9분

㉢ 시설 및 장비소요량 = $\dfrac{\text{목표처리대상 물동량 or 시간}}{\text{시설 및 장비의 단위처리능력(물동량 or 시간)}}$ = $\dfrac{9분}{1분/회}$ = 9대

㉣ 가동률 0.9 → $\dfrac{9대}{0.9}$ = 10대

32 A물류센터의 입고 시 지게차는 도크에서 파렛트를 적재하여 보관지역으로 이동한 후 파렛트를 하역하고 다시 도크로 돌아온다. 이때 적재와 하역에 각각 1분씩 걸리며, 도크에서 보관지역까지의 거리는 50m이고 지게차의 평균속도는 25m/분이다. 지게차는 하루에 8시간 작업하며 가동률은 0.9이다. 하루에 100대의 트럭이 도크에 도착하고 트럭당 10개의 파렛트를 하역한다면 당일 도착 트럭의 짐을 모두 처리하기 위해서는 최소 몇 대의 지게차가 필요한가? ✔ 16회

① 8대
② 10대
③ 12대
④ 14대
⑤ 16대

해설 • 시설 및 장비소요량 = $\dfrac{\text{목표처리대상 물동량 or 시간}}{\text{시설 및 장비의 단위처리능력(물동량 or 시간)}}$

㉠ 단위 파렛트당 작업시간
• 적재소요 1분 + 하역소요 1분 = 2분
• 편도이동시간 $\dfrac{50m}{25m/분}$ = 2분, 왕복 = 4분
• 왕복 적재, 하역, 이동시간 = 2 + 4 = 6분

㉡ 파렛트 수요
• 100대 × 10파렛트 = 1,000파렛트

• 총처리대상량(시간) = 6분 × 1,000파렛트 = 6,000분

• 지게차 처리능력(시간) = 8시간 × 60분 × 0.9 = 432분

∴ 지게차 수요 = $\dfrac{6,000분}{432분}$ = 13.9대 ≒ 14대

정답 **32** ④

33 다음 중 그림에 나타난 운반·하역기기에 해당되는 설명으로 옳지 않은 것은? ✅ 12회

① 가장 일반적인 형태의 산업용 차량으로 중량화물의 하역 및 운반에 많이 사용된다.

② 포크(Fork)와 마스트(Mast)가 장착되어 있어 포크 트럭(Fork Truck)이라고도 하며, 램 (Ram)과 같은 장치도 장착하여 사용할 수 있다.

③ 중량물의 하역 및 운반 시에 차체의 균형을 유지하기 위해 전면의 하중과 후면에 장착된 밸런스(카운터웨이트 : Counterweight)와의 무게비중이 1 : 1을 유지해야 안전을 보장할 수 있다.

④ 동력원에 따라 디젤엔진식, 가솔린엔진식, 전동식이 있다.

⑤ 실내용으로는 주로 쿠션(Cushion) 타이어식을, 노면이 고르지 못한 실외용으로는 주로 공기압(Pneumatic) 타이어식을 사용한다.

> [해설] 이동 시 차체 균형을 위하여 전면하중보다 후면하중이 크도록 유지해야 안전을 보장할 수 있다.

34 다음 중 지게차(Fork Lift Truck)의 종류에 대한 설명으로 옳지 않은 것은? ✅ 12회

① 스트래들 리치(Straddle Reach) 트럭은 스트래들 트럭의 아웃리거 길이를 줄이는 대신 리치능력을 제공함으로써 랙에 접근하기 쉽게 만든 장비이다.

② 카운터 밸런스(Counter Balance)형은 포크 등 승강장치를 차체 앞에 설치한 형상으로 내연식과 전동식(축전지식) 두 가지가 있다.

③ 톱 핸들러(Top Handler)형은 카운터 밸런스형의 일종으로 컨테이너 모서리쇠를 잡는 스프레더(Spreader)와 승강 마스트를 갖추고 컨테이너를 하역하는 데 사용하는 대형 지게차이다.

④ 리치 포크(Reach Fork)형은 크레인 끝에 스프레더(Spreader)가 장착되어 주로 파렛트를 하역하는 데 사용된다.

⑤ 사이드 포크(Side Fork)형은 차체 측면으로 아웃리거를 움직여 차체의 측면 방향에서 하역이 가능하도록 한 장비이다.

> [해설] 리치 포크형은 마스트 전후로 백레스트와 함께 포크가 전후 이동할수 있도록 고안된 형태이다.
> 스프레더 어태치먼트는 컨테이너 하역을 지원한다(리치 스태커).

정답 **33** ③ **34** ④

35 통로가 좁은 창고에서 장척화물을 취급하기에 가장 적합한 장비는? ✅ 16회

① 스트래들(Straddle) 트럭

② 리치(Reach) 트럭

③ 사이드 로더(Side Loader) 트럭

④ 튜렛(Turret) 트럭

⑤ 플랫폼(Platform) 트럭

[해설] 튜렛 트럭 또한 포크를 돌려서 장척물을 트럭 사이드 쪽에 놓고 좁은 통로를 이동할 수 있으나, 포크에 장척물을 적재하고 돌리기 위해서는 넓은 공간이 필요하고 트럭과 화물의 전체길이가 너무 길어지므로 사이드 로더 트럭이 보다 적합하다.

36 포크리프트 부착물의 명칭이 올바르게 연결된 것은? ✅ 17회

㉠	㉡	㉢

① ㉠ 리치 포크 – ㉡ 회전 포크 – ㉢ 머니플레이터

② ㉠ 푸셔 – ㉡ 회전 포크 – ㉢ 머니플레이터

③ ㉠ 리치 포크 – ㉡ 회전 포크 – ㉢ 로드 스태빌라이저

④ ㉠ 푸셔 – ㉡ 회전 클램프 – ㉢ 로드 스태빌라이저

⑤ ㉠ 리치 포크 – ㉡ 회전 클램프 – ㉢ 로드 스태빌라이저

[해설] ㉠ 포크가 백레스트와 더불어 마스트 전방으로 신축될 수 있도록 고안된 어태치먼트
㉡ 화물을 잡아 회전이 가능하도록 고안된 어태치먼트
㉢ 노면이 고르지 못한 곳에서도 화물을 위에서 눌러 화물의 붕괴 없이 이동하도록 고안된 어태치먼트

정답 **35** ③ **36** ⑤

37 다음 사항은 무엇에 대한 설명인가? ✔ 10회

> 포크리프트의 하역장치에 추가 또는 대체하여 화물의 특성에 맞는 RAM, 크레인 작업을 위한
> ARM, 화물을 회전시키는 회전포크(Rotating Fork), 화물을 누르는 장치를 갖는 스테빌라이
> 저(Stabilizer), Fork를 차입한 상태로 다시 길게 빼는 장치인 퓨셔(Pusher) 등이 있다.

① 리치 스태커(Reach Staker)　　　② 톱 핸들러(Top Handler)

③ 어태치먼트(Attchment)　　　　　④ 갠트리 크레인(Gantry Crane)

⑤ 스태커 크레인(Stacker Crane)

해설　RAM, 크레인 ARM, 회전포크, 로드 스태빌라이저, 푸셔 등은 모두 지게차의 어태치먼트(Attatchment)에 해당하는 부속품이다.

38 지게차 어태치먼트(Attachment)의 명칭이 올바르게 연결된 것은? ✔ 19회

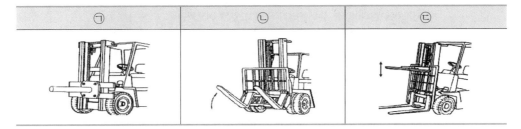

① ㉠ 램(Ram) – ㉡ 힌지드 포크(Hinged fork) – ㉢ 로드 스태빌라이저(Load stabilizer)

② ㉠ 램(Ram) – ㉡ 크레인 암(Crane arm) – ㉢ 로드 스태빌라이저(Load stabilizer)

③ ㉠ 회전 클램프(Rotating clamp) – ㉡ 힌지드 포크(Hinged fork) – ㉢ 로드 스태빌라이저
　 (Load stabilizer)

④ ㉠ 회전 클램프(Rotating clamp) – ㉡ 스프레더(Spreader) – ㉢ 리치 포크(Reach fork)

⑤ ㉠ 리치 포크(Reach fork) – ㉡ 힌지드 포크(Hinged fork) – ㉢ 로드 스태빌라이저(Load
　 stabilizer)

해설　㉠ 코일과 같은 원통형 화물의 이동을 지원하기 위한 어태치먼트
　　㉡ 힌지드 포크는 포크가 기울어질 때 백레스트는 위치를 고수하는 특징을 가지고 있는 어태치먼트, 백레스
　　　토도 같이 기울어지면 덤핑 포크
　　㉢ 노면이 고르지 못한 곳에서도 화물을 위에서 눌러 화물의 붕괴 없이 이동하도록 고안된 어태치먼트

39 다음 그림은 지게차의 어태치먼트 형태에 따른 분류이다. 올바르게 짝지어진 것은?

17회

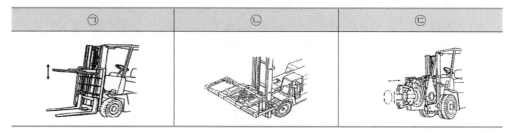

㉠	㉡	㉢

① ㉠ 스프레더 - ㉡ 머니플레이터 - ㉢ 크레인 암
② ㉠ 로드 스태빌라이저 - ㉡ 스프레더 - ㉢ 머니플레이터
③ ㉠ 스프레더 - ㉡ 로드 스태빌라이저 - ㉢ 회전 클램프
④ ㉠ 로드 스태빌라이저 - ㉡ 스프레더 - ㉢ 회전 클램프
⑤ ㉠ 로드 스태빌라이저 - ㉡ 스프레더 - ㉢ 퍼니스 차저

해설 ㉠ 노면이 고르지 못한 곳에서도 화물을 위에서 눌러 화물의 붕괴 없이 이동하도록 고안된 어태치먼트
㉡ 지게차에 컨테이너를 들어올리기 위해 고안된 어태치먼트
㉢ 화물을 잡아 회전시키기 위한 로봇팔이 달려있는 어태치먼트, 회전 클램프와 차이 구분

40 스태커 크레인(Stacker Crane)의 명칭에 대한 설명으로 옳지 않은 것은?

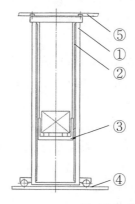

① 주 몸체틀   ② 화물대 가이드 레일
③ 포크장치   ④ 주행 레일
⑤ 주행 가이드 레일

해설 ③ 화물대

정답 **39** ② **40** ③

41 화물의 권상, 권하, 횡방향 끌기 등의 목적을 위해 사용하는 장치의 총칭은? ✅ 16회

① 엘리베이터(Elevator)　　　　② 모노레일(Monorail)

③ 호이스트(Hoist)　　　　　　④ 트롤리(Trolley)

⑤ 포크 리프트(Fork Lift)

> [해설] 감아올리기(권상), 풀어내리기(권하), 횡방향 끌기의 기능을 통합적으로 갖춘 장치를 호이스트라고 부른다. 횡적 이동만을 지원하는 부속품은 트롤리(trolley)라고 부른다.

◀ 호이스트 ▶

42 입체 자동화 창고의 대표적인 운반기기 중에서 랙에 화물을 입출고하는 기기의 일종으로, 하단에 주행레인이 있고 상단에 가이드레일이 있는 통로 안에서 주행장치로 이동하며, 승강장치와 포크장치를 이용하여 입출고 작업을 하는 기기를 무엇이라 하는가? ✅ 11회

① 원격제어기　　　　　　　　② 무인반송차(AGV)

③ 파렛트(Pallet)　　　　　　④ 컨베이어(Conveyor)

⑤ 스태커 크레인(Stacker Crane)

> [해설] 자동화 창고의 고층 랙(High stack Rack)의 통로를 승강장치(Stacker), 수평주행장치(Traverser)로 이동하면서 장착된 포크를 이용하여 화물을 적출입시키는 크레인이다.

43 수직과 수평 방향으로 동시에 이동이 가능하고, 수평으로 초당 3m, 수직으로 초당 1m의 속도로 움직이는 스태커 크레인(Stacker Crane)이 지점 A(10, 30)에서 지점 B(40, 15)로 이동할 때 소요되는 시간은? (단, (X, Y)는 원점으로부터 단위거리 (m)을 나타낸다.) ✅ 13회

① 10초　　　　　　　　　　　② 15초

③ 20초　　　　　　　　　　　④ 25초

⑤ 30초

정답　41 ③　42 ⑤　43 ②

> [해설]
> • 수평이동시간(거리 30m, 3m/sec) = $\dfrac{30m}{3m/s}$ = 10초
>
> • 수직이동시간(거리 15m, 1m/sec) = $\dfrac{15m}{1m/s}$ = 15초
>
> 수직과 수평 방향으로 동시에 이동하므로 수평이동이 10초 만에 끝나더라도 수직이동을 5초 더 해야 총 이동이 마무리 되어 총 15초가 소요된다. 즉, 동시 이동일 경우 소요시간은 이동소요시간이 긴 것에 제약을 받는다.

44 크레인에 대한 설명으로 옳지 않은 것은? ✅ 13회

① 지브 크레인(Jib Crane) – 지브 끝에 화물을 매달아 올리는 크레인으로 항만이나 선박에 설치하여 화물 및 해치를 운반하는 데 이용한다.

② 갠트리 크레인(Gantry Crane) – 레일 위를 주행하는 다리를 가진 거더에 트롤리가 장착된 크레인이다.

③ 언로더(Unloader) – 양륙 전용의 크레인으로 호퍼, 피더, 컨베이어 등을 장착한 것이다.

④ 데릭(Derrick) – 일정한 간격을 가진 교각형 기둥으로 상부 크레인을 지지하고, 기둥의 상하로 컨테이너를 들어 올려 적재한다.

⑤ 스태커 크레인(Stacker Crane) – 랙에 화물을 입출고시키는 크레인의 일종으로, 하부에 주행레일이 있고 상부에 가이드레일이 있는 통로 안에서 주행장치로 주행한다.

> [해설] 데릭(Derrick)은 삼각뿔 구조물의 전방 모서리 양쪽 끝에 기울어진 마스트 또는 붐(Boom)을 고정시키고 위 끝에서 화물을 달아 올리는 지브 붙이가 달린 크레인으로, 재래선박의 상·하역 설비 중 하나이다. 따라서 컨테이너를 상·하역하지 못한다.

45 다음은 항만하역장비의 종류 중 무엇에 관한 설명인가? ✅ 17회

> 항만 CY에서 주로 공컨테이너의 야적, 차량적재, 단거리 이송에 사용되며, 마스트에 스프레더 등을 장착하여 사용한다.

① 스트래들 캐리어(Straddle Carrier)
② 컨테이너 크레인(Container Crane)
③ 스태커 크레인(Stacker Crane)
④ 탑 핸들러(Top Handler)
⑤ 트랜스퍼 크레인(Transfer Crane)

정답 **44** ④ **45** ④

항만 CY 운반·하역장비이면서 마스트(mast)와 컨테이너 하역용 스프레더(Spreader)를 장착하여 사용되는 것은 탑 핸들러이다. 리치 스태커는 붐(Boom)과 스프레더(Spreader) 조합임도 상기하도록 한다.

46 상단이 지지된 마스트를 가지며 마스트 또는 붐(Boom) 위 끝에서 화물을 달아 올리는 지브(Jib) 붙이 크레인은? 18회

① 레벨러핑 크레인(Level Luffing Crane)
② 데릭(Derrick)
③ 언로더(Unloader)
④ 오버헤드 트레블링 크레인(Overhead Travelling Crane)
⑤ 갠트리 크레인(Gantry Crane)

해설 삼각뿔 구조물의 전방 모서리 양쪽 끝에 기울어진 마스트 또는 붐(Boom)을 고정시키고 위 끝에서 화물을 달아 올리는 지브 붙이가 달린 크레인으로, 재래선박의 상·하역 설비 중 하나이다.

47 다음은 무엇에 관한 설명인가? 13회

하역장에 도크가 설치되어 있지 않은 경우에 트럭이 자체적으로 화물을 승강시킬 수 있도록 차체에 부착하여 사용하는 장치

① 리프트 게이트(Lift Gate)　② 도크 레벨러(Dock Leveller)
③ 도크 보드(Dock Board)　④ 파렛트 로더(Pallet Loader)
⑤ 테이블 리프터(Table Lifter)

48 다음 하역기기에 대한 명칭과 설명이 올바르게 이루어진 것은? ✅ 12회

① 톱 핸들러(Top Handler) : 카운터 밸런스형의 일종인 지게차로 컨테이너 모서리쇠를 잡는 스프레더가 장착되어 주로 야드 내의 공컨테이너(Empty Container)를 하역하는 데 사용한다.

② 리치 스태커(Reach Stacker) : 크레인 끝에 스프레더가 장착되어 컨테이너 적재 및 위치 이동, 교체 등에 주로 사용되며, 적컨테이너(Full Container)를 취급할 수 있는 장비이다.

③ 갠트리 크레인(Gantry Crane) : 주로 안벽을 따라 설치된 레일 위를 주행하면서 선박에 컨테이너를 적재하거나 하역하는 데 사용되는 대표적인 하역기기이다.

④ 지브 크레인(Jib Crane) : 크레인 끝에 스프레더가 장착되어 컨테이너 적재 및 위치이동, 교체 등에 주로 사용되며, 적컨테이너(Full Container)를 취급할 수 있는 장비이다.

⑤ 데릭(Derrick) : 카운터 밸런스형의 일종인 지게차로 컨테이너 모서리쇠를 잡는 스프레더가 장착되어 주로 야드 내의 공컨테이너(Empty Container)를 하역하는 데 사용한다.

> [해설] ② 리치 스태커(Reach Stacker)에 대한 설명이며, 마스트(mast) 대신 신축형 붐(Boom)이라는 장치로 설명되는 컨테이너용 운반·하역기기이다.

49 컨테이너 야드(CY)에서 사용하는 장비가 아닌 것은? ✅ 16회

① 탑 핸들러(Top Handler)
② 리치 스태커(REach Stacker)
③ 트랜스테이너 크레인(Transtainer Crane)
④ 스트래들 캐리어(Straddle Carrier)
⑤ 타워 크레인(Tower Crane)

> [해설] 타워 크레인은 컨테이너 야드가 아닌 안벽에 설치되어 사용된다.

[정답] 48 ② 49 ⑤

50 파렛타이저(Palletizer)에 관한 설명으로 옳지 않은 것은?   ✅ 15회

① 파렛타이저의 표준화 대상으로는 용어 및 기호, 안전장치, 호환성, 조작방법 등이 있다.

② 기계 파렛타이저는 캐리지, 클램프 또는 푸셔 등의 적재장치를 사용하여 파렛트에 물품을 자동적으로 적재하는 파렛타이저이다.

③ 고상식 파렛타이저는 높은 위치에 적재장치를 구비하고 일정한 적재 위치에서 파렛트를 내리면서 물품을 적재하는 파렛타이저이다.

④ 저상식 파렛타이저는 파렛트를 낮은 장소에 놓고 적재장치를 오르내리면서 물품을 적재하는 파렛타이저이다.

⑤ 로봇식 파렛타이저는 산업용 로봇에 머니플레이터(Manipulator)를 장착하여 물품을 적재하는 방식의 파렛타이저로, 저속 및 고속처리가 가능하지만 파렛트 패턴 변경이 어려운 단점이 있다.

> [해설] 로봇식 파렛타이저의 특장점 중에 하나가 파렛트 패턴 변경이 용이하다는 점이다.

51 하역기기 중 여러 가지 물품을 파렛트 위에 정해진 패턴에 따라 쌓는 일을 하는 자동기계를 무엇이라고 하는가?

① 디파렛타이저(Depalletizer) ② 포크리프트(Forklift)
③ 도크레벨러(Dock Leveler) ④ 파렛타이저(Palletizer)
⑤ 테이블 리프터(Table Lifter)

> [해설] 파렛트 화물을 자동으로 패턴에 따라 적재해주고 포장해주는 역할을 하는 기기이다. 반대로 포장을 해체해주는 기기를 디파렛타이저라고 한다.

52 항공하역에서 사용되는 장비가 아닌 것은?   ✅ 19회

① 트랜스포터(Transporter) ② 터그카(Tug car)
③ 돌리(Dolly) ④ 데릭(Derrick)
⑤ 이글루(Igloo)

> [해설] 데릭은 재래선박용 크레인으로 항만설비에 해당한다.

CHAPTER 08

하역의 개요 및 기계화

01 하역의 개요

1 하역의 의의

(1) 하역의 개념 기출 11회, 18회, 19회

① 하역(Handling)이란 각종 운반수단에 화물을 싣고 부리는 것과 보관화물의 창고 내에서의 쌓기와 내리기 또는 이에 부수되는 작업을 총칭한다. 따라서 하역은 운송 및 보관과 관련하여 발생하는 부수적인 작업으로서 운송과 보관을 연결하는 기능을 갖고 있기 때문에, 하역 자체의 가치보다는 **운송과 보관능력의 향상을 지원하는 역할**이 더 크다.
   ㉠ 좁은 의미의 하역은 사내하역(material handling)만을 의미
   ㉡ 넓은 의미의 하역은 국내외 운송품의 선적과 탑재를 위한 항만, 공항 및 철도 터미널 등의 하역까지 포함
② 하역작업의 구분
   ㉠ 대량화물의 살화물하역(Bulk Handling) : 크레인의 적재방법이나 컨베이어의 연속작업이 중심
   ㉡ 개별화물취급하역(Piece Handling) : 컨테이너 화물이나 파렛트 화물의 하역작업이 중심
③ 미국에서는 **MH(Material Handling)**으로 표현하여 창고 내에서 수화, 이동, 분류 및 적화의 4가지 기능을 수행하는 것을 말하며, 일본에서는 물류과정에서 물자의 적화, 운반, 적부, 반출, 분류, 정돈 등의 활동 및 이에 부수하는 작업으로 정의하고 있다.
   ㉠ 운반관리(MH)의 특징
      ⓐ 운반관리는 제조공정 및 검사공정을 포함하지 않음.
      ⓑ 운반관리의 주안점은 직선의 흐름, 계속적인 흐름, 최소의 노력과 시간, 작업의 집중화, 생산작업의 극대화
      ⓒ 운반작업 개선의 원칙으로 노동단축, 거리단축, 기계화

ⓛ **운반관리(MH)의 4요소** 📝기출 12회, 14회, 15회

동작(Motion)	재료, 부품, 제품을 소요처에 경제적이고 합리적으로 운반
시간(Time)	제조공정이나 기타 필요한 장소에 필요한 것을 적시에 공급
수량(Quantity)	필요량의 변화에 대응하여 정확한 수량, 중량, 용량을 공급
공간(Space)	공간, 장소를 계통적이고 효율적으로 이용

ⓒ **운반관리(MH)를 통한 개선효과**

ⓐ 공급선의 단순화

ⓑ 화물을 적정한 크기로 단위화

ⓒ 작업시간의 변동성을 감소

ⓓ 크로스 도킹 시스템의 구현

ⓔ 수작업의 기계화 및 자동화

④ 하역은 기술진보의 지연으로 국내 물류활동 중에서 가장 낙후되어 있는 부분으로 아직도 인력에의 의존도가 높은 분야이다. 인력하역은 물류시스템의 발전을 저해할 뿐 아니라 물류비의 상승에 직접적인 영향을 미친다.

(2) 하역작업의 6요소 📝기출 7회, 8회, 11회, 14회, 17회, 19회

구 분		작업 내용
제1요소	싣고 내리기	운반기기에서 적입(Vanning), 적출(Devanning)
제2요소	운 반	비교적 단거리 이동
제3요소	집어넣기(적재)	보관시설의 정해진 장소, 위치에 쌓기
제4요소	집어내기(Picking)	보관장소로부터 물건을 꺼내는 활동
제5요소	분배(Sorting)	화물을 품종별, 발송처별, 고객별로 분류
제6요소	구색화(Assorting)	출하하는 화물을 운송기기에 바로 실을 준비

2 하역의 형태

하역은 그 형태에 따라 다음과 같이 구분된다.

◀ 하역형태의 종류와 분류 ▶

시설(장소)에 따른 분류	자가용 시설하역 – 공장, 자가용 창고, 배송센터 등 화물의 출하·하수시설(荷受施設), 장소의 하역
	사업용 물류 시설하역 – 트럭 터미널, 항만, 공항, 창고하역, 터미널하역, 역하역, 항만하역
운송수단에서의 분류	트럭하역, 화차하역, 선박하역, 항공기하역
화물형태에 따른 분류	개별하역 – 상자, 대(袋) 등 포장형태별 명칭의 하역 또는 역화물, 귀중품 등 대형화물의 명칭을 사용하는 하역
	Unit Load하역 – 파렛트, 컨테이너 등 Unit Load화하기 위해 사용된 기재(機材)의 명칭, 또는 집합포장 등의 상태를 가리키는 하역
	무포장 화물하역 – 분립체, 액체 등 물품을 수송수단, 화물탑재설비 또는 저장설비에 직접 적재, 입출고하는 하역
하역기기에 따른 분류	운반기하역, 기중기하역, 포크리프트 하역, 기타

〈자료〉 日通總合研究所 編, 『物流ハンドブック』, ダイヤモンド社, 1981, p.422.

3 하역 및 운반의 일반원칙

(1) 하역의 기본원칙 〔기출〕 매회

물류를 구성하는 요소 중에서 하역이 차지하는 위치는 중요하다. 이는 하역은 물류의 기본이며, 물의 이동에는 반드시 하역작업을 필요로 하기 때문에 작업횟수를 줄이거나 화물의 파손이나 분실을 최소화함으로써 하역과 관련된 물류비를 절감할 수 있기 때문이다. 이러한 하역작업의 합리화를 위한 기본원칙은 다음과 같다.

① **하역 경제성 원칙** : 불필요한 하역작업의 생략을 통하여 횟수를 줄이는 것(0에 근접)으로 이러한 하역횟수의 줄임은 화물의 파손·오손 및 분실을 최소화, 하역작업의 톤/킬로의 최소화(하역작업 대상의 중량 × 이동거리), 하역투자의 최소화 등을 목적으로 하는 원칙이다.

　– 운반순도의 원칙(과대포장 지양), 최소취급의 원칙, 수평직선의 원칙

② **이동거리(시간) 최소화의 원칙** : 하역작업이 없는 시스템의 실현이 가능하다면 모든 원칙은 불필요하게 되겠지만 이는 현실적으로 불가능하다. 따라서 하역작업이 존재하는 한 기본이 되는 것은 이동거리(시간)를 최소화하는 일, 즉 이동량에다 이동거리와 시간을 곱한 치를 최소화하는 원칙이다. 이동거리(시간)의 최소화의 원칙은 운송, 보관은 말할 것도 없고 재화의 이동을 수반하는 시스템의 기본이며, 이는 물류의 설계 또는 계획단계에 있어서도 중요한 요소이다.

③ **활성화의 원칙** : 이 원칙은 운반활성화 지수의 최대화를 지향하는 원칙으로, 관련된 작업을 조합시킴으로써 전체적인 활성화를 능률적으로 운용하는 것을 목적으로 하는 원칙을 말한다.

◀ 활성지수 ▶ **기출** 11회, 12회, 14회, 15회

No.	물이 위치하고 있는 상태	활성지수
1	개품이 바닥에 놓여 있는 상태	0
2	상자 속에 집어넣은 상태	1
3	파렛트 및 스키드에 쌓은 상태	2
4	대차에 실어 놓은 상태	3
5	**컨베이어** 위에 놓여 있는 상태	4

④ **단위(유닛)화의 원칙** : 화물을 어느 단위로 수합하는 것을 말하며 이는 하역 합리화의 수단으로서 중요한 요소 중의 하나이다. 단위화를 통하여 화물의 손상, 감모, 분실을 없애고 수량의 확인도 용이해짐과 동시에 파렛트 등과 조합시킴으로써 하역작업의 능률화 또는 효율화를 촉진할 수 있다.

⑤ **기계화의 원칙** : 인력작업을 기계작업으로 대체하는 것을 말하며 이는 단순히 기계화를 촉진하는 것만을 의미하는 것이 아니라, 인간과 기계의 결합을 배려한 시스템까지도 포함한다.

⑥ **중력이용의 원칙** : 화물은 중력의 법칙에 따라 위에서 아래로 움직이는 것이 용이하다. 따라서 이러한 중력이용의 원칙을 이용한 것이 **경사면(ramp)**을 이용한 **플로 랙** 등의 기기를 사용하는 것이다.

⑦ **인터페이스의 원칙** : 하역작업 공정 간의 계면 또는 접점을 원활하게 하는 것으로 예를 들어, 자동창고에서 파렛트 상태로 반출시킨 화물을 트럭으로 싣는 경우, 손을 들이지 않고 자동적재장치 등에 의해 직접 트럭으로 싣는 것이 이에 해당된다.

⑧ **시스템화의 원칙** : 개개의 하역활동을 **유기체**로서의 활동으로 간주하는 원칙이다. 즉, 종합적인 관점에서 시스템 전체의 균형을 염두에 두고 시너지 효과(synergy effect)를 올리는 것이 시스템화의 기본이 된다("**유기적**" ➡ "**시스템화의 원칙**").

　에 파렛트와 컨테이너의 규격, 구조, 품질 등의 유기적 연결

⑨ **정보화의 원칙** : 하역작업을 화물정보 시스템과 연결하여 새로운 관리하역으로 이행하는 원칙이다.

(2) 하역 합리화의 보조원칙[1]

① **표준화 원칙** : 표준화 원칙은 유닛화 원칙에 대응하기 위해 표준적 하역작업을 통해 하역작업의 효율성을 추구하는 원칙이다. 표준화란 하역작업에서 공통된 명제로서 이를 통해 기업의 전체 작업수준을 향상시켜 인원배치나 작업량 등을 공평하게 배분한다든지 작업평가가 가능해진다.

---

1) 당택 풍, 『물류개론』 유비각, 1989, pp.97~99.

② **상리용(床利用)을 적극적으로 추진** : 상을 입체적으로 활용하면 하역을 크게 합리화할 수 있다. 문제는 고적(高積)을 통해 건물의 높이에 따라 수용률을 최대화할 수 있으며, 이를 위해서는 하역도구를 기계화하고 자동화할 필요가 있다. 예를 들어, 파렛트 랙을 이용하여 파렛트를 3단 적 할 수 있다.

③ **일관작업을 고려** : 현재 작업을 전후의 공정상 균형을 잡도록 배치하여 수불(受拂)을 용이하게 하여야 한다. 일관작업을 통해 화물의 이동이 원활해지면 자연히 하역작업의 효율은 향상될 것이다.

④ **합리적인 조합** : 기계와 기계, 인간과 기계, 시스템과 시스템, 시스템과 인간 및 기계의 조합을 통해 전체적인 능력을 제고시킨다. 조합을 통해 상승효과가 생기면 시스템 전체의 가동률을 향상시켜 합리화의 효과를 기대할 수 있다.

⑤ **작업량에 부응한 탄력적인 시스템을 구상**(탄력성의 원칙) : 번한기[2]에 따른 작업량의 균형을 도모하기 위해 인력과 기계를 적정 배치하여 작업량에 따라 조를 편성함으로써 유휴상태의 작업은 회피할 수 있고 작업의 표준화도 가능하게 된다.

⑥ **현행시설의 활용을 극대화** : 새로운 기계나 설비를 도입하는 것도 중요하지만 투자비를 고려하여 구 설비를 점검하여 신설비와 같이 적정 배치하여 활용함으로써 자산의 효율적 운용이 가능하게 된다.

⑦ **고장시 대응할 방안을 확립** : 기계 및 설비의 고장시를 생각하여 이를 복구할 수 있는 인력배치나 부품준비를 철저히 해둘 필요가 있다.

⑧ **표준품을 도입** : 하역의 기계화가 추진되는 경우, 일관성 있는 시스템을 확립할 필요가 있다. 그러나 부분적으로 특별한 기계를 도입할 때 시스템 전체에 연동되지 못하는 경우가 있다. 따라서 표준품을 도입하여 전체 시스템을 가동하는 데 무리가 없도록 배려하여야 한다.

⑨ **교육 및 훈련을 철저히 시행** : 기계의 능력을 최대한 발휘하게 하기 위해서는 기계를 사용하는 기술교육을 철저히 시행하고 전체 하역관리에 손발이 맞도록 관리훈련을 병행할 필요가 있다.

⑩ **안전대책의 수립** : 노무관리상 안전대책을 철저히 교육시키는 동시에 각종 안전장치를 사전에 점검하여 위험을 사전에 예방토록 하여야 한다.

⑪ **보수 및 보전대책의 수립** : 작업능률의 향상과 안전대책을 위해 사전보수(AM), 사후보수(PM), 긴급보수(EM) 등 항시 보수와 보전에 주의를 기울여야 한다.

⑫ **단순화를 추구** : 복잡한 시설과 관리체제를 단순화함으로써 작업의 이해와 인식을 높이고 효율을 향상할 수 있다.

⑬ **메카트로닉스화를 추진** : 초기에는 단순 업무를 기계화하여 성력화하는데 중점을 두었지만, 오늘날에 와서는 성지능화를 목적으로 하는 하역을 수행하기 위해서는 모든 시스템을 메카트로닉스화할 필요가 있다.

---

2) 물동량이 폭발적으로 급증하는 성수기

⑭ 기계화를 촉진 : 동일 작업을 반복할 때 기계화가 최적의 작업능률을 가져다준다. 이와 같이 기계화는 인력작업을 기계로 대체함으로써 작업자로부터 인간적인 고도봉사를 기대할 수 있다.

⑮ 작업의 계획과 관리를 추진 : 작업계획을 수립하여 실시하면 평가체제도 확립할 수 있다.

4 하역작업의 개선과 작업순서

(1) 하역작업 개선을 위한 3S 기출 18회

Simplification (단순화)	Standardization (표준화)	Specialization (전문화)
작업 종류를 줄이거나 병합하여 핵심활동들로 집약	작업을 위한 설비와 장비 및 기법 등을 표준화	작업자가 집약된 핵심활동들에만 집중하는 것과 분업화를 달성

(2) 하역작업 순서 결정방법 기출 16회

① FCFS(First Come First Served) : 먼저 들어온 작업부터 처리
② EDD(Earlist Due Date) : 납기일자가 가장 급한 작업부터 처리
③ SPT(Shortest Process Time) : 작업소요시간이 짧은 순으로 처리

기출분석

아래 표는 작업순서를 결정해야 하는 작업에 대한 자료이다. 8월 5일에 FCFS(First Come First Served), EDD(Earliest Due Date), SPT(Shortest Process Time) 규칙을 적용하여 작업순서를 결정할 때 올바르게 표기하시오. ✅ 16회

작업	작업시간(일)	도착일자	납기일자
A	3	7월 21일	8월 25일
B	4	7월 15일	8월 21일
C	1	7월 16일	8월 20일
D	2	7월 18일	8월 23일

FCFS : B-C-D-A, EDD : C-B-D-A, SPT : C-D-A-B

02 하역의 기계화

1 하역 기계화

(1) 하역 기계화의 의의

하역 기계화는 신속, 정확, 경제, 간이라는 하역의 기본원칙이 최대한 발휘됨으로써 궁극적으로 물류비의 절감을 가져온다. 물류활동 중에서 하역활동은 가장 기술진보가 늦으며 또한, 이 분야는 아직도 인력하역의 의존도가 높아 가장 낙후된 분야로 지적되고 있다. 인력하역은 물류 시스템의 발전을 저해할 뿐만 아니라 물류비의 상승에 직접적으로 영향을 미친다. 따라서 하역의 기계화, 근대화는 협동일관의 발전에 핵심이 되기 때문에 중요한 과제로 다루어야 한다.

(2) 하역 기계화의 필요성 〔기출〕 7회, 9회

물류시대에 접어든 현대는 하역을 기계화함으로써 보다 높은 생산성과 경제성을 통한 질 좋은 서비스가 되도록 하여야 한다. 하역의 기계화는 다음과 같이 인력으로 작업하기가 어려운 화물인 경우 그 필요성은 더욱 증대된다.

① **많은 시간과 노동력이 소요되는 화물**(중량물, 대량화물, 대형화물)
② **인력으로 취급하기 곤란한 화물**(액체 및 분립체)
③ **인력으로 위험한 화물**(유해물질 및 위험물)
④ **상·하역 위치의 고저차로 인력의 사용이 불가한 경우**
⑤ **인력의 접근이 힘들거나 수동화하기 어려운 화물**
⑥ **인력으로는 시간(timing)을 맞추기 어려운 화물**

(3) 하역 기계화의 효과 및 종합대책

① 하역 기계화의 효과 : 파렛트화에 의한 하역 기계화는 주로 물류비의 절감을 도모하는 데 기여하는 반면, 컨테이너에 의한 하역 기계화의 경우에는 **하역비의 절감** 외에도 **포장비의 절감, 화물사고의 감소(보험료 감소)** 및 컨테이너 전용열차제에 의한 화물발착시간의 명확화, 하역시에 화물에 대한 충격의 완화 등을 통하여 안전운송을 가능하게 한다.
② 하역의 기계화를 위한 종합대책 〔기출〕 14회, 16회, 18회
  ㉠ 원가절감을 위해 화물유통의 계속성과 안정성이 확보되어야 할 것이다.
  ㉡ 물동량과 인건비를 고려하여 인력하역에서 **기계하역**으로 전환되어야 할 것이다.
  ㉢ 적화 및 양화, 상하차, 입출고 등을 단순화 또는 표준화하기 위해 파렛트 및 컨테이너 등 **유닛로드 시스템(unit load system)**이 완비되어야 한다.

　　㉣ 화물의 운반거리를 단축하고 하역작업을 신속화하여 **중복하역의 횟수를 감소시켜야** 한다.
　　㉤ 하역의 기계화를 촉진하기 위해 **하역기기의 개발과 정보시스템과의 통합**을 통한 **하역자동화
　　시스템**이 구비되어야 한다.

(4) 하역의 기계화를 위한 전제조건

　　이상과 같은 하역의 기계화를 위해서는 하역의 단순화·표준화·전문화(Simplification ➡ Standardization ➡ Specification)가 이루어져야 하는데, 이를 위한 몇 가지 충족되어야 할 전제조건을 열거하면 다음과 같다.[3]

① 운반관리 시스템의 Microfilm화, 자료전달법, 자료저장법 등의 이용
② 컴퓨터의 온라인 시스템화
③ 운반관리 기술을 위한 국제협조
④ 다품종 소량생산을 위한 그룹 기술의 개발
⑤ 유통센터 개념에서 이동창고(mobil warehouse)로의 이행
⑥ 반복 하역작업의 로봇화
⑦ 상하차(lifting) 및 적치(stacking)가 가능한 무인운반차의 보급화
⑧ 위험물 취급을 위한 기계손(mechanical arm)의 개발
⑨ 진공 타이어와 고속 전용차량 그리고 오더 피킹(order picking, 연속주문 추출장치) 기술의
　개발
⑩ 컨테이너 및 파렛트의 규격화
⑪ 컨테이너 6각탑 보관설비와 논스톱 적재장치의 개발
⑫ 사용 후 폐기 파렛트나 무파렛트작업(palletless handling)방식의 개발
⑬ LASH선[4]·Sea Bee선[5]·수중선의 개발
⑭ 철도운송에서 랜드브리지 운송을 위한 철도의 단위적재 운송의 발전
⑮ 초전도 자기부상방식에 의한 초고속열차 및 무인열차의 개발
⑯ 항공기에서 STOL(단거리 이착륙기) 또는 VTOL(수직 이착륙기)의 개발
⑰ 파이프라인 운송의 발전
⑱ 공로운송에서 고성능 기중기의 개발

---

3) 옥선종, 『국제운송론』, 1986, p.40.

4) LASH선(Lighter Aboard Ship)은 Pusher Barge방식(압항식)에 의해 부선을 항 내에 이동시켜 250~300톤의 갠트리 크레인으로 선미에서 들어 올려 선상에 수납하는 특수 화물선이다. 이 선박은 Single Deck, 전부거주구, 선미로 구성되며, 반드시 안벽을 필요로 하는 것은 아니나 LASH선에서 들어 내린 부선을 접안하여 하역하는 시설이 유럽에서는 건설되고 있다.

5) Sea Bee선은 1,000톤까지 선박의 건선거(dry dock)를 대신으로 사용하는 Sycrolift를 선미에 설치하여 바지(barge)를 수면에서 갑판 상에 들어 올리는 것으로서, 갑판상은 대차에 의해 바지를 전후로 이동시킨다. 이 방식은 LSD(Landing Ship Dock)라고 하며, LASH방식과 대응되는 Barge Carrier이다.

⑲ 연속운송 시스템[6] · 궤도운송 시스템[7] · 복합운송 시스템[8] 등 신교통 시스템의 개발[9]

⑳ 중량화물의 모듈운송 개발

㉑ 화물취급지시 마크의 통일화 또는 단순화 등이다.

이상과 같은 하역작업기능과 운반기능의 복합적 개발을 통해 하역과 운반기능이 복합됨으로써 조달물류에서 오더 피킹, 생산물류에서 자동반송 시스템, 판매물류에서 소팅(sorting)기능이 발휘되어 물류비 절감에 기여하게 될 것이다.

2 하역 및 운반기기의 제어

하역 및 운반기기의 제어에는 8가지 기본방식이 있다.

(1) 광학식 인도방식(Optical Guidance Method)

자동 주행하는 트레인의 주로(主路)를 제어하는 방식으로서, 바닥에 테이프나 페인트 선을 그려 페인트와 테이프를 광학센서로 식별하여 진로를 결정한다. 만일, 마이크로컴퓨터를 트레인에 내장하고 있는 경우에는 소프트웨어에 의해 정위치 스캐너와의 연동에 의해 식별한다.

(2) 자기 인도방식(Magnetic Guidance Method)

인도용 동선이 바닥에 매설되어 있어서 저주파가 흐르는 동선을 따라 2개의 탐지용 코일로 탐지하여 자동 주행하는 방식이다.

(3) 무선 제어방식(Radio Controlled Method)

사람이 무선으로 트랙터를 작동하며 작업원은 음성이나 스위치로 지시하게 된다.

(4) 역반사형 코딩방식(Re-reflective Coding Method)

트레이의 끝에 붙은 라벨 및 테이프에 2진법 바이너리 코드 및 바코드를 인자하면, 이를 정위치의 광전관이 읽고 컴퓨터에 의해 제어되는 방식이다.

---

6) 연속수송 시스템은 이동보도 형식과 벨트와 캡슐을 연결하는 형식이 있다.

7) 궤도수송 시스템은 차량의 소량 경량화와 전자화를 활용하여 궤도구조를 단순화하거나 또는 역간 및 운전간격의 단축을 시도하는 형식이다. 즉, 이 형식은 모노레일을 소형화한 것이나 안내궤도방식을 소형화한 것으로 일종의 스카이 버스와 같은 간이수송 형식이다.

8) 여기서 복합운송 시스템이란 연속운송 시스템과 궤도운송 시스템을 자동차와 연결하는 형식으로서, 전용노선에서 제한된 운행에 의해 교통량의 증가, 교통사고, 교통공해를 감소하는 역할을 하게 된다.

9) 일본운수성 편, 『新交通システムの開發』, 運輸經濟研究センター, 1971. 12.

(5) 자기 코딩방식(Magnetic Coding Method)

트레이에 자기로 코드화한 철판을 붙이고 이를 자기판독 헤드로 읽게 하여 컴퓨터에 정보를 전달하여 제어하는 방식이다.

(6) 전자기계 코딩방식(Electro Mechanical Coding Method)

콘도라에 있는 카드 삽입구에 행동지시용 카드를 먼저 삽입하여 컴퓨터에 정보를 제공하여 제어하는 방식이다.

(7) 레이저 스위치 방식(Laser Scanning Method)

가장 최신방식으로서 잉크 제트 및 라벨링 머신으로 상자에 붙어 있는 바코드 라벨을 정위치에서 스캐너로 판독하여 컴퓨터에 정보를 전달하여 제어하는 방식이다.

(8) 전기스위치 방식(Electronical Switching Method)

카드를 먼저 삽입하면 자기 셀렉터의 내용에 따라 코일 박스가 분기판을 개폐하여 제어하는 방식이다.

3 하역 및 운반기기의 선정 및 종류

(1) 하역 및 운반기기 선정 시 고려사항 🖉기출 19회

① 화물특성
  ㉠ 포장 화물 : 형상, 크기, 중량
  ㉡ 비포장 화물 : 입자의 분포, 비중, 화물의 성질과 상태
② 작업특성
  ㉠ 작업량
  ㉡ 계절변동성
  ㉢ 취급품목의 종류
  ㉣ 운반거리 및 범위
  ㉤ 운송기기의 종류
  ㉥ 로트 크기에 따른 수배송 특성
③ 환경특성
  ㉠ 전용 / 공용작업장
  ㉡ 자사 / 임대 시설
  ㉢ 화물의 흐름
  ㉣ 시설배치 / 건물구조
  ㉤ 화물의 하중

④ **기기특성**
  ㉠ 안전성
  ㉡ 신뢰성
  ㉢ 성 능
  ㉣ 물동량 탄력성
  ㉤ 기동성
  ㉥ 소음 및 공해
  ㉦ 생 에너지성 – 에너지 효율
⑤ **채산성(경제성)** : 경제성은 한 가지 안만이 아니라 복수의 대체 안으로 작성하여야 한다.

(2) 하역기기 및 운반기기의 종류

하역기기에는 운송수단에 따라 그 종류가 대단히 다양하며, 그 종류를 살펴보면 다음과 같다.
① **철도운송** : 크레인·컨베이어·파렛트 로더·컨테이너 로더·포크리프트 등
② **자동차운송** : 수하역·컨베이어·수차·대차·포크리프트·트레일러·윈치 차 등
③ **선박운송** : 컨베이어, 본선 데릭·갠트리 크레인·트랜스테이너·스트래들 캐리어·포크리프트·윈치 크레인 등
④ **항공기운송** : 스태커·도어 카터·쇼터·오더 피커·각종 로더 등

> 참고 Chapter 07 보관 및 하역기기 / 02 하역기기 참조

4 컨베이어 및 파렛트 하역의 경제적 효과

(1) 컨베이어 하역의 장단점

① 컨베이어 하역의 장점 기출 21회
  ㉠ **좁은 장소에서도 작업이 가능** : 컨베이어는 자체가 길고 좁은 구조물로 구성되어 있어 좁은 공간에서의 작업을 극대화할 수 있는 장점이 있다. 특히, 도로공사에 사용하면 작업능력을 최대치로 할 수 있다.
  ㉡ **노면이 조악한(고르지 못한) 장소에서도 작업이 가능** : 컨베이어 자체를 안전하게 설치하면 어떠한 장소에서도 작업이 가능하므로 소형 운반차량처럼 노면을 정비할 필요가 없다.
  ㉢ **중력을 이용한 운반** : 컨베이어 자체가 경사에 따라 중력을 이용하기 때문에 무동력으로 화물을 운반할 수 있다.
  ㉣ **원격제어 및 자동제어 가능** : 입체창고나 유통센터 등지에서 컴퓨터와 연동하여 컨베이어상의 화물을 제어할 수 있어 작업 정밀도를 향상하고 작업능률을 비약적으로 향상시킬 수 있다.

　　　ⓜ **살물(Bulk)의 무포장 운반** : 살물의 경우 컨베이어를 이용하면 장거리를 안전하게 지속적으로 운반할 수 있다.

　　　ⓗ 운반거리의 장단점이 작업능률에 영향을 미치지 아니한다.

　　　ⓢ 기타 하역기기와 연동작동이 가능하다.

　　　ⓞ 운반 중에도 각종 작업을 할 수 있다.

　　　ⓩ 연속적으로 대량 운반작업을 할 수 있다.

　② 컨베이어 하역의 단점

　　　㉠ 양단에 작업원이 운반 작동에 도움을 주어야 한다.

　　　㉡ 화자가 다른 경우(중량과 형상) 운반하는 데 애로가 있다.

　　　㉢ 기동성이 떨어진다(공간이동의 유연성은 낮다).

　　　㉣ 다른 작업에 방해를 줄 수 있다.

　　　㉤ 컨테이너의 이동 및 단으로 적환 시에 넓은 장소가 필요하다.

　　　㉥ 사용방법에서 탄력성이 없다.

(2) 파렛트 하역의 장단점

　① 파렛트 하역의 장점

　　　㉠ **하역작업의 능률화** : 파렛트 작업은 노동의 절약 및 작업시간의 단축을 기대할 수 있다. 또한, 적화 시 화인을 포함하여 운송기관의 운용효율을 향상시킬 뿐 아니라 창고 내 보관면에서도 고적이 가능하여 창고 수용효율을 극대화할 수 있다. 마지막으로 작업의 안전성 및 기계화 추진면에서도 탁월한 우월성을 기대할 수 있다.

　　　㉡ **운반의 용이성** : 파렛트에 화물을 적재하면 정리정돈을 통해 원활한 이동이 가능하며 시스템화도 용이하다.

　　　㉢ **표준화의 용이성** : 파렛트를 표준화하여 규격화하게 되면 검수작업이 용이하고 다품종다량 취급이 유리하며, 물류의 토털화 및 시스템화를 가능하게 한다.

　　　㉣ **물품의 보호성** : 물품의 파손, 오손, 분실 및 기타 물품의 보호면에서 높은 효율을 기대할 수 있으며, 화조 및 포장이 용이하게 된다.

　　　㉤ **보관의 용이성** : 보관 시 장소관리에 따른 정리 정돈이 용이하다.

　　　㉥ **시스템화의 용이성** : 관련 시스템의 원활화·유동화가 가능하며, 일관 시스템화가 수립될 수 있다.

　② 파렛트 하역의 단점과 대책

　　　㉠ 작업이 간헐적으로 지체되어 일시적으로 재고가 쌓일 때 하역기기를 이용하여 전후 공정을 원활하게 해줄 필요가 있다.

　　　㉡ 운반거리 때문에 작업능률이 변하는 시스템으로 구성되어 있을 때는 컨베이어 및 대차 등 운송기기를 이용하여 개선할 필요가 있다.

ⓒ 포크 등을 사용할 때 회전반경 확보를 위해 넓은 통로가 필요하거나 노면을 양호한 상태로 보수할 필요가 있다.

ⓔ 노면이 심히 불량할 때는 화조가 붕괴할 가능성이 있기 때문에 노면을 정리하고 적합한 하역기기를 병용할 필요가 있다.

ⓜ 파렛트 관리의 측면에서 비용이 과다하게 투입되는 경우에는 파렛트 풀 등 파렛트의 공동이용을 고려할 필요가 있다.

ⓗ 파렛트 하역을 시도할 때는 하역기기를 구입하지 않으면 안 된다. 이런 때는 컨베이어를 이용하고 포크리프트 같은 기기의 구입을 감소하는 노력이 필요하다.

ⓢ 화조가 붕괴될 시를 대비하여 결속을 점검하고 화조의 상태를 계속 체크할 필요가 있다.

ⓞ 다품종을 동일 파렛트에 적재할 때는 효율이 떨어지기 때문에 분류기기를 이용하여 시스템과 연동 분류하여 적재하도록 한다.

ⓩ 운송기관에 대한 물품의 적재량이 감소할 때는 이에 대한 대응책으로 적부효율을 향상할 수 있도록 화조 및 포장을 개선하여 적재량을 극대화하여야 한다.

01 하역의 개념 및 정의에 관한 설명으로 옳지 않은 것을 모두 고른 것은? 🔵 18회

> ㉠ 하역은 각종 운반수단에 화물을 싣고 내리는 것과 보관화물을 창고 내에서 운반하고, 쌓아
>   넣고, 꺼내고, 나누고, 상품 구색을 갖추는 등의 작업 및 이에 부수적인 작업을 총칭한다.
> ㉡ 하역은 화물에 대한 시간적 효용과 장소적 효용의 창출을 지원하는 행위이다.
> ㉢ 하역은 화물 또는 생산품의 이동, 운반, 제조공정 및 검사공정을 말한다.
> ㉣ 하역은 생산에서 소비에 이르는 전 유통과정에서 행하여진다.
> ㉤ 하역의 범위에 있어 협의의 하역은 사내하역만을 의미하나, 광의의 의미는 사외하역도 포
>   함한다. 단, 수출기업의 수출품 선적을 위한 항만하역은 포함하지 않는다.

① ㉠, ㉣
② ㉡, ㉢
③ ㉢, ㉤
④ ㉠, ㉡, ㉢
⑤ ㉠, ㉡, ㉢, ㉣

[해설] ㉢ 제조공정 및 검사공정은 포함되지 않는다.
　　　㉤ 항만하역 또한 하역의 범위에 포함된다.

02 다음 중 하역에 대한 설명으로 옳지 않은 것은? 🔵 11회

① 하역은 각종 운반수단에 화물을 싣고 내리는 것과 보관화물을 창고 내에서 운반하고 쌓아두
   고, 꺼내고, 나누고, 상품구색을 갖추는 등의 작업 및 이에 부수하는 제반작업을 총칭한다.
② 하역은 생산에서 소비에 이르는 전 유통과정의 효용창출에 직접적인 영향을 미치므로 하역
   합리화는 물류합리화와 관련성이 크다.
③ 하역은 화물의 상하차 작업, 운송기관 상호간의 중계작업, 창고의 입출고 작업 등 그 범위
   가 매우 넓다.
④ 협의의 하역은 사내하역만을 의미하나, 광의의 의미로는 수출품 및 수입품 선적을 위한 항
   만하역까지도 포함한다.
⑤ 하역은 시간적 효용과 거리적 효용을 모두 창출하기 때문에 중요성이 날로 증대되고 있다.

[해설] 운송이 거리적 · 장소적 효용을, 보관이 시간적 효용을 창출하며 하역은 그 자체로는 아무런 가치도 창출하
       지 못한다.

정답 **01** ③ **02** ⑤

03 하역에 관한 설명으로 옳은 것은?

① 하역은 고객서비스의 최전선이며, 비용과 서비스의 상충관계(Trade-off)를 전제로 수송과 배송 간 윤활유 역할을 수행한다.

② 하역작업은 보관의 전후에 수반되는 작업으로 원재료의 조달에서만 하역이 행해진다.

③ 수출품 선적을 위한 항공 및 항만 하역은 하역의 범위에 포함되지 않는다.

④ 하역은 화물에 대한 시간적 효용과 장소적 효용을 직접적으로 창출하는 활동이다.

⑤ 하역작업은 물류활동 중 인력 의존도가 높은 분야로 기계화·자동화가 진행되고 있다.

[해설] ① 수송과 배송의 윤활유 역할은 창고·보관활동의 역할이다.
② 원재료의 조달뿐만 아니라 부품 및 완제품의 입출고 간에 모두 일어나는 활동이다.
③ 항공 및 항만 하역 또한 하역의 범위에 포함된다.
④ 화물에 대한 시간적 효용은 보관활동이, 장소적 효용은 운송활동이 직접적으로 창출한다.

04 파렛트 하역의 기대효과 중 옳지 않은 것은? ✅ 16회

① 인건비 절감과 노동조건 향상   ② 계절적 수요에 대응

③ 화물훼손의 감소로 상품보호   ④ 하역인원, 시간의 절감

⑤ 하역단순화로 수송효율 향상

[해설] 계절적 수요에 대응이 가능한 것은 파렛트 하역의 장점이 아니라 파렛트 풀 시스템의 장점에 해당한다.

05 하역 합리화의 기본 및 보조 원칙에 대한 설명이다. 적절하지 않은 것은? ✅ 11회

① 기계화의 원칙은 인력작업을 기계작업으로 대체하여 하역작업의 효율성과 경제성을 추구하는 원칙이다.

② 전산화의 원칙은 자재운반 및 보관활동 전반에 걸친 전산화 작업을 고려한다.

③ 인터페이스의 원칙은 하역작업의 여러 공정 간의 계면 또는 접점이 원활히 연계되도록 하는 것을 뜻한다.

④ 단순화의 원칙은 복잡한 시설과 관리체계를 단순화함으로써 작업의 이해와 인식을 용이하게 하고 효율을 향상시킬 수 있다.

⑤ 표준화의 원칙은 하역작업을 표준화하여 작업의 공정한 배분과 평가가 가능하도록 함으로써 하역작업의 효율성을 추구하는 원칙이다.

[해설] 전산화, 정보화의 원칙은 하역작업을 화물정보 시스템과 연결하여 새로운 관리하역으로 이행하는 원칙이다.

정답 **03** ⑤ **04** ② **05** ②

06 다음 중 하역 합리화의 기본원칙에 해당되지 않는 것은? ✅ 10회

① 최소 취급의 원칙 ② 최대 포장의 원칙
③ 이동거리 및 시간의 최소화 원칙 ④ 유닛로드의 원칙
⑤ 기계화의 원칙

> [해설] 하역 경제성의 원칙(운반순도의 원칙)에 의해 과대포장을 지양한다.

07 파렛트화 또는 컨테이너화를 효과적으로 실시하기 위해서는 파렛트와 컨테이너의 규격, 구조 및 품질 등이 유기적으로 연결되도록 할 필요가 있다. 이러한 원칙을 무엇이라 하는가? ✅ 15회

① 탄력성의 원칙 ② 표준화의 원칙
③ 사양변경의 원칙 ④ 재질변경의 원칙
⑤ 시스템화의 원칙

> [해설] 개개의 하역활동을 유기체로서의 활동으로 간주하는 원칙이다. 즉, 종합적인 관점에서 시스템 전체의 균형을 염두에 두어 두고 시너지 효과(synergy effect)를 올리는 것이 시스템화의 기본이 된다.

08 하역 합리화 기본원칙 중 활성화 원칙에서 운반활성지수가 '4'인 화물의 상태를 나타낸 것은? (단, 운반활성지수는 0~4임) ✅ 14회

① 대차 위에 놓여 있는 상태
② 파렛트 위에 놓여 있는 상태
③ 컨베이어 위에 실려 있는 상태
④ 바닥에 놓여 있는 상태
⑤ 상자에 들어 있는 상태

> [해설] 운반활성지수

활성지수	물이 위치하고 있는 상태
0	개품이 바닥에 놓여 있는 상태
1	상자 속에 집어넣은 상태
2	파렛트 및 스키드에 쌓은 상태
3	대차에 실어 놓은 상태
4	컨베이어 위에 놓여 있는 상태

09 운반순도의 원칙, 최소취급의 원칙, 수평직선의 원칙 등을 포함하는 하역 합리화의 원칙은?

🕐 19회

① 기계화 원칙
② 인터페이스 원칙
③ 시스템화 원칙
④ 중력이용의 원칙
⑤ 하역 경제성의 원칙

해설 불필요한 하역작업의 생략을 통하여 횟수를 줄이는 것(0에 근접)으로 이러한 하역횟수의 줄임은 화물의 파손·오손 및 분실을 최소화, 하역작업의 톤·킬로의 최소화(하역작업 대상의 중량 × 이동거리), 하역투자의 최소화 등을 목적으로 하는 원칙이다.

10 하역 합리화의 원칙에 관한 설명으로 옳지 않은 것은?

🕐 15회

① 하역 기계화의 원칙 : 인력작업을 기계화하여 하역작업의 효율성과 경제성을 증가시킨다.
② 유닛로드의 원칙 : 화물을 어느 일정 단위로 단위화하는 것을 의미한다.
③ 하역 활성화의 원칙 : 운반활성지수를 최소화하는 원칙으로, 지표와 접점이 작을수록 활성지수는 낮아지며 하역작업의 효율이 증가한다.
④ 인터페이스의 원칙 : 하역작업의 공정 간 접점을 원활히 소통하도록 하는 것이다.
⑤ 하역 경제성의 원칙 : 운반속도의 원칙, 최소취급의 원칙, 수평직선의 원칙 등을 포함하는 원칙이다.

해설 지표와 접점이 작을수록 활성지수는 높아진다. 또한, 접점이 작을수록 마찰계수도 낮아지는 데 마찰계수가 커지고 작아지는 것으로 활성도를 표현할 수도 있다.

11 MH(Material Handling) 작업을 개선하기 위한 방안으로 옳지 않은 것은?

🕐 16회

① 공급선을 다변화한다.
② 화물을 적정한 크기로 단위화한다.
③ 작업시간의 변동을 줄인다.
④ 크로스 도킹을 구현한다.
⑤ 수작업을 기계화한다.

해설 공급선을 단순화해야 숙련도가 빠르게 향상되고 기계화나 자동화의 효과가 높아진다. 이에 따라 작업시간과 작업 간 이동거리가 감소하게 된다.

정답 **09** ⑤ **10** ③ **11** ①

12 하역의 원칙에 관한 설명으로 옳지 않은 것은? 🔵 17회

① 경제성의 원칙은 불필요한 하역작업을 줄이고 가장 경제적인 하역횟수로 하역이 이루어지도록 하는 원칙이다.

② 이동거리 및 시간의 최소화 원칙은 하역작업의 이동거리를 최소화하여 작업의 효율성을 증가시키는 원칙이다.

③ 활성화의 원칙은 운반활성지수를 최대화하는 원칙으로 지표와 접점이 작을수록 활성지수는 높아진다.

④ 기계화의 원칙은 인력작업을 기계작업으로 대체하는 원칙으로 하역작업의 효율성과 경제성을 증가시킨다.

⑤ 중력이용의 원칙은 중력에 의한 하역이 화물의 파손을 일으킬 확률이 높으므로 화물을 견고하게 포장해야 하는 원칙이다.

해설 **중력이용의 원칙** : 화물은 중력의 법칙에 따라 위에서 아래로 움직이는 것이 용이하다. 따라서 이러한 중력이용의 원칙을 이용한 것이 경제적이다(경사면(ramp)을 이용한 플로 랙 등의 기기를 사용).

13 개별 활동을 유기체로서의 활동으로 간주하는 하역 합리화의 기본원칙은? 🔵 13회

① 유닛로드(Unit Load)의 원칙   ② 기계화 원칙
③ 시스템화의 원칙   ④ 중력이용의 원칙
⑤ 표준화의 원칙

해설 개개의 하역활동을 "유기체"로서의 활동으로 간주하는 원칙이다. 즉, 종합적인 관점에서 시스템 전체의 균형을 염두에 두어 두고 시너지 효과(synergy effect)를 올리는 것이 시스템화의 기본이 된다.

14 운반관리(Material Handling)에 관한 설명으로 옳지 않은 것은? 🔵 14회

① 운반의 4요소는 동작(Motion), 시간(Time), 수량(Quantity), 공간(Space)이다.

② 운반관리는 그 형상을 불문하고 모든 물질의 이동, 포장, 저장에 관한 기술과 과학을 말한다.

③ 운반관리는 제조공정 및 검사공정을 포함하지 않는다.

④ 운반관리의 주안점은 직선의 흐름, 계속적인 흐름, 최소의 노력과 시간, 작업의 분산화, 생산작업 극대화 등이다.

⑤ 운반작업 개선의 원칙으로 노동단축, 거리단축, 기계화 등이 있다.

해설 작업의 분산화가 아니라 집중화이다. 운반의 4요소는 빈출이므로 꼭 알아두도록 한다.

정답 **12** ⑤ **13** ③ **14** ④

15 A사의 작업시간에 관한 자료가 다음과 같을 때 입하작업공수(工數)비율과 가동률은?

● 16회

> • 총작업시간 : 100시간 • 실작업시간 : 80시간
> • 출하작업시간 : 60시간 • 입하작업시간 : 20시간
> • 대기시간 : 20시간

① 입하작업 공수비율 : 20%, 가동률 : 33%
② 입하작업 공수비율 : 20%, 가동률 : 80%
③ 입하작업 공수비율 : 33%, 가동률 : 60%
④ 입하작업 공수비율 : 50%, 가동률 : 80%
⑤ 입하작업 공수비율 : 60%, 가동률 : 33%

해설 공수는 일의 양, 일의 범위를 나타내는 지표로 인원×시간을 보통 사용한다.

- 입하작업 공수비율 $= \dfrac{\text{입학작업시간}}{\text{총작업시간}} = \dfrac{20}{100} \times 100 = 20\%$
- 가동률 $= \dfrac{\text{실작업시간}}{\text{총작업시간}} = \dfrac{80\text{시간}}{100\text{시간}} \times 100 = 80\%$

16 운반·하역기기의 선정 시 고려사항을 설명한 것이다. 거리가 먼 것은?

● 9회

① 화물특성이란 화물의 종류를 가리키며, 포장되지 않은 물품의 경우에는 입자의 분포·비중·성상 등을 염두에 두어야 하며, 포장물의 경우에는 형상·크기·중량 등을 감안하여 하역기기를 선택해야 한다.
② 작업특성이란 작업의 성질에 따라 작업량, 계절변동의 유동성, 취급품목 종류, 운반거리 및 범위, 운송기기 종류, 로트의 대소에 따른 수배송 특성을 포함한 모든 요인을 전제로 하여 이에 부합한 하역기기를 선택해야 한다.
③ 작업환경 특성은 해당 작업장이 전용인가, 공용인가, 자사소요인가, 임대인가 등 작업장의 구조와 여건 같은 각종 요인을 포함한다.
④ 하역기기의 특성은 안전성, 신뢰성, 성능, 탄력성, 기동성, 생에너지성, 소음, 공해 등의 특성을 포함한다.
⑤ 하역기기의 채산성(경제성)은 상기의 모든 요소를 감안하고 최종적으로 검토하는 것으로, 비교결정이 용이하도록 복수의 대체안보다는 채산성이 높은 한 가지 안을 고려하여 신중히 검토해야 한다.

해설 운반·하역기기 선정뿐만 아니라 모든 의사결정은 복수의 대체안을 기획하고 면밀히 비교하여 결정해야 한다.

정답 **15** ② **16** ⑤

17 다음은 무인반송차의 제어방식을 설명한 것이다. 바르지 않은 것은? 9회

① 광학식 인도방식 : 주행로의 바닥에 테이프를 부착하거나 페인트로 선을 그려 운반기기가 테이프나 페인트를 광학센서로 식별하여 주행하는 방식

② 자기 인도방식 : 인도용 동선이 주행로 바닥에 매설되어 있어 저주파가 흐르는 동선을 운반기기가 탐지용 코일로 탐지하여 주행하는 방식

③ 무선 제어방식 : 작동지시용 카드를 기기에 삽입하면 내장된 컴퓨터가 카드의 정보를 해독하여 제어하는 방식

④ 전기스위치 : 셀렉터 랙에 꽂은 자기 셀렉터의 내용에 따라서 코일 박스가 분기판을 개폐하여 카드의 선행을 결정하는 방식

⑤ 레이저 스캐닝 방식 : 바코드 라벨을 스캐너로 판독하여 컴퓨터에 정보를 전달하여 제어하는 방식

[해설] 해당 설명은 전자기계 코딩방식(electronical mechanical coding method)에 대한 설명이다.

CHAPTER 09
장소별 하역 및 하역 시스템의 설계

01 장소 및 운송수단별 하역

1 사내하역

(1) 사내하역의 특징

사내하역은 제조업체가 자사의 원료조달, 생산 및 판매과정에 이르기까지 조달물류, 생산물류, 판매물류 등의 전 과정에서 필요한 모든 운반과 하역기능을 종합적으로 망라한 것이며, 유통업체의 경우에는 제조업체로부터 상품을 구입하여 도소매과정이나 유통가공과정을 거쳐 소비자에게 수배송을 할 때까지 보관, 운반 및 하역기능을 총괄하고 있다. 따라서 사내하역의 주안점은 기계화와 자동화 그리고 화물의 단위포장을 위한 파렛트화가 가장 중요한 요건이 된다.

(2) 사내하역기기의 선택조건

하역기기의 선정은 최종적으로 일정한 조건 하에서 그 경제성에 의해 결정된다. 경제성의 검토는 개개의 조건을 고려하여 결정해야 하며, 그 중요 요인은 다음과 같다.[1]

화물특성	작업특성	작업환경 특성	하역기기 특성	채산성(경제성)

(3) 사내하역기기의 종류

사내하역은 제조업체가 자사의 원료조달로부터 생산·판매에 이르기까지 발생되는 조달물류, 생산물류, 판매물류 등의 전 과정에서 필요한 모든 운반과 하역기능을 종합적으로 설명한 것이다. 또한, 유통업체의 경우에는 제조업체로부터 상품을 구입하여 소비자에게 수배송할 때까지 운송, 보관, 하역기능을 총괄하여 사내하역이라 한다.

사내하역에서는 하역의 기계화·자동화가 물류합리화의 전제조건인 만큼 조건에 알맞은 하역기기의 선정이 매우 중요하다. 따라서 사내하역에 사용되는 하역기기는 주로 개별물품이나 파렛트 단위화물을 운반 및 하역하는 것이기 때문에 하역기기 중 동력식 및 수동식 산업차량류와 컨베이어류에 한정되고 있다.

참고 Chapter 07 보관 및 하역기기 / 02 하역기기 참조

---

1) 당택 풍, 『물류개론』, 유비각, 1989, pp.115~116.

렛트 단위화물을 운반 및 하역하는 것이기 때문에 하역기기 중 동력식 및 수동식 산업차량류와 컨베이어류에 한정되고 있다.

> 참고 Chapter 07 보관 및 하역기기 / 02 하역기기 참조

2 항만 및 선박 하역

(1) 항만의 개념과 주요 시설

① 항만의 개념

㉠ 항만(Harbor)이란 해상운송의 중계지로서, 육송된 화물의 선적과 화물을 원활하게 양륙할 수 있는 시설을 갖추고 이러한 산업 활동을 수행하는 장소를 말한다. 따라서 항만은 선박이 입출항하고 하역을 하기 위해서 선박의 안전정박을 위한 충분한 수심과 넓은 접안시설, 하역장비 및 창고, 화물장치장과 육상교통과의 연계, 입출항에 필요한 세관 및 검역시설과 기타 간접시설을 갖추고 있어야 한다.[2]

㉡ 항만은 한 나라의 경제발전에 직접적으로 주도하는 상공업 활동을 통하여 국제무역의 증진에 중요한 역할을 한다. 즉, 교통경제상 사회간접시설의 범주에 속하는 항만시설의 확충과 효율적인 항만운영은 상품의 수입가격을 낮추고 수출경쟁력을 촉진하는 촉매역할을 하게 되며, 자국 항만의 비효율적인 운영과 시설의 미비는 운송비용의 상승을 가져와 국제경쟁력의 저하를 가져오게 된다.[3]

② 효율적인 항만의 운영

항만은 경제생활에 중요한 역할을 수행하고 있으므로 항만시설을 효율적으로 활용하기 위해서는 다음과 같은 시스템의 연관관계를 연구하여 항만을 건설하고 효율적으로 운영하여야 한다.[4]

㉠ 항만의 물리적 한계를 규정짓는 항만자체 시스템(Intra-Port Subsystem)

㉡ 항만 내륙지역을 포함한 항만배후지 시스템(Port-Hinterland Subsystem)

㉢ 항로와 외국의 목적지 또는 원산지의 항과 이들 지역이 내포된 접속 시스템(Port-Foreland Subsystem)

③ 항만시설 : 항만시설에는 수역시설, 외곽시설, 계유시설, 인접교통시설, 보관시설, 선박보급시설, 항만후생시설, 선박건조 및 수리시설로 나눠지나 좁은 의미에서 항만시설은 계유시설을 말한다. 기출 8회, 9회, 12회, 14회, 15회, 16회, 17회

---

2) 해운항만청, 『세계 속의 한국 해운항만』, 1979, p.243.

3) Seatrade, Monthly Journal, Vol.5, No.12, London, Dec., 1975, p.29.

4) 林錫珉, 『국제운송론』, 柳川書院, 1991, p.117.

좁은 의미의 항만시설을 살펴보면 다음과 같다.

㉠ **부두(Wharf)** : 항만 내에서 화물의 하역과 여객의 승선 및 하선을 위한 여러 가지 구조물을 총칭한다. 형태는 석재 또는 콘크리트로 물밑에서부터 수직으로 쌓아올려 가장자리는 선박의 적재 및 양하를 위한 부두를 형성하고 장치장 등의 창고건물이나 공작물이 설치되는 형태이다.

㉡ **안벽(Quay)** : 화물의 하역이 직접 이루어지는 구조물을 가리킨다. 해안선, 하안 등에 평행하게 축조된 석조 또는 콘크리트제로서 선박의 접안을 위하여 해저로부터 수직으로 만들어진 벽을 말하며, 이 벽에 접안하는 선박의 손상을 방지하기 위한 목재 또는 고무재의 시설이 설치되어 있다.

㉢ **잔교(Pier)** : 선박을 접안 계류하여 화물의 하역과 여객의 승하선을 용이하게 만든 목재, 철재 또는 콘크리트로 만들어진 교량형 구조물이다.

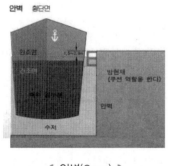
◀ 안벽(Quay) ▶

◀ 잔교(Pier) ▶

㉣ **항만하역시설(Loading and Discharging Facilities)** : 하역시설은 선박의 가동능력에 큰 영향을 미치는 동시에 항만의 경제적 가치를 결정하는 중요한 기기로서 부선(barge), 해상기중기(floating crane), 고정식 또는 이동식의 육상기중기(crane), 벨트 컨베이어(belt conveyor)를 비롯하여 여러 가지 하역기기를 총칭한다.

㉤ **컨테이너 관련 시설**

  ⓐ **컨테이너 처리장소** : 컨테이너 야드(CY : Container Yard), 컨테이너 프레이트 스테이션(CFS : Container Freight Station), 마샬링 야드(Marshalling Yard) 등이 있다.

  ⓑ **컨테이너 하역시설** : 갠트리 크레인(Gantry Crane), 트랜스퍼 크레인(Transfer Crane), 윈치 크레인(Winch Crane), 스트래들 캐리어(Straddle Carrier), 야드 트랙터(Yard Tractor), 지게차(Fork Lift), 섀시(Chassis) 등이 있다.

㉥ **선석(Berth)** : 항만 내에서 선박을 계선시키는 시설을 갖춘 접안장소로 보통 표준 선박 1척을 정박시키는 설비를 갖추고 있다.

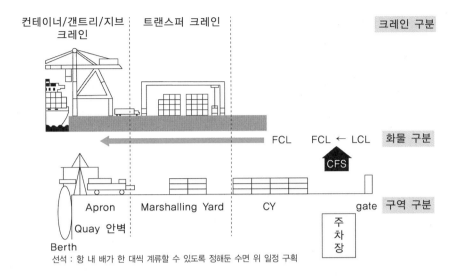

선석 : 항 내 배가 한 대씩 계류할 수 있도록 정해둔 수면 위 일정 구획

(2) 항만하역작업의 절차

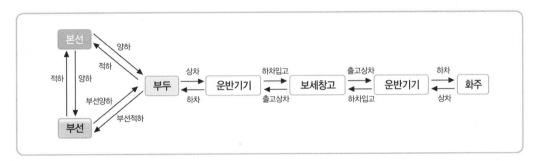

* 부선 : 바닥이 평평하여 부력을 크게 받는 소형선박, 본선과 부두 간의 적·양하 리드타임을 단축시켜 줄 목적으로 활용된다. 크레인이 선 내에 설치되어 있기도 하다.

① 본선과 부선을 이용한 부두로의 적·양하 **기출** 10회, 17회

본선 ⇆ 부선, 부두	부선 ⇆ 부두
• 양하 : 본선 → 부두, 본선 → 부선 • 적하 : 부두 → 본선, 부선 → 본선	• 부선 양하 : 부선 → 부두(물양장) • 부선 적하 : 부두(물양장) → 부선

* 물양장 : 소형선박, 바지선 등이 접안하는 부두, 정박시설

② 부두에서의 육상 적·양하

    ㉠ 크레인 적·양하

크레인	대상화물
컨테이너 크레인(C/C, Gantry Crane)	컨테이너 화물
언로더(Unloader)	벌크화물 ≒ 살화물 ≒ 조악화물

     ⓛ 운반기기 하역("차" - 지게차, 트랙터 + 섀시, "고" - 창고)

        ⓐ 상차 : 부두에 내려진 화물을 운반기기 적재함에 적재하는 활동

        ⓑ 하차 : 운반기기의 적재함에 실린 화물을 부두에 내리는 활동

        ⓒ 하차입고 : 운반기기로부터 보세창고로 화물을 내려 입고하는 활동

        ⓓ 출고상차 : 창고 또는 야적장에 적치되어 있는 화물을 출고하여 운반구 위에 운송 가능한 상태로 적재하기까지의 작업 활동

     ⓒ 파이프라인 하역 : 부두에 설치된 사일로 보관고로부터 안벽까지 설치된 파이프라인을 이용하여 분립체 및 액체화물을 본선으로부터 직접 반출입

     ⓔ 석탄 등 벌크하역 : 컨베이어 시스템, 부선 이용

③ **항만하역 작업방식** 〖기출〗 9회, 11회, 12회, 15회, 19회

> **Lo-Lo(Lift On Lift Off)방식**
>
> 본선 또는 육상의 컨테이너 "크레인"을 사용하여 컨테이너를 본선에 수직으로 하역하는 방식

> **Ro-Ro(Roll On Roll Off)방식**
>
> 자동차나 철도화차가 직접 선측이나 선미에 경사판을 통해 견인차로 수평으로 적재, 양륙 방식
> 페리 선박에서 전통적으로 사용해 온 방식

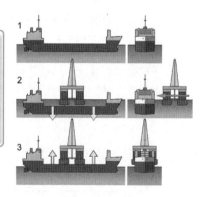

> **Fo-Fo(Float On Float Off)방식**
>
> 컨테이너 또는 일반 화물이 적재된 바지(barge)를 본선상에 설치되어 있는 크레인으로 통째로 하역하는 방식
> 도저히 크레인 등으로 싣지 못하는 작은 선박이나 거대한 구조물을 수송할 때는 화물을 물에 띄워 놓고 배 자신이 약간 가라앉았다 뜨면서 들어 올리는 방식

(3) 컨테이너 터미널 하역방식(Container Terminal ⊃ CY, CFS)

컨테이너 터미널	본선하역, 하역준비, 화물보관, 컨테이너 및 컨테이너 화물의 접수, 보관과 하역에 관련된 기기를 갖춘 지역
터미널 주요시설	안벽, 에이프런, 마샬링 야드, CFS, 주차장(운반 장비, 섀시)

① 온 섀시 방식(On Chassis System) 📝기출 7회

기기조합
로드 트랙터 + 로드 섀시 조합으로 입항한 컨테이너 화물을 안벽의 갠트리 크레인을 통하여 직접 선박에 적하 혹은 그 반대 과정으로 윤하하는 방식

로드 트랙터 + 로드 섀시 조합으로 입항한 컨테이너 화물을 안벽의 갠트리 크레인을 통하여 직접 선박에 적하 혹은 그 반대 과정으로 윤하하는 방식

기기조합
로드(트랙터, 섀시), 갠트리 크레인
장 점
• 별도의 야드 장비가 필요 없음. • 저숙련 운전요원도 사용 가능

로드(트랙터＋섀시)

단 점
• 바로 선박 적하가 이루어지지 않을 경우, 많은 수의 공 섀시가 필요함. • 평면배치로 인한 넓은 섀시 보관장소가 요구됨. • 자동화 및 피크수요에 대처는 곤란함.

② 스트래들 캐리어 방식(Straddle Carrier System) 📝기출 12회

스트래들 캐리어를 이용하여 외부에서 입항한 로드 트랙터 + 로드 섀시 컨테이너를 상하차 하거나 야드에 정리하거나 안벽의 갠트리 크레인에게 인도하여 본선에 적하하는 방식 혹은 그 반대 과정으로 양하하는 방식

기기조합
스트래들 캐리어, 갠트리 크레인
장 점
• 장비구성이 간단하고 운영의 유연성이 높아 피크수요에 대응력이 좋은 편임.

스트래들 캐리어

단 점
• 좁은 공간이동 빈도수가 높기 때문에 높은 컨테이너 처리 및 유지·보수 비용 • 1열 적재의 한계로 소요면적이 큼. • 운전의 난해성으로 인해 고숙련 운전요원이 요구됨.

③ 트랜스퍼 크레인 방식(Transfer Crane System), 대한민국 및 아세안 **기출** 12회, 15회

마샬링 야드로 들어온 컨테이너를 트랜스퍼 크레인으로 5~6열, 4~5단으로 대량 정리 적재하고 야드(트랙터, 섀시)로 안벽까지 운송하여 갠트리 크레인으로 본선에 적하하는 방식 혹은 그 반대 과정으로 양하하는 방식. 컨테이너 외부 반출은 로드 트랙터 + 섀시 이용	기기조합
	야드(트랙터, 섀시), 트랜스퍼 크레인, 갠트리 크레인
	장 점
	• 토지이용률은 양호(고단적재 가능) • 유지·보수비는 저렴, 장비가동률은 높음. • 화물손상률은 낮음. • 시스템과 결합한 자동·반자동화는 가능함.

 야드(트랙터+섀시)	단 점
	• 초기 시설투자비가 높음(높은 기술수준). • 고숙련 노동자가 요구됨.

④ **혼합방식(Mixed System)** : 입항시 – 스트래들 캐리어, 출항시 – 트랜스퍼 크레인
⑤ **지게차방식** : 탑 핸들러 및 리치 스태커와 같은 대형 지게차를 이용하여 작업의 융통성을 높이는 방식
⑥ **자동화방식**

마샬링 야드에서의 컨테이너의 적재와 정리, 운반은 무인 트랜스퍼 크레인(ACT) 혹은 무인 천장 크레인이 하고 마샬링 야드에서 안벽 간은 무인운송차량(AGV, RGV)으로 자동·반자동으로 이동하여 갠트리 크레인으로 본선 적하하는 방식 혹은 그 반대 과정으로 양하하는 방식. 컨테이너 외부 반출은 로드 트랙터 + 섀시 이용	기기조합
	무인 트랜스퍼 크레인, 무인운송차량, 갠트리 크레인
	장 점
	• 자동화로 인건비는 절감 • 처리능력은 향상, 가동률이 높음. • IT 정보기술 적용이 가능 • 작업환경이 쾌적

	단 점
◀ ATC(OHBC, Over Head Bridge Crane) ▶	• 초기 시설투자비가 매우 높음. • 고기술 운용요원이 요구됨. ◀ AGV(Auto Guided Vehicle) ▶
◀ DRMGC(Double Rail Mounted Gantry Crane) ▶	◀ ASC(Automated Stacking Crane) ▶

(4) 컨테이너 터미널 장치장 규모의 산정

컨테이너 터미널 장치장 규모는 다음과 같은 절차에 의해서 구해진다.

① 컨테이너 터미널 소요 장치장 규모의 산정순서

　㉠ 연간 전체 물동량 예측

　㉡ 컨테이너 종류별 물동량 예측

　㉢ 컨테이너 종류별 최대 적재단수 결정

　㉣ 컨테이너 종류별 평균 장치기간 산정

　㉤ 분리계수 결정

　㉥ 피크계수 결정

　㉦ 연간 작업일수 결정

　㉧ 컨테이너 종류별 소요 TGS 산정

② 컨테이너 장치장 규모 산정식

$$장치장\ 규모(\text{m}^2) = \frac{소요\ TGS \times 단위\ TGS\ 면적}{토지이용률}$$

* 단위 TGS 면적 = 1TEU를 적재할 수 있는 순수면적 = 14.862m^2

③ TGS(Twenty-feet Ground Slot) 산정식 🖊️기출 10회, 21회

$$소요\ TGS = \frac{연간\ 처리예상물동량 \times 평균장치일수 \times 피크계수 \times 분리계수}{평균단적수 \times 연간\ 영업일수}$$

㉠ TGS 구성요소
  ⓐ 피크계수 : 일시적으로 처리화물량이 폭증하는 경우, 작업의 원활한 진행을 위해 필요한 여유공간 확보를 위한 계수
  ⓑ 분리계수 : 필요한 컨테이너를 하역기기를 이용하여 운반, 적·양하작업을 위해 필요한 추가공간을 고려한 계수
  ⓒ 평균단적수(Effective Stacking Height) : 겹쳐 쌓는 평균 컨테이너 단적
  ⓓ 연간 영업일수 : 보통 항만은 365일
㉡ TGS의 영향요인

장치장 지형 형태	컨테이너 화물의 종류
하역장비의 종류	평균 장치기간

(5) 항만하역에서의 기간 관련 개념

① 관습적 단기(조속)하역(CQD ; Customary Quick Despatch) : 선박의 정박기간을 제한하지 않고 해당 항구의 관습적인 하역방법 및 하역능력에 따라 하역하는 방식으로, 분쟁 가능성이 크다.
② 연속정박기간(연일수 ; Running Laydays) : 하역시간 개시부터 종료까지의 그 사이 공휴일이 끼어 있든 비가 와서 혹은 파업이나 불가항력적인 일이 있어 일을 못하더라도 경과 일을 모두 하역기간으로 산정한다.
③ 청천하역일(WWD ; Weather Working Days) : 작업이 실제 가능했던 날만 하역기간으로 산정(악천후, 작업이 불가능한 시간 제외)한다.
④ 체선료(Demurrage) : 약속한 기간보다 항구 하역기간이 지연되어 더 오래 선박이 정박하게 된 것에 대하여 용선자가 선박회사에 지불하는 페널티 비용이다.
⑤ 조출료(Despatch Money)
  ㉠ 약속한 기간보다 항구 하역기간이 단축되어 더 빨리 선박이 용선할 수 있는 상태가 된 것에 대하여 선박회사가 기존 용선자에게 지불하는 보너스이다.
  ㉡ 약속한 기간보다 빠른 하역을 위해 용선자가 지불했을 추가비용에 대한 보상으로 해석하기도 한다.

(6) 항만하역료 부담조건

① BT(Berth Term) : 선주가 출발항의 선측에서부터 도착항의 선측 간에 발생하는 제반비용(하역 포함)과 위험부담에 책임과 비용을 지불(주로 정기선 운항)하는 조건

② FIO(Free In & Out) : 용선자가 출발항의 적재부터 도착항의 선내 하역비를 모두 부담하는 조건

③ FI(Free In) : FI/BT, 출발항의 선적비용은 화주가 부담하고 도착항의 하역비용은 선주가 부담하는 조건

④ FO(Free Out) : BT/FO, 출발항의 선적비용은 선주가 부담하고 도착항의 하역비용은 화주가 부담하는 조건

⑤ Gross Term : 주로 부정기선의 용선계약방식으로 선주가 하역비 및 항구비용을 부담하는 방식이다. 단, 부선료, 체선료, 야간/휴일 할증 등의 특수비용은 용선자가 부담

⑥ Net Term : Gross Term과 반대로 용선자가 전 구간의 일체의 비용을 부담하는 방식으로, 선주가 잘 알지 못하는 항로를 운행시키거나 화주가 전용하역시설을 보유하고 있는 경우 활용되는 조건

(7) 항만 하역기기

참고 Chapter 07 보관 및 하역기기 / 02 하역기기 참조

3 공항 및 항공 하역

(1) 항공화물의 하역방식

구 분	살화물	파렛트	컨테이너
종 류	비정형 조악화물	길이(88", 89") 폭(108", 125")	CAC(Certified Aircraft Container) 26종
기 기	Tractor Cargo Cart Belt Conveyor	Lift/High Loader Transporter Pallet Rack	Tug Car Dolly Loader

① **살화물 탑재방식** : 화물전용기를 제외한 대부분의 항공기는 객실 밑바닥에 있는 화물칸에 개별 화물을 인력으로 탑재하는 방식이다. 이 방식은 화물을 릴레이식으로 단시간에 탑재해야 하기 때문에 상당한 숙련이 필요한 가장 원시적인 방법이기는 해도 화물전용기가 아닌 경우 소화물을 적재할 수 있는 유일한 방식이다.

② 파렛트 탑재(ULD : Unit Load Device)방식 : 1962년경부터 탑재방법과 방식의 합리화가 추진
되면서 파렛트 로딩이 채용되기 시작하였다. 화물전용기의 경우에는 통로가 필요 없기 때문에
표준 사이즈인 88"×108" 또는 88"×125"의 파렛트를 항공기의 윤곽(contour)에 맞추어 화조한
다음, 네트(net)로 덮어씌우거나 이글루(igloo)를 이용하여 단위탑재를 하게 된다.

③ 컨테이너 탑재(ULD)방식 : 항공업계에 단위 탑재용 운송용기(ULD)가 도입된 지 25년이 지났
지만, 아직 각종 항공기에 대한 공용 및 해공복합운송용 컨테이너가 개발되지 않아 일관운송의
효율이 크게 떨어지고 있다. 그러나 현재 개발된 ULM은 최소 표준단위로서 로트 사이즈가 큰
것은 Double Size Module도 고려되고 있다. 현재 제작된 ULM 45와 ULM 60 모델을 적재실험
하고 있는 바, 그 적합성에 대한 연구가 선진국을 중심으로 진행되고 있어 앞으로 곧 실용화될
것으로 본다.

(2) 항공화물의 하역설비

① 살화물 탑재용 하역기기 : 살화물, 철화물, 조악화물하역에 가장 많이 사용하는 기기는 Tractor
와 Cargo Cart이다. 공항에서, 살화물의 발송하역은 '수탁 → 분류 → 보관 → 운반기기에의
적재 → 운반 → 항공기 탑재'의 순이다. 살화물의 경우에는 수탁시나 탑재시에도 개별화물의
상태로 취급하고 있지만, 중간과정에서의 작업도 개별화물의 상태로 화조(貨造)하기 때문에 인
력낭비와 분류상 착오를 일으키기 쉽다.

② 파렛트 탑재용 하역기기 : 여기에는 Pallet Rack, Contour Gauge, Pallet Scale, Pallet
Trailer, Pallet Truck, Lift Loader 등이 가장 많이 사용된다.

③ 컨테이너용 하역기기 : 여기에는 파렛트 로딩기기와 큰 차이는 없지만 컨테이너 종류에 따라
전용 트레일러나 로더가 개발되어 사용되고 있다.

④ 하역 핸들링 시스템 : 항공화물의 핸들링 시스템은 다음과 같다.[5]
  ㉠ Fork Lift Method
  ㉡ Side Loader Method
  ㉢ Straddle Lift Method
  ㉣ Side Transfer Method
  ㉤ Fixed Over-head Crane-top Lift Container Transfer
  ㉥ Side by Side Method
  ㉦ Main deck 이용방법 등

5) 『コンテナリゼーション總覽』, 日本コンテナ協會, pp.436~444.

(3) 항공기의 공간구분 및 항공화물의 고정 장비

① 항공기의 공간 구분 기출 12회

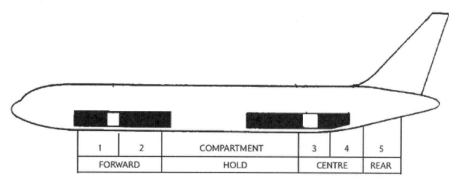

1	2	COMPARTMENT	3	4	5
FORWARD		HOLD	CENTRE		REAR

- ㉠ Deck : 항공기 내부공간 구분
  - ⓐ Upper Deck : 항공기 상부 공간
  - ⓑ Main Deck(Cabin) : 항공기 중간에 가장 높이 많이 쌓을 수 있는 공간
  - ⓒ Lower Deck : 항공기 하부 공간
- ㉡ Hold : 천장과 바닥 그리고 격벽으로 구성되어 여객과 화물 등을 수송할 수 있는 내부 공간
- ㉢ Compartments : Hold 내의 지정된 공간
  - ⓐ Section : ULD를 탑재할 수 없는 공간
  - ⓑ Bay : ULD를 탑재할 수 있는 공간 → 창고에서도 쓰이는 용어이니 암기!

② 항공화물 고정장비(Tie-Down Equipment) : ULD 작업된 화물의 형태 유지를 위한 부속품들의 집합(충격, 진동 등)

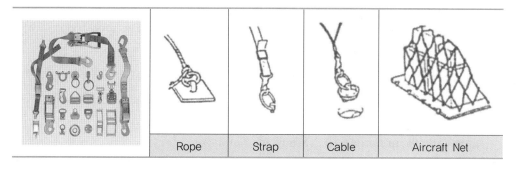

	Rope	Strap	Cable	Aircraft Net

(4) 항공화물 ULD(Unit Load Device) 기출 12회, 18회

① Pallet : 파렛트란 알루미늄 합금으로 제작된 평판으로 이 부분에 Net과 Igloo를 사용하여 Attachment Fittings에 연결, 고정되었다.

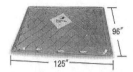 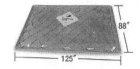 

② CAC(Certified Aircraft Containers) : 항공기 선체 윤곽에 맞게 제작되어 화물실 공간을 최대로 이용할 수 있도록 고안된 용기(Main, Lower Deck)

③ Igloo : 밑바닥이 없는 형태로 알루미늄과 Fiberglass로 만들어진 항공화물을 넣는 특수한 덮개(에스키모 얼음집 모양, Dom 구조)

◀ 비구조적 이글루 ▶   ◀ 구조적 이글루 ▶

  ㉠ **비구조적 이글루**(Non-Structural Igloo) : 'Open-front' 형태로 밑바닥이 없이 유리섬유 또는 알루미늄 등의 재질로 비행기의 동체모양에 따라 만들어진 항공화물을 넣는 특수한 덮개로서, 파렛트와 함께 사용되어 공간을 최대한 활용하도록 윗면의 모서리 부분이 둥근 형태로 고안

  ㉡ **구조적 이글루**(Structural Igloo) : 구조적 이글루는 비구조적 이글루를 팰릿에 고정시켜 놓은 것으로 적재된 화물을 네트 없이 고정시킬 수 있도록 제작된 형태(88" × 108", 88" × 125")

④ BUC(Build up Cargo), RFC(Ready for Carriage)

  ㉠ BUC(Build up Cargo) : 단위적재용기(pallet, container)에 적재작업이 끝난 화물
    – 빌드업에 대한 비용을 제해주지만 빌드업 시 측정한 무게(실무게, 부피무게)는 인정하지 않는다.

  ㉡ RFC(Ready for Carriage) : 복합운송주선업자가 항공화물을 항공기에 적재할 수 있도록 처리하는 모든 종류의 작업 또는 그런 처리가 된 화물
    – 빌드업에 대한 비용을 제해주며 빌드업 시 측정한 무게(실무게, 부피무게)는 인정해 준다.

(5) 항공화물의 흐름

① 수출화물의 흐름

㉠ **반입** : 공항에서 생산된 완제품은 트럭에 의한 육로운송으로 화물터미널에 도착하게 되고 화물터미널의 Land Side에 있는 Truck Dock를 통하여 장치장으로 반입된다. 반입 시 화물의 검량, 검수를 실시한 후 수출화물 반입계를 발급받으며, 보세구역인 보세장치장에 수출화물을 반입하기 위해서는 세관에 수출화물 반입계를 제출하고 장치지정 및 승인을 받아야 한다.

㉡ **수출신고 및 화물검사** : 보세구역 내에 수출화물 반입 후, 자가통관의 허가를 받지않은 수출업자는 통관업자를 통하여 수출신고를 해야 한다. 그리고 신고된 서류는 심사과에서 수출인증서, 신용장상의 단가와 정부의 가격비교, 정상 결제 여부, 수출금지품목 여부, 신고서 기재사항의 정확성, 화물의 기호, 품종, 수량, 계약조건, 목적지 등에 대한 서류심사를 거쳐 이상이 없을 경우, 감정과로 이송되어 서류와 실물을 대조하면서 수량, 규격, 품질 등을 검사한다. 이 과정에서 검사수량에 대해 전부 또는 일부를 개봉하여 검사하게 된다. 이때 재포장비용은 화주가 부담하게 된다.

㉢ **수출허가** : 화물검사결과 이상이 없는 경우 서류는 심사과로 회송되어 2차 심사 후 수출면장을 발급받게 된다. 일단 수출면허가 되면 해당 화물은 관세법상 외국화물이 되고 수출업자는 대금결재용으로 수출대금을 은행에서 찾을 수 있다.

㉣ **운송장 및 화물의 인계** : 통관절차가 완료된 운송장은 항공화물대리점에서 화물인도 수령증(cargo delivery receipt)과 함께 송품장(invoice), 포장명세서(packing list), GSP, 원산지증명서, 검역증 등 목적지에서의 통관에 필요한 서류가 첨부되어 해당 항공사에 접수된다. 항공사에서는 Cargo Delivery Receipt에 접수확인을 기재하여 화물을 인수하도록 한다. 화물인수 시 화물의 포장상태, 파손 여부, Marking과 Lable의 정확성, 수량 및 중량일치 여부를 확인한다.

㉤ **적재 및 탑재작업** : 항공사는 해당 항공편의 항공기 특성을 고려하여 사용 단위적재운송용기(ULD : Unit Load Device) 및 적재작업방법 등의 작업지시를 해당 검수원에게 하달하고 검수원은 작업지시에 따라 작업을 실시한다. 적재작업이 완료된 화물은 중량분배를 위해 계량한 후 (주)한국공항(Korea Air Terminal Service Co.)의 담당자에게 인계되어 항공기로 이동된다. 항공사는 항공기의 안전운항 및 화물의 안전운송을 고려한 탑재 작업지시를 (주)한국항공 담당자에게 하달하고 작업결과를 통보받는다.

㉥ **항공기의 출발** : 화물기의 경우 적하목록이 완성되면 항공기 입출항 신고서(general declaration) 및 기용품목록과 함께 세관 승기실에 제출하여 출항허가를 득한 후 탑재된 화물의 운송장 및 출항허가, 적하목록, Load Sheet를 운항 승무원에게 인계함으로써 항공기는 목적지를 향하여 출발하게 된다.

② 수입화물의 흐름

　㉠ **전문접수** : 출발지로부터 항공기 출발 후, 해당편 탑재화물에 관한 관련 전문을 접수하면 화물을 완벽한 상태로 신속히 인도하기 위하여 항공기 도착 이전에 조업사에 통보하여 필요한 장비 및 시설을 확보하도록 한다. 특히, 부패성 화물, 외교행낭, 긴급화물, 유해, 생동물 등의 특수화물에 대해서는 수하인에게 사전에 도착시간 및 운송장 번호, 수량, 중량 등을 통보하여 수하인으로 하여금 신속히 인도할 수 있도록 조치를 취하게 된다.

　㉡ **항공기 도착** : 항공기가 도착하면 항공사 직원이 기내에 탑승, 운항승무원 또는 객실승무원으로부터 운송장 및 출발지 출항허가, 적하목록 등을 인계받은 다음 세관승기실에 general declaration, 적하목록, 기용품목록을 제출하여 입항허가를 받는다. 화물은 (주)한국항공 담당자에 의해 하역된 후 화물터미널로 이동 담당자에게 인계된다.

　㉢ **서류분류 및 검토** : 서류가 도착하면 운송장과 적하목록을 대조하여 수입금지품목, 안보를 위해 물품 여부를 확인하고 보냉 또는 냉동을 요하는 화물은 적절한 조치를 취하게 되며, 검토 완료된 운송장과 적하목록은 통과화물의 경우에는 최종목적지로의 이송을 위해 세관에 이적허가를 신청하고, 한국 도착화물의 경우에는 창고배정 및 보세운송을 위하여 세관으로 이송한다.

　㉣ **창고분류 및 배정** : 세관에서는 보세운송업체인 협동통운, 국제상운 및 (주)한국항공직원이 세관직원의 감독하에 운송장상의 목적지 또는 화주의 요청에 따른 창고배정작업을 한 후 적하목록에 표기한다.

　㉤ **실화물 분류작업** : 창고배정이 완료되면 분류적하목록에 의거 (주)한국항공직원이 실화물을 배정된 창고에 입고시킨다. 이때 서울이 목적지인 모든 무환화물은 서울세관 관할 영동창고로 보세운송되며, 기타 유환화물은 김포세관 관할 김포 화물터미널에서 통관된다.

　㉥ **도착통지** : 창고배정작업이 완료되면 운송장은 통관지역에 따라 대한항공 김포 화물운송지점 인도과(김포 화물터미널 소재)나 영동 영업소(영동 소재)로 보내며, 수하인에게 전화, 전보, 텔렉스, 우편 등을 이용하여 도착통지를 하게 된다.

　㉦ **운송장 인도** : 해당 화물수하인이 운송장을 인계할 때 본인인 경우 주민등록증, 실수하인의 대리인인 경우에는 주민등록증 외에 위임장을 제출하여야 한다. 이때 착지불 화물인 경우에는 운송요금 외에 2%에 해당하는 Charge Collect Fee를 지불하여야 한다.

　㉧ **보세운송** : 외국물품이 통관완료되지 않은 상태에서 김포 화물터미널 이외의 지역으로 운송되는 경우 이를 보세운송하게 된다.

(6) 항공 터미널 내 장비

종래의 항공화물터미널에서 하역은 주로 인력에 의존하고 중량물의 운반에만 포크리프트를 사용하였다. 그러나 최근에 와서는 화물량의 급증과 노동비용의 상승 때문에 항공사 간에 기계화 터미널의 개발을 촉진시킴으로써 몇 개의 주요 공항에서 최신기계가 사용되고 있다. 터미널에서 사용되고 있는 하역장비 중 대표적인 장비를 보면 다음과 같다.

① 스태커(Stacker) : 화물의 입체장치 방식으로서 1.0m×1.5m×1.2m 크기의 화물보관상자를 수용하는 고층의 거대한 선반배열과 이 선반 사이를 왕복 상하로 움직이는 기중기로 구성된 장치로서, 대부분은 컴퓨터의 조정에 따라 화물의 소재를 관리하고 있다.

② 도어 카트(Door Cart) : 비교적 소형의 화물을 터미널 내로 운반하기 위한 운반기기로서, 다수의 카트는 체인이나 전동장치에 의하여 정해진 코스를 달리거나 분기점에서 주어진 지시에 따라 코스를 선택하게 된다.

③ 소터(Sorter) : 비교적 소형의 화물을 선행지별, 인도지별로 구분하는 장치로서, 벨트 컨베이어나 롤러 컨베이어 등과 제어장치를 합쳐서 조립한 기기이다.

④ 오더 픽커(Order Picker) : 소형의 화물을 선반 위에 정리하여 보관하고 크레인 등으로 작업원이 타고 화물의 반출입작업을 신속하게 하는 시스템이다.

(7) 항공 하역기기

참고 Chapter 07 보관 및 하역기기 / 02 하역기기 참조

4 철도하역

(1) 철도하역 방식

① TOFC(Trailer On Flat Car) : 철도화차 위에 로드 트랙터, 로드 섀시 등을 적재 및 하역하는 방식이다. 기출 10회, 11회, 14회

피기백 방식 (Piggy Back System)	캥거루 방식	프레이트 라이너 방식 (Freight Liner)
• 로드 트랙터와 로드 트레일러(섀시) 조합에 의한 화물운송 도중 화물열차의 대차 위에 섀시나 트랙터+섀시를 컨테이너와 함께 운송	• 터널높이 제한이나 법규상 높이 제한이 있을 경우, 피기백 방식보다 높이가 낮게 바퀴가 화차에 삽입되는 형식	• 대형 컨테이너를 적재하고 터미널 사이를 고속의 고정편성으로 운행하는 화물 컨테이너 운송을 의미한다. 프레이트 라이너 사는 복합운송구간을 포함하여 일관요율 적용

◀ 로드 트랙터 + 로드 섀시 피기백 ▶

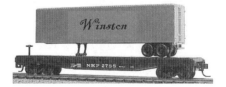

◀ 로드 섀시 피기백 ▶

◀ 캥거루 방식 ▶

② COFC(Container On Flat Car) : 철도화차 위에 컨테이너만을 하역하는 방식이다.

기출 10회, 14회, 16회, 17회

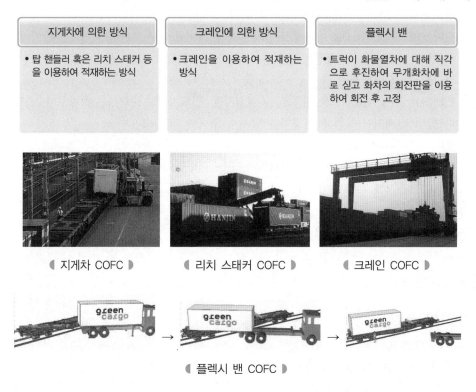

지게차에 의한 방식	크레인에 의한 방식	플렉시 밴
• 탑 핸들러 혹은 리치 스태커 등을 이용하여 적재하는 방식	• 크레인을 이용하여 적재하는 방식	• 트럭이 화물열차에 대해 직각으로 후진하여 무개화차에 바로 싣고 화차의 회전판을 이용하여 회전 후 고정

◀ 지게차 COFC ▶   ◀ 리치 스태커 COFC ▶   ◀ 크레인 COFC ▶

◀ 플렉시 밴 COFC ▶

(2) Bimodal System, DMT(Dual Mode Trailer)

두 가지 운송수단(철도와 도로)을 연계하기 위한 시스템으로 문전수송이 가능하도록 고안한 일관수송 시스템을 의미한다. 상·하역 작업에 크레인이 필요 없고, 컨테이너나 피기백 수송과 달리 화차 차대가 필요하지 않고 중량, 가격, 수송비용 면에서 유리한 특성을 가지고 있다. 반면에, 잦은 도킹과 분리로 트레일러의 높은 견고성이 요구된다.

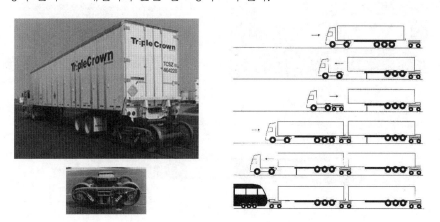

(3) 하역비용 계산

문 제	고철 20,000톤을 실은 선박 하역작업의 계약이다. 얼마의 이익이 예상되는가?

[계약조건]	〈매 출〉
1일 하역책임량 = 2,000톤 톤당 하역료 = 5,000원 조출 및 체선료 = 1일 정상하역비의 $\frac{1}{2}$	계약작업일수 : 20,000톤 / 2,000톤(일) = 10일 예상매출액 : 2,000톤×5,000원×10일 　　　　　 = 1억원 ·························· ① 계약조출료 : 1일 정상하역비는 　　　　　 2,000톤×5,000원 = 1천만원 　　　　　 절반의 금액 500만원
	작업상황에 따른
	예상작업일수 : 20,000톤 / 2,500톤(일) = 8일 　　　　　 10일에서 2일 단축 예정 예상조출료 : 500만원×2일 = 1천만원 ········ ② 예상총매출액 : ① + ② = 110,000,000원 　　　　　　　　　　　·················· ⓐ
	〈비 용〉
	정상하역비용 = 20,000톤×3,000원 　　　　　 = 60,000,000원 ················· ③ 추가투입 하역기계 임대비 : 600,000원/일 　　　　　　　　　·················· ④ 추가투입 및 초과작업 인건비 : 400,000원/일 　　　　　　　　　·················· ⑤ ④ + ⑤ 총추가 투입비용 = 1,000,000원×8일 　　　　　　　　 = 8,000,000원 　　　　　　　　　·················· ⑥
[작업상황]	
정상톤당 하역원가(2,000톤/일 하역시) : 3,000원	예상총비용 : ③ + ⑥ = 68,000,000원 ········ ⓑ
	〈이 익〉
실제 1일 하역작업량 : 2,500톤 추가투입 하역기계 임대비 : 60만원/일 추가투입 및 초과작업 인건비 : 40만원/일	매출 − 비용 = ⓐ − ⓑ 　　　　　 = 110,000,000 − 68,000,000 　　　　　 = 42,000,000원

02 하역 시스템의 설계

1 하역 시스템 설계의 범위 및 목적

(1) 하역 시스템의 범위

하역 시스템은 물품을 자동차에 상하차, 선박에의 적양, 창고에서 상하좌우로 운반하거나 입고 또는 반출시키는 시스템으로서 그 범위는 대단히 넓다.

① 보관장소에 따른 하역의 분류 /기출/ 21회
ㄱ 터미널 하역 : 항만 터미널, 역 터미널, 공항 터미널, 트럭 터미널, 스톡 포인트 및 데포 하역, 복합물류터미널 등에서의 하역도 포함
ㄴ 수송하역 : 트럭, 화차, 선박, 항공기에 대한 적양 및 상하차
ㄷ 생산하역
ㄹ 창고 또는 배송센터 하역 : 물류센터, 유통센터, 집배송단지 하역 포함
② 물품특성에 따른 하역의 분류 : 중량화물 하역, 대형화물 하역, 소형화물 하역, 액체화물 하역 및 대량화물 하역으로 구분된다.[6]

(2) 하역 시스템의 목적

하역 시스템을 도입하는 목적은 하역코스트의 절감, 노동환경의 개선, 성(省)에너지 또는 성(省)자원, 광범위한 범용성 또는 융통성, 省인력, 고도 운전기능과 안전확보 등이다.[7]

① 하역비의 절감 : 내용연수(내구연한)의 확대, 인건비의 삭감, 차량·파렛트·컨테이너 보수비 절감, 부가가치 향상, 설비투자의 축소
② 노동환경의 개선 : 냉동·냉장차 내 초저온에서의 작업, 원자력발전소에 폐기물처리작업, 주조 및 열처리장에서 고온도에서의 작업, 화학공장 내에 유독가스에서의 작업, 비료 또는 고무처리장에서 악취에서의 작업, 철강 및 단조공장 내에서 소음에서의 작업
③ 성(省)에너지 및 성(省)자원 : 소비전력의 삭감(자동화에 따른 고효율화), 냉난방비의 삭감, 조명비의 삭감
④ 광범위한 범용성과 융통성 : 시스템의 변경 용이, 유인(수동과 반자동) 또는 무인(자동과 반자동) 운전가능 및 시스템의 확장 용이
⑤ 성(省)인력 : 휴식시간의 유효한 이용, 장시간 반복되는 연속작업의 개선, 야간작업관리의 개선 및 사이클 타임의 개선
⑥ 고도 운전기능과 안전확보 : 유인운전이 곤란한 고도기능에 대한 대응

---

6) 한국생산성본부, 『물류관리매뉴얼』, p.211.
7) 北岡正敏, 『物流システム』, 白桃書房, 1990, pp.98~99.

2 창고하역 시스템의 설계

(1) 하역 시스템의 설계순서

① 하역 시스템의 설계순서 : 하역 시스템을 설계하는 순서는 다음과 같다.[8]

ㄱ 먼저 3대 요소(아웃풋의 결정, 목표의 명확화, 프로젝트 팀의 편성)를 결정한 다음 새로운 하역 시스템의 가동시기 결정

ㄴ 기본조건을 확인한 다음 시스템이 가동되기까지 각종 데이터를 통해 현행정보와 현행 하역 시스템을 확인한 다음 사양 레벨을 재검토

ㄷ 사내 최고경영층에 이를 알려 사내교육을 완료하고 이 이후 건물·하역설비를 완료하여 시스템을 가동

② 새로운 하역 시스템의 가동일 결정 : 상기 하역설계의 블록별 순서에 따라 하역 시스템의 가동일에 대한 일정표를 작성해야 한다. 주요 항목은 아웃풋, 기본조건의 확인, 작업방법의 결정, 사용자 레이아웃 결정, 건물의 설계와 발주, 세부 레이아웃의 결정, 설치제조업자의 설계, 기계관계 공사, 전기관계 공사, 정보·신호관계 공사, 자동조정기간, 사내외 PR, 실무교육자 양성, 시스템의 공개 및 시스템의 가동 등이다.

(2) 하역 시스템의 가동순서

① 작업수준에 따라 수동 중심의 시스템, 수동과 기계의 조합 시스템, 기계 중심의 시스템, 자동기계에 의한 시스템, 컴퓨터 통제에 의한 시스템을 선택하여 부분적으로 또는 전체적으로 실시한다.

② 하역 시스템을 결정한 다음에는 하역요원을 결정해야 한다. 여기서는 각 작업공정별로 요원을 산정하고 시스템을 고려해서 전체요원을 산출하며, 동일작업에서 몇 개 블록으로 구분된 경우에는 한 개의 블록으로 필요한 요원을 산출한다.

(3) 하역기기의 선정

하역 시스템은 다음과 같이 분류되며 상하차용·보관용·출고용 시스템은 공통되거나 중복되는 경우가 대부분이며, 마지막의 기타 하역 시스템은 이와는 별개로 포장작업, 파렛트화 작업, 라벨 부착작업 등을 의미한다.[9]

① 입화용 하역 시스템

ㄱ **입화작업(상하차작업) 과정** : 상하차작업에서는 관련 공정의 요소를 먼저 파악할 필요가 있다. 여기서 상하차의 각 요소는 상하차 후 공정요소를 합해 각각 13가지로 서로 조합된다.

---

8) 한국생산성본부, 전게서, pp.211~214. (이후 각종 하역기기 그림 전게)
9) 한국생산성본부, 전게서, p.227.

ⓐ 상하차의 공정요소[10]

- **상하차의 요소** : 파렛트 반입, 골판지나 보통상자 반입, 자루물품 반입, 간이포장 반입 및 기타 반입
- **상하차 시간적 요소** : 상하차 시간, 상하차의 피크 여부
- **상하차 후 공정요소** : 일시보관 공정, 파렛트화 공정, 포장공정, 분류공정 및 기타 공정

ⓑ 상하차의 설비기기

- **포크리프트** : 내연기관식, 축전지식
- **컨베이어** : 롤러식, 벨트식, 체인식, 어큐뮬레이션식, 신축식, 트롤리식, 3차원식
- **크레인** : 천장 이동식, 스태커식
- **대차** : 수동식, 무인견인식

ⓛ 파렛트 반입 상하차

ⓐ **파렛트 반입(일시보관)** : 스테이션 하역(고층 랙의 경우 스태커 크레인, 직접하역은 입화 홈)-운반용 테이블 리프트-컨베이어-스태커크레인(텔레스카픽형[11]과 모노레일형[12] 스태커)

ⓑ **파렛트 포장공정** : 상하차한 반송물을 일시 보관하기 전에 포장공정이 필요한 경우, 일정한 간격으로 반송물을 보낼 수 있는 상하차 설비인 어큐뮬레이션 컨베이어를 이용

ⓒ **파렛트 반입(분류공정)** : 포장공정과 같이 분류방법은 체인 컨베이어의 전환에 의한 방법(자동분류), 두더지식 주·보조대차에 의한 방법(자동분류), 포크리프트에 의한 방법(수동분류) 등

ⓒ 골판지 등 케이스 반입

ⓐ **케이스 반입(일시보관)** : 반입(일반 반입방식, 1~2층 또는 중간이층식[13]) – 상하차(컨베이어 사용, 대차와 무인견인차 사용

ⓑ **케이스 반입(파렛트화 일시보관)** : 고층창고나 랙 창고에서 케이스 단위로 보관하는 것이 불리할 때 파렛트 쌓기 후 반입(파렛트로 유닛화된 상태로 반입) – 수동 및 기계(Palletaizer)에 의한 보관

ⓒ **케이스 반입(분류공정)** : 분류장치의 3대 요소 파악 – 각종 분류시스템 이용

---

10) 한국생산성본부, 전게서, p.227.

11) 텔레스카픽형 스태커 크레인은 파렛트를 중간지층 랙에 차례로 포개어 적재하는 형식으로서, 기둥이 트럭의 화물 받침대보다 높은 위치가 되기 때문에 운반대(운전실 및 포크 : Carriage)를 올리면 트럭 위의 파렛트를 자유롭게 움직일 수 있도록 하는 시스템이다. 이 방식은 파렛트를 트럭의 화물 받침대에서 직접 들 수 있고 트럭이 정지하는 장소가 크레인의 이동범위 내에 있으면 편리하다는 장점이 있는 반면에, 상하이동을 그다지 높게 할 수 없으며 자동화가 곤란하다는 단점이 있다.

12) 모노레일형 스태커 크레인은 레일을 따라 움직이는 크레인이기 때문에 포크 형태, 트럭의 정지상태, 하역조건 등에 의해 직접 포크할 수 없어 입화 스테이션을 거쳐 크레인에 싣게 된다.

13) 중간 이층식은 메자닌(Mezzanine)방식이라고 부른다.

ⓐ **자루물품의 반입**[14]

　　ⓐ **자루(布袋)물품의 반입(일시보관)** : 길이 조절 벨트 컨베이어 사용(1층 창고 및 고층식 랙 창고 이용)

　　ⓑ **자루 반입(파렛트화 공정 일시보관)**

　　　• 반입기기(일반적인 반입기기, 3차원 컨베이어)

　　　• 버퍼 기능의 필요

　　　• 상하이동 컨베이어 필요

　　　• 반송에 적합한 컨베이어(에어 컨베이어) 이용

　　ⓒ **자루 반입(포장공정)** : 골판지 상자와 유사

ⓜ **간이포장 반입**[15]

　　ⓐ **일시보관 및 파렛트화 공정** : 랙(선반)이나 파렛트의 파손위험 때문에 수동으로 반입

　　ⓑ **포장공정** : 포장공정은 골판지에 의한 종이포장, 포장지 필름(캐러멜 포장)에 의한 곤포 및 수축포장(shrink packing)으로 분류

　　ⓒ **분류공정** : 제품별 반입시 분류공정은 불필요, 병 또는 원통형 제품은 크기와 중량에 따라 분류

② **보관용 하역 시스템** 〔기출〕 7회, 8회, 12회, 15회, 16회, 21회

　ⓐ **보관작업의 각종 요소(보관의 주요 형상 구분)** : 보관작업의 경우도 입화작업과 같이 화자의 요소, 하역물량 및 회전수(頻度) 등 각종 요소에 따라 보관시스템이 여러 가지로 변한다. 보관시스템은 보관점수, 보관량, 회전수별로 ABC군으로 분류하여 다음과 같이 표현된다.[16]

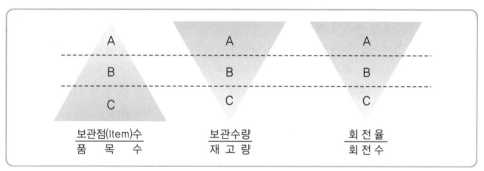

◀ 보관시스템의 중요형태 ▶

---

14) 한국생산성본부, 전게서, pp.239~242.

15) 한국생산성본부, 전게서, pp.244~245.

16) 한국생산성본부, pp.247~271.

ⓒ 파렛트 보관

ⓐ **A-A-A** : 점수는 적지만 수량이 많고 회전수가 큰 **맥주 · 청량음료 · 사탕 · 시멘트** 등(자루물품) 입출고가 빠른 물품으로서 보관설비는 **플로 랙**(flow rack)17)과 **주행대차**(신고 주행이 가능한 장비의 통칭)를 이용한 대차 랙18)을 많이 이용한다. 해당 유형의 기기는 단시간에 대량처리가 가능하기 때문에 편리하지만, 수동에 의한 포크리프트(지게차) 작업이나 모노레일 스태커 등에는 적합하지 않다. 따라서 이때 매스핸들링 스태커 크레인을 이용하면 한대로 몇 개의 파렛트를 동시에 하역할 수 있다.

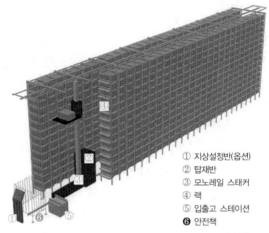

① 지상설정반(옵션)
② 탑재반
③ 모노레일 스태커
④ 랙
⑤ 입출고 스테이션
❻ 안전책

〈출처〉 http://www.seibudenki.com

ⓑ **A-A-C** : 대량의 재고를 갖고 있으면서 별로 이동하지 않는 불량제품이나 계절변동형 제품이 여기에 해당되는데, 여기서는 고정설비인 유닛형 랙이나 플로 랙은 불리하지만 기본적으로 파렛트의 수동적재에는 유리하다. [**계절성이 큰 제품**]

ⓒ **A-C-A** : 회전수만 높은 제품은 보관기능이 미약하기 때문에 이와 같은 형은 피킹 시스템의 자동화와 기계화는 발달되어 있지 않아 발전할 수 있는 여지가 많은 부분이다. 여기서는 주로 임시출고 - 피킹 - 재출고에 많이 이용된다.

---

17) 플로 랙은 자동화를 고려한 흐름형의 고층 랙이 최적형이다. 그 이유는 제품의 선입선출을 완전하게 실시할 수 있고 유닛형과 비교해서 포크나 크레인이 불필요하여 단위당 보관수량이 증가하는 장점이 있다. 반면에, 랙의 상하에 데드 스페이스가 생기고 중간 브레이크가 필요하다는 단점이 있다.

18) 대차 랙은 트랜스가 랙 사이드로부터의 트롤리(trolly)덕트나 버스덕트에 의해 자동주행기능과 승강기능을 가지고 있으며, 파렛트를 차례차례로 보내어 출고측에 자동으로 이동시키는 방식이다. 이 방식은 중간 브레이크가 필요없어 막히는 일이 없고 자주경사가 없어 랙 상하에 데드 스페이스가 발생하지 않으며, 유닛형과 비교할 때 포크나 크레인의 주행경로가 불필요하여 보관효율이 좋다는 장점이 있는 반면에, 대차 자체에 제어판을 설치하고 있어 고장이 나기 쉽고 승강대에 파렛트를 상하로 이동시키기 때문에 파렛트 강도가 강하고 정밀하지 않으면 안 된다는 단점이 있다.

ⓓ A–C–C : 점수, 양 및 회전수가 모두 적어 파렛트를 직접 쌓을 수 있는 형태로서 파렛트 랙을 중심한 하역기기는 포크만 부착되어 있으면 가능한 보관형식이다.

ⓔ B–B–B : 점수, 양 및 회전수가 모두 B급인 일반적 형태로서 설비가 간단하여 랙, 크레인 및 제어시스템 등 설비이동도 간단하고 레이아웃의 변경도 비교적 용이하다. 하역기기로서는 새로 개발된 포니 스태커 시스템(岡崎工業社)과 제트 랙 시스템(新明和工業社)을 이용하면 편리하다.

ⓕ C–A–A : 보관점수가 많고 회전수가 높아 관리가 매우 복잡한 형태로서 **고층 랙과 모노레일 스태커 크레인**의 조합을 통해 **리모트 컨트롤**[19]**과 컴퓨터 컨트롤 방식**을 사용하고 있다. 이 경우 랙과 크레인의 회전수 증가를 중심한 대표적인 몇 가지 조합을 예시하면 I형의 배치, U형의 배치, I형의 변형배치 및 U형의 변형배치로 구분할 수 있다.

ⓖ C–A–C : 재고점수 및 재고량은 많지만 회전수가 적기 때문에 **고층 랙에 모노레일 스태커 크레인**을 이용하는 것이 좋다. 이외 선회식 크레인(보기형)의 이용,[20] 파렛트 직접 쌓기 및 트래버스(하이 시프트)방식[21] 등을 이용하기도 한다.

ⓗ C–C–A : 보관점수는 많지만 보관량은 적고 이동이 많은 형태로서 보관은 주로 **고층 랙**을 사용하며, 개별출고방식에는 첫째로 팩키지 단위의 **오더 피킹 머신**[22]을 사용하는 경우와 둘째로 형태가 분산되었을 때 **모노레일 스태커**에서 수동으로 피킹하는 경우가 있다.

ⓘ C–C–C : 재고량과 이동은 적지만 점수가 많기 때문에 관리가 어려운 방식으로서, 재고 스페이스가 많아 파렛트를 직접 쌓는 것이 유리하다. 하역기기는 주로 이동식 랙 시스템[23]을 많이 이용한다.

ⓒ 골판지 케이스 보관[24]

ⓐ A–A–A : 점수가 적은데 비해 보관량이 많고 회전수가 높은 방식으로서, 이때는 주로 플로 랙과 파렛트 직접 쌓기로 보관한다.

ⓑ A–A–C : 소품종 대량품으로 회전수가 적은 계절변동형 제품보관에 이용하는 형식으로 데크형(deck type) 랙에 주로 보관한다.

---

19) 리모트 컨트롤(remote control)에서 모노레일 스태커 크레인을 운전하여 입출고하는 경우에는 버튼방식과 카드 리더(테이프 리더)방식이 있다. 그리고 컴퓨터 컨트롤에서는 수동에서부터 완전 자동화방식까지 있다.

20) 선회식 크레인(보기형)은 1대당 가격이 직선형보다 비싸고 선회반경도 4~5m로서 주위가 넓어야 한다.

21) 이 방식은 모노레일 스태커 크레인의 기능을 대차 부분(트래버스 및 시프터)과 크레인 부문으로 구분하는 방식으로서, 시프터 와 로더가 1조로 스태커 크레인 1대분의 기능을 갖고 있다. 이것은 로더 1대와 시프트 1대가 어떤 레인에서도 작업할 수 있고 직선형과 같이 입출하 구역의 길이가 5~6m면 충분하기 때문에 재고 회전수가 올라갈 때는 로더 수만 증가시키면 된다.

22) 이는 동명 엔지니어링 콩고사의 제품으로서 진공장치가 부착된 포크로 피킹한다. 파렛트 단위의 출하도 가능하며, 출하 스테이션까지 이동도 할 수 있지만 파렛트에 실려있는 제품의 크기가 일정해야 한다는 단점이 있다.

23) 이동식 랙은 에레콘빠구사의 제품으로서 이동선반방식을 이용하는 것으로 종래의 파렛트 랙 방식의 1/2 스페이스로도 가능하여 투자효율이 상향된다는 장점이 있는 반면에, 안전도 면에서 회전율이 매우 낮은 경우에만 적합하다는 단점이 있다.

24) 한국생산성본부, 전게서, pp.266~278.

ⓒ A-C-A : 회전수는 높지만 소량으로서 자동화를 고려하여 플로형 랙이나 보관 컨베이어
   (**어큐뮬레이션 컨베이어**를 주로 이용)를 이용한다.

ⓓ A-C-C : 소량이므로 가벼운 랙을 사용하며, 출고는 골판지 단위보다 적은 단위로 골판
   지로부터 제품을 꺼내기 쉽게 경사 랙에 끈을 달아 보관한다.

ⓔ B-B-B : 모두가 중위권에 보관하는 형태로서 원칙적으로 고정배치를 이용하여 랙의 연
   수, 열수 및 단수를 배치번호로 하며, 하역기기는 포크리프트와 랙의 조합이 적당하다.

ⓕ C-A-A : 다품종 소량품의 보관형으로서 파렛트 보관은 C-A-C와 동일하다.

ⓖ C-A-C : C-A-A와 동일하다.

ⓗ C-C-A : A-C-A와 동일한 보관시스템으로서 피킹 빈도를 중심으로 한 시스템을 필요
   로 하며, 다품종이므로 평면 공간을 넓게 잡아야 한다. 하역기기는 투 플로 시스템(적층
   랙[25]을 주로 사용)을 이용하게 된다.

ⓘ C-C-C : 경량 랙의 보관이나 이동 랙 시스템을 이용하는 것이 적당하다.

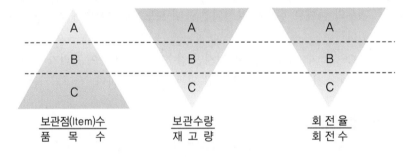

A - A - A	품목수는 적지만 수량이 많고 회전수가 큰 '**맥주, 청량음료, 시멘트**' 보관설비는 플로 랙, 주행대차 사용
A - A - C	불량제품이나 **계절성이 큰 제품**
A - C - A	회전수만 높은 제품, 보관기능은 미약하기 때문에 피킹시스템 자동화가 발달된 오늘날에는 '임시출고 - 피킹 - 재출고' 형태로 많이 이용
A - C - C	품목수, 재고량, 회전수가 모두 적어 파렛트를 직접 쌓을 수 있는 형태로서 파렛트에 직접 쌓기 또는 파렛트 랙의 하역기기로 지게차 사용
B - B - B	**모든 특성이 평이**한 형태로 팩, 크레인 등 설비이동 및 레이아웃도 단순

---

25) 적층 랙은 기둥이 필요 없고 1층에서 천장까지 전부 랙으로 사용이 가능하기 때문에 단위면적당 보관효율이 높다. 그러나
   주의할 점은 1, 2층 사이에 정체가 발생해서는 안 되기 때문에 출고 시 대차 외에도 컨베이어를 이용해 볼 수도 있다.

C – A – A C – C – A	**다품종 – 소량 – 다빈도**, 관리가 매우 복잡한 형태로 **고층 랙과 스태커 크레**인의 조합을 통해 **컴퓨터 컨트롤**
C – A – C	재고점수, 재고량은 많지만 회전수가 적어 자동화 창고의 고층 랙에 모노레일 스태커 크레인을 이용하거나 파렛트에 직접 쌓기 실행

01 하역기기 선정의 방법에 관한 설명으로 옳지 않은 것은?　　　　　　　　　　　✅ 19회

① 화물의 형상, 크기, 중량 등을 감안하여 선정한다.

② 작업량, 취급품목의 종류, 운반거리 및 범위, 통로의 크기 등 작업특성을 고려하여 선정한다.

③ 화물의 흐름, 시설의 배치 및 건물의 구조 등 작업환경 특성을 고려하여 선정한다.

④ 안전성, 신뢰성, 성능 등을 고려하여 선정한다.

⑤ 단일 대안만을 고려한 후, 경제성을 검토하여 선정한다.

[해설] 여러 대안을 고려하여 비교 평가, 경제성을 검토하여 선정한다.

02 다음은 회전수가 높은 품목의 보관시스템에 대한 설명이다. 차례대로 올바르게 짝지어진 것은?　　　　　　　　　　　✅ 12회

> ㉠ 회전수만 높고 보관수량이 적은 중간공정이나 임시출고라인에서 피킹을 실시하는 제품에 적합하다.
> ㉡ 보관품목수는 적지만 보관수량이 많은 제품으로 맥주, 청량음료, 시멘트 등 입출고가 빠른 물품의 대량 처리에 편리하다.
> ㉢ 보관품목수와 보관수량이 많고 회전수가 높아 관리가 매우 복잡한 형태로 고층 랙과 모노레일, 스태커 크레인의 조합을 통해 컴퓨터 컨트롤 방식을 채용해야 효율적이다.

① ㉠ A – A – A, ㉡ A – C – A, ㉢ C – A – A

② ㉠ A – C – A, ㉡ A – A – A, ㉢ C – A – A

③ ㉠ C – A – A, ㉡ A – C – A, ㉢ A – A – A

④ ㉠ C – A – C, ㉡ C – C – C, ㉢ A – C – C

⑤ ㉠ A – C – A, ㉡ C – A – A, ㉢ A – A – A

해설

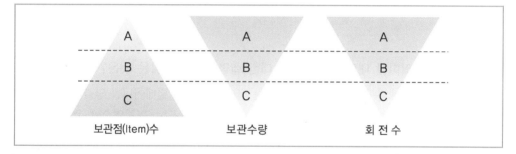

보관점(Item)수 　　　　보관수량 　　　　회전수(회전율)

ⓐ A-C-A 형태 : 회전수만 높고 보관수량이 적은 중간공정이나 출고라인에서 피킹을 실시하는 제품에 적합하다.

ⓑ A-A-A 형태 : 보관품목(item)수는 적지만 보관수량이 많고 회전수가 큰 맥주, 청량음료, 시멘트 등 입출고가 빠른 물품으로 대량처리에 편리하다.

ⓒ C-A-A형태 : 보관점(Item)수와 보관수량이 많고 회전수가 높아 관리가 매우 복잡한 형태로 고층 랙과 모노레일 스태커 크레인의 조합을 통해 컴퓨터 컨트롤 방식을 채용하여 운용하여야 효율적이다.

03 보관시스템의 주요 형태에 관한 설명으로 옳은 것은? ✔ 16회

보관점(Item)수 　　　　보관수량 　　　　회 전 수

① A-A-C 형태는 보관점(Item)수는 적지만 보관수량이 많고 회전수가 큰 맥주, 청량음료, 시멘트 등 입출고가 빠른 물품으로 보관설비는 플로 랙과 주행대차를 많이 이용하며 단시간에 대량처리가 가능한 형태이다.

② C-A-A 형태는 보관점(Item)수와 보관수량이 많고 회전수가 높아 관리가 매우 복잡한 형태로 고층 랙, 모노레일 및 스태커 크레인 등의 조합과 함께 컴퓨터 컨트롤 방식을 채용하면 운용효율을 높일 수 있다.

③ A-A-C 형태는 회전수만 높은 제품으로 보관기능이 미약하기 때문에 중간공정이나 출고라인에서 피킹하는 제품에 적합한 형태이다.

④ C-C-C 형태는 보관점(Item)수는 많지만 보관수량이 적고 이동이 많은 형태로 주로 고층랙을 이용하며 개별출고방식에서 오더 피킹 머신과 수동으로 피킹하기도 하는 형태이다.

⑤ C-A-A 형태는 보관점(Item)수, 보관수량은 많지만 회전수가 적어 자동화 창고의 고층 랙에 모노레일 및 스태커 크레인 등을 이용하거나 파렛트 직접 쌓기 및 시프터와 로더가 한 조가 되는 기능의 하이시프트방식을 이용하는 형태이다.

정답 **03** ②

[해설] ① A – A – A, ③ A – C – A, ④ C – C – A, ⑤ C – A – C

04 보관제품의 특성에 있어서 종류가 많고 회전수가 높은 경우, 하역시스템과 보관시스템이 올바르게 연결된 것은? ✓ 13회

① 무인이송차량(AGV) – 흐름 랙(Flow Rack), 파렛트 랙

② 스태커 크레인(Sracker Crane) – 고층 랙, 자동창고

③ 지게차 – 파렛트 랙, 흐름 랙

④ 이동식 선반 – 파렛트 평치, 경량 랙

⑤ 수동 적재 – 파렛트 랙, 데크형 랙

[해설] 다품종 고회전율 상품(C-C-A/C-A-A)은 스태커 크레인을 이용한 고층 랙을 사용하는 자동화창고 시스템을 운용하는 것이 공간활용도와 노동생산성 모두를 향상시키는 방법이다.

05 컨테이너 터미널 내의 하역기기에 대한 설명 중 옳지 않은 것은?

① 스트래들 캐리어(Straddle Carrier)는 터미널 내에서 컨테이너를 양각 사이에 놓고 상하로 들어올려 컨테이너를 마샬링 야드로부터 에이프런 또는 CY지역으로 운반 및 적재하는 데 사용된다.

② 트렌스테이너 크레인(Transtainer Crane)은 일정한 간격을 가진 교각형 기둥으로 상부 크레인을 지지하고 기둥의 상하로 컨테이너를 감아올려 적재 및 인수를 수행하며, 하부에는 이동할 수 있는 바퀴를 지니고 있다.

③ RTGC(Rubber-Tyred Gantry Crane)는 직진 안전성을 확보하기 위해 지상에 설치된 인식장치 및 유도장치 등이 필요하다.

④ RMGC(Rail-Mounted Gantry Crane)는 레일 위에 고정되어 있어 컨테이너의 적재 블록을 자유로이 바꿀 수 없기 때문에 RTGC에 비해 작업의 탄력성이 떨어진다.

⑤ OHBC(Over-Head Bridge Crane)은 돌출된 구조물 위에 레일이 설치되어 있기 때문에 RMGC에 비해 초기 투자비가 적게 소요되며, 크레인 동작부의 중량을 증가시키지 않고 컨테이너의 단위적재량을 증대시킬 수 있다.

[해설] OHBC와 같은 고속주행 및 정밀제어 등 자동화가 극대화된 항만 크레인은 초기 투자비가 크게 소요된다.

정답 **04** ② **05** ⑤

06 컨테이너 터미널에서 사용되는 하역방식은 안벽과 야드 간의 컨테이너 이송에 사용되는 장비에 따라 여러 가지 유형으로 구분되고 있다. 현재 국내에서 주로 사용하는 방식은 무엇인가? ✅ 12회

① 섀시 방식(Chassis System)

② 스트래들 캐리어 방식(Straddle Carrier System)

③ 트랜스테이너 방식(Transtainer System)

④ 혼합 방식(Mixed System)

⑤ 무인이송차량 방식(Automated Guided Vehicle System)

해설 야드 섀시에 탑재한 컨테이너를 마샬링 야드에 이동시켜 트랜스퍼 크레인에 의해 장치하는 방식으로, 현재 국내에서 항만 컨테이너 터미널에서 주로 사용하는 방식이다.

07 철도컨테이너 하역방식에 관한 설명으로 옳은 것은? ✅ 21회

① TOFC(Trailer On Flat Car)방식은 회전판을 이용하여 컨테이너를 90도 회전시켜 고정시키는 방식이다.

② 피기백(Piggy back)방식은 화물적재 단위가 클수록 유리하고 리치 스태커(Reach Stacker)를 사용하는 방식이다.

③ 캥거루방식은 장거리 정기노선에 유리한 COFC(Container On Flat Car)방식의 일종이다.

④ 프레이트 라이너(Freight liner)방식은 대형 컨테이너를 정기적 급행으로 운행하고 공로와 철도를 포함한 문전운송이 가능한 방식이다.

⑤ COFC(Container On Flat Car)방식은 트레일러를 적재하는 방식이다.

해설 ① TOFC(Trailer On Flat Car)방식은 컨테이너를 적재한 트레일러 자체를 철도화차에 상차하거나 화차로부터 하차하는 방식이다.

② 피기백(Piggy back)방식은 트레일러나 트럭으로 컨테이너를 운송할 경우 화물열차의 대차 위에 트레일러나 트럭을 컨테이너 등 화물과 함께 실어 운송하는 방법이다. 화물적재의 단위가 크고, 장거리일수록 편리하게 이용할 수 있으나 하대가 평판으로 되어 있어 세로 방향의 홈과 피기패커(Piggy Packer) 등의 하역장비가 필요한 것이 단점이다.

③ 캥거루방식은 장거리 정기노선에 있어서 운송의 효율성을 높이고 트럭을 이용하여 지역 간 신속한 집화와 인도를 위하여 두 운송업체가 결합한 형태로 TOFC(Trailer On Flat Car)방식의 일종이다.

⑤ COFC(Container On Flat Car)방식은 컨테이너 자체만을 철도화차에 상차하거나 철도화차로부터 하차하는 방식을 의미한다.

정답 **06** ③ **07** ④

08 화차에 컨테이너를 싣는 COFC(Container On Flat Car)방식에 해당되는 것은? ✅ 16회

① 피기백(Piggy-Back) 방식, 캥거루 방식

② 캥거루 방식, 플렉시 밴(Flexi-Van)

③ 크레인에 의한 방식, 피기백 방식

④ 프레이트 라이너(Freight Liner) 방식, 피기백 방식

⑤ 크레인에 의한 방식, 플렉시 밴

[해설] 피기백, 캥거루 방식은 TOFC(Trailer On Flat Car)방식이다.

◀ 크레인에 의한 방식 ▶

◀ 플렉시 밴 ▶

09 다음은 컨테이너 터미널 하역방식 중 어떤 방식인가?

> 에이프런에 직접 내려진 컨테이너를 이 장비로 직접 이동·보관할 수 있어 갠트리 크레인의
> 회전율이 높고 컨테이너의 2~3단 적재가 가능하다. 토지의 효율성이 높고 작업량의 탄력성을
> 갖는 반면, 장비와 컨테이너의 파손율이 높다는 단점이 있다.

① 섀시 방식(Chassis System)

② 트랜스테이너 방식(Transtainer System)

③ 스트래들 캐리어 방식(Straddle Carrier System)

④ 지게차에 의한 방식(Pork Lift System)

⑤ 갠트리 크레인 방식(Gantry Crane System)

[해설] 스트래들 캐리어를 이용하여 외부에서 입항한 로드 트랙터 + 로드 섀시 컨테이너를 상하차하거나, 야드에
정리하거나, 안벽의 갠트리 크레인에게 인도하여 본선에 적하는 방식 혹은 그 반대 과정으로 양하하는
방식이다. 장비구성이 간단하고 운영의 유연성이 높아 피크수요에 대응력이 좋은 편이다. 반면, 좁은 공간
에서 이동 빈도수가 높기 때문에 높은 컨테이너 처리 및 유지·보수비용이 들며, 1열 적재의 한계로 소요면
적이 크고 운전의 난해성으로 인해 고숙련 운전요원이 요구되는 단점이 있다.

정답 **08** ⑤ **09** ③

10 TOFC(Trailer on Flat Car)에 관한 설명으로 옳지 않은 것은? ✅ 14회

① TOFC는 화물을 적재한 트레일러를 화물과 함께 적재하는 철도하역 방식이다.

② 피기백(Piggy-Back) 방식은 화물적재의 단위가 클수록 편리하다.

③ 플렉시 밴(Flexi-Van) 방식은 TOFC 하역방식 중에서 기동성이 가장 우수하다.

④ 정기적으로 운행하는 컨테이너 운송으로 프레이트 라이너(Freight Liner) 방식이 있다.

⑤ 캥거루 방식은 터널의 높이나 차량높이의 제한이 있게 될 경우 피기백 방식보다 높이가 낮아 유리하다.

해설 플렉시 밴 방식은 COFC(Container on Flat Car) 방식이다.

11 블록 트레인(Block Train)에 관한 설명으로 옳지 않은 것은? ✅ 16회

① 물동량이 충분하고 조차장이 작은 경우에 적합하다.

② 고객맞춤형 직통 컨테이너화차 방식이다.

③ 출발역으로부터 도착역까지 직송서비스를 제공한다.

④ 일반 철도운송보다 운송시간 단축에 유리하고 녹색물류에 적합하다.

⑤ 루프형 구간 서비스로 단거리 수송에 유리하다.

해설 블록 트레인(Block Train)은 고속직행 화물컨테이너 전용편성 열차이며 장거리 수송에 적합하다.

12 컨테이너 전용터미널에서 사용되는 하역 또는 이송장비가 아닌 것은? ✅ 14회

① 언로더(Unloader)

② 갠트리 크레인(Gantry Crane)

③ 트랜스퍼 크레인(Transfer Crane)

④ 리치 스태커(Reach Stacker)

⑤ 탑 핸들러(Top Handler)

해설 언로더는 조악화물, 벌크화물을 옮기기 위한 구 항만의 기중기식 하역기기이므로 컨테이너 전용터미널에는 사용되지 않는다.

정답 **10** ③ **11** ⑤ **12** ①

13 **모달시프트(Modal Shift) 구현을 위한 DMT(Dual Mode Trailer) 시스템에 관한 설명으로 옳지 않은 것은?** ✅ 17회

① 도로수송의 유연성과 대량수송이 가능한 철도수송의 장점을 결합한 시스템이다.

② 철도물류에 수반되는 상하역 절차가 간소화된다.

③ 철도운송의 단점을 보완하여 고객에게 문전배송(Door-to-Door) 서비스가 가능해진다.

④ 피기백(Piggyback), 바이모달(Bimodal), 모달로(Modalohr), 카고 스피드(Cargo Speed) 등의 방법이 있다.

⑤ 트랜스포터(Transporter), 터그카(Tug Car), 하이로더(High Loader) 등의 하역장비를 이용한다.

> **해설** DMT는 두 가지 운송수단(철도와 도로)을 연계하기 위한 시스템으로, 문전수송이 가능하도록 고안한 일관수송 시스템을 의미한다.
> ⑤의 장비들은 항공하역에 사용되는 운반하역 장비이다.

14 **다음 중 컨테이너 터미널에 대한 설명과 거리가 먼 것은?**

① 마샬링 야드(Marshalling Yard)는 에이프론과 인접하여 설치되는 경우가 많다.

② 컨테이너 야드(CY)는 경계선이 명확하지 않으나 일반적으로 마샬링 야드의 배후에 배치되어 있다.

③ LCL은 컨테이너 하나에 채우기 부족한 화물을 말하며, FCL은 컨테이너 1개를 가득 채울 수 있는 화물을 말한다.

④ CFS는 컨테이너 소량화물의 혼재작업을 하는 취급장을 말한다.

⑤ 선석(Berth)은 컨테이너선에 선적해야 할 선적예정 컨테이너를 사전계획에 의해 순서대로 쌓아올린 장소이다.

> **해설** 선석은 항만 내에서 선박을 계선시키는 시설을 갖춘 접안 장소로 보통 표준 선박 1척을 정박시키는 설비를 갖추고 있다.

정답 **13** ⑤ **14** ⑤

15 다음 보기에서 설명하는 내용들의 올바른 명칭은?   ✅ 19회

> ㉠ 부선에 컨테이너(Container)를 적재하고 부선에 설치되어 있는 크레인 또는 엘리베이터를 이용하여 하역하는 방식
>
> ㉡ 본선 또는 육상의 갠트리 크레인(Gantry Crane)을 사용하여 컨테이너를 본선에 수직으로 하역하는 방식
>
> ㉢ 선미나 선측, 경사판을 거쳐 견인차를 이용하여 수평으로 적재 또는 양륙하는 방식

① ㉠ Lift on-Lift off, ㉡ Roll on-Roll off, ㉢ Float on-Float off

② ㉠ Lift on-Lift off, ㉡ Float on-Float off, ㉢ Roll on-Roll off

③ ㉠ Roll on-Roll off, ㉡ Float on-Float off, ㉢ Lift on-Lift off

④ ㉠ Roll on-Roll off, ㉡ Lift on-Lift off, ㉢ Float on-Float off

⑤ ㉠ Float on-Float off, ㉡ Lift on-Lift off, ㉢ Roll on-Roll off

> **해설** • LO-LO(Lift On Lift Off)방식 : 본선 또는 육상의 컨테이너 "크레인"을 사용하여 컨테이너를 본선에 수직으로 하역하는 방식
>
> • RO-RO(Roll On Roll Off)방식 : 자동차나 철도화차가 직접 선측이나 선미에 경사판을 통해 견인차로 수평으로 적재, 양륙 방식 페리 선박에서 전통적으로 사용해온 방식
>
> • FO-FO(Float On Float Off)방식 : 컨테이너 또는 일반 화물이 적재된 바지(barge)를 본선상에 설치되어 있는 크레인으로 통째로 하역하는 방식. 도저히 크레인 등으로 싣지 못하는 작은 선박이나 거대한 구조물을 수송할 때는 화물을 물에 띄워 놓고 배 자신이 약간 가라앉았다 뜨면서 들어 올리는 방식

16 항만하역에 관한 설명으로 옳지 않은 것은?   ✅ 17회

① 항만하역이란 항만에서 항만운송면허사업자가 화주나 선박운항업자로부터 위탁을 받아 선박에 의해 운송된 화물을 선박으로부터 인수받아 화주에게 인도하는 과정을 총칭한다.

② 환적작업은 안벽에 계류된 부선에 적재되어 있는 화물을 양륙하여 운반기구에 적재하는 작업이다.

③ 선내작업으로는 본선 내의 화물을 내리는 양하와 본선에 화물을 올리는 적하가 있다.

④ 육상에서는 운반차량을 이용한 상차, 하차, 출고상차, 하차입고 등의 작업이 있다.

⑤ 컨테이너 전용부두의 경우 부두 내 CY/CFS에서 나온 컨테이너는 마샬링 야드(Marshalling Yard)에서 선적 대기하다가 선내작업을 할 수 있다.

> **해설** 해당 설명은 부선양하에 대한 설명이며, 환적은 운송수단에서 다른 운송수단으로 화물을 옮겨 싣는 작업을 말한다.

정답 **15** ⑤ **16** ②

17 다음 중 항공화물의 하역기기 명칭에 대한 설명으로 옳지 않은 것은? ✓ 12회

① 단위탑재 수송용기(ULD)인 파렛트란 알루미늄 합금으로 제작된 평판으로 Net와 이글루를 사용하여 Attachment Fitting에 연결, 고정시킨다.

② 단위탑재 수송용기(ULD)인 이글루란 알루미늄과 Fiberglass로 만들어진 항공화물을 넣는 특수한 덮개이다.

③ Certified Aircraft Containers란 항공화물실 윤곽(Contour)에 맞게 컨테이너의 외관을 알루미늄과 Fiberglass로 제작한 것이다.

④ 항공화물실 내의 Hold란 천장과 바닥 및 격벽으로 구성되어 여객과 화물을 수송할 수 있는 내부 공간으로써, 여러 개의 Compartment로 구성된다.

⑤ 항공화물실 내의 Bay란 단위탑재 수송용기(ULD)를 탑재할 수 없는 공간의 세부적 구분을 의미한다.

> **해설** 항공화물실 내의 Bay란 공간은 단위탑재 수송용기를 탑재할 수 있는 공간의 세부적 구분을 말한다.

18 항공용 단위탑재 수송용기에 관한 설명이다. (   ) 안에 들어갈 용어로 옳은 것은? ✓ 18회

(㉠)은 항공기 화물실 윤곽(Contour)에 맞게 제작되어 화물실 공간을 최대한 활용할 수 있도록 제작되어 있으며, (㉡)은 밑바닥이 없는 형태로 항공기 내부구조에 맞게 알루미늄과 유리섬유(Fiberglass)로 만들어진 항공화물을 넣는 특수한 덮개이다.

① ㉠ Certified Aircraft Container, ㉡ Cattle Pen

② ㉠ Igloo, ㉡ GOH(Garment On Hanger)

③ ㉠ Certified Aircraft Container, ㉡ Igloo

④ ㉠ Cattle Pen, ㉡ Igloo

⑤ ㉠ Certified Aircraft Container, ㉡ GOH

> **해설** 항공기의 윤곽에 맞게 만들어진 CAC와 Igloo에 대한 설명이다.

정답 **17** ⑤ **18** ③

19 컨테이너 터미널이 연간 100,000TEU의 물동량을 처리하고, 평균 장치일수는 10일이며, 피크 및 분리계수는 각각 1.5이면서, 평균장치단수는 5단위일 경우 소요되는 TGS (Twenty-foot Ground Slot) 수는 얼마가 되겠는가? ✔ 10회

① 308
② 548
③ 1,233
④ 3,082
⑤ 6,164

해설

소요 $TGS = \dfrac{\text{연간 처리예상물동량} \times \text{평균장치일수} \times \text{피크계수} \times \text{분리계수}}{\text{평균단적수} \times \text{연간 영업일수}}$

$\therefore TGS = \dfrac{100,000\text{TEU} \times 10\text{일} \times 1.5 \times 1.5}{5 \times 365\text{일}} = 1,232.8$ 약 1,233

정답 **19** ③

CHAPTER 10

유닛로드 시스템

01 유닛로드 시스템

1 유닛로드 시스템의 의의와 종류

(1) 유닛로드 시스템의 의의 🖊️기출 14회, 18회, 22회

① **유닛로드 시스템**(Unit Load System : ULS)이란 <u>하역 및 운반의 혁신적 단위적재를 통해 운송합</u>
<u>리화를 이룩하는 체제로서, 화물을 일정한 표준의 중량과 용적으로 이를 단위화(unitization)</u>
<u>시켜 기계적인 힘에 의해 일괄적으로 하역 또는 운송하는 물류시스템을 의미한다.</u> 따라서 ULS
는 협동일관운송(intermodal transportation)을 가능하게 하는 전형적인 하역 및 운송의 합리
화 체제로서 하역의 기계화, 화물의 파손방지, 신속한 적재, 운송수단의 회전율 향상을 가능하
게 하는 역할을 수행한다.

　　최근 경박단소화(輕薄短小化)[1]시대에서는 중량, 용량, 포장, 화조(貨造)[2]를 통일화함으로써
하역의 기계화, 운송의 효율화, 포장의 간이화에 의한 성력화를 통해 물류비를 절감할 수 있게
되어 기업의 수익에 물류합리화가 큰 공헌을 하게 되었다.

② **유닛로드 시스템은 파렛트(Pallet)와 컨테이너(Container)**라는 깔판이나 용기의 개발에 의해 화
물을 송화주의 문전에서 수화주의 문전까지 일관운송할 수 있는 시스템으로서, 이같은 시스템은
처음 북미에서 해상과 육상운송(주로 철도운송)을 연계하는 단위화물의 협동일관운송(協同一貫
運送)에서 처음으로 이용하게 되었다. 미국에서는 협동일관운송을 'Intermodal Transportation'
이라고 부르며, 「TCM조약」과 「UN국제화물복합운송조약」 이후에는 국제복합운송(國際複合運
送)이란 개념으로 바뀌게 되었다.

③ **복합운송**(Combined or Multimodal Transportation)이란 <u>2종류 이상의 이종 또는 동종 운송</u>
<u>수단에 의해 순차적으로 화물을 송화주의 문전에서 수화주의 문전까지 일관운송한다는 뜻으로</u>
서 통운송(通運送, through transportation)과 협동일관운송 이후에 나온 용어개념이다. 1980
년 「UN국제복합운송조약」이 발표된 이후부터 2종류 이상의 동종 및 이종 운송수단의 결합에
의해 운송하는 모든 역내운송과 역간운송(域間運送)을 통칭하고 있다.

---

1) **경박단소화** : 가볍고 얇으며, 짧고 작게 만드는 것
2) **화조** : 화물 간의 모듈화

④ 한편, **협동일관운송**(intermodal transportation)은 이종 운송기관(주로 선박과 철도) 간의 상호결합에 의해 운송하기 시작한 미국에서 유래된 용어로서, 지금의 해륙(海陸)복합운송의 개념을 생성시킨 용어라고 볼 수 있다. 따라서 협동일관운송은 이종 운송기관과의 협동적 측면, 즉 화물의 특성, 판매조건, 1일당 운송량 등 물류특성에 합치된 운송기관의 합리적 선택이 중요한 요건이 된다. 따라서 이는 어디까지나 현재 국제복합운송 시스템의 한 개념 속에서 파악되어야 한다.

⑤ 그러나 ULS는 이종 운송기관과의 연계 및 합동 시 하역과 중계의 합리적 체제를 중요시하는 화물의 단위적재 시스템이기 때문에 협동일관운송과는 개념상 차이가 있다. 따라서 ULS는 협동일관운송을 가능하게 하는 하나의 단위적재 시스템으로 인식되며, 유닛로드를 기본으로 한 하역 및 운송시스템으로는 일관 파렛트화(palletization), 컨테이너화(containerization), 프레이트 라이너(freight liner)3), 국제복합운송 및 협동일관운송 등이 있다.

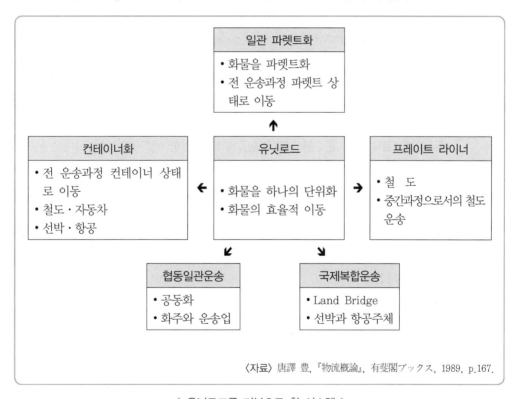

〈자료〉 唐譯 豊, 『物流槪論』, 有斐閣ブックス, 1989, p.167.

◀ 유닛로드를 기본으로 한 시스템 ▶

---

3) 이 운송방식은 1965년 영국 국철이 개발한 정기급행(컨테이너) 열차로서, 대형 컨테이너를 적재하고 터미널 사이를 정기적으로 고속운행하는 화물 컨테이너 운송방식이다.

> **핵심포인트**
>
> Unit Load System
> 화물을 일정한 중량이나 크기로 단위화시켜 기계화된 하역작업과 일관된 수송방식으로, 물류
> 의 여러 과정들을 표준화시키는 것으로 물류표준화를 통하여 물류활동의 효율화를 꾀하는 시
> 스템(단점 : 대규모 자본투자 필요, 유닛로드용 자재관리) **기출** 21회

(2) 유닛로드 시스템의 종류

① 파렛트화

ⓐ 파렛트는 유닛로드의 대표적인 용구로서 물품을 하역, 운송 및 보관하기 위해서 단위수량을 적재할 수 있는 적재 깔판, 즉 하역대(荷役臺)를 의미한다. 이는 화물이동에서 다수의 소화물을 개별로 이동하지 않고 일정한 묶음으로 단위화되어 일괄 적재로 운송하는 유닛로드 시스템의 기본 단위용구의 하나이다. 낱개의 화물을 적정한 단위 로트(lot)로 집합할 수 있게 목재·플라스틱·금속 등으로 제작하여 화중(貨重)을 받을 수 있도록 만든 단위 받침대를 의미한다.

ⓑ 파렛트의 사용방법은 미국에서 1940년경 처음 개발되어 그 후 세계 각국에 보급되었다. 스웨덴은 1947년, 일본은 1949년, 스위스는 1952년이며, 우리나라의 경우는 1950년 6·25 한국전쟁으로 미군이 군수물자의 운송을 위해 도입한 이후 1977년 (주)대우중공업에서 포크리프트를 생산 판매하면서 파렛트는 급속하게 보급되기 시작하였다.

ⓒ 파렛트는 처음 공장, 하치장 구내 및 영업창고 등지에서 포크리프트(fork lift)가 개발 이용되면서 운반의 합리화 수단으로 사용되었으며, 그 후 발송지에서 도착지까지 파렛트에 적재된 상태로 단위화하여 문전에서 문전까지 일관운송하는 일관 파렛트화로 발전하게 된 것이다. 이러한 일관 파렛트화는 다음의 컨테이너화와 더불어 복합운송의 전형적인 운송단위화로 발전되었다.

ⓓ **유닛로드 시스템을 위한 파렛트 선정 시 고려사항**

ⓐ 적재화물의 크기와 무게

ⓑ 사용할 파렛트의 회수 여부

ⓒ 빈 파렛트를 쌓았을 때의 소요공간의 절감

ⓓ 운송장비(적재함)의 크기

② 컨테이너화

ⓐ 컨테이너의 사용은 파렛트보다 훨씬 빠른 1920년대 미국의 철도회사에서 트레일러로부터 특수 무개화차(flat car)에 의한 피기백(piggy-back) 운송에 처음 사용한 이후 1929년에 유럽에서 민간용으로 사용되었으며, 2차 세계대전 중 미군의 병참전략인 코넥스 플랜(Conex Plan)에서 이용되었다. 그 후 해상에서 컨테이너를 최초로 도입한 해운회사는 시랜드사(Sea-Land Service, Inc.)이다. 이러한 컨테이너 운송은 최근에는 해륙복합운송뿐 아

니라 항공운송에서도 비행기의 컨투어(contour)에 맞게 제작되어 이용되고 있다.

컨테이너를 공로(公路)운송에서 이용하는 경우에는 트랙터에 의해 견인되는 연결차량인 세미 트레일러(semi-trailer)로 운반되며, 철도를 이용하는 경우에는 컨테이너 전용화차인 무개화차(無蓋貨車)에 의해 운반된다. 해상운송에서는 세미 컨테이너선(semi-container ship)과 풀 컨테이너선(full-container ship)에 의해 운반되며, 항공운송의 경우에는 보잉 747F와 같은 대형 화물전용기에 의해 운반되고 있다.

ⓛ 컨테이너 방식은 컨테이너를 사용해서 컨테이너 적재상태로 일관운송하므로 이를 파렛트화와 같이 컨테이너화(containerization)라고 부른다. 컨테이너 운송 시 국내운송과 국제운송 간에는 과거에는 운송단위의 차이 때문에 하역작업과 운송수단에의 적재도 일관성이 없어 인력과 시간이 많이 낭비되고 있었다. 따라서 국제표준기구(International Organization for Standardization : ISO)에서 컨테이너의 종류와 종류별 규격을 정해 해륙용 컨테이너를 표준화하였다. 그러나 항공기의 경우에는 기체의 특성상 각 기종의 컨투어가 다르기 때문에 그 기종에 맞는 파렛트와 컨테이너를 제작해서 사용한다.

ⓒ 컨테이너는 그 자체의 규격이 표준화되는 것 외에도 컨테이너 속에 화물을 적입(van-in) 또는 적출(van-out)하는 데는 표준형 파렛트(T-11형, T-8형)를 사용하여 일관 파렛트 운송이 가능하도록, 화물용 파렛트 로드(pallet load) 상태로 만들어 컨테이너에 적재하는 경우가 많다. 그 이유는 기계화된 포크리프트만이 하역작업을 효율적으로 수행할 수 있기 때문이다. 그러나 모든 화물을 반드시 파렛트 로드 상태로 컨테이너 내에 적입하는 것은 아니기 때문에 하역의 완전한 무인 기계화에는 한계가 있을 수밖에 없다.

ⓔ 오늘날 국제복합운송에서는 항공화물을 제외하고는 해륙복합운송의 경우 대부분의 공산품은 컨테이너에 적입하여 국제적 유닛로드 시스템을 이용한 국제복합운송에 의해 운송하고 있다. 다시 말해 국제복합운송은 해륙, 해공(sea/air), 랜드브리지(land-bridge) 등의 국제운송을 통해 송화주로부터 수화주까지 유닛로드 시스템에 의한 일관운송 서비스를 수행함으로써 운송효율과 운송비의 절감은 물론이고 신속·정확·저렴·택배(宅配)·문전운송 등을 통해 고객서비스를 극대화하고 있다.

③ 물류시스템화와 유닛로드 시스템

㉠ 물류를 시스템화하는 목적은 무포장화물의 개품운송에서 화물을 파렛트와 컨테이너를 이용하여 단위화함으로써 유닛로드 시스템에 의해 전문화·대형화·전용화·고속화되어 화물을 안전·확실·신속·저렴하게 송화주로부터 수화주의 문전까지 물리적으로 이동시킬 수 있다.

㉡ 이와 같은 유닛로드 시스템을 통해 물류를 시스템화하기 위해서는 각종 물류시설과 기기를 정비하는 동시에 운임체계를 재정비하여 구체적으로 운송·보관·하역·포장·유통가공·정보 등 물류활동을 전개하여야 하며, 여기에는 물류시설, 물류기기, 협동방식, 공동이용제도 등이 적절히 선택되어야 한다.

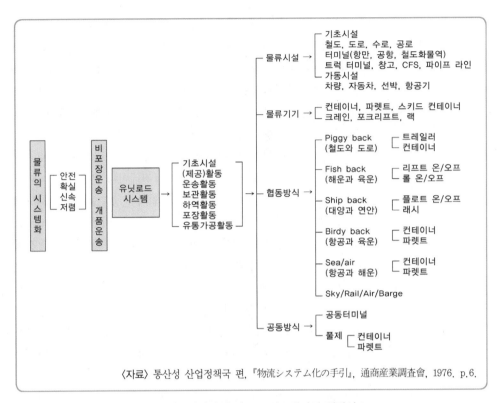

◀ 물류시스템화와 유닛로드 시스템과의 연관성 ▶

〈자료〉 통산성 산업정책국 편, 『物流システム化の手引』, 通商産業調査會, 1976. p.6.

(3) 유닛로드 시스템의 전제조건 ✎기출 9회, 13회

규격화 ➡ 표준화 ➡ 공동화의 제반 여건인 NULS, PVS가 전제된다.

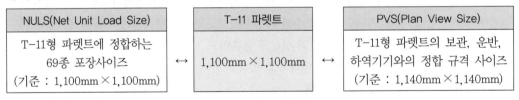

NULS(Net Unit Load Size)	T-11 파렛트	PVS(Plan View Size)
T-11형 파렛트에 정합하는 69종 포장사이즈 (기준 : 1,100mm×1,100mm)	↔ 1,100mm×1,100mm ↔	T-11형 파렛트의 보관, 운반, 하역기기와의 정합 규격 사이즈 (기준 : 1,140mm×1,140mm)

① 거래단위의 표준화

> 주의 유닛로드 시스템 활성화에는 도움이 되지만 채찍효과가 발생되는 Trade-off

② 파렛트의 표준화(T-11, T-12)

③ 창고보관시설의 표준화(PVS)

④ 포장단위치수의 표준화(NULS)

⑤ 수송장비의 적재함 규격의 표준화(PVS)

⑥ 운반하역장비의 표준화(PVS)

(4) 유닛로드 시스템의 도입효과 📝기출 11회, 15회, 17회

① 작업의 표준화

② 재고조사의 간소화

③ 하역의 기계화

④ 포장비의 절감

⑤ 화물의 파손방지

⑥ 화물의 신속한 상·하역 및 이동

⑦ 화물의 창고 적재율 향상(ULD로 인해 운송 중 화물 적재율은 줄어듦)

⑧ 운송수단의 회전율 향상

⑨ 운송수단의 변경이 용이

⑩ 인건비의 절약

2 유닛로드 시스템의 특성과 경제적 효과

유닛로드 시스템에는 기본적으로 다음과 같은 요건이 필요하다. 즉, 단위의 적정화, 단위화 작업의 원활화, 협동일관운송체제가 필요하다. 그러나 ULS는 액체·분립체(粉粒體)·무포장화물을 단위화하여 운송하는 것은 용이하지만 개품(個品)의 경우는, ㉠ 화물의 중량·용적·포장·형태 등에서 통일성이 없고, ㉡ 제품의 종류가 다양하고 단품(單品)을 많이 취급하며, ㉢ 거래당 거래단위가 소량인 동시에 최종 목적지가 분산되어 있어 효율성이 없어진다는 점 등이 단점이다.

중량품의 경우나 대량운송의 경우에는 인력작업의 한계 때문에 성력화할 수 있는 최적방안으로 고안한 운송단위용기가 바로 파렛트와 컨테이너이다. 그러나 파렛트나 컨테이너에 화조(貨造) 또는 적입하여 단위화하는 데 중량이나 용적이 큰 단체화물(單體貨物)의 경우에는 별도로 운송용 모듈(module) 차량 운송방식인 THP/SL, THP/SL Half Unit, Girder 조합형, Decotanizer Vessel, Reactor Vessel 방식 등이 사용된다.

ULS의 단위화 방식에서 파렛트화와 컨테이너화 방식은 그 개발 동기가 다르며, 각기 다른 특징을 갖고 있다. 따라서 화물의 특성과 형상, 국내운송의 경우 근거리 운송과 장거리 운송, 국제운송에서 운송수단의 종류 등에 따라 컨테이너화 방식과 파렛트화 방식을 선택해야 하며, 때로는 양자를 적의 배분하여 병용할 수도 있다.

(1) 파렛트화 방식의 경제적 효과

파렛트화 방식은 당초에 운송수단과의 연계를 고려하지 않고 주로 조달 및 생산을 위한 보관과 운반용으로 개발되었기 때문에 성력화에 큰 역할을 담당해 왔으며, 최근에는 파렛트 로드(pallet load)로 생산 라인과 결합하거나 랙 창고(rack wharehouse)와 결합하여 자동화 방향으로 진행되고 있다. 파렛트를 활용한 일관 파렛트화의 경제적 효과는 다음과 같다.

① 하역의 기계화에 의한 **보관효율의 향상** 및 **성력화**

② 하역작업**시간의 단축**에 따른 작업**인원의 감소**

③ 운송의 편의성과 **트럭 회전율의 향상**

④ 제품**파손의 감소**와 **포장비의 절감**

⑤ 과도한 노동력 투입감소에 따른 노동복지 증진

⑥ 포장의 간이화, 검품 및 검량의 간이화, 작업환경의 개선 등 물류효율을 향상시킨다는 점이다.

(2) 컨테이너화 방식의 경제적 효과

컨테이너화 방식은 액체·분립체·잡화 등을 단위화하여 선박, 화차, 트럭, 역, 항만, 공항, 내륙거점(ICD) 등에서 전용시설의 정비를 통해 복합운송에 적용할 수 있다는 점에서 국제복합운송에 가장 적합하다 하겠다. 컨테이너를 이용한 경제적 효과는 다음과 같다.

① 개발된 포장의 표준화에 의해 **포장비 절감**과 **하역시간의 단축**

② 왕복운송으로 **운송시간의 단축**

③ 대형화물에 대한 **운송포장비 절감**

④ 운송 중의 **화물의 손실·훼손·멸실 등의 발생 억제**

⑤ **보험료 절감**

⑥ 임해(臨海)창고의 보관 생략

⑦ 회전율 향상으로 인한 **금융비 절감**과 **자본의 회전성 증대**

⑧ 화물인도의 신속과 운송일정의 보증 등으로 **고객서비스를 향상**함으로써 **물류효율을 향상**시킬 수 있다는 점이다.

> **핵심포인트**
>
> **Unit Load System의 효과**
> ① 화물의 일정한 표준의 중량 또는 체적으로 단위화되어 하역능력의 향상
> ② 하역의 기계화(생력화) 및 자동화(성력화)에 의한 하역생산성 향상, 리드타임 단축
> ③ 단위화에 의한 물품의 파손·분실 가능성이 줄어들어 포장비용이 절감되는 총체적 비용절감 및 보험료 감소
> ④ 규격, 구조, 품질 등이 유기적으로 연결되는 시스템화가 용이

3 파렛트 및 컨테이너 방식의 과제와 문제점

(1) 파렛트화 방식의 문제점과 대응책

① 파렛트화 방식은 컨테이너화 방식과의 최적적응이 과제가 되고 있다. 여기서는 생산에서 소비까지 파렛트 단위를 유지하면서 물품을 흐르게 하여 일관 파렛트화를 추진할 수 있느냐 하는 점이다.

② 이에 대한 대응책으로서는 ㉠ 운송기술상의 문제를 검토하여 화물파손에 대해서는 신속히 해결하고 압축(shrink)포장을 도입하는 방안, ㉡ 박스 파렛트에 화물의 파손방지와 분류기능을 부여하는 방안, ㉢ 운송기관의 적재율 저하와 파렛트 회수의 애로를 타개하기 위해 파렛트 규격의 제정 또는 파렛트 풀(pallet pool)제도의 도입 등이 뒤따라야 한다는 점이다.

(2) 컨테이너화 방식의 문제점

컨테이너화 방식은 국제복합운송에서 컨테이너 회전율의 향상과 특수 컨테이너의 개발이 계속되어야 한다는 과제가 걸려 있고 특히, 항공운송에서 ULM(Unit Load Module)에 의한 해륙공용(海陸空用) 컨테이너를 조속히 개발하여 이용할 수 있어야 한다는 점이다. 또한, 물류정보 시스템을 강화하여 특히, 랜드브리지 시스템(LBS)을 이용할 때 화물추적 시스템이 100% 발휘되도록 해야 하며, 컨테이너 차대(車臺)나 각종 컨테이너 운반기기가 보급되어 성력화하여야 한다는 문제점이 있다.

4 유닛로드 시스템의 기기와 종류

유닛로드 시스템의 기기에는 운송기기, 하역기기, 포장기기, 보관기기 등이 있다. 운송기기에는 공로운송의 유닛로드를 전담하기 위해 파렛트 로더(pallat loader)를 부착하거나 컨테이너를 적재할 수 있는 트럭이 있으며 철도는 컨테이너 전용화차, 해상은 컨테이너 전용선 및 파렛트 로딩(pallet loading)장치 그리고 항공운송에는 컨테이너 탑재 전용기 등이 있다.

5 유닛로드 시스템의 통칙

(1) 제정목적

① 현재 우리나라는 산업통상자원부나 중소기업청 등을 시작으로 각 부·청이 물류효율화 대책을 강구하고 있다. 산업통상자원부는 화물유통효율화를 위해서 하역작업의 효율화·생력화에 크게 기여하는 일관 파렛트화의 추진을 중요 시책의 하나로서 정하고 적극 추진 중이며 특히, 일관 파렛트화 화물과 그렇지 않은 화물에 대해서 운임요금 격차를 설정하고 화주의 부담경감을 도모하려 하고 있다.

② 한편, 산업통상자원부와 중소기업청에서는 물류효율화 대책의 종합적 추진을 위해 일관 파렛트화를 강력하게 추진하고 있다. 여기에서 종합물류 시스템과 일관 파렛트화 추진을 위한 표준화 조사연구를 행하여 그 결과로서 민관이 일관 파렛트화를 추진하기 쉬운 물류환경을 구축하기 위해서 KS에 의한 유닛로드 시스템 통칙을 조기에 제정하게 된 것이다.

③ 파렛트를 중심한 정합성이 있는 물류기기의 규격체계를 정리하여 일관 파렛트화의 보급에 기여할 것을 목적으로 한다. 그 성격은 국가차원에서 추진해야 될 일관 파렛트화 시험에 모든 체계를 갖추고 있다.

(2) 유닛로드 시스템 통칙(안)

① **적용범위** : 이 규격은 유닛로드 시스템에 의한 물류합리화를 목적으로 1,100mm × 1,100mm 파렛트를 기본으로 한 파렛트화에 의한 일관운송을 시작으로 체계화된 유닛로드 시스템을 구축하기 위한 지침 사항에 대해서 규정한다.

② **용어정의** : 이 규격에서 사용되는 용어의 정의는 KS A 1104(파렛트 용어), KS A 1006(포장용어), KS A 1708(래크용어) 및 KS A 0013(물류용어), KS R 6002(포크리프트 트럭 용어), KS A 1103(국제대형 컨테이너 용어)에 의하며, 그 외의 것은 다음에 의한다.

  ㉠ **파렛타이즈드(Palletized) 화물** : 한 개 또는 몇 개의 물건 또는 포장화물을 출발지에서 도착지까지 일관해서 물류기기를 사용해서 기계하역하며, 안전한 물류기기를 사용해서 기계하역하고, 안전하고 능률적으로 운송/보관할 수 있도록 파렛트를 사용해서 한 개의 단위로 꾸려진 화물

  ㉡ **풀 파렛트(Pool pallet)** : 대부분의 업계와 각 운송기관에서 상호 공동으로 사용하는 호환성이 있는 파렛트

③ **파렛트(Pallet)** : 유닛로드 시스템에 사용하는 파렛트는 풀 파렛트, 평 파렛트, 상자형 파렛트, 롤 박스 파렛트 및 시트 파렛트로 구분한다.

  ㉠ **풀 파렛트** : 풀 파렛트는 목제 평 파렛트 및 플라스틱제 평 파렛트 2종으로 한다.

◀ **풀 파렛트의 크기 종류** ▶

크기(길이×너비)	종 류	최대적재중량
1,100mm × 1,100mm	양면사용형 2방차입형	1t

  ㉡ **목제 풀 파렛트** : 목제 풀 파렛트란 KS A 2156에 의하며 목제 풀 파렛트의 4 모퉁이에 R가공을 한 것

  ㉢ **플라스틱제 풀 파렛트** : 플라스틱제 풀 파렛트는 다음에 따르며, 그외의 사항은 KS A 2169에 의한다.

    ⓐ **형식** : 플라스틱제 풀 파렛트의 형식은 양면 사용형 2방차입으로 한다.

    ⓑ **높이** : 플라스틱제 풀 파렛트의 높이는 최대 144mm로 한다.

    ⓒ **차입구의 높이** : 플라스틱제 풀 파렛트의 차입구의 높이는 74mm 이상으로 한다.

    ⓓ **강도** : 플라스틱제 풀 파렛트의 강도는 KS A 2169에 규정하는 1종으로 한다.

02 일관 파렛트화(Palletization)

1 일관 파렛트화의 개념

(1) 일관 파렛트화의 의의 🖋️기출 9회

① 일관 파렛트화는 **송화인으로부터 화물이 발송되어 수화인에게 도착될 때까지 전 운송과정을 일관하여 파렛트로 운송**하는 것을 의미하며, 스웨덴에서 발달되었기 때문에 스웨덴 운송방식으로 불리워지고 있다. 이 운송방식은 연속된 제 운송수단(즉, 화차·트럭·화물선, 화물기 등)을 이용하여 운송할 경우에 하역작업의 합리화 등으로 물류비의 절감을 가능하게 하고 아울러 전체적인 시스템의 효율을 제고시킨다.

② 일관 파렛트화는 화물의 이동을 물류 시스템적으로 관리하고 있으므로 파렛트와 컨테이너의 규격화·표준화가 절대적으로 필요하며, 파렛트 풀 시스템(pallet pool system)은 파렛트의 이용률을 향상시켜 파렛트화를 도와주고 있다. 표준화된 파렛트를 사용함으로써 하역패턴이 정형화되고 이에 따라 적재효율의 향상이 급속히 이루어지므로 파렛트의 표준화는 그 중요성이 날로 증대되고 있다.

③ 이같은 일관 파렛트화는 물(物)의 이동 흐름을 파악하고 활성지수(活性指數)를 높여 생산자로부터 최종소비자까지 동일한 형태로 화물을 보존하여 이동시키는 시스템으로써 기계적인 시스템과 결합으로써 합리화의 효용을 극대화할 수 있다.

(2) 일관 파렛트화의 기대효과 🖋️기출 17회

① 일관 파렛트화의 일반적 기대효과
  ㉠ 기업의 이미지 향상
  ㉡ 하역비의 절감
  ㉢ 작업안전의 확보
  ㉣ 상품의 보호
  ㉤ 안전한 수송력의 확보

② 일관 파렛트화가 고객(화주)에게 주는 경제적 이점
  ㉠ 상하차시 작업능률의 향상으로 하역의 인원의 절감
  ㉡ 하역시간의 단축 및 혼잡의 최소화 → 트럭의 대기시간 단축 → 운행효율 향상
  ㉢ **포장비 절감** : 집합포장 상태로 포장재의 소모가 상대적으로 적으며 기계화가 용이하여 단위 포장비가 절감
  ㉣ 운송 중 화물분실 최소화(파렛타이징 된 화물은 분실확률이 줄어듦.)
  ㉤ 작업의 표준화, 기계화를 촉진
  ㉥ 제한된 공간을 최대한 이용(파렛트를 통한 보관능력 향상, 재고 감축 → 보관비 절감)

(3) 일관 파렛트화가 지연되는 원인과 해결책

① 일관 파렛트화가 지연되는 원인

　　㉠ 기존 비규격 파렛트와 물류시설의 대체에 막대한 비용 소요

　　㉡ 운송단계에서 파렛트의 **회수에 많은 시간과 노력** 소요

　　㉢ 업종과 상품의 특성에 따라 파렛트 단위화가 곤란한 품목 존재

　　㉣ 화물의 도착지에서 **하역기기와 시설의 미비**

　　㉤ 운송수단의 적재함 규격이 상이하여 파렛트 규격의 미통일

　　㉥ 파렛트의 분실위험과 **공(空) 파렛트의 회송비 부담**

　　㉦ 적재한 화물이 붕괴되는 위험

　　㉧ 파렛트 자체의 체적 및 중량만큼 적재량이 줄어듦.

② 일관 파렛트화를 위한 해결책　 📎기출 23회

　　㉠ **파렛트 풀 시스템**(pallet pool system)의 구축

　　㉡ 파렛트에 대한 표준규격의 통일화와 운송수단 적재함의 규격통일화(Plan View Size)

　　㉢ 파렛트 적재방법에 대한 교육 실시, 화물붕괴 방지대책 수립

　　㉣ 표준 파렛트 사용을 위한 관계기관의 홍보 필요

　　㉤ 관련 업체 간의 긴밀한 협조와 정부의 지원 필요

2　일관 파렛트화 실시

(1) 일관 파렛트화의 경제적 효과

① 사회적 입장

　　㉠ 사회전반에 걸친 물류의 효율화 및 원활화

　　㉡ 소비자 물가 안정에 기여

　　㉢ 다른 시스템과 유기적인 시스템 형성가능

② 화주의 입장

　　㉠ 포장 간소화에 따른 **포장비 절감**

　　㉡ **하역작업의 능률향상**

　　㉢ **화물손상이나 도난감소**

　　㉣ **효율적인 관리가능**

③ 운송회사의 입장

　　㉠ 하역작업의 능률향상

　　㉡ 효율적인 운송

　　㉢ 화재발생의 감소

　　㉣ 하역의 기계화

(2) 일관 파렛트화의 이용형태와 소유관리

① 일관 파렛트화의 이용형태 : 파렛트의 이용범위는 화물의 특성에 따라 그 장단점이 있으나 기본적인 형태는 다음과 같다.

  ㉠ 송화주 공장에서 최종사용자까지 파렛트 운송을 실시하는 경우 : 내화벽돌업계나 제지업계가 그 대표적인 업종으로, 물류경로가 타 업계보다 비교적 짧고 단순하며, 최종사용자까지 파렛트 단위로 출하하기가 용이하고, 상품 자체의 중량이 인력하역으로는 곤란하여 파렛트 이용의 이점이 크기 때문이다.

  ㉡ 송화주 공장에서 배송센터(주류업계, 가전업계, 양판점·백화점·할인점 등 유통업계 등)나 도매상(맥주, 비누 및 세제업종 등)까지 파렛트 운송을 실시하는 경우 : 대부분의 공산품 및 생필품이 여기에 해당하며, 배송센터에 비해 도매상의 파렛트 이용률이 높고 이점도 많다.

  ㉢ 운송단계에서는 파렛트를 사용하지 않고 공장 내의 반송·보관에 사용하는 경우 : 의약품업계가 제일 많이 이용하는 형태로 유통경로가 복잡하고 거래단위가 적으며, 상품종류가 규격별로 다양하고, 경량품의 운임을 용적단위로 계산함으로써 파렛트분의 운임할인이 되지 않아 운임인상에 큰 영향을 끼치기 때문이다.

② 일관 파렛트화의 소유관리 : 일관운송용 파렛트의 이용방식은 화주, 물류업자, 파렛트 풀 회사의 파렛트를 이용하는 세 가지 방식으로 구분하며 그 내용은 다음과 같다.[4]

  ㉠ 화주가 보유하는 파렛트를 이용하는 방식 : 송화인이 자신의 파렛트에 화물을 적재하여 자사 또는 운송업자에게 운송을 위탁하는 일관 파렛트화 방식으로서, 이 경우에는 화주의 파렛트와 타사 파렛트와 구별이 어렵고 장거리 운송 시 회수가 어렵다는 단점 때문에 외부기업까지 확대하여 일관 파렛트화를 실시하기가 곤란하다는 한계점이 있다.

  ㉡ 물류전업자가 보유한 파렛트를 이용하는 방식 : 운송업자가 보유한 파렛트를 이용하여 수화인의 문전까지 화물을 운송하는 일관 파렛트 방식으로, 파렛트를 반송하거나 회수할 필요는 없으나 파렛트를 임차하는 데 많은 비용이 소요된다는 단점이 있다. 현재 일본에서는 일부 기업들이 국철(國鐵) 및 일통(日通) 등이 보유하고 있는 파렛트를 이용하여 일관 파렛트화를 실시하고 있다.

  ㉢ 파렛트 풀 회사가 보유하고 있는 파렛트를 이용하는 방식 : 이 방식은 파렛트를 가까운 내륙 거점(inland depot)에 반환할 수 있고 임차료도 비교적 저렴하기 때문에 지금까지 언급한 파렛트의 이용방법 중에 가장 이상적인 방법으로서, 오늘날 가장 많이 이용되고 있는 방법이다.

---

4) 通商産業省 산업정책국 편, 전게서, pp.17~18.

3 파렛트 풀 시스템

(1) 파렛트 풀 시스템의 개념

① 파렛트 풀 시스템의 의의 **기출** 13회

ㄱ 파렛트 풀 시스템(Pallet Pool System : PPS)은 파렛트의 규격과 척도 등을 표준화하고 상호교환성이 있도록 한 후, 이를 서로 풀로 연결하여 사용함으로써 각 기업의 물류합리화를 달성하여 물류비를 절감하려는 제도를 의미한다. 파렛트의 상호교환성을 증가시키기 위해서는 일정 규격의 파렛트를 풀 시스템 제도하에서 관리·운용하여야 하며, 풀 시스템하에서 일관 파렛트화의 원활한 추진은 화주나 유통업자의 부담을 경감시키는 데 목적이 있다.[5]

ㄴ 파렛트를 풀로 관리·운영하기 위해서는 파렛트가 생산공장에서 최종소비자까지 전 과정에 걸쳐 보관·하역·운송 등에서 이용될 때 일관 파렛트화가 이룩되어야 한다. 그러나 파렛트가 공장 내의 원재료 및 제품의 받침대나 깔판 등으로 공장 내에서 작업용으로만 이용되는 경우가 많은데 그 이유는 파렛트에 대한 인식부족, 비규격화, 공 파렛트의 회수불능, 풀 조직의 결여 등 때문이다.

② 파렛트 풀 시스템 도입의 필요성 **기출** 13회, 19회, 21회, 22회

ㄱ 지역 간, 계절별 수요에 탄력적 대응

ㄴ 파렛트 관리체계의 개선

ㄷ 파렛트 회수의 불필요

ㄹ 일관 파렛트화의 실현

ㅁ 국가 전체의 파렛트 소요량이 줄어들어 산업경쟁력이 향상됨.

③ 파렛트 풀 시스템 도입효과[6] **기출** 13회, 19회, 21회

ㄱ 포장의 간소화에 따른 포장비 절감

ㄴ 작업능률의 향상

ㄷ 화물파손의 감소

ㄹ 운임 및 부대비용의 절감

ㅁ 운송효율 및 하역효율 향상

④ 파렛트 풀 시스템 활용의 선결조건

ㄱ 파렛트 규격의 표준화·통일화

ㄴ 표준 파렛트에 대한 포장 모듈화

ㄷ 파렛트 화물의 붕괴 방지책 마련

ㄹ 주문량의 단위화

---

5) 尹文奎, 상게서, p.193.

6) 코리아쉬핑가제트, 『物流時代』, 1989. 9, p.121.

(2) 파렛트 풀 시스템의 운영형태와 운영방식 〔기출〕 21회

① **파렛트 풀의 기본적 운영형태** : 파렛트 풀 시스템을 실시할 수 있는 범위는 동일기업 내, 계열기업 간, 거래기업 간, 동종업계 간, 이종업계 간, 국가단위, 국제단위로 그 범위가 한 기업 내에서 국제단위로까지 확대시킬 수 있다.[7] 여기서 어떤 운영형태를 먼저 선택해야 하는가 하는 기본적 기준은 파렛트가 유통과정에서 사용되는 범위와 이동하는 공간적 범위에 의하여 결정된다. 파렛트 풀의 기본적 형태는 다음과 같다.[8]

　㉠ **기업단위 파렛트 풀 시스템** : 이 시스템은 그 기업이 자사 파렛트를 파렛트 전문회사로부터 일괄 임대하여 자사 거래처의 유통단계까지 독점적으로 이용하게 되며, 거점은 당해 기업의 공장 및 창고가 된다. 〔기출〕 13회, 17회

　㉡ **업계단위 파렛트 풀 시스템** : 이 시스템은 각 기업이 각각 파렛트를 소유하되 업계가 일정한 규율 하에 공동으로 이용하는 형태로서, 파렛트 로드 화물은 기업 간 공동집배송창고를 통해 소비단계까지 확대하여 이용하게 된다. 〔기출〕 8회

　㉢ **개방적 파렛트 풀 시스템** : 이 시스템은 제3자가 소유하는 파렛트를 공동사업소에서 렌털하여 공동으로 이용하기 때문에 파렛트의 유통범위가 극대화된다. 〔기출〕 7회, 8회

② **파렛트 풀의 운영방식** : 파렛트 풀의 운영방식에는 즉시교환방식, 리스와 렌털방식, 교환과 리스병용방식, 임차결제방식 등 4가지로 구분할 수 있다. 〔빈출〕

　㉠ **즉시교환방식(유럽방식)** : 즉시교환방식은 유럽 각국의 국영철도에서 송화주가 국철에 파렛트 로드 형태로 운송하면 국철에서는 이와 동수의 공 파렛트를 주어 상계하며, 수화인은 인수한 파렛트와 동수의 파렛트를 국철에 인도하는 방식이다.

　　이 방식은 ⓐ 파렛트의 통제·관리를 국철역에서 시행하므로 사무관리가 용이하다는 장점이 있는 반면, ⓑ 동일 사이즈 및 품질의 파렛트 교환의 난이성과 파렛트 편재 발생, 사용횟수의 증가에 따라 파손·분실에 대한 소재 불분명, 항시 최소한의 교환예비용 파렛트 준비의 필요성 등의 단점이 있다.[9]

　㉡ **리스·렌털(Lease & Rental)방식** : 리스·렌털방식은 호주에서 시작하여 성공함으로써 그 후 미국·캐나다·일본 등지에서 도입한 제도로서, 개별기업에서 각각 파렛트를 보유하지 않고 파렛트 풀 회사에서 일정 규격의 파렛트를 필요에 따라 임대해 주는 제도이다.

　　따라서 이 방식은 ⓐ 파렛트 이용에 대한 수급파동의 조정, 파렛트의 품질유지가 쉽고 파렛트 매수의 최소화 운영 등 장점이 있는 반면, ⓑ 운영면에서 교환방식보다 인도·반환 등 복잡한 전표처리와 대여요금계산 등 사무처리의 복잡성이라는 단점이 있다.[10]

---

7) 통산성 산업정책국 편, 『物流システム化の手引』, 1976, p.42.

8) 尹文奎, 전게서, pp.199~201.

9) 통산성 산업정책국 편, 전게서, p.44.

10) 物流システム開發センター, 『パレットプールシステム』, 1978, p.25.

ⓒ **교환과 리스병용방식** : 교환과 리스병용방식은 1975년 영국의 GKN-CHEP사가 개발한 제도로서, 이 방식의 특징은 전자의 두 방식을 절충하여 결점을 보완하여 사용하였다. 그러나 이 방식은 교환 파렛트와 대여 파렛트를 모두 관리해야 하기 때문에 오히려 사무관리만 더 복잡하게 함으로써 성공을 거두지 못하였다.[11]

ⓔ **대차결제방식** : 대차결제방식은 1968년 스웨덴의 파렛트 풀사에서 교환방식의 결점을 개량하기 위해 고안한 제도로서, 이 방식은 현장에서 즉시 파렛트를 교환하지 않고 일정한 시간 이내(화물이 도착한 날로부터 3일 이내)에 국철역에다 동수의 파렛트를 반환하면 된다. 그러나 이 방식도 파렛트 횟수를 확실히 하기 위해 그 책임소재를 명확히 해야 하는 것이 어렵다는 단점이 있다.[12]

◀ **파렛트 풀 시스템 운영방식의 비교** ▶

구 분	즉시교환방식 (유럽)	리스·렌털방식 (호주)	교환·리스 병용방식 (영국)	대차결제방식 (스웨덴)
정 의	• 유럽 각국의 국영철도 출발역에서 송화주가 Pallet Load 형태로 화물을 화차에 선적하면 즉시 동수의 파렛트를 내어주는 방식	• Pallet Pool 회사에서 일정 규격의 파렛트를 필요에 따라 임대해 주는 제도	• 즉시교환+리스·렌털	• 교환방식의 개선, 출발역에서 즉시 교환하지 않고(일정 시간 내에 도착역에 해당 파렛트가 반납되면) 동수로 출발역에서 내어줌.
장 점	• 파렛트의 사무관리를 국철역에서 시행함으로써 사무관리가 용이	• 파렛트 이용에 대한 수급파동의 조정 • 파렛트의 품질유지 • 적정 파렛트 운영 가능	• 사용자 편의성	• 대차 결제되므로 파렛트를 돌려받지 못하는 상황 방지(반환지연과 분실에 대해 변상금 제도)
단 점	• 동일 사이즈 및 품질의 파렛트 교환의 난해함. • 화주 편재 → 파렛트 편재 • 사용횟수 증가 → 파손분실에 대한 소재가 불분명 • 항시 최소한의 교환예비용 파렛트 준비가 요구됨.	• 운영면에서 교환방식보다 인도·반환 등 복잡한 전표처리, 사무처리의 복잡성 • 반환시 렌털료 계산 필요 • 화주 편재 → 파렛트 편재 • 렌털회사 Depot에서 화주 공장까지 공차운송	• 사무관리 복잡 • 결국 실패	• 파렛트의 점진적 훼손에 대하여 책임소재가 불명확

---

11) 物流システム開發センター, 前掲書, p.26.

12) 市來淸也, 『物流經營論』, 1983, p.241.

(3) 파렛트 풀 시스템의 경제적 효과

사실 한 종류의 파렛트만 사용하게 되면 대량생산으로 인하여 파렛트 단위생산비용이 떨어지는 동시에 완벽한 교환성을 실현할 수 있으며, 하역기기(포크리프트 및 파렛트 로더 등)의 사용에 적합하다는 장점이 있다. 또한, 여러 종류를 사용하더라도 몇 가지 표준화된 파렛트를 파렛트 풀 시스템하에서 사용하게 되면 많은 이점을 얻을 수 있다.

여기서 T-11형을 중심으로 표준 파렛트를 사용함으로써 얻는 경제적 효과는 다음과 같다.[13]

① 파렛트의 회수 불요 : 일관 파렛트화 운송 시 가장 큰 애로점은 도착지에서 공(空) 파렛트를 송화지로 반송하는 데 소요되는 시간과 경비문제이다. 따라서 파렛트 풀 시스템하에서는 전국 주요 지점에 설치되어 있는 내륙데포(inland depot)에 공(空) 파렛트를 반환하면 회수가 완료되기 때문에 일관 파렛트화의 장애를 제거하게 된다.

② 수요의 탄력성 : 파렛트 풀 시스템이 가진 또 하나의 경제적 효과는 기업의 파렛트 수요에 맞추어 대출하고 불필요할 때 반환받을 수 있다는 점이다.

③ 수급파동의 조정 : 파렛트 풀 시스템하에서는 지역적·시기적(계절, 월, 주단위) 수급파동을 조정할 수 있다는 점이다.

④ 파렛트 관리체제의 개선 : 대부분의 기업에서는 공 파렛트를 소모품으로 취급하는 동시에 보관이 어려워 관리 불능으로 생각하며, 심한 경우에는 쓰레기로 취급하는 경우도 있다. 따라서 파렛트 풀 시스템을 도입함으로써 공 파렛트의 문제를 해결할 수 있어 파렛트 관리체제를 크게 개선할 수 있다.

03 컨테이너화(Containerizing)

1 컨테이너화의 개념

(1) 컨테이너화의 의의

컨테이너는 파렛트화와 같이 화물의 단위화(unitization)를 목적으로 하는 운송용구로서, 육/해/공을 통한 화물운송에 있어 경제성·신속성·안전성의 이점을 갖고 물류부문의 운송·보관·포장·하역 등 기능적 전 과정을 가장 합리적으로 일관운송할 수 있는 혁신적인 운송용기를 말한다. 이러한 컨테이너 용기는 상당히 오랜 기간 사용되고 있기 때문에 그 정의도 아주 다양하다. 그 중에서 국제표준화기구(ISO : International Organization for Standardization)의 정의와 우리 나라 국세청 고시를 중심으로 컨테이너의 정의를 보면 다음과 같다.

---

13) 통산성 산업정책국 편, 전게서, pp.48~49.

① ISO에 정의에 의하면 "컨테이너란 다음 조건을 만족하는 운송설비의 용구를 말한다."라고 규정하고 있다.[14]

　㉠ 내구성을 지니고 반복사용의 적합한 충분한 강도를 지닐 것

　㉡ 운송도중 내용화물의 이적(移積) 없이 하나 또는 그 이상의 운송형태에 의해 화물의 운송이 용이하도록 설계

　㉢ 운송형태의 전환시 신속한 취급이 가능한 장치 구비

　㉣ 화물의 적입과 적출이 용이하도록 설계

　㉤ 내용적이 1입방미터(35.3ft^3) 이상일 것

② 우리나라의 컨테이너 및 내장화물 통관요령(國稅廳 告示)에서는 "컨테이너란 화물의 단위화를 목적으로 한 운송용 용기로서 이질적인 기관에 대한 적합성에 중점을 두고 필요한 용적을 가지고 용도에 적응하는 강도를 구비하며 또한, 반복 사용할 수 있는 용기"라고 정의하고 있다. 결국 이 같은 정의를 통해 컨테이너란 다음과 같이 요약할 수 있다.

　㉠ 일정한 크기 이상의 용적 구비

　㉡ 반복사용이 가능한 제 조건 구비

　㉢ 운송수단의 전환 시 내용물의 이적 없이 안전하고, 신속한 운반가능

　㉣ 화물의 적재, 적출 시 필요한 구조 및 봉인장치 완비

　㉤ 무거운 화중(貨重)에도 견딜 수 있는 충분한 강도를 유지하게 설계

(2) 컨테이너화의 의의와 목적

① 운송의 컨테이너화란 컨테이너라고 하는 일정한 용기에 미리 화물을 적입하여 운송하는 유닛로드 시스템의 일종으로, 송화인으로부터 최종 수화인까지 컨테이너로서 화물을 운송하기 위해 물류의 전 구성 요소를 결합한 시스템을 의미한다. 이러한 컨테이너화는 하역과 포장과정에서 기계화·자동화를 가능하게 하고 대형 운송기관에 정형화된 화물을 대량으로 적재·운송할 수 있도록 하여 규모의 경제를 실현케 한다. 또한, 운송과 관련되는 전 과정을 유기적으로 결합시킴으로써 육/해/공 일관운송체제를 가능하게 하여 종래의 운송방식의 개념을 근본적으로 바꾸어 놓고 있다.

② 컨테이너화의 목적은 총 물류비를 최소화하는 데 있다. 송화인의 문전에서 수화인의 문전까지 컨테이너에 적입된 내용물을 운송수단의 전환에도 불구하고 재적입(再積入) 또는 적출하지 않고 그대로 운송한다면 일관 연속운송과 보관에 따른 경제적 이익을 얻을 수 있고 이상적인 복합운송(複合運送)을 달성할 수 있다는 점이다.[15]

---

14) Herman D. Tabak, 『*Cargo Container: Their Stowage, Handling and Movement*』, New York : Cornell Maritime Press, Inc., 1970, p.5.

15) 浦田 楠雄, 『ISOコンテナ基本的規格の重要性』, 海運 No.598, 1977.7, p.282.

(3) 컨테이너화의 경제적 효과

① 컨테이너화에 의한 화주 및 운송업자의 종합적인 경제적 효과는 다음과 같다.[16]

    ㉠ 문전에서 문전까지 일관운송으로 적화시간과 비용 감소

    ㉡ 화물의 중간적입 및 적출작업을 생략하므로 화물의 손상과 도난 감소

    ㉢ 화물의 단위화로 포장 및 장비사용의 효율화 제고

    ㉣ 높은 노동생산성의 실현과 창고 및 재고관리비 절감

    ㉤ 특수화물 취급 가능(특수 컨테이너 이용)

    ㉥ 해상운송을 위한 내륙 터미널 시설 이용

    ㉦ 서류의 간소화

② 화주의 입장에서 컨테이너화의 3대 원칙인 경제성·신속성·안전성으로 구분하여 보면 다음과 같다.

    ㉠ **경제성**(총비용의 절감) : 운송비 절감, 포장비 절감, 하역 및 보관비 절감, 자금의 원활한 회전, 보험료·인건비 감소 등

    ㉡ **신속성**(고객서비스의 향상) : 운송기간 단축, 하역시간 단축, 선적서류 간소화 등

    ㉢ **안전성** : 하역작업 시 안전성 제고, 운전과정상 화물의 안전성 확보, 기후상의 안전, 기타 (도난, 변질) 안전 등

2 수송용 컨테이너

(1) 컨테이너의 정의

① 보관용기(Container)의 정의

화물의	운반 적재 ≒ 담는 보호 식별	을(를) 돕는	정보 물류, 화물흐름	단위

② 바람직한 용기특성, 용기설계의 원칙

    ㉠ 자주 움직이게 되더라도 Lot의 크기는 작을수록 좋음.

        화자 간 정합성, 모듈화(치수의 정합성)

    ㉡ 용기, 운반구, 적치대 등 다용도일수록 좋음.

---

16) John Gattorna, 『Handbook of Physical Distribution Management』, 3rd. ed., Hans, England: Gower Publishing Company, 1983, p.293.

ⓒ 용기 표면을 색깔로 표시하여 멀리서도 용기 내의 상품 인식이 용이할수록 좋음.

눈으로 보는 관리, 한 용기에 한 품목 적절

ⓔ 용기를 세우거나 쌓았을 때 1.5m를 넘지 않도록 제한될수록 좋음.

(2) 컨테이너 사용의 장단점

장 점	단 점
① 하역의 기계화 　ⓒ 생산성 향상 　ⓛ 하역시간 및 수송기간 단축 ② 포장비 절약 ③ 신속한 B/L 발급으로 금리의 절약 ④ 운송비의 절약 ⑤ 항만하역비의 절약 ⑥ 보험료의 절약 ⑦ 안전한 수송	① 선박 컨테이너 터미널 기지설비 등에 막대한 투자 ② 재래화물은 거의 20feet 컨테이너 이하의 양이 많아 빈 컨테이너 회송 혹은 컨테이너 불필요한 보관장소 소요 ③ 도착항 이외로 수송되는 화물은 추가운임 발생

(3) 컨테이너의 분류

① 크기에 따른 컨테이너 분류 　기출 7회~16회

ⓒ TEU(Twenty-foot Equivalent Unit) : 20feet Container − 14.862m^2

ⓛ FEU(Forty-foot Equivalent Unit) : 40feet Container

◖ TEU ◗

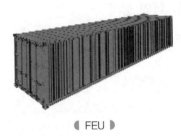

◖ FEU ◗

② 용도에 따른 컨테이너 분류 　기출 매회

ⓒ 표준 컨테이너 : 일반건화물 컨테이너(**Dry** Cargo Container)

온도조절이 필요 없는 일반화물의 운송용 컨테이너

ⓛ 온도조절 컨테이너

ⓐ 서멀 컨테이너(Thermal Container) : 온도조절 컨테이너의 총칭

단열된 벽, 문, 지붕 및 바닥으로 구성되는 컨테이너

ⓑ 냉동 컨테이너(**Reefer** Container, Refrigerated Container) : 단열재를 이용하여 제작된 컨테이너에 냉동·냉장장치가 설치되어 청과물, 축산물, 가공식품, 화공의약품 등

냉동·냉장을 요하는 전원사용형 화물운송용 컨테이너(-28℃에서 +26℃까지)

 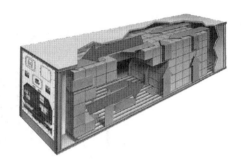

ⓒ 통기·환기 컨테이너(Ventilated Container) : 통풍을 필요로 하는 수분성 화물, 생피 등을 수송하는 컨테이너

• 통기 컨테이너 : 컨테이너 **윗부분만** 공기 유출입구 존재
• 환기 컨테이너 : 컨테이너 **위아래** 공기 유출입구 존재

◀ 통기 컨테이너 ▶   ◀ 환기 컨테이너 ▶

ⓒ 특수 컨테이너

ⓐ 오픈탑 컨테이너(Open Top Container) : **천장을 개방**할 수 있도록 캔버스 덮개로 이루어 져 크레인을 통해 화물을 적·출입하는 컨테이너(기계류, 철강, 판유리 등 중량물 대상)

ⓑ 플랫 랙 컨테이너(Flat Rack Container) : Platform Container, Base Container라고 불리기도 하며, 천장과 좌우 측벽을 **제거하고 최소한의** 모서리, 기둥을 **동반**하여 측벽의 일부 조립이 가능한 형태의 컨테이너. **장척물**을 포함한 **비정형 화물**의 지게차 하역을 용 이하게 함.

ⓒ 플랫폼 컨테이너(Platform Container) ≒ 평면 컨테이너

바닥만 있는 컨테이너로 중량물이나 코일수송에 적합하게 제작되어 있음.

ⓓ 솔리드 벌크 컨테이너(Solid Bulk Container), 분체형 벌크

- 맥아, 소맥분, 사료 등의 **분체형** 화물운송에 활용되는 컨테이너
- **Solid라고 해서 석탄이나 광석을 의미하지 않음을 주의**

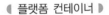

◀ 플랫폼 컨테이너 ▶   ◀ 솔리드 벌크 컨테이너 ▶

ⓔ 펜 컨테이너(Pen Container, Live Stock Container)

- 살아 있는 소나 말과 같은 동물을 운송하기 위해 고안된 컨테이너로 통풍과 사료를 주기 쉽게 고안된 컨테이너
- 조련사 및 수의사가 반드시 해당 운송편에 동승해야 함.

ⓕ 탱크 컨테이너(Tank Container) : 유류, 술, 화공약품 등과 같은 액체상태의 화물을 운송하기 위해 특별히 고안된 컨테이너

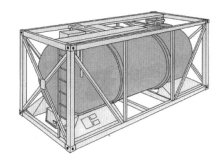

ⓖ 행거 컨테이너(Hanger Container) : 일반 건화물을 천장에 매달 수 있도록 만들어진 컨테이너

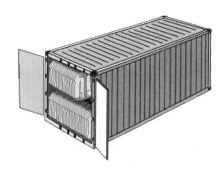

(4) 컨테이너 속박작업(Container Securing) 기출 14회, 21회, 22회

① Shoring : 버팀목을 이용한 컨테이너 좌우 벽면 한쪽으로 화물의 수평고정
② Chocking : 컨테이너 전후 벽면 한쪽으로 각재 등의 버팀목을 이용하여 화물을 밀어 넣어 고정

◀ Shoring ▶   ◀ Chocking ▶

③ Lashing : 수송기기에 실려진 화물을 고정(컨테이너를 선박과 컨테이너 간 고정)

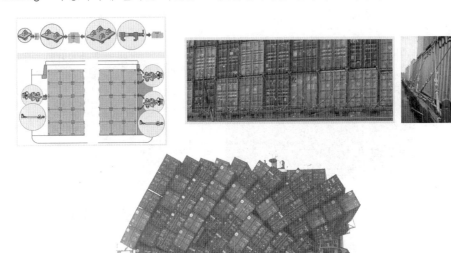

④ Devanning : 화물을 컨테이너에서 반출하는 과정

　　Vanning : 컨테이너에 화물의 적입작업

◀ Devanning(화물적출) ▶　　　　　◀ Vanning(화물적입) ▶

⑤ Dunnage : 운송 도중에 화물이 손상되지 않도록 화물의 밑바닥이나 틈 사이를 깔거나 끼우는 물건이나 작업 　기출 21회

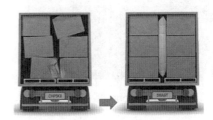

Dunnage in

(5) 컨테이너 마킹과 넘버링 표준(ISO 6346, 1984)

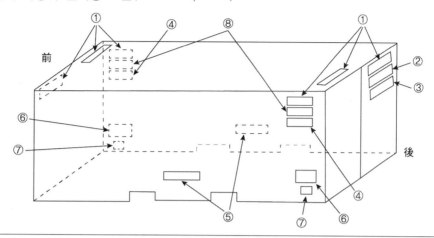

① 소유자의 기호 및 번호	② 최대 총중량(Max Gross)
③ 자체중량(Tare)	④ 소유자의 국적
⑤ 포크 포켓(Fork Pocket)에 대한 주의	⑥ 소유자의 국적
⑦ 라벨 홀더(Lable Holder)	

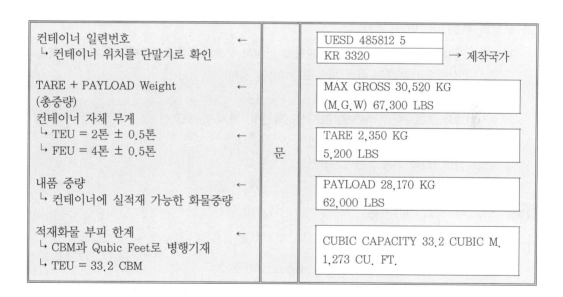

컨테이너 일련번호 ↳ 컨테이너 위치를 단말기로 확인	←	UESD 485812 5
		KR 3320 → 제작국가
TARE + PAYLOAD Weight (총중량)	←	MAX GROSS 30,520 KG (M.G.W) 67,300 LBS
컨테이너 자체 무게 ↳ TEU = 2톤 ± 0.5톤 ↳ FEU = 4톤 ± 0.5톤	←	TARE 2,350 KG 5,200 LBS
내품 중량 ↳ 컨테이너에 실적재 가능한 화물중량	←	PAYLOAD 28,170 KG 62,000 LBS
적재화물 부피 한계 ↳ CBM과 Qubic Feet로 병행기재 ↳ TEU = 33.2 CBM	←	CUBIC CAPACITY 33.2 CUBIC M. 1,273 CU. FT.

(문)

04 물류포장

1 포장의 정의 및 특징

(1) 포장의 정의 📝기출 11회, 14회

① 물품의 품질, 가치를 보호·보전하고
② 물품의 취급을 편리하게 하고
③ 물품에 대한 정보의 전달 및 물품의 판매를 촉진하며
④ 재료와 형태면에서는 포장의 사회적 공익성과 함께 환경에 적합하게 하며
⑤ 유통합리화를 지원하기 위하여, 물품에 경제적으로 시공한 기법 또는 시행한 상태

(2) 포장의 의의

포장의 치수변화에 따라 수송의 적재효율이나, 보관·하역의 효율 등에 큰 영향을 주어 물류비의 증가를 가져오기 때문에 물류영역과 기능활동 간 연계성 증대를 위하여 제품, 포장개발, 제품설계에 있어서 **"물류시스템 차원에서 고려되고 개발"**되어야 한다.

(3) 포장의 특징

① 포장 : 상품을 전시, 판매, 운송, 보관함에 있어서 상품의 훼손으로부터 보호하고자 적절한 용기나 짐꾸리개로 물건을 싸는 기술 또는 싸인 상태
② 포장디자인의 3요소 : 선, 형, 색채
③ 포장설계시 고려사항 : 하역성, 표시성, 작업성, 경제성, 보호성
④ 공업포장의 1차적 기능 : 상품보호기능
⑤ 상업포장의 1차적 기능 : 판매촉진기능

2 포장의 요건 및 기능

(1) 포장의 적정요건

① 작업면 : 포장의 자동화, 포장의 표준화
② 보관면 : 품질보호를 위한 강도, 밀폐성, 형태를 갖춤.
③ 운송면
　㉠ 보호성 : 충격을 견딜 수 있는 충분한 강도, 기온 등 외부의 환경조건을 고려한 포장
　㉡ 경제성 : 불필요한 포장을 배제하기 위한 포장의 강도, 중량, 크기, 형상 등의 표준화가 동분된 포장 📝기출 23회

(2) 포장의 기능

① **보호성** : 물류상의 제1의 포장목적(수송포장, 공업포장)

② **편리성** : 물류상의 제2의 포장목적

    ㉠ 사용의 편리성

    ㉡ 운송, 하역 또는 보관의 편리성

    ㉢ 생산용이, 사용 후 재활용 편리

    ㉣ 상품의 표시를 명확하게 하여 작업자와 고객이 인지하기 편리

③ **하역성** : 작업자 체중의 40% 정도(인력하역 시 약 20kg)

④ **작업성** : 포장의 기계화, 자동화, 시스템화 진전, 포장공정의 일관화, 자동화

⑤ **판매촉진성** : 상업포장적 기능

⑥ **환경친화성**

⑦ **경제성** : 적정포장(보호성이 유지되는 선에서 포장방법이나 재질변경)

⑧ **표시성** : 취급이나 분류에 필요한 사항을 표면에 표시

3 포장의 분류

(1) 단위포장, 내부포장, 외부포장

① 단위포장(≒ 낱포장, 개포장 ⊂ 상업포장) : 상품의 개별포장을 말하는 것으로, 상품의 가치를 높이고 상품을 보호하기 위해서 적합한 재료와 용기 등을 사용하는 기술 및 시행된 상태

② 내부포장(≒ 속포장 ⊂ 수송·공업포장) : 포장화물의 내부포장을 의미하며 수분, 온기, 광열, 충격 등을 고려하여 적절한 재료, 용기 등을 사용하는 기술 및 시행된 상태

③ 외부포장(≒ 겉포장 ⊂ 수송·공업포장) : 포장화물을 상자, 나무박스, 부대(자루)에 넣거나 또는 용기에 넣지 않은 상태로 결속하여 화인(Marking)을 실시하는 기술 및 시행된 상태

(2) 기능별 포장 분류 🖋기출 10회, 11회, 13회, 16회, 17회

① 공업포장과 상업포장

공업포장	상업포장
㉠ **"수송포장"**이라고 함. ㉡ 내포장, 외포장 ⊂ 수송포장 ㉢ 상품의 수송, 보관, 하역 등에서 물품이 변질, 파손되는 것을 방지(습기, 열기, 충격 등) ㉣ 포장화물의 취급용이성 제고 ㉤ 비용을 절감하는 적정포장	㉠ **"소비자포장"**이라고 함. ㉡ 단위포장, 개포장, 낱포장 ⊂ 상업포장 ㉢ 판매촉진이 포장의 주목적 – "침묵의 판매원" ㉣ 따라서 포장비 상승은 크게 고려하지 않음.
상품의 "안전"이 최우선	상품의 "판매촉진"이 최우선

② 수송포장과 소비자포장의 특징

구 분	동의어	하부요소	목 적	목적지별	포장중량	유통분류
수송포장	공업포장	내부포장 외부포장	상품보호 비용절감	수출포장	중포장	물적유통
소비자포장	상업포장	단위포장	매출신장	국내포장	경포장	상적유통

(3) 무게별 포장분류

輕(경)포장	中(중)포장	重(중)포장
50kg 미만	50~200kg	200kg 초과

(4) 목적별 포장분류 기출 11회, 19회, 21회

① 방수포장 : **방수접착, 봉합제 등을 사용하여 내부에 물의 침투를 방지**

  ㉠ 방습포장과 같이 할 경우, 방수는 외부

  ㉡ 방습은 내부에 실시

② 방습포장 : 상품의 보관, 운송 중에 습기로 인한 피해를 방지

  ㉠ 습기로 인한 상품의 변화

    ⓐ 팽윤, 조해, 응고 : 비료, 시멘트, 농약, 공업약품

      • 팽윤 : 물질이 용매를 흡수하여 부푸는 현상

      • 조해 : 녹아서 죽처럼 되는 현상

    ⓑ 변질 : 건조식품, 의약품

    ⓒ 곰팡이 발생 : 식료품, 섬유제품, 가죽제품

    ⓓ 녹 발생 : 금속제품

  ㉡ 대표적 방습수단

    ⓐ 건조제 사용, "실리카 겔"

    ⓑ 방습성이 완전한 포장재 이용, "금속", "유리"

③ 완충포장

  ㉠ 외부로부터 전달되는 힘과 충격으로부터 상품의 내·외부를 보호하기 위한 포장

  ㉡ G 팩터 : 외력에 견딜 수 있는 물품의 허용 가속도

  ㉢ 도자기, 유리제품, 광학부품, 전자제품 등

④ 방청포장

  ㉠ 상품의 부식(녹)을 방지하기 위한 포장

  ㉡ 화학적인 방법(부식 억제제)과 물리적 방법(밀폐환경 조성)

ⓒ 방청포장절차 ※ 빈출

청정 → 건조 → 방청제 사용 → 위싸기, 겉싸기 → 내포장 → 외포장

⑤ **진공포장** : 상품 내부를 진공상태로 만들어 내용물의 활성을 정지시키는 포장
⑥ **압축포장** : 상품의 부피를 줄여주는 포장
⑦ **집합포장** : 대형화물의 집합체로 단위화물을 형성하는 것. 파렛트 포장과 가장 관계있는 포장기법
  ㉠ 집합포장의 요건
    ⓐ 보호기능을 지닐 것
    ⓑ 기계 취급이 용이할 것
    ⓒ 물류기능 활동 간의 연계를 고려할 것
  ㉡ 파렛트 집합적재방법 : 블록적재, 교호열적재(90도), 벽돌적재(180도), 핀휠적재, 스플릿적재 **상세 내용 '물류관리론' 참조** 기출 8회, 9회, 10회, 14회, 18회, 19회
  ㉢ 집합포장 보호재 : 코너패드, 덮개, 틀, 칸막이 판, 덧 받침대, 충진물
  ㉣ 집합포장기법 기출 2회, 7회, 20회
    ⓐ 밴드결속, 테이핑, 슬리브(보통필름, 4면 감싸는 방식)
      • 중량물 포장에 적용되는 결속재 : PET(폴리에스터)밴드
    ⓑ 슈링크 포장(수축필름의 열 수축)
    ⓒ 틀(수평, 수직이동을 틀로 제한)
    ⓓ 꺽쇠, 물림쇠(상자고정)
    ⓔ 대형 골판지 상자
    ⓕ 접착제, 접착테이프
    ⓖ 스트레치 포장(스트레치 필름의 점착성을 이용)
    ⓗ Sleeper 포장 : 대형 단위화 포장

◀ 집합포장기법 ▶

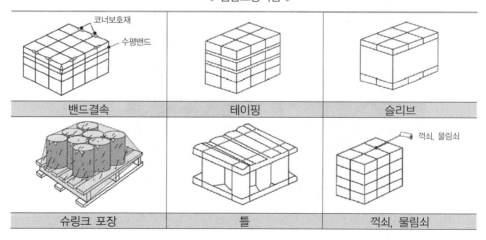

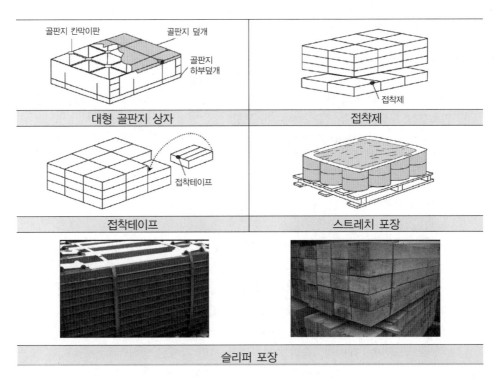

대형 골판지 상자	접착제
접착테이프	스트레치 포장
슬리퍼 포장	

⑧ 특수포장

　㉠ Skid Base 포장 : 파렛트 위에 포장화물을 적재하고 철띠 또는 PP밴드 등으로 고정하는 것과 비슷하나 제품의 특성 및 중량에 따라 베이스(base) 제작 구조가 차이가 있으며, 이에 적용되는 제품으로는 각종 산업용 철 구조물, Pipe류, 금속탱크, 기타 철재류 수출제품에 적용하여 포장

　㉡ Crate 포장 : 물품운송용 대형 맞춤 나무상자(개장용구가 반드시 필요)

4 화물의 취급표시

(1) 화인(Case Mark)의 개념

① 포장화물의 외장 위에 붙이거나 표시하는 것으로 주로 목적지, 발송 개수, 취급상의 문구 등을 총칭

② 운송관계자나 수입업자가 쉽게 식별할 수 있도록 다른 물건과의 구분, 매수인의 사용편의 및 선적서류와 물품과의 대조에 편의를 주기 위함.

③ 국제무역에 있어서 화인이 부정확하면 다른 화물과 혼동을 가져와 화물의 인도 착오, 하역착오, 통관상의 문제가 발생하는 등 시간과 비용의 큰 손실을 야기

(2) 화인의 표시방법 ⚡빈출

① 스탬핑(Stamping) : 고무인이나 프레스기 등을 사용하여 **"찍는"** 방법, 종이상자, 골판지 상자에 사용

② 카빙(Carving) : **"주물"**을 주입할 때 미리 화인을 해두어 제품의 완성시 화인이 나타남, 금속제품에 사용

③ 레이블링(Labeling) : 종이나 직포 등에 필요한 내용을 미리 인쇄해 두었다가 **"붙이는"** 방법

④ 태그(Tag) : 표시내용을 기재한 판(종이, 알루미늄 등)을 철사나 기타 끈 등으로 **"매는"** 방법

⑤ 스티커(Sticker) : 못으로 박거나 특정 방법에 의해 **"고정"**시키는 방법, 태그와 유사함.

⑥ 스텐실(Stencil) : 문자를 파 두었다가 붓이나 스프레이를 사용하여 칠하면 화인이 새겨지는 방법

> **ⓣTIP** 화인 종류 ✏기출 25회
>
> ① 주표시 : 화인의 가장 중요한 표시로 다른 상품과 식별을 용이하게 하는 기호
> ② 부표시 : 내용물품의 제조사나 혹은 수출대행사 등이 표시하는 기호
> ③ 품질표시 : 상품의 품질을 표시하며 주표시의 위나 밑에 기재됨.
> ④ 목적지표시
> ⑤ 수량표시
> ⑥ 주의표시 : 취급상의 주의사항
> ⑦ 원산지표시
> ⑧ 기타 : 상품명, 내용품번호, 총중량, 용적, 수입허가 번호 등

5 포장표준화

(1) 포장표준화의 의의

① 물류관리의 합리화는 물류의 5대 기능인 운송, 보관, 하역, 포장, 정보 등의 각 기능들이 상호 유기적으로 연계되고 통합됨을 의미

② 생산의 마지막 단계이며 물류의 시작단계가 "포장"

③ 물류표준화의 초석인 물류모듈화 측면에서 배수계열치수(PVS)에 앞서 "포장모듈 분할치수"라 불리기도 하는 분할계열치수(NULS)의 표준화가 요구됨.

④ 포장의 치수변화에 따라 운송과 보관·하역의 적재효율 등에 큰 영향을 줌.

⑤ 제품, 포장개발, 설계에서부터 단순히 제품의 포장만을 생각하는 차원이 아닌 물류시스템적 차원에서 고려되어 개발되어야 한다.

(2) 포장표준화의 5요소 🖊기출 25회

치수(규격)	강도	재질	기법	포장관리

포장치수가 다르면 포장강도도 달라지기 때문에 **포장강도의 표준화는 포장치수 표준화 이후에 이루어지는 것이 바람직하다.**

(3) 포장표준화의 합리적 추진방안

① 포장의 규격화를 고려한 제품설계

② 단계적 모듈(Module)화 추진(규격화·표준화)

③ 포장의 강도 연구 및 검사의 강화

④ 포장공정의 기계화·자동화 추진

⑤ 포장설계의 전산화 추진

(4) 포장모듈화의 절차

① 수송수단의 결정

② 표준 파렛트의 치수결정

③ 적정포장재 선택

④ 상품성을 고려하여 단위포장의 설계

⑤ 겉포장 설계 및 치수를 결정

⑥ 겉포장과 연계하여 집합포장 치수를 결정

(5) 포장모듈화의 저해요인

① 일관 파렛트화의 부진

② 상품형태가 모듈화에 부적합

③ 소규모의 거래단위

④ 제품의 다양화와 판매지향형의 경향

⑤ 포장의 모듈화에 의해 기존의 생산설비 및 물류시설의 변경 여부

⑥ 경영자들의 포장모듈화 인식 부족

6 포장합리화

(1) 포장합리화의 6원칙 기출 25회

구 분	원 칙	설 명
제1원칙	대량화·대형화의 원칙	포장화물 단위의 크기를 대량화·대형화
제2원칙	집중화·집약화의 원칙	다수 업체들의 물량을 집중화·집약화 → 대량화·대형화
제3원칙	규격화·표준화의 원칙	규격화·표준화함으로써 포장설계의 간소화 및 과잉포장 배제
제4원칙	사양변경의 원칙	완충제의 변경 등 사양의 변경을 통한 비용절감 추구
제5원칙	재질변경의 원칙	내용품의 보호에 지장이 없는 범위 내에서 재질변경을 통한 비용절감 추구
제6원칙	시스템화·단위화의 원칙	물류의 모든 활동이 유기적으로 연결되도록 시스템화하며, 포장화물의 단위화를 통해 포장의 합리화 추구

(2) 적정포장

① 적정포장의 개요

    ㉠ 적정포장이란 상품의 품질보존, 취급상의 편의성, 판매촉진, 안정성 등 포장 본래의 기능을 만족시키는 가장 합리적이면서 공정한 포장을 의미

    ㉡ 적정포장의 핵심은 포장비의 개념을 명확히 한 후 포장비용의 상승을 최소한으로 억제하고 보호기능을 최대한 발휘할 수 있는 교차점에서 포장이 설계되어야 한다는 것

② 적정포장의 요건

시 각	조 건
생산자	㉠ 제품의 보호성 유지 ㉡ 포장비 절감과 생산원가 절감 ㉢ 기업광고 또는 제품광고로써의 역할 ㉣ 공정의 라인화·자동화가 가능한 포장설계 ㉤ 리사이클이 가능한 포장
물류업자	㉠ 물품 취급이 용이하고, 중량이나 용적을 적절하게 할 것 ㉡ 표준화를 전제로 하여, 유닛로드화 실현 ㉢ 적정포장 강도 ㉣ 적정화인 표시 ㉤ 수송수단 및 하역수단과의 적합성 고려 ㉥ 유통과정에서의 도난방지 유의

유통업자	㉠ 개봉 및 재포장 용이 ㉡ 내용 표시가 간단·명료할 것 ㉢ 판매시점관리 시스템의 사용이 가능할 것 ㉣ 소비자의 요구에 부합된 디자인일 것
소비자	㉠ 만족감을 줄 수 있을 것 ㉡ 개봉 및 재포장이 용이할 것 ㉢ 개봉 후 처리가 간단하거나 재이용이 가능할 것

참고 자세한 내용은 '물류관리론 물류포장'을 참조

01 화물을 일정한 표준의 중량 또는 체적으로 단위화시켜 일괄적으로 기계를 이용하여 하역, 수송하는 시스템은? ✔ 14회

① 파렛트 풀 시스템
② 파렛트 푸시 시스템
③ 오더 피킹 시스템
④ 유닛로드 시스템
⑤ 컨베이어 시스템

> [해설] 하역 및 운반의 혁신적 단위적재를 통해 운송합리화를 이룩하는 체제로서, 화물을 일정한 표준의 중량과 용적으로 이를 단위화(unitization)시켜 기계적인 힘에 의해 일괄적으로 하역 또는 운송하는 물류시스템을 의미한다. 따라서 ULS는 협동일관운송(intermodal transportation)을 가능하게 하는 전형적인 하역 및 운송의 합리화 체제로서 하역의 기계화, 화물의 파손방지, 신속한 적재, 운송수단의 회전율 향상을 가능하게 하는 역할을 수행한다.

02 유닛로드 시스템(Unit Load System)의 용어설명과 거리가 먼 것은?

① 포장모듈화란 포장합리화, 표준화를 위해 포장의 수치를 부여하기 위한 기준척도이다.
② 포장모듈화 치수란 포장모듈화에서 유도된 치수법이다.
③ 유닛로드(Unit Load)란 수송, 보관, 하역 등의 물류활동을 합리적으로 처리하기 위하여 복수의 물품 또는 포장화물을 기계 · 기구에 의한 취급에 적합하도록 하나의 단위로 정리한 화물을 말한다.
④ 플랜뷰 사이즈(Plan View Size)란 유닛로드의 크기를 표현하기 위하여 필요한 치수를 말한다.
⑤ 유닛로드 사이즈(Unit Load Size)란 단위화물 치수로서 유닛로드의 크기를 표시한다.

> [해설] 보관 중 또는 출하장에 대기하고 있을 때 유닛로드의 가장 바깥부분에 튀어나온 점들을 연결하여 직각으로 교차하는 4개의 수직과 평면으로 둘러싸인 직육면체의 형상을 의미한다. 따라서 PVS는 유닛로드 규격의 최대허용 치수이며 배수모듈 시스템과 연결된다.

03 물류 모듈화에 관한 설명으로 옳지 않은 것은? ✅ 15회

① 유닛로드 시스템은 파렛트를 기본으로 하는 것이 일반적이다.

② 우리나라에서는 일관수송용 평파렛트에 관한 KS규격이 제정되어 있으며, 치수는 1,100mm ×1,100mm로 규정하고 있다.

③ 유닛로드 치수를 표준화하는 데는 수송에 관계있는 트럭이나 컨테이너 화차와의 정합성이 필요하다.

④ 파렛트 규격은 동업종 및 이업종 간에도 호환성이 있어야 한다.

⑤ 파렛트 치수는 각 사업장별로 독자적으로 사용하여 적재효율을 향상시켜야 한다.

> [해설] 파렛트 치수를 각 사업장별로 독자적으로 사용하면 모듈화가 실현되지 않는다. 따라서 적재효율도 저하된다.

04 하역작업에 관한 설명으로 옳지 않은 것은? ✅ 17회

① 배닝(Vanning)은 컨테이너에서 물품을 끄집어내는 작업이다.

② 분류(Sorting)는 물품을 품종별, 고객별, 목적지별 등으로 나누는 작업이다.

③ 쌓아올림(Stacking)은 물품을 보관시설 또는 장소로 이동시켜 정해진 위치와 형태로 쌓는 작업이다.

④ 래싱(Lashing)은 물품을 고정시키는 작업이다.

⑤ 피킹(Picking)은 보관장소에서 물품을 끄집어내는 작업이다.

> [해설] Devanning이 컨테이너에서 물품을 끄집어내는 작업이고 Vanning은 적입하는 작업이다.

05 승용차, 목재, 기계류 같은 중량화물을 운송하기 위해 상부 구조가 없이 기둥만 두어 전후 좌우에서 사용할 수 있는 개방형 컨테이너는? ✅ 18회

① Dry Bulk Container ② Flat Rack Container
③ Dry Cargo Container ④ Side Open Container
⑤ Open Top Container

> [해설] 천장과 좌우 측벽을 제거하고 최소한의 모서리, 기둥을 동반하여 측벽의 일부 조립이 가능한 형태의 컨테이너. 장척물을 포함한 비정형 화물의 지게차 하역을 용이하게 한다.
> ④ Side Open Container는 컨테이너 측면에 모두 개방되는 컨테이너이다.

정답 **03** ⑤ **04** ① **05** ②

06 용도에 따른 컨테이너의 분류 중 온도관리가 가능한 화물수송용 컨테이너는?　✅ 16회

① 서멀 컨테이너(Thermal Container)

② 드라이 벌크 컨테이너(Dry Bulk Container)

③ 오픈 탑 컨테이너(Open Top Container)

④ 플랫폼 컨테이너(Platform Container)

⑤ 플랫 랙 컨테이너(Flat Rack Container)

> [해설]　② 온도조절이 필요 없는 일반화물의 운송용 컨테이너이다.
> ③ 천장을 개방할 수 있도록 캔버스 덮개로 이루어져 크레인을 통해 화물을 적·출입하는 컨테이너(기계류, 철강, 판유리 등 중량물 대상)이다.
> ④ 바닥만 있는 컨테이너로 중량물이나 코일수송에 적합하게 제작되어 있다.
> ⑤ 천장과 좌우 측벽을 제거하고 최소한의 모서리, 기둥을 동반하여 측벽의 일부 조립이 가능한 형태의 컨테이너. 장척물을 포함한 비정형 화물의 지게차 하역을 용이하게 한다.

07 컨테이너의 종류에 관한 설명으로 옳지 않은 것은?　✅ 14회

① 일반용도 컨테이너(Dry Container) : 온도 조절이 필요 없는 일반잡화를 운송하기 위한 컨테이너

② 냉동 컨테이너(Reefer Container) : 과일, 야채 등의 보냉이 필요한 화물을 운송하기 위한 컨테이너

③ 플랫 랙 컨테이너(Flat Rack Container) : 승용차, 기계류 등과 같은 중량화물을 운송하기 위한 컨테이너

④ 가축용 컨테이너(Pen Container) : 가축사료, 몰드, 소맥분 등과 같은 화물을 운송하기 위한 컨테이너

⑤ 통기·환기 컨테이너(Ventilated Container) : 통풍을 필요로 하는 수분성 화물, 생피 등을 운송하기 위한 컨테이너

> [해설]　가축용 컨테이너는 가축을 이동시키기 위한 컨테이너이다.

정답　**06** ①　**07** ④

08 다음 그림과 같은 방식에 의한 파렛트 풀 시스템에 대한 설명으로 옳지 않은 것은?

✅ 12회

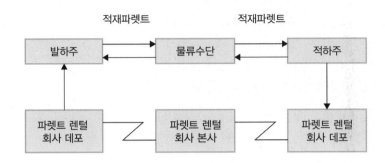

① 파렛트를 즉시 교환해서 사용하는 것이 원칙으로 파렛트가 분실될 우려가 없다.

② 파렛트를 풀로 운영하는 기관이 제공하는 규격화된 파렛트를 이용자의 소재지로부터 가까운 데포(Depot)에서 빌린다.

③ 이용자가 교환을 위한 동질동수의 파렛트를 준비해 놓을 필요가 없다.

④ 렌털회사 데포(Depot)에서 하주(荷主)까지의 공파렛트 수송이 필요하다.

⑤ 하주(荷主)의 지역적 편재 등에 의해 파렛트가 쌓이는 곳이 발생한다.

> **해설** 그림의 방식은 리스·렌털방식의 파렛트 풀 시스템에 대한 설명이다.
> ① 리스·렌털방식은 파렛트 분실 우려가 없다. 해당 설명은 즉시교환방식이다.

09 파렛트 풀 시스템(Pallet Pool System)을 도입함으로써 기업이 얻을 수 있는 직접적인 경제적 효과와 가장 거리가 먼 것은?

① 규모의 경제에 의한 고정비 절감 및 대량판매에 의한 이익 증가

② 보관, 하역작업의 효율 향상

③ 화물 운임 및 부대비용의 물류비 절감 도모

④ 포장간소화에 따른 포장비 절감

⑤ 파렛트 회수운임 절감 및 회수관리 일원화

> **해설** 규모의 경제 실현은 파렛트 풀 시스템 운영사가 얻는 효과로, 파렛트 풀 시스템을 도입하는 화주기업이 얻는 직접적인 경제적 효과는 아니다. 또한 대량판매와도 의미가 일치하지 않는다.

10 다음 그림은 각각의 기업이 자사의 파렛트를 소유하되 일정한 규율하에 공동 이용하는 형태로서 파렛트 적재화물은 기업 간 공동 유통창고를 통해 소비단계까지 확대하여 이용하는 시스템이다. 이 시스템은 무엇인가?

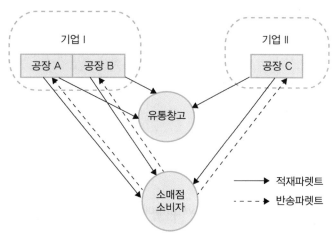

① 개방적 파렛트 풀 시스템(Pallet Pool System)
② 업계단위 파렛트 풀 시스템
③ 기업단위 파렛트 풀 시스템
④ 교환방식 풀 시스템
⑤ 리스·렌털 방식 풀 시스템

해설 업계단위 파렛트 풀 시스템은 이용효율 면에서 볼 때 기업단위 파렛트 풀 시스템과 큰 차이가 없으나 반송 활동 측면에서는 이점이 있다.

11 파렛트 풀 시스템(PPS : Pallet Pool System)의 운영방식 중 교환방식의 장단점에 관한 설명으로 옳지 않은 것은? ✅ 14회

① 파렛트의 즉시 교환사용이 원칙으로 분실과 회수의 어려움이 없다.
② 관계 당사자는 언제나 교환에 응할 수 있는 파렛트를 준비하여야 한다.
③ 보수가 필요하게 된 파렛트나 품질이 나쁜 파렛트를 교환용으로 내놓을 경우가 있다.
④ 대여회사의 데포(Depot)에서 하주까지의 공(Empty) 파렛트 수송이 필요하다.
⑤ 수송기관의 이용이 복잡하거나 수송기관의 수가 많을 경우에는 원활하게 진행할 수 없다.

해설 ④ 리스·렌털 방식의 단점에 대한 설명이다.

정답 **10** ② **11** ④

12 파렛트 풀 시스템(Pallet Pool System)의 운영방식에서 렌털방식의 단점이 아닌 것은?

⊘ 18회

① 이용자가 교환을 위한 동질·동수의 파렛트를 준비해 놓을 필요가 없다.
② 파렛트를 인도하고 반환할 때 다소 복잡한 사무처리가 필요하다.
③ 일부 화주의 편재(쏠림현상) 등에 의하여 파렛트가 쌓이는 곳이 발생한다.
④ 편재(쏠림현상)되어 쌓여지는 파렛트는 렌털회사 측면에서는 부담이 된다.
⑤ 렌털회사의 데포(Depot)에서 화주까지의 공 파렛트 수송이 필요하다.

[해설] ① 리스·렌털 방식의 장점에 대한 설명이다.

13 파렛트 풀 시스템(Pallet Pool System)에 관한 설명으로 옳지 않은 것은? ⊘ 19회

① 표준 파렛트를 다량으로 보유하여 불특정 다수의 화주에게 파렛트를 공급한다.
② 파렛트 풀 시스템을 통하여 일관 파렛트화를 실현하고, 파렛트에 대한 투자비용을 절감할 수 있다.
③ 렌털방식 풀 시스템은 렌털회사 데포(Depot)에서 화주까지의 공파렛트 수송이 필요하다.
④ 전체적인 파렛트 수량이 늘어나고, 규격화 및 표준화가 촉진된다.
⑤ 자사의 필요규격을 임의로 선택하여 도입하기가 어렵다.

[해설] 파렛트 풀 시스템의 확산으로 공동화의 효과로 사회 전체에서 요구되는 파렛트 수량은 줄어든다.

14 일관 파렛트화의 장단점에 관한 설명으로 옳지 않은 것은? ⊘ 17회

① 작업능률의 향상으로 인력이 절감된다.
② 넓은 작업공간 및 통로가 필요없다.
③ 작업의 표준화·기계화를 촉진한다.
④ 제한된 공간을 최대한 이용할 수 있다.
⑤ 파렛트 자체의 체적 및 중량만큼 적재량이 줄어든다.

[해설] 일관 파렛트화를 위해 넓은 작업공간 및 통로가 필요하다.

[정답] **12** ① **13** ④ **14** ②

15 수송기기에 실려진 화물을 고정시키는 작업을 무엇이라 하는가?

① 스태킹(Stacking) ② 배닝(Vanning)

③ 디배닝(Devanning) ④ 래싱(Lashing)

⑤ 피킹(Picking)

[해설] 래싱(Lashing)이란 운송기기에 실려진 화물을 움직이지 않도록 줄로 묶는 작업을 말한다. 다음과 같은 부속들을 이용하여 고정한다.

16 유닛로드(Unit Load) 방식의 장점에 대한 설명으로 옳지 않은 것은?

① 입출고의 빈도가 줄어 운반효율이 증가한다.

② 크기가 균일하게 되어 화물취급이 용이하다.

③ 저장 공간을 유효하게 활용할 수 있다.

④ 파손, 분실을 방지할 수 있다.

⑤ 다양한 화물의 크기 및 모양을 모두 수용할 수 있다.

[해설] 유닛로드 방식은 단위화물을 만드는 방식으로, 다양한 화물의 크기와 모양을 모두 수용할 수는 없기 때문에 NULS(Net Unit Load Size) 69종을 규정해 두고 이용하도록 장려하고 있다.

17 유닛로드 시스템의 장점을 설명한 것과 거리가 먼 것은?

① 보관효율의 향상

② 하역의 기계화 가능

③ 운송의 편의성과 트럭 회전율 향상

④ 다품종 소량, 다 거래처에도 유리

⑤ 제품 파손의 감소와 포장비 절감

[해설] 다품종 소량, 다 거래처일 경우에는 단위화물화가 될 확률이 감소하기 때문에 유리하지 않다.

정답 **15** ④ **16** ⑤ **17** ④

18 물류센터 작업의 효율화를 위한 라인밸런싱(Line balancing)의 목적으로 옳지 않은 것은?

19회

① 장비고장 발생 및 오작동 감소
② 작업공정 내의 재공품 감소
③ 가동률 향상
④ 리드타임(Lead Time)의 향상
⑤ 애로공정 개선으로 생산성 향상

[해설] 라인밸런싱이란, 라인을 구성하는 각 공정 간의 균형을 어떻게 최적화하느냐에 대한 문제해결을 위해 공정 중에서 각각의 공정 역할분담을 고르게 나누어 줌으로써 최대의 생산효율을 이끌어 내는 것을 뜻한다.
④ 리드타임의 향상은 리드타임이 개선되어 줄어든다는 의미이므로 혼동주의

19 다음 표는 물류센터 하역작업의 연속된 5개 공정별 작업시간이다. 공정개선 후 공정효율 (Balance Efficiency)을 80%로 만들기 위해서는 애로공정의 작업시간을 몇 분 줄여야 하는가? (단, 소수점 첫째 자리에서 반올림하시오.)

17회

공정명	A	B	C	D	E
작업시간(분)	13	10	16	11	10

① 4분　　　　　　　　　　　② 5분
③ 6분　　　　　　　　　　　④ 7분
⑤ 8분

[해설]
• 공정효율 $= \dfrac{\text{전체작업공정시간}}{\text{애로공정시간} \times \text{공정수}} \times 100$

㉠ TOC(Theory of Constraints) 제약이론에 기초하여 공정효율 향상을 위하여 애로공정부터 개선해 나간다.
㉡ 개선된 상황(공정개선 후)에서 공정효율을 80%로 만들고자 한다는 의미는 두 번째 애로공정 리드타임을 기준으로 공정효율이 구해진다는 의미임을 파악해야 한다.
㉢ 공정효율 80% 달성을 위해 현재의 애로공정 리드타임을 얼마나 개선했는지 구해야 하기 때문에 기존 애로공정 C공정, 16분 대신에 리드타임을 x분이라고 놓는다.
• 두 번째 애로공정 = A공정, 13분

개선 후 LOB $= 80\% = \dfrac{13 + 10 + x + 11 + 10}{13 \times 5} \times 100$

$\therefore x = 8$분

정답　**18** ①　**19** ⑤

20 어떤 집배송센터의 집하작업에서 연속된 5개 공정별 사이클타임은 다음 표와 같다. 공정 개선 후, 1공정의 사이클타임을 50% 줄일 수 있었다. 개선 후의 애로공정명, 애로공정의 사이클타임, 공정효율(Balance Efficiency)은 각각 얼마인가? (단, 소수점 이하 둘째 자리에서 반올림한다.) ✅ 14회

공정명	1공정	2공정	3공정	4공정	5공정
개선 전 사이클타임(분)	8	5	4	6	4

① 2공정, 5분, 67.5%　　　　　② 4공정, 5분, 67.5%
③ 2공정, 6분, 76.7%　　　　　④ 4공정, 6분, 76.7%
⑤ 4공정, 4분, 67.5%

[해설] 공정개선 후, 1공정의 사이클타임 50% 감소 = 8분 × 0.5 = 4분

공정명	1공정	2공정	3공정	4공정	5공정
개선 전 사이클타임(분)	4	5	4	6	4

개선 후 애로공정은 가장 많은 사이클타임을 소요하는 4공정, 6분

이때 공정효율은 LOB = $\dfrac{4분 + 5분 + 4분 + 6분 + 4분}{6분 × 5공정}$ × 100 = $\dfrac{23분}{30분}$ × 100 = 76.666 …

∴ 약 76.7%

21 다음 파렛트 적재방법을 올바르게 연결한 것은? ✅ 14회

① ㉠ 스플릿 적재　　㉡ 핀휠 적재
② ㉠ 블록 적재　　㉡ 핀휠 적재
③ ㉠ 벽돌 적재　　㉡ 블록 적재
④ ㉠ 벽돌 적재　　㉡ 스플릿 적재
⑤ ㉠ 스플릿 적재　　㉡ 교호열 적재

정답 **20** ④　**21** ①

해설 ㉠ 벽돌 적재의 일종이나 물품 사이에 공간을 두고 쌓는 방식
㉡ 중간에 둔 공간을 중심으로 풍차형 모양으로 둘러쌓되 단간에는 교대로 방향을 바꾸어 겹쳐 쌓는 방식, 정방형의 파렛트의 적재에 사용된다.

22 동일한 단 내에서 동일한 방향으로 물품을 나란히 쌓지만 단별로는 방향을 90°로 바꾸거나 교대로 겹쳐 쌓는 적재방식은?

① 벽돌 적재   ② 핀휠 적재
③ 스플릿 적재   ④ 교대 배열 적재
⑤ 블록 적재

해설 개별화물을 적재하기 시작하면 정방형으로 각층이 패턴화되어 홀수층과 짝수층을 90도 바꾸어도 형태가 일치하게 되며 화물붕괴를 줄일 수 있는 형태이다.

23 다음 그림의 파렛트 적재 패턴에 해당하는 것은?

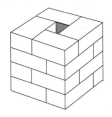

① 블록 쌓기   ② 상호열 쌓기
③ 벽돌 쌓기   ④ 핀휠 쌓기
⑤ 스플릿 쌓기

해설 공간의 손실 없이 적재하기 불가능할 때 외력에 저항성을 최대화하기 위하여 중앙부에 빈 공간이 생기지만 외벽은 빈틈없이 채워지도록 놓여지는 형태이다.

정답 **22** ④ **23** ④

24 1,100mm × 1,100mm 표준 파렛트에 가로 300mm, 세로 200mm, 높이 150mm의 박스를 적재하려고 한다. 1단 적재만 가능하다고 할 때, 최대 몇 개의 상자를 적재할 수 있는가? (단, 적재 높이는 150mm를 유지해야 한다.) ✅ 13회

① 17개　　　　　　　　　　　② 18개
③ 19개　　　　　　　　　　　④ 20개
⑤ 21개

[해설] ㉠ 높이 정보는 면적(가로 × 세로)과 상관이 없으므로 배제한다.
　　　㉡ 계산상의 적재수량이 실제로는 파렛트를 벗어나 계산된 수량만큼 적재 불가한 경우도 있으므로 계산을 통해 감을 잡도록 한다.

$$파렛트\ 적재수량 = \frac{총가용면적}{단품의\ 소요면적} = \frac{1,100mm \times 1,100mm}{300mm \times 200mm} ≒ 20.17$$

　　　㉢ 본 문제의 주어진 제약 상황에서 박스를 적재해 보면 "핀휠 적재 패턴"으로 20개 상자가 적재가능하다 (본 유형의 문제에서 빈출되는 주요 패턴임).

25 화인에 관한 설명으로 옳지 않은 것은? ✅ 18회

① 주표시(Main Mark)는 화인 중 가장 중요한 표시로서 다른 상품과 식별을 용이하게 하는 기호이다.
② 부표시(Counter Mark)는 내용물품의 직접 생산자 또는 수출대행사 등이 주표시의 위쪽이나 밑쪽에 기재하며 생략하는 경우도 있다.
③ 품질표시(Quality Mark)는 내용품의 품질이나 등급 등을 표시하는 것으로 주표시의 위쪽이나 밑에 기재한다.
④ 주의표시(Care Mark)는 취급상의 주의를 위하여 붉은색을 사용하여 표시하고 종류는 한가지다.
⑤ 수량표시(Quantity Mark)는 단일포장이 아닌 2개 이상의 경우 번호를 붙여 몇 번째에 해당되는지를 표시한다.

[해설] 주의표시는 붉은색이며 종류는 주의가 필요한 상황에 따라 표식은 매우 다양하다.

정답 **24** ④ **25** ④

26 화물의 취급표시(화인) 방법에 관한 설명으로 옳지 않은 것은? ✅ 14회

① 레이블링(Labeling)은 종이나 직포 등에 필요한 내용을 미리 인쇄해 두었다가 일정한 위치에 붙이는 것으로 통조림병, 유리병 등에 적용된다.

② 스탬핑(Stamping)은 고무인이나 프레스기를 사용하여 찍는 방법으로 종이상자, 골판지상자 등에 적용된다.

③ 카빙(Carving)은 금속제품에 사용하며, 못으로 박거나 특정 방법에 의해 고정시키는 방법이다.

④ 태그(Tag)는 종이, 플라스틱판 등에 표시내용을 기재한 후 철사, 끈 등으로 매다는 방법이다.

⑤ 스텐실(Stencil)은 시트에 문자를 파두었다가 붓, 스프레이 등으로 칠하는 방법으로 나무상자, 드럼 등에 적용된다.

> [해설] • **스티커**(Sticker) : 못으로 박거나 특정 방법에 의해 "**고정**"시키는 방식
> • **카빙**(Carving) : "**주물**"을 주입할 때 미리 화인을 해두어 제품의 완성 시 화인이 나타나게 하는 방식

27 다음 그림은 어떤 화물의 화인이다. 이 화인을 보면서 판단할 수 있는 내용으로 옳지 않은 것은? ✅ 15회

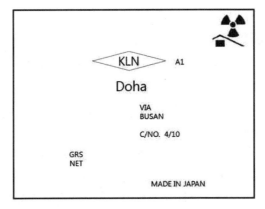

① 화물은 일본에서 생산된 제품이다.

② 부산을 거쳐서 도하(Doha)로 운송되는 화물이다.

③ 상기 화인이 부착되어 있는 화물은 모두 10개이며, 그 중에서 4번째에 해당하는 화물이다.

④ 화물은 방사능을 포함하고 있으므로 취급 시 주의해야 한다.

⑤ 전체 중량이 얼마인지를 알 수 없는 화물이다.

> [해설] 해당 화인은 방사능에 노출되지 않도록 화물을 차폐하라는 뜻이다.

28 다음 일반화물의 취급주의표시(KSA 1008) 중 쓰러지기 쉬운(unstable) 화물을 표시하는 것은? 11회

① 　　　　②

③ 　　　　④

⑤

해설　① 갈고리 금지, ③ 굴림 금지, ④ 취급 주의, ⑤ 손수레 삽입 금지

29 화물의 취급표시(화인) 방법이 올바르게 연결된 것은? 16회

> ㉠ 종이나 직포 등에 필요한 내용을 미리 인쇄해 두었다가 일정한 위치에 붙이는 것으로 통조림, 유리병 등에 적용된다.
> ㉡ 고무인이나 프레스기를 사용하여 찍는 방법으로 종이상자, 골판지 상자 등에 적용된다.
> ㉢ 시트에 문자를 파두었다가 붓, 스프레이 등으로 칠하는 방법으로 나무상자, 드럼 등에 적용된다.
> ㉣ 종이, 플라스틱판 등에 표시내용을 기재한 후 철사, 끈 등으로 매다는 방법이다.

① ㉠ 스탬핑(Stamping), ㉡ 라벨링(Labeling), ㉢ 스텐실(Stencil), ㉣ 스티커(Sticker)
② ㉠ 스탬핑(Stamping), ㉡ 라벨링(Labeling), ㉢ 스텐실(Stencil), ㉣ 태그(Tag)
③ ㉠ 라벨링(Labeling), ㉡ 스탬핑(Stamping), ㉢ 스텐실(Stencil), ㉣ 스티커(Sticker)
④ ㉠ 라벨링(Labeling), ㉡ 스탬핑(Stamping), ㉢ 스텐실(Stencil), ㉣ 태그(Tag)
⑤ ㉠ 라벨링(Labeling), ㉡ 카빙(Carving), ㉢ 스텐실(Stencil), ㉣ 태그(Tag)

해설　기타 화인 표기방법
• 카빙(Carving) : "주물"을 주입할 때 미리 화인을 해두어 제품의 완성 시 화인이 나타남. 금속제품에 사용
• 스티커(Sticker) : 못으로 박거나 특정 방법에 의해 "고정"시키는 방법으로, 태그와 유사함.

정답　**28** ②　**29** ④

30 포장에 관한 설명으로 옳은 것은? ✅ 17회

① 겉포장은 화물 외부의 포장이다.

② 낱포장은 기호, 표식 등을 나타내는 기술이다.

③ 속포장은 물품 개개의 포장이다.

④ 형태별로 공업포장과 상업포장으로 분류한다.

⑤ 기능별로 낱포장, 속포장, 겉포장으로 분류한다.

> [해설] ② 화인(Case Mark)
> ③ 낱포장에 대한 설명
> ④ 기능별·형태별 분류 – 상자, 나무통, 병, 튜브
> ⑤ 일반적 분류

31 포장의 기능에 관한 설명으로 옳지 않은 것은? ✅ 16회

① 내용물의 보호 및 보존기능은 물류활동 중 발생할 수 있는 변질, 파손, 도난 및 기타 위험으로부터 내용물을 안전하게 보호 및 보존하는 기능이다.

② 판매의 촉진성 기능은 포장을 차별화시키고 상품의 이미지 가치를 상승시켜 소비자로부터 구매의욕을 일으키게 하는 기능이다.

③ 상품성 및 정보성 기능은 제품 내용을 소비자에게 전달하기 위해 필요한 정보를 표시하는 기능이다.

④ 사회성과 환경친화성 기능은 공익성 및 환경 친화적인 요소를 고려하는 기능이다.

⑤ 유통합리화와 경제성 기능은 제품의 운송, 보관, 하역, 판매, 소비되는 과정에서 취급을 편리하게 하는 기능이다.

> [해설] ⑤ 포장의 기능 중 "취급의 편리성 기능"에 대한 설명이다.

32 다음 중 포장과 관련된 설명으로 옳지 않은 것은? ✅ 12회

① 포장이란 상품을 전시, 판매, 운송, 보관함에 있어서 상품의 훼손으로부터 보호하고자 적절한 용기나 짐꾸리개로 물건을 싸는 기술 또는 싸여진 상태를 말한다.

② 포장 디자인의 3요소는 선, 형, 색채이다.

③ 포장설계 시 고려할 사항은 하역성, 표시성, 작업성, 경제성, 보호성 등이다.

④ 상업포장의 1차적인 기능은 보호기능이고, 공업포장의 1차적인 기능은 판매촉진기능이다.

⑤ 내부포장은 물품이나 개별포장화물을 적절한 단위로 모아서 포장하거나 중간용기에 넣는 기술 또는 상태를 말한다.

[정답] **30** ① **31** ⑤ **32** ④

해설 "공업포장", 수송포장의 1차적 기능은 **상품보호**기능이며, "상업포장", 소비자포장의 1차적 기능은 **판매촉진** 기능이다.

33 적정포장이란 상품의 품질보존, 취급상의 편의성, 판매촉진, 안정성 등 포장 본래의 기능을 만족시키는 합리적이며 공정한 포장을 말한다. 다음 설명 중 적정포장과 거리가 먼 것은?

① 규격(Specification)의 변경을 통한 비용절감이 이루어지도록 한다.
② 품목에 따른 다양한 크기의 포장규격을 준비하여 다품종 소량 품목의 비용절감을 이룬다.
③ 집중화와 집약화를 통하여 관리수준을 향상시키고 대량화가 가능하게 한다.
④ 규격화 및 통일화를 통하여 포장비와 물류비의 감소를 이루도록 한다.
⑤ 포장의 보호성을 벗어나지 않는 범위 내에서 재질의 변경을 통하여 비용절감을 추구한다.

해설 표준화된 규격, NULS(Net Unit Load Size)와 같은 포장규격을 준용하여 포장개발을 하도록 장려하며 규격화 및 통일화에 의한 대량화로 비용절감을 실현한다.

34 다음은 포장에 관한 설명이다. (   ) 안에 들어갈 용어로 옳은 것은? ✅ 18회

한국산업표준(KST 1001)의 포장일반용어에 의하면 (   )이란 합리적이면서 공정한 포장을 의미하며, 수송포장에서는 유통과정에서의 진동, 충격, 압축, 수분, 온습도 등에 의해 물품의 가치, 상태의 저하를 가져오지 않는 유통 실태를 적용한 포장을 뜻하고, 소비자 포장에서는 과대·과잉 포장, 속임 포장 등을 시정하고 동시에 결함포장을 없애기 위해 보호성, 안전성, 단위, 표시, 용적, 포장비, 폐기물 처리성 등에 대하여도 적절한 포장을 말한다.

① 규격포장 ② 적정포장
③ 집합포장 ④ 통합포장
⑤ 적합포장

해설 적정포장이란 상품의 품질보존, 취급상의 편의성, 판매촉진, 안정성 등 포장 본래의 기능을 만족시키는 가장 합리적이면서 공정한 포장을 의미한다. 적정포장의 핵심은 포장비의 개념을 명확히 한 후 포장비용의 상승을 최소한으로 억제하고 보호기능을 최대한 발휘할 수 있는 교차점에서 포장이 설계되어야 한다는 것이다.

정답 **33** ② **34** ②

35 포장합리화의 원칙과 가장 거리가 먼 것은?

① 규격화·표준화의 원칙

② 재질 변경의 원칙

③ 시스템화 및 통합화의 원칙

④ 대량화 및 대형화의 원칙

⑤ 사양변경의 원칙

[해설] 시스템화 및 "단위화"의 원칙

36 다음 중 포장의 표준화에 대한 설명으로 옳지 않은 것은? ✅ 12회

① 소매점 진열대 이용효율의 향상으로 판매효율을 향상시킨다.

② 포장표준화의 4대 요소는 치수, 강도, 기법, 가격의 표준화이다.

③ 종합유통원가를 절감시켜 수출경쟁력에서 우위를 점할 수 있다.

④ 일정한 로트에서 더 많은 생산비를 절감하는 효과를 거둘 수 있다.

⑤ 표준가격에 의해서 하역비를 쉽게 산정할 수 있다.

[해설]
• 포장표준화의 4대 요소 : 치수(규격), 강도, 재질(재료), 기법
• 포장표준화 5대 요소 : 치수(규격), 강도, 재질(재료), 기법, 포장관리

37 포장기법에 관한 설명으로 옳지 않은 것은? ✅ 17회

① 방수·방습포장은 각종 제품을 유통과정의 습도로부터 지키는 포장기법이다.

② 방청포장은 금속표면의 녹이나 부식을 방지하기 위한 포장기법이며 일반적으로 방청제 도포나 가연성 플라스틱 도포가 사용된다.

③ 가스치환포장에는 주로 질소, 탄산가스 등의 가스가 사용되며 어태치먼트(Attachment)가 대표적인 주입장치이다.

④ 중량물포장은 주로 나무를 사용한 상자를 이용하며, 상자포장 설계기법을 KS규격으로 정비하여 보급한 결과 일정한 품질의 출하용기가 제작되고 있다.

⑤ 위험물포장은 고도의 안정성을 확보하기 위해 국제기준을 적용한 위험물의 표시와 표찰이 사용되고 있다.

[해설] 어태치먼트는 지게차의 교환 부속장치의 통칭이다.

38 포장기법에 관한 설명으로 옳지 않은 것을 모두 고른 것은? ✔ 19회

> ㉠ 진공포장(Vacuum packaging)은 내용물의 활성화를 정지시키기 위하여 내부를 진공으로 밀봉하는 포장기법이다.
> ㉡ 중량물포장은 각종 제품을 유통과정의 수분과 습도로부터 지키는 포장기법이다.
> ㉢ 완충포장은 운송이나 하역 중에 발생되는 충격으로 인한 제품의 파손을 방지하기 위한 포장기법이다.
> ㉣ 가스치환포장은 상품의 용적을 적게 하여 부피를 줄이는 포장기법이다.

① ㉢
② ㉠, ㉡
③ ㉠, ㉢
④ ㉡, ㉣
⑤ ㉡, ㉢, ㉣

> **해설** ㉡ 방수·방습포장에 대한 설명이다.
> - 중량물포장은 주로 나무를 사용한 상자를 이용하며, 상자포장 설계기법을 KS규격으로 정비하여 보급한 결과 일정한 품질의 출하용기가 제작되고 있다.
> ㉣ 압축포장에 대한 설명이다.
> - 가스치환포장은 포장 내의 산소를 탈기시키고 가스로 치환하여 유기물의 활성도를 현격히 낮추는 포장을 의미한다.

39 다음 중 포장방법을 기준으로 한 분류에 해당하지 않는 것은? ✔ 11회

① 방수포장
② 압축포장
③ 수출포장
④ 완충포장
⑤ 진공포장

> **해설** 수출포장은 목적지별 포장에 속한다. 나머지는 포장목적에 따른 분류이다.

40 위험물 포장조건에 관한 설명으로 옳지 않은 것은? ✔ 19회

① 적합한 위험물 표시·표찰을 부착해야 한다.
② 포장재가 내용물과 반응하지 않도록 해야 한다.
③ 충격에 민감한 위험물의 경우 완충포장이 필요하다.
④ 화재 및 폭발의 위험성이 높은 화물의 경우 산소충전포장이 필요하다.
⑤ 동일 외장용기에 서로 다른 위험물 포장을 금지해야 한다.

정답 **38** ④ **39** ③ **40** ④

> 해설 화재 및 폭발의 위험성이 높은 화물의 경우, 산소충전을 하면 폭발력을 증대시키므로 질소와 같이 반응성이
> 없는 기체가 유리하다.

41 골판지 상자는 다른 포장재료에 비해 값이 싸고 경제적이며, 대량생산이 가능하여 생산성이 높고, 중량이 가볍고 작업성이 좋은 등의 여러 가지 장점을 가지고 있다. 다음 중 양면골판지에 편면골판지를 덧붙인 것으로서 주로 손상되기 쉬운 물품 또는 귀중품 포장에 사용되는 골판지는?

① 편면골판지   ② 양면골판지
③ 2중 양면골판지   ④ 3중 골판지
⑤ 3중 양면골판지

> 해설 편면골판지는 내부 포장용이며 "양면골판지에 편면골판지를 덧붙인 것"은 2중 양면 골판지이다.
> 양면골판지는 일반 상자용, 3중 골판지는 중량물에 사용된다.

42 포장재로 사용되는 골판지의 골 규격 중 단위길이당 골의 수가 가장 적고 골의 높이가 가장 높아 비교적 가벼운 내용물의 포장에 사용되는 것은?   ✔ 16회

① A골   ② B골
③ C골   ④ D골
⑤ E골

> 해설 A골 : 골의 높이가 가장 높으며 골의 수는 적음, 수직 압축강도 큼, 완충성 큼, 가장 많이 이용
> B골 : 평면압력 우수, 병·통조림 등 견고한 상품의 포장
> C골 : A와 B의 중간
> E골 : 골의 수가 가장 많음, 골 높이는 낮음, 낱포장, 속포장, 우수한 미술적 인쇄가능, 두께가 얇아 평면압
> 축에 강함, 옵셋인쇄를 이용할 수 있어 미장화 용이

보관하역론
26회 기출문제

물류관리사

01 보관의 원칙에 관한 설명으로 옳지 않은 것은?

① 선입선출의 원칙 : 먼저 입고하여 보관한 물품을 먼저 출고하는 원칙이다.

② 회전대응의 원칙 : 입출고 빈도에 따라 보관 위치를 달리하는 원칙으로 입출고 빈도가 높은 화물은 출입구 가까운 장소에 보관한다.

③ 유사성의 원칙 : 연대출고가 예상되는 관련 품목을 출하가 용이하도록 모아서 보관하는 원칙이다.

④ 위치표시의 원칙 : 보관된 물품의 장소와 선반번호의 위치를 표시하여 입출고 작업의 효율성을 높이는 원칙이다.

⑤ 중량특성의 원칙 : 중량에 따라 보관 장소의 높이를 결정하는 원칙으로 중량이 무거운 물품은 하층부에 보관한다.

[해설] ③ 네트워크보관의 원칙에 대한 설명이다.

02 보관의 기능에 해당하는 것을 모두 고른 것은?

> ㄱ. 제품의 시간적 효용 창출
> ㄴ. 제품의 공간적 효용 창출
> ㄷ. 생산과 판매와의 물량 조정 및 완충
> ㄹ. 재고를 보유하여 고객 수요 니즈에 대응
> ㅁ. 수송과 배송의 연계

① ㄱ, ㄴ, ㄹ   ② ㄴ, ㄷ, ㅁ

③ ㄱ, ㄴ, ㄷ, ㄹ   ④ ㄱ, ㄷ, ㄹ, ㅁ

⑤ ㄴ, ㄷ, ㄹ, ㅁ

[해설] 제품의 공간적·장소적·거리적 효용을 창출하는 기능은 운송의 기능이다.

정답 **01** ③   **02** ④

03 물류센터의 종류에 관한 설명으로 옳지 않은 것은?

① 항만 입지형은 부두 창고, 임항 창고, 보세 창고 등이 있다.
② 단지 입지형은 유통업무 단지 등의 유통 거점에 집중적으로 입지를 정하고 있는 물류센터 및 창고로 공동창고, 집배송 단지 및 복합 물류터미널 등이 있다.
③ 임대 시설은 화차로 출하하기 위하여 일시 대기하는 화물의 보관을 위한 물류센터이다.
④ 자가 시설은 제조 및 유통 업체가 자기 책임 하에 운영하는 물류센터이다.
⑤ 도시 근교 입지형은 백화점, 슈퍼마켓, 대형 할인 매장 및 인터넷 쇼핑몰 등을 지원하는 창고이다.

[해설] 화차는 철도물류에서 이용되는 운송 적재 장비 모듈이므로 철도 입지형에 대한 설명이다.

04 ICD(Inland Container Depot)에 관한 설명으로 옳은 것을 모두 고른 것은?

ㄱ. 항만지역과 비교하여 창고 보관 시설용 토지 매입이 어렵다.
ㄴ. 화물의 소단위화로 운송의 비효율이 발생한다.
ㄷ. 다양한 교통수단의 높은 연계성이 입지조건의 하나이다.
ㄹ. 통관의 신속화로 통관비가 절감된다.
ㅁ. 통관검사 후 재포장이 필요한 경우 ICD 자체 보유 포장시설을 이용할 수 있다.

① ㄱ, ㄴ, ㄷ
② ㄱ, ㄷ, ㄹ
③ ㄴ, ㄷ, ㄹ
④ ㄴ, ㄹ, ㅁ
⑤ ㄷ, ㄹ, ㅁ

[해설] ㄱ. 내륙 시설이므로 항만지역과 비교하여 토지 매입이 용이하다.
ㄴ. ICD는 공동화를 지원하는 물류단지 시설의 하나이므로 화물의 중대 단위화로 운송의 효율이 발생한다.

05 복합 물류터미널에 관한 설명으로 옳지 않은 것은?

① 화물의 혼재기능을 수행한다.
② 환적기능을 구비하여 터미널 기능을 실현한다.
③ 장기보관 위주의 보관 기능을 강화한 시설이다.
④ 수요단위에 적합하게 재포장하는 기능을 수행한다.
⑤ 화물 정보센터의 기능을 강화하여 화물 운송 및 재고 정보 등을 제공한다.

[해설] 장기보관 위주의 보관 기능을 강화한 시설은 물류창고, 물류센터이다. 복합 물류터미널은 공동화 지원시설 중 하나이므로 2기종 이상의 운송수단이 연결되고 수많은 화물과 혼재되거나 분류되어 단기보관 위주로 흘러 나가는 특징을 갖고 있다.

정답 **03** ③ **04** ⑤ **05** ③

06 시장 및 생산공장의 위치와 수요량이 아래 표와 같다. 무게중심법에 따라 산출된 유통센터의 입지 좌표(X, Y)는?

구분	위치 좌표(X, Y)(km)	수요량(톤/월)
시장 1	(50, 10)	100
시장 2	(20, 50)	200
시장 3	(10, 10)	200
생산공장	(100, 150)	

① X : 35, Y : 55　　　　　　② X : 35, Y : 61

③ X : 61, Y : 88　　　　　　④ X : 75, Y : 85

⑤ X : 75, Y : 88

해설 각 위치별 수요(시장 1 = 100, 시장 2 = 200, 시장 3 = 200, 생산공장 = 100 + 200 + 200 = 500)

각 위치별 상대적 가중치

(시장 1 = $\dfrac{100}{100+200+200+500}$, 시장 2 = $\dfrac{200}{1,000}$, 시장 3 = $\dfrac{200}{1,000}$, 생산공장 = $\dfrac{500}{1,000}$)

유통센터 입지 X좌표 = $(50 \times \dfrac{100}{1,000}) + (20 \times \dfrac{200}{1,000}) + (10 \times \dfrac{200}{1,000}) + (100 \times \dfrac{500}{1,000}) = 61$

유통센터 입지 Y좌표 = $(10 \times \dfrac{100}{1,000}) + (50 \times \dfrac{200}{1,000}) + (10 \times \dfrac{200}{1,000}) + (150 \times \dfrac{500}{1,000}) = 88$

최종 유통센터 입지좌표 (61, 88)

07 물류센터의 설계 시 고려사항에 관한 설명으로 옳지 않은 것은?

① 물류센터의 규모 산정 시 목표 재고량은 고려하나 서비스 수준은 고려 대상이 아니다.

② 제품의 크기, 무게, 가격 등을 고려한다.

③ 입고방법, 보관방법, 피킹방법, 배송방법 등 운영특성을 고려한다.

④ 설비종류, 운영방안, 자동화 수준 등을 고려한다.

⑤ 물류센터 입지의 결정 시 관련 비용의 최소화를 고려한다.

해설 목표 재고량, 적정 재고량은 목표 서비스 수준에 따라 안전계수가 결정되고 안전재고량이 산정되므로 목표 서비스 수준은 우선 고려사항이 된다.

08 물류센터의 일반적인 입지선정에 관한 설명으로 옳지 않은 것은?

① 수요와 공급을 효율적으로 연계할 수 있는 지역을 선정한다.

② 노동력 확보가 가능한 지역을 선정한다.

③ 경제적, 자연적, 지리적 요인 등을 고려해야 한다.

④ 운송수단의 연계가 용이한 지역에 입지한다.

⑤ 토지가격이 저렴한 지역을 최우선 선정조건으로 고려한다.

해설 토지가격이 높으면 시장에서 가깝다는 의미이고 이런 경우에는 트레이드오프 현상으로 배송비용을 포함한 총 운송비용이 줄어들게 된다. 따라서 장기간을 고려한 입지선정에 있어 총비용적으로 유리할 수도 있다. 따라서 입지선정 과정에 토지가격이 분명 고려되지만 최우선하지는 않는다.

09 물류센터 투자 타당성을 분석할 때 편익의 현재가치 합계와 비용의 현재가치 합계가 동일하게 되는 수준의 할인율을 활용하는 기법은?

① 순현재가치법   ② 내부수익률법

③ 브라운깁슨법   ④ 손익분기점법

⑤ 자본회수기간법

해설 내부수익률법(Internal Rate of Return : IRR)
- 편익과 비용의 현재가치 합계가 동일하게 되는 수준의 할인율
- 순현재가치(NPV)를 '0'으로 만드는 할인율(은행에 넣어두고 복리이자를 받는 것과 동일)을 의미하며 사회적 할인율(은행이자)보다 내부수익률(시설, 장비, 사업에 투자하여 얻는 이익률)이 높으면 경제성이 있는 투자로 판단한다.

10 보관 설비에 관한 설명으로 옳지 않은 것은?

① 캔틸레버 랙(Cantilever Rack) : 긴 철재나 목재의 보관에 효율적인 랙이다.

② 드라이브 인 랙(Drive in Rack) : 지게차가 한쪽 방향에서 2개 이상의 깊이로 된 랙으로 들어가 화물을 보관 및 반출할 수 있다.

③ 파렛트 랙(Pallet Rack) : 파렛트 화물을 한쪽 방향에서 넣으면 중력에 의해 미끄러져 인출할 때는 반대방향에서 화물을 반출할 수 있다.

④ 적층 랙(Mezzanine Rack) : 천장이 높은 창고에서 저장 공간을 복층구조로 설치하여 공간 활용도가 높다.

⑤ 캐러셀(Carousel) : 랙 자체를 회전시켜 저장 및 반출하는 장치이다.

해설 ③ 중력식 랙(Gravity Rack), 흐름 랙(Flow Rack)에 대한 설명이다.

정답 **08** ⑤ **09** ② **10** ③

11 물류센터의 작업 계획 수립 시 세부 고려사항으로 옳지 않은 것은?

① 출하 차량 동선 – 평치, 선반 및 특수 시설의 사용 여부
② 화물 형태 – 화물의 포장 여부, 포장 방법 및 소요 설비
③ 하역 방식 – 하역 자동화 수준, 하역 설비의 종류 및 규격
④ 검수 방식 – 검수 기준, 검수 작업 방법 및 소요 설비
⑤ 피킹 및 분류 – 피킹 기준, 피킹 방법 및 소팅 설비

[해설] ① 입체이용 방식(여부)에 대한 설명이다.

12 물류센터 건설의 업무 절차를 물류거점 분석, 물류센터 설계 그리고 시공 및 운영 등 단계별로 시행하려고 한다. 물류거점 분석 단계에서 수행하는 활동이 아닌 것은?

① 지역 분석
② 하역장비 설치
③ 수익성 분석
④ 투자 효과 분석
⑤ 거시환경 분석

[해설] 하역장비 설치는 시공 및 운영단계에서 이루어지는 활동이다.

13 3개의 제품(A~C)을 취급하는 1개의 창고에서 기간별 사용공간이 다음 표와 같다. (ㄱ) 임의위치저장(Randomized Storage)방식과 (ㄴ) 지정위치저장(Dedicated Storage)방식으로 각각 산정된 창고의 저장소요공간(m^2)은?

기간	제품별 사용공간(m^2)		
	A	B	C
1주	14	17	20
2주	15	23	35
3주	34	25	17
4주	18	19	20
5주	15	17	21
6주	34	21	34

① ㄱ : 51, ㄴ : 51
② ㄱ : 51, ㄴ : 67
③ ㄱ : 67, ㄴ : 89
④ ㄱ : 89, ㄴ : 94
⑤ ㄱ : 94, ㄴ : 89

정답 **11** ① **12** ② **13** ④

기간	제품별 사용공간(m²)			총 사용공간	
	A	B	C		
1주	14	17	20	51	
2주	15	23	35	73	
3주	34	25	17	76	
4주	18	19	20	57	
5주	15	17	21	53	
6주	34	21	34	89	← (ㄱ)
제품별 최대 사용공간	34	25	35	94	← (ㄴ)

(ㄱ) 임의위치저장 방식의 저장소요공간 산출은 주별 총 사용공간을 비교하여 가장 큰 값을 이용
(ㄴ) 지정위치저장 방식의 저장소요공간 산출은 제품별 최대 사용공간을 모두 합한 값을 이용

14 오더피킹의 출고형태 중 파렛트 단위로 보관하다가 파렛트 단위로 출고되는 제1형태(P → P)의 적재방식에 활용되는 장비가 아닌 것은?

① 트랜스 로보 시스템(Trans Robo System)
② 암 랙(Arm Rack)
③ 파렛트 랙(Pallet Rack)
④ 드라이브 인 랙(Drive in Rack)
⑤ 고층 랙(High Rack)

해설 암 랙(Arm Rack)은 장척물 적재장비이므로 제1형태(P → P)에 적합하지 않다.

15 창고에 관한 설명으로 옳은 것은?

① 보세창고는 지방자치단체장의 허가를 받은 경우에는 통관되지 않은 내국물품도 장치할 수 있다.
② 영업창고는 임대료를 획득하기 위해 건립되므로 자가창고에 비해 화주 입장의 창고설계 최적화가 가능하다.
③ 자가창고는 영업창고에 비해 창고 확보와 운영에 소요되는 비용 및 인력문제와 화물량 변동에 탄력적으로 대응할 수 있다.
④ 임대창고는 특정 보관시설을 임대하거나 리스(Lease)하여 물품을 보관하는 창고형태이다.
⑤ 공공창고는 특정 보관시설을 임대하여 물품을 보관하는 창고형태로 민간이 설치 및 운영한다.

정답 **14** ② **15** ④

① 세관장의 허가를 받은 경우
② 임대창고는 임대료를 획득하기 위해 건립되므로
③ 영업창고는 자가창고에 비해
⑤ 임대창고는 특정 보관시설을 임대하여

16 다음이 설명하는 창고의 기능은?

ㄱ. 물품 생산과 소비의 시간적 간격을 조정하여 일정량의 화물이 체류하도록 한다.
ㄴ. 물품의 수급을 조정하여 가격안정을 도모한다.
ㄷ. 물류활동을 연결시키는 터미널로서의 기능을 수행한다.
ㄹ. 창고에 물품을 보관하여 재고를 확보함으로써 품절을 방지하여 신용을 증대시키는 역할을 수행한다.

	ㄱ	ㄴ	ㄷ	ㄹ
①	가격조정기능	수급조정기능	연결기능	매매기관적 기능
②	수급조정기능	가격조정기능	매매기관적 기능	신용기관적 기능
③	연결기능	가격조정기능	수급조정기능	판매전진기지적 기능
④	수급조정기능	가격조정기능	연결기능	신용기관적 기능
⑤	연결기능	판매전진기지적 기능	가격조정기능	수급조정기능

해설 창고의 기능
• 저장기능 : 물품을 안전하게 보관하거나 현상 유지하는 기능
• 수급조정기능 : 물품의 생산과 소비의 시간적 간격(time-gap)을 조정하여 스톡 포인트, 데포, 집배송센터 등에서 일정량의 흐름이 체류하는 기능
• 가격조정기능 : 물품의 수급을 조정함으로써 가격안정을 도모하는 기능
• 연결기능 : 물류의 각 요인을 연결시키는 터미널로서의 기능
• 매매기관적 기능 : 물품의 매매를 통해 금융을 원활화시키는 기능
• 신용기관적 기능
• 판매전진기지적 기능

17 경제적 주문량(EOQ) 모형에 관한 설명으로 옳은 것은?

① 주문량이 커질수록 할인율이 높아지기 때문에 가능한 많은 주문량을 설정하는 것이 유리하다.

② 조달기간이 일정하며, 주문량은 전량 일시에 입고된다.

③ 재고유지비용은 평균재고량에 반비례한다.

④ 재고부족에 대응하기 위한 안전재고가 필요하다.

⑤ 수요가 불확실하기 때문에 주문량과 주문간격이 달라진다.

해설 ① EOQ의 수량할인은 가정하지 않는다.
③ 연간 재고유지비용 = 연간단위당 재고유지비용 × 평균재고량이므로 재고유지비용은 평균재고량에 비례한다.
④ EOQ의 안전재고량은 감안하지 않는다.
⑤ EOQ의 단위 기간당 수요는 일정하다고 가정하기 때문에 주문량과 주문간격은 고정된다.

18 분산구매방식과 비교한 집중구매방식(Centralized Purchasing Method)에 관한 설명으로 옳은 것은?

① 일반적으로 대량 구매가 이루어지기 때문에 수요량이 많은 품목에 적합하다.

② 사업장별 다양한 요구를 반영하여 구매하기에 용이하다.

③ 사업장별 독립적 구매에 유리하나 수량할인이 있는 품목에는 불리하다.

④ 전사적으로 집중구매하기 때문에 가격 및 거래조건이 불리하다.

⑤ 구매절차의 표준화가 가능하여 긴급조달이 필요한 자재의 구매에 유리하다.

해설 ② 사업장별 다양한 요구를 반영하여 구매하기에 <u>어렵다</u>.
③ 사업장별 독립적 구매에 <u>불리</u>하나 수량할인이 있는 품목에는 <u>유리</u>하다.
④ 전사적으로 집중구매하기 때문에 가격 및 거래조건이 <u>유리</u>하다.
⑤ 구매절차의 표준화가 <u>가능하나</u> 긴급조달이 필요한 자재의 구매에 <u>불리</u>하다.

19 A상품의 2022년도 6월의 실제 판매량과 예측 판매량, 7월의 실제 판매량 자료가 아래 표와 같을 때 지수평활법을 활용한 8월의 예측 판매량(개)은? (단, 평활상수(α)는 0.4를 적용한다.)

구분	2022년 6월	2022년 7월
실제 판매량	48,000(개)	52,000(개)
예측 판매량	50,000(개)	−

① 48,320 ② 49,200

③ 50,320 ④ 50,720

⑤ 50,880

해설 $F_{7월} = F_{6월} + \alpha(Y_{6월} - F_{6월}) = 50,000 + 0.4(48,000 - 50,000) = 49,200$(개)

$F_{8월} = F_{7월} + \alpha(Y_{7월} - F_{7월}) = 49,200 + 0.4(52,000 - 49,200) = 50,320$(개)

20 제품 B를 취급하는 K물류센터는 경제적 주문량(EOQ)에 따라 재고를 관리하고 있다. 재고관리에 관한 자료가 아래와 같을 때 (ㄱ) 연간 총 재고비용과 (ㄴ) 연간 발주횟수는 각각 얼마인가? (단, 총 재고비용은 재고유지비용과 주문비용만을 고려한다.)

- 연간 수요량 : 90,000개
- 제품 단가 : 80,000원
- 제품당 연간 재고유지비용 : 제품 단가의 25%
- 1회 주문비용 : 160,000원

① ㄱ : 12,000,000원, ㄴ : 75회

② ㄱ : 12,000,000원, ㄴ : 90회

③ ㄱ : 18,000,000원, ㄴ : 75회

④ ㄱ : 18,000,000원, ㄴ : 90회

⑤ ㄱ : 24,000,000원, ㄴ : 75회

해설 $EOQ = \sqrt{\dfrac{2 \cdot CO \cdot D}{CH}} = \sqrt{\dfrac{2 \cdot 160,000 \cdot 90,000}{80,000 \cdot 0.25}} = \sqrt{\dfrac{28,800,000,000}{20,000}} = 1,200$개

(ㄴ) 연간 발주횟수 $= \dfrac{연간수요}{EOQ} = \dfrac{90,000개}{1,200개} = 75$회

정답 **19** ③ **20** ⑤

(ㄱ) 연간 총 재고비용 = 연간 재고유지비용 + 연간 주문비용
- 연간 주문비용 = 연간 주문횟수 × 1회 주문비용
  = 75회 × 160,000원 = 12,000,000원
- 연간 재고유지비용 = 평균재고량 × 연간단위당 재고유지비용

$$= \frac{EOQ}{2} \text{개} \times 160,000\text{원} = \frac{1,200\text{개}}{2} \times 20,000\text{원}$$

$$= 12,000,000\text{원}$$

→ 연간 총 재고비용 = 12,000,000원 + 12,000,000원 = 24,000,000원

* EOQ 가정 내에서는 연간 재고유지비용과 연간 주문비용은 같으므로 빠르게 구할 수 있는 값을 구하여 2배 한다(본 문제에서는 연간 주문비용 × 2).

21 수요예측방법에 관한 설명으로 옳지 않은 것은?

① 정성적 수요예측방법에는 경영자판단법, 판매원이용법 등이 있다.

② 정량적 수요예측방법에는 이동평균법, 지수평활법 등이 있다.

③ 델파이법(Delphi Method)은 원인과 결과관계를 가지는 두 요소의 과거 변화량에 대한 인과관계를 분석한 방법으로 정량적 수요예측방법에 해당한다.

④ 가중이동평균법은 예측 기간별 가중치를 부여한 예측방법으로 일반적으로 예측대상 기간에 가까울수록 더 큰 가중치를 주어 예측하는 방법이다.

⑤ 라이프사이클(Life-cycle) 유추법은 상품의 수명주기 기간별 과거 매출 증감 폭을 기준으로 수요량을 유추하여 예측하는 방법이다.

[해설] 해당 설명은 정량적 수요예측기법의 하나인 인과형 모델(회귀예측법)에 대한 설명이다.

22 C도매상의 제품판매정보가 아래와 같을 때 최적의 재주문점은? (단, 소수점 첫째자리에서 반올림한다.)

- 연간수요 : 14,000Box
- 서비스 수준 : 90%, Z(0.90) = 1.282
- 제품 판매량의 표준편차 : 20
- 제품 조달기간 : 9일
- 연간 판매일 : 350일

① 77   ② 360
③ 386   ④ 437
⑤ 590

정답 21 ③ 22 ④

해설 • 재주문점 = 일평균수요 × 조달기간 = $\frac{연간수요}{연간 판매일}$ × 조달기간 = $\frac{14,000}{350}$ × 9 = 360

• 안전재고 = 수요의 표준편차 × 안전계수 × $\sqrt{조달기간}$ = 20 × 1,282 × $\sqrt{9}$ = 76,92 ≒ 77
안전재고를 고려한 재주문점 = 재주문점 + 안전재고 = 360 + 77 = 437개

23 재고에 관한 설명으로 옳지 않은 것은?

① 고객으로부터 발생하는 제품이나 서비스의 요구에 적절히 대응할 수 있게 한다.
② 안전재고는 재고를 품목별로 일정한 로트(Lot) 단위로 조달하기 때문에 발생한다.
③ 공급사슬에서 발생하는 수요나 공급의 다양한 변동과 불확실성에 대한 완충역할을 수행한다.
④ 재고를 필요 이상으로 보유하게 되면 과도한 재고비용이 발생하게 된다.
⑤ 재고관리는 제품, 반제품, 원재료, 상품 등의 재화를 합리적 · 경제적으로 유지하기 위한 활동이다.

해설 안전재고 = 수요의 표준편차 × 안전계수 × $\sqrt{조달기간}$
안전재고 산정식에서 보듯이 안전재고는 수요의 불확실성(표준편차)과 목표재고서비스 수준에 따른 안전계수, 수요의 불확실성을 증폭시키는 조달기간의 변동을 감안하기 위해 산정한다.

24 JIT(Just In Time) 시스템에 관한 설명으로 옳지 않은 것은?

① 반복적인 생산에 적합하다.
② 효과적인 Pull 시스템을 구현할 수 있다.
③ 공급업체의 안정적인 자재공급과 엄격한 품질관리가 이루어져야 효과성을 높일 수 있다.
④ 제조준비시간 및 리드타임을 단축할 수 있다.
⑤ 충분한 안전재고를 확보하여 품절에 대비하기 때문에 공급업체와 생산업체의 상호협력 없이도 시스템 운영이 가능하다.

해설 JIT는 실제 수요에 근거하여 생산계획을 수립하고 생산하기 때문에 공급업체와 생산업체의 정보공유와 상호협력이 시스템 운영에 근간이 된다.

정답 23 ② 24 ⑤

25 다음이 설명하는 하역합리화의 원칙은?

> ㄱ. 화물의 이동 용이성을 지수로 하여 이 지수의 최대화를 지향하는 원칙으로 관련 작업을 조합하여 화물 하역작업의 효율성을 높이는 것을 목적으로 한다.
> ㄴ. 불필요한 하역작업의 생략을 통해 작업능률을 높이고, 화물의 파손 및 분실 등을 최소화하는 것을 목적으로 한다.
> ㄷ. 하역작업 시 화물의 이동거리를 최소화하는 것을 목적으로 한다.

① ㄱ : 시스템화의 원칙, ㄴ : 하역 경제성의 원칙, ㄷ : 거리 최소화의 원칙
② ㄱ : 운반 활성화의 원칙, ㄴ : 화물 단위화의 원칙, ㄷ : 인터페이스의 원칙
③ ㄱ : 화물 단위화의 원칙, ㄴ : 거리 최소화의 원칙, ㄷ : 하역 경제성의 원칙
④ ㄱ : 운반 활성화의 원칙, ㄴ : 하역 경제성의 원칙, ㄷ : 거리 최소화의 원칙
⑤ ㄱ : 하역 경제성의 원칙, ㄴ : 운반 활성화의 원칙, ㄷ : 거리 최소화의 원칙

> **해설** ㄱ. 화물의 이동 용이성의 지수 = 운반 활성도 ➜ 운반 활성화의 원칙
> ㄴ. 과대포장 지양(운반순도의 원칙), 최소취급의 원칙, 수평 직선의 원칙 ➜ 하역 경제성의 원칙
> ㄷ. 이동거리(시간)의 최소화 원칙 ➜ 거리 최소화의 원칙

26 하역의 요소에 관한 내용이다. (   )에 들어갈 용어로 옳은 것은?

> • (ㄱ) : 보관장소에서 물건을 꺼내는 작업이다.
> • (ㄴ) : 생산, 유통, 소비 등에 필요하므로 하역의 일부로 볼 수 있으며, 창고 내부와 같이 한정된 장소에서 화물을 이동하는 작업이다.
> • (ㄷ) : 컨테이너에 물건을 싣는 작업이다.
> • (ㄹ) : 물건을 창고 등의 보관시설 장소로 이동하여 정해진 형태로 정해진 위치에 쌓는 작업이다.

① ㄱ : 피킹, ㄴ : 운송, ㄷ : 디배닝, ㄹ : 적재
② ㄱ : 피킹, ㄴ : 운반, ㄷ : 배닝, ㄹ : 적재
③ ㄱ : 적재, ㄴ : 운반, ㄷ : 디배닝, ㄹ : 분류
④ ㄱ : 배닝, ㄴ : 운반, ㄷ : 피킹, ㄹ : 정돈
⑤ ㄱ : 디배닝, ㄴ : 운송, ㄷ : 배닝, ㄹ : 분류

> **해설** ㄱ : 주문에 맞추어 보관장소에서 물건을 꺼내는 작업
> ㄴ : 한정된 장소에서 화물을 이동하는 작업
> ㄷ : 컨테이너 적입
> ㄹ : 정해진 형태로 정해진 위치에 쌓는 작업

정답 25 ④ 26 ②

27 하역합리화를 위한 활성화의 원칙에서 활성지수가 '3'인 화물의 상태는? (단, 활성지수는 0~4이다.)

① 대차에 실어 놓은 상태
② 파렛트 위에 놓인 상태
③ 화물이 바닥에 놓인 상태
④ 컨베이어 위에 놓인 상태
⑤ 상자 안에 넣은 상태

[해설]

활성도	조건	개선작업
0	바닥에 개품(낱개)상태로 존재	정리
1	개품들을 컨테이너 (종이, 플라스틱, 목재, 철재) 이용 정리	일으켜 세움.
2	받침목 위에 일으켜 세우거나 파렛트, Skid를 이용	굴러가도록 함.
3	대차 위에 컨테이너를 올림.	자동이동
4	컨베이어 위에 컨테이너를 올림.	

28 하역시스템에 관한 설명으로 옳지 않은 것은?

① 하역작업 장소에 따라 사내하역, 항만하역, 항공하역 등으로 구분할 수 있다.
② 제조업체의 사내하역은 조달, 생산 등의 과정에서 필요한 운반과 하역기능을 포함한 것이다.
③ 하역시스템의 효율화를 통해 에너지 및 자원을 절약할 수 있다.
④ 하역시스템의 도입 목적은 범용성과 융통성을 지양하는 데 있다.
⑤ 하역시스템의 기계화를 통해 열악한 노동환경을 개선할 수 있다.

[해설] 물류합리화의 총체적 입장에서 하역시스템은 물류의 각 부문의 접점에서 연결고리의 역할을 하며 하역활동의 원활화를 도모하기 위함이기 때문에 표준화를 지향한다.
　✻ 하역작업 개선 3S
　　Simplification(단순화) ➔ Standardization(표준화) ➔ Specialization(전문화)

정답 **27** ① **28** ④

29 자동분류시스템의 소팅방식에 관한 설명으로 옳은 것은?

① 크로스벨트(Cross belt) 방식 : 컨베이어 반송면의 아래 방향에서 벨트 등의 분기장치가 나오는 방식으로 하부면의 손상 및 충격에 취약한 화물에는 적합하지 않다.

② 팝업(Pop-up) 방식 : 레일을 주행하는 연속된 캐리어 상의 소형벨트 컨베이어를 레일과 교차하는 방향으로 구동시켜 단위화물을 내보내는 방식이다.

③ 틸팅(Tilting) 방식 : 반송면에 튀어나온 기구를 넣어 단위화물을 함께 이동시키면서 압출하는 방식이다.

④ 슬라이딩슈(Sliding-shoe) 방식 : 여러 형상의 화물을 수직으로 나누어 강제적으로 분류하므로 충격에 취약한 정밀기기나 깨지기 쉬운 물건은 피해야 한다.

⑤ 다이버터(Diverter) 방식 : 외부에 설치된 안내판을 회전시켜 반송경로 상에 가이드벽을 만들어 단위화물을 가이드벽에 따라 이동시키므로 다양한 형상의 화물분류가 가능하다.

> **해설** ① 팝업(Pop-up) 방식
> ② 크로스벨트(Cross belt) 방식
> ③ 슬라이딩슈(Sliding-shoe) 방식
> ④ 틸팅(Tilting) 방식

30 포크 리프트(지게차)에 관한 설명으로 옳은 것은?

① 스트래들(Straddle)형은 전방이 아닌 차체의 측면에 포크와 마스트가 장착된 지게차이다.

② 디젤엔진식은 유해 배기가스와 소음이 적어 실내작업에 적합한 환경친화형 장비이다.

③ 워키(Walkie)형은 스프레더를 장착하고 항만 컨테이너 야드 등 주로 넓은 공간에서 사용된다.

④ 3방향 작동형은 포크와 캐리지의 회전이 가능하므로 진행방향의 변경 없이 작업할 수 있다.

⑤ 사이드 포크형은 차체전방에 아웃리거를 설치하고 그 사이에 포크를 위치시켜 안정성을 향상시킨 지게차이다.

> **해설** ① 사이드 포크형
> ② 축전지식(배터리형)
> ③ 탑핸들러
> ⑤ 스트래들형

> **정답** **29** ⑤ **30** ④

31 하역의 기계화가 필요한 화물에 해당하는 것은 몇 개인가?

- 액체 및 분립체로 인하여 인력으로 취급하기 곤란한 화물
- 많은 인적 노력이 요구되는 화물
- 작업장의 위치가 높고 낮음으로 인해 상하차작업이 곤란한 화물
- 인력으로는 시간(Timing)을 맞추기 어려운 화물

① 0개   ② 1개
③ 2개   ④ 3개
⑤ 4개

해설 하역의 기계화가 필요한 경우
㉠ 많은 시간과 노동력이 소요되는 화물(중량물, 대량화물, 대형화물)
㉡ 인력으로 취급하기 곤란한 화물(액체 및 분립체)
㉢ 인력으로 위험한 화물(유해물질 및 위험물)
㉣ 상・하역 위치의 고저차로 인력의 사용이 불가한 경우
㉤ 인력의 접근이 힘들거나 수동화하기 어려운 화물
㉥ 인력으로는 시간(timing)을 맞추기 어려운 화물

32 국가별 파렛트 표준규격의 연결이 옳은 것은?

국가	파렛트 규격
ㄱ. 한국	A. 800 × 1,200mm
ㄴ. 일본	B. 1,100 × 1,100mm
ㄷ. 영국	C. 1,100 × 1,200mm
ㄹ. 미국	D. 1,219 × 1,016mm

① ㄱ-B, ㄴ-A, ㄷ-C, ㄹ-D
② ㄱ-B, ㄴ-B, ㄷ-A, ㄹ-D
③ ㄱ-B, ㄴ-C, ㄷ-C, ㄹ-A
④ ㄱ-C, ㄴ-A, ㄷ-B, ㄹ-B
⑤ ㄱ-C, ㄴ-B, ㄷ-D, ㄹ-A

해설 ISO 규격 국제 파렛트(ISO 6780)
- 1,200mm×800mm : 영국을 포함한 유럽 18개국이 공동으로 운영하는 표준 파렛트, 해상용 ISO 컨테이너 사용에는 비효율적

정답 31 ⑤ 32 ②

- 1,140mm×1,140mm : 해상용 컨테이너에 의존하는 미국, 캐나다, 영국 등의 지원하에 채택됨.
- 1,219mm×1,016mm : 미국의 표준 파렛트 48"×40"(inch) 규격으로, 미국 이외의 국가에서는 사용하지 않음.
- 1,100mm×1,100mm : 한국(T-11), 일본 등 아시아 표준 파렛트
- 1,200mm ×1,000mm : 중국, 한국(T-12), 유럽
- 1,067mm×1,067mm : 미국

33 일관파렛트화(Palletization)의 경제적 효과가 아닌 것은?

① 포장의 간소화로 포장비 절감
② 작업 능률의 향상
③ 화물 파손의 감소
④ 운임 및 부대비용 절감
⑤ 제품의 과잉생산 방지

[해설] 수요예측과 생산 영역에 대한 설명이다.

34 유닛로드 시스템(Unit Load System)의 선결과제에 해당하는 것을 모두 고른 것은?

ㄱ. 운송 표준화	ㄴ. 장비 표준화
ㄷ. 생산 자동화	ㄹ. 하역 기계화
ㅁ. 무인 자동화	

① ㄱ, ㄴ, ㄹ
② ㄱ, ㄴ, ㅁ
③ ㄱ, ㄷ, ㅁ
④ ㄴ, ㄷ, ㄹ
⑤ ㄴ, ㄹ, ㅁ

[해설] 유닛로드 시스템의 전제조건
- 거래단위의 표준화(단점 : 채찍효과 발생)
- 파렛트의 표준화
- 창고보관시설의 표준화
- 포장단위치수의 표준화
- 수송장비의 적재함 규격의 표준화
- 운반하역장비의 표준화

35 다음은 파렛트 풀 시스템 운영방식에 관한 내용이다. 다음 ( )에 들어갈 용어로 옳은 것은?

> • (ㄱ) : 유럽 각국의 국영철도역에서 파렛트 적재 형태로 운송하며, 파렛트를 동시에 교환하여 사용하는 것으로 언제나 교환에 응할 수 있도록 파렛트를 준비해 놓는 방식이다.
> • (ㄴ) : 개별 기업에서 파렛트를 보유하지 않고, 파렛트 풀 회사에서 일정 기간 동안 임차하는 방식이다.

① ㄱ : 즉시교환방식,   ㄴ : 리스·렌탈방식
② ㄱ : 대차결제교환방식, ㄴ : 즉시교환방식
③ ㄱ : 리스·렌탈방식,   ㄴ : 교환리스병용방식
④ ㄱ : 교환리스병용방식, ㄴ : 대차결제교환방식
⑤ ㄱ : 리스·렌탈방식,   ㄴ : 즉시교환방식

[해설] • 즉시교환방식 : 유럽 각국의 국영철도 출발역에서 송화주가 Pallet Load형태로 화물을 화차에 선적하면 즉시 동수의 Pallet를 내어주는 방식
• 리스·렌탈방식 : Pallet Pool 회사에서 일정규격의 Pallet를 필요에 따라 임대해주는 제도

36 유닛로드 시스템(Unit Load System)에 관한 설명으로 옳지 않은 것은?

① 운송, 보관, 하역 등의 물류활동을 합리적으로 처리하기 위하여 포장화물의 기계취급에 적합하도록 단위화한 방식을 말한다.
② 화물을 파렛트나 컨테이너를 이용하여 벌크선박으로 운송한다.
③ 화물취급단위에 대한 단순화와 표준화를 통하여 하역능력을 향상시키고, 물류비용을 절감할 수 있다.
④ 하역을 기계화하고 운송·보관 등을 일관하여 합리화할 수 있다.
⑤ 화물처리 과정에서 발생할 수 있는 파손이나 실수를 줄일 수 있다.

[해설] 화물을 파렛트나 컨테이너를 이용하여 '컨테이너' 선박으로 운송한다. 벌크선박은 비정형화물이 대상이 된다.

37 항만하역기기 중 컨테이너 터미널에서 사용하는 하역기기가 아닌 것은?

① 리치 스태커(Reach Stacker)   ② 야드 트랙터(Yard Tractor)
③ 트랜스퍼 크레인(Transfer Crane) ④ 탑 핸들러(Top Handler)
⑤ 호퍼(Hopper)

[해설] 호퍼는 벌크화물을 모아 쏟아내는 깔대기 역할의 장비로 '벌크' 터미널에서 사용하는 하역기기이다.

정답 **35** ① **36** ② **37** ⑤

38 항만운송 사업 중 타인의 수요에 응하여 하는 행위로서 항만하역사업에 해당하는 것은?

① 선적화물(船積貨物)을 싣거나 내릴 때 그 화물의 개수를 계산하는 행위
② 선적화물 및 선박(부선을 포함한다)에 관련된 증명·조사·감정을 하는 행위
③ 선적화물을 싣거나 내릴 때 그 화물의 인도·인수를 증명하는 행위
④ 선박을 이용하여 운송된 화물을 화물주(貨物主) 또는 선박운항사업자의 위탁을 받아 항만에서 선박으로부터 인수하거나 화물주에게 인도하는 행위
⑤ 선적화물을 싣거나 내릴 때 그 화물의 용적 또는 중량을 계산하거나 증명하는 행위

[해설] ① 검수사업, ② 감정사업, ③ 검수사업, ⑤ 검량사업

39 주요 포장기법 중 금속의 부식을 방지하기 위한 포장 기술은?

① 방청 포장
② 방수 포장
③ 방습 포장
④ 진공 포장
⑤ 완충 포장

[해설] 방청 포장은 금속 제품의 부식(녹)을 방지하기 위한 포장을 의미한다.

40 포장 결속 방법으로 옳지 않은 것은?

① 밴드결속 – 플라스틱, 나일론, 금속 등의 재질로 된 밴드를 사용한다.
② 꺾쇠 물림쇠 – 주로 칸막이 상자 등에서 상자가 고정되도록 사용하는 방법이다.
③ 테이핑 – 용기의 견고성을 유지하기 위해 접착테이프를 사용한다.
④ 대형 골판지 상자 – 작은 부품 등을 꾸러미로 묶지 않고 담을 때 사용한다.
⑤ 슬리브 – 열수축성 플라스틱 필름을 화물에 씌우고 터널을 통과시킬 때 가열하여 필름을 수축시키는 방법이다.

[해설] ⑤는 열수축 필름을 이용하는 집합포장기법인 슈링크 포장에 대한 설명이다.

[정답] **38** ④ **39** ① **40** ⑤

♔ Profile

저자 | **박준혁**

[학력]

- 인하대학교 물류전문대학원(물류학) 박사수료
- 서경대학교 물류전문대학원 물류학 석사
- 홍익대학교 상경대학 경영학 학사

[소속]

- (현) 물류・유통・무역분야 전문교육기업「한국미래물류연구소」대표이사
- (현) 인하대학교 아태물류학부 겸임교수
- (현) 용인대학교 물류통계정보학과 초빙교수

[이력 및 경력]

- (현) Naver 지식 IN(연구개발/생산/물류) 전문가 순위국내 1위
- (현) 서울산업진흥원(SBA) 인재추천위원
- (현) 일학습병행제 프로그램 및 현장훈련학습도구 개발위원(물류 부문) – 한국폴리텍대학
- (현) 물류산업진흥재단(KLIP) 물류관리, 유통관리 전문강사
- (현) 한국능률협회(KMA) 물류관리, 유통관리 전문강사
- (현) 한국생산성본부(KPC) 물류관리, 유통관리 전문강사, 승진고과 문제출제위원
- (현) 한국표준협회(KSA) "녹색물류와 에너지" 전문강사
- (현) 인하대학교 공항지상조업과정, 해운실무, 물류관리, 유통관리 전문강사
- (현) 공주대학교, 대전대학교, 재능대학교, 청운대학교, 신안산대학교물류관리, 유통관리 전문강사

- (현) EBS2 유통관리사 2급 유통정보 방송강의
- (현) 와우패스, 스타트에듀, 스마트동스쿨 유통관리사 2급 유통물류일반관리, 유통정보 동영상 강의
- (현) Smart 물류과정 온라인 튜터(Credu 외 8개사)
- (현) Naver Cafe "한국미래물류연구소" – 무역물류유통 교육 시샵

[저서 및 연구활동]

- 스타트 물류관리사 벼락치기 핵심요약집(신지원, 2016)
- EBS 물류관리사 단기완성 한권으로 합격하기(신지원, 2017)
- 스타트 유통관리사 2급 한권으로 합격하기(신지원, 2016)
- 국내물류기업의 SCM 지원 역량 강화방안 연구(국토교통부, 2014)
- 단기완성 물류관리사 문제풀이(크라운출판사, 2013)
- 한권으로 끝내는 유통관리사 2급(유비온, 2013)
- 물류관리사 기출문제집(범한출판사, 2012)
- 물가안정을 위한 수입물류체계 개선 방안연구(국토교통부, 2009)
- 디지털 문자 판독기술을 적용한 선적 요청서 데이터의 효율적인 유통지원(산업경영시스템학회, 2008)
- 물류기초다지기(물류신문사, 2005)
- EBS 물류관리사 보관하역론(신지원, 2017)

2023
물류관리사 보관하역론

초 판 인 쇄	2017년 2월 10일	
개정판인쇄	2023년 1월 5일	
개정판발행	2023년 1월 10일	
공 편 저	박준혁	
발 행 인	최현동	
발 행 처	신지원	
주 소	07532 서울특별시 강서구 양천로 551-17, 813호(가양동, 한화비즈메트로 1차)	
전 화	(02) 2013-8080	
팩 스	(02) 2013-8090	
등 록	제16-1242호	
교재구입문의	(02) 2013-8080~1	

정가 25,000원
ISBN 979-11-6633-231-9 13320